Gertraud Eberhard

Existentiale Theologie und Pädagogik
Das Beispiel Rudolf Bultmanns

# Theologie und Wirklichkeit

Beiträge aus den Fachbereichen Religionswissenschaften
der Johann Wolfgang Goethe-Universität Frankfurt/M. und der
Justus Liebig-Universität Gießen

Herausgegeben von
Hans-Werner-Bartsch, Gerhard Dautzenberg, Friedrich Hahn
und Hans Wolfgang Offele

Bd. 4

Gertraud Eberhard

Existentiale Theologie und Pädagogik
Das Beispiel Rudolf Bultmanns

Herbert Lang Bern
Peter Lang Frankfurt/M.
1974

Gertraud Eberhard

# Existentiale Theologie und Pädagogik

## Das Beispiel Rudolf Bultmanns

Herbert Lang Bern
Peter Lang Frankfurt/M.
1974

Ab Manuskript der Autorin gedruckt.

ISBN 3 261 00960 8

Peter Lang GmbH, Frankfurt/M. (BRD)
Herbert Lang & Cie AG, Bern (Schweiz)
1974. Alle Rechte vorbehalten.

Vorwort

Die Diskussion um das theologische Werk Rudolf Bultmanns beschränkte sich
bisher weitgehend auf seinen existential-theologischen Ansatz, d. h. auf eine
Klärung der Beziehung zu Heideggers Existentialontologie. Die Frage nach der
Verwurzelung seines Denkens in den bürgerlich-idealistischen Traditionen des
19. Jahrhunderts trat demgegenüber in den Hintergrund. Die folgende Arbeit
will, indem sie das theologische Werk Rudolf Bultmanns auf die pädagogischen
Implikationen hin untersucht, die Bedeutung dieser Denktradition aufarbeiten.
Eine Reihe bisher kaum bekannter Äußerungen Bultmanns zu jeweils aktuellen
Fragen des Bildungsbereichs wird dabei zusammengestellt und kommentiert.

Die Arbeit wurde im Sommersemester 1973 unter dem Titel "Existentiale Theologie und Pädagogik. Stellenwert und Problematik bildungstheoretischer und
-praktischer Aussagen im theologischen Denkansatz Rudolf Bultmanns" von dem
Fachbereich Religionswissenschaften der Justus Liebig-Universität Gießen als
Dissertation angenommen.

An dieser Stelle danke ich besonders Herrn Professor Dr. Friedrich Hahn, der
die Bearbeitung der Themenstellung durch seine Kritik unterstützt und das Entstehen der Arbeit mit großem Interesse begleitet hat. Ferner danke ich Frau
Professor Dr. Marie Veit für ihre wertvollen Anregungen. Mein Dank gilt auch
Herrn Professor D. Martin Stallmann und dem Evangelisch-Lutherischen Oberkirchenrat in Oldenburg, die mir das schwer zugängliche Material zur Verfügung
stellten.


Marburg, im Frühjahr 1974                                    Gertraud Eberhard

<u>INHALTSVERZEICHNIS</u>                                                    Seite

---

1. Bultmann verweist auf einen 'Zeitungsausschnitt über Schule und
Kirche' von K. Wawrzinek. Leider konnte ich diesen nicht ausfindig
machen.

AUFGABENSTELLUNG - GANG DER UNTERSUCHUNG

In der reichen Sekundärliteratur (1) zu Bultmanns Theologie wurde ihm zwar wiederholt eine 'erzieherische Absicht' (2) zugebilligt, jedoch wurden seine Grundsatzüberlegungen zur pädagogisch-religionspädagogischen Theorie und seine praktischen Konsequenzen bisher höchstens am Rande in die Interpretation einbezogen,
ihr Verhältnis zu Bultmanns existentialer Interpretation des christlichen Glaubens
an keiner Stelle explizit geklärt(3).

Marlé erwähnt in seiner einschlägigen Untersuchung über 'Bultmann und die Interpretation des Neuen Tastaments' (4) nur in einer Anmerkung: "Die Vorstellung
einer Erziehung oder 'Pädagogie' ist nach Bultmann typisch griechisch und spielt
in der christlichen Verkündigung überhaupt keine Rolle." Bereits der frühe dialektische Theologe bestätigt offensichtlich diese Aussage durch seine radikale
Kritik an der pädagogischen Theologie des Kulturprotestantismus: dieser betrach-
te den christlichen Glauben als anerziehbares Phänomen der religiösen bzw.
kulturellen Geschichte, seinem Erziehungsoptimismus fehle jedoch "jede Ahnung
von der Botschaft des Neuen Testaments", er bemerke nicht, daß seine Sicht von
Mensch und Welt "Gedanken der k y n i s c h e n  u n d   s t o i s c h e n  Paränese"
wiederhole (5). Die Frage legt sich nahe: Fordert Bultmann als Konsequenz der
Kulturkritik der dialektischen Theologie zugleich die radikale Preisgabe des
idealistisch-humanistischen Traditionsstroms unserer abendländischen Kultur,
d.h. vor allem der idealistischen Anthropologie und der diese kennzeichnenden
Bildungsidee?

Zum Einstieg zunächst zwei Beobachtungen:

1. Bei einer Lektüre von Bultmanns Schriften stößt man relativ häufig auf den
Terminus 'Bildung'. Bultmann verweist auf die Bildung des Paulus, in der sich
jüdische Überlieferung und griechische Kultur verbinden (6), die griechische
Bildung der Kirchenväter (7), die naturwissenschaftliche und historische Bildung
des heutigen Menschen, sofern er an der modernen wissenschaftlichen Bildung
teilhat (8). In einem Atemzug nennt er Bildung, Beruf und Lebensführung (9).

Von theologischer Bildung spricht er unter anderem an zwei charakteristischen
Stellen:

Im Geleitwort zur Neuausgabe von A. v. Harnack "Das Wesen des Christentums"
(10) bezeichnet er dieses Buch als "ein hochbedeutsames theologie-geschichtli-
ches Dokument, das jeder Theologe kennen sollte, der sich über die gegenwärtige
Situation und ihre Ursprünge klarwerden will - und das gehört doch wohl zur
pflichtmäßigen theologischen Bildung". D.h., die Fähigkeit zu kritischer Befragung des eigenen Standortes und damit die Überwindung von jeglichem Dogmatismus (11) ist Kennzeichen theologischer Bildung.

1960 schreibt Bultmann in einem 'Rückblick' auf die Entmythologisierungsdiskussion, den er der 4. Auflage von Kerygma und Mythos I voranstellt (12): "Ich
halte es für unverantwortlich, daß Sonntags- und Gemeindeblätter das Thema -
ich sollte wohl sagen: das Schlagwort - der Entmythologisierung vor Laien bringen, ein Thema, von dem sie nichts verstehen oder das sie notwendig mißver-

stehen, weil für das Verstehen theologische Bildung vorausgesetzt ist."

M. a. W. : Das in den 50er Jahren vielumstrittene Thema der Entmythologisierung
ist keine Glaubensfrage, sondern eine wissenschaftlich-theologische Sachfrage,
die theologische Bildung voraussetzt (13).

2. In einer Reihe von bisher kaum diskutierten Beiträgen äußert er sich zu praktischen und grundsätzlichen Fragen aus dem Problemkreis Erziehung und Bildung
(14). Er nimmt Stellung zum Verhältnis Universität - Theologische Fakultät -
Kirche, zur Frage der Reform des Theologiestudiums, zur humanistischen Bildung an Gymnasien und zum Problembereich Religionsunterricht. Am bekann-
testen wurde die knappe Stellungnahme zu dem Thema "Erziehung und christlicher Glaube" in der Heidegger-Festschrift von 1959 (15). Andere Aufsätze beschäftigen sich mit Problemstellungen wie "Religion und Kultur" (16), "Humanismus und Christentum" (17), die eine Verhältnisbestimmung von Glaube und Bildung einschließen.

Daraus folgt: Bultmann fordert als dialektischer Theologe in Anknüpfung und
Widerspruch " eine echte kritische Auseinandersetzung" mit der idealistischen
Tradition (18). Sein theologisches Denken impliziert 'eine kritische Unterschei-
dung' von Glaube und Bildung, die aber eine positive Stellung zur Aufgabe der
Erziehung und Bildung des Humanum in der Welt einschließt. Die entscheidenden
Beiträge gehören in die Diskussion um den geistigen Wiederaufbau in Deutsch-
land nach dem Ende des 2. Weltkrieges (19). In ihnen nimmt Bultmann die dialek-
tisch-theologische Grundfrage nach dem Verhältnis von christlichem Glauben und
Kultur neu auf und versucht entgegen der zeittypischen Behauptung einer absoluten 'Diastase' der Kulturarbeit ihren eigentlichen Sinn zurückgeben (2o).

Die folgende Untersuchung setzt mit der Frage nach dem traditionellen idealistisch-
humanistischen Erziehungs- und Bildungsdenken und seinen anthropologischen Voraussetzungen ein. Indem sie dessen Problematik in Teil I kritisch entfaltet, werden Kriterien zur Beurteilung von Bultmanns Position gewonnen.

In einer Besprechung von W. Jaeger, Die geistige Gegenwart der Antike (21)
formuliert Bultmann 1930 programmatisch: "Ist es für die Theologie heute ein
konkretes und drückendes Problem, das christliche Daseinsverständnis in seinem
Verhältnis zum idealistischen zu bestimmen und für die Expikation des christlichen Daseinsverständnisses die rechten Begriffe zu finden, so ist es allerdings
eine dringende Aufgabe, dem Ursprung unserer traditionellen Begrifflichkeit bis
in die Antike nachzugehen und klarzustellen, welches Seinsverständnis sie impliziert."

Diesen methodischen Weg wird Teil II der Arbeit kritisch nachvollziehen,
denn in der Rückfrage nach dem griechischen Denken, nach dem impizierten
Existenzverständnis und damit der $\pi\alpha\iota\delta\epsilon\acute{\iota}\alpha$ - Vorstellung werden die philosophischen und anthropologischen Voraussetzungen des für die idealistisch-huma-
nistische Tradition des Abendlandes charakteristischen Bildungsbegriffs histo-
risch-systematisch erschlossen. Der dialektisch-theologische Exeget Bultmann
konfrontiert das Ergebnis dem neuen eschatologischen Selbstverständnis
des Glaubenden. Er unterscheidet damit zwei Möglichkeiten des Existenzver-

14

ständnisses und erhebt zugleich die im Wesen des Glaubens angelegte Stellung
des Christen zum humanistisch-idealistischen Bildungsideal (22).

Die Tragweite der Verhältnisbestimmung wird sich erweisen, wenn sie Bultmann,
wie Teil III der Arbeit aufzeigt, zur Klärung 'konkreter Notwendigkeiten der
Gegenwart' (23) einbringt, denn sie steht mit der Frage nach der Funktion der
Theologie an der Universität und nach der Einordnung des Religionsunterrichts
in das Bildungsgefüge der öffentlichen Schule zur Diskussion. Damit ist zugleich
auch das systematische Kernproblem der Themenstellung, die Frage nach der
Funktion der existentialen Theologie im pädagogischen Feld, angesprochen: Welchen Beitrag leistet Bultmanns theologisches Denken zur Emanzipation, dem Globalziel der zukünftigen Schule? Ist in seine wissenschaftlich-theologische Theo-
riebildung das praktische Vernunftinteresse an der Realisierung von Mündigkeit
einbezogen (24)?

Das Spezifikum der dialektischen Theologie der frühen zwanziger Jahre war ihre
radikale Wendung zu einer Theologie des Wortes Gottes, die einem Ringen um
das hermeneutische Problem in Auseinandersetzung mit Positivismus, Historismus und Idealismus entsprang (25). Ihre Hauptthese: Die christliche Lehre ist
keine Weltanschauung, sondern 'Kerygma', Wort der Verkündigung, das nicht
durch 'bildende Beschäftigung mit der Tradition', sondern in der unverfügbaren
existentiellen Anrede gegenwärtig wirksam wird (26). Bultmann blieb sich dabei
trotz seiner dialektisch-theologischen Wende der Herkunft aus der exegetischen
Schule der liberalen Theologie und damit des hermeneutischen Problems in sei -
ner theologischen Relevanz bewußt. Sein theologisches Gesamtwerk konnte daher
in einer jüngeren Untersuchung als "die umfassendste Inangriffnahme der Hermeneutik auf dem Gebiet der Theologie in unserer Zeit" (27) charakterisiert
werden. Die hermeneutisch reflektierte, wissenschaftlich-kritische Bibelexegese
hat von ihrem Ursprung in der Aufklärung an emanzipatorischen Sinn (28). Auch
an Bultmanns Theologie, die historisch-kritische Exegese (Entmythologisierung)
als existentiale Interpretation durchführt, stellt sich daher die Frage nach ihrem
Beitrag zur Emanzipation des gegenwärtigen Menschen, "ob sie tendenziell die
Menschen liebesfähiger macht, ob sie Befreiung des einzelnen und der Gesellschaft fördert oder verhindert" (29). Insbesondere ist es die Frage nach der
Tragweite der Existentialontologie für die Theologie (30). Damit ist jedoch nicht
nur ein Problem der theologischen Theorie angesprochen, sondern zugleich die
"Frage nach dem Wesen von Predigt und Unterricht und nach dem rechten Ver-
ständnis ihrer Aufgabe" (31) gestellt. Sie wird mit Ende der 50er Jahre von den
Religionspädagogen thematisiert, die sich in der Reflexion der religionspädagogischen Konsequenzen der wissenschaftlich-theoretischen Arbeit Bultmanns von
Dogmatismus des hermeneutischen Systems der Evangelischen Unterweisung zu
befreien versuchen (32).

Die Untersuchung beschränkt sich auf eine kritische Analyse von Bultmanns eigener Position, und zwar der theoretischen Verhältnisbestimmung von Kerygma
und Lehre, der Folgerungen für die Funktion der Theologie an Schule und Universität und der Entfaltung des Selbstverständnisses eines christlichen Unterrichts.

I. TEIL:

ERZIEHUNG, BILDUNG UND RELIGION IN DER TRADITION
DES DEUTSCHEN IDEALISMUS

1. <u>Bildung - ein Leitbegriff des bürgerlichen Idealismus</u>

Die Bildungsidee des Abendlandes (1) ist Teil seiner humanistisch - idealistischen
Tradition, die sich an der platonischen Gedankenwelt des Vorbildes, Urbildes
und Inbildes (2) orientierte. Mit (Ab-)Bild (Symbol) wurde die Repräsentation
des allgemeinen im besonderen, die Transparenz der Natur auf einen allgemeinen Sinn, ihren ideellen Hintergrund, hin bezeichnet (3), der zugleich zum
Vorbild jeder Gestaltung wurde. Der Bildungsbegriff war dabei zunächst nicht auf
Menschenbildung beschränkt, sondern bezog sich auf jede natürliche Bildung, bezeichnete die Gestaltgewinnung der gesamten anorganischen und organischen Natur,"den Gestaltungsprozeß im Ganzen", - Vervollkommnung als den Zweck der
Schöpfung - (4).

Seit dem Ende des 18. Jahrhunderts wird diese breite Verwendung eingeschränkt,
der Bildungsbegriff auf den Zusammenhang mit der Kultur, die das Abendland als
"Prozeß der Humanisierung" der Ganzheit des Lebens (5) versteht, eingeschränkt.
Bildung ist das Ergebnis des (Erziehungs-) Vorgangs, in dem der Mensch sein geistiges Leben gestaltet, sich nach der in seiner Psyche einwohnenden Idee der Humanität zu dieser emporbildet (6). Der Bildungsbegriff hat daher - seit Rousseau,
Herder (Humboldt) - normative und kritische Funktion, seine Intention ist humane
Mündigkeit. M. a. W. "Bildung ist nichts anderes als Kultur nach der Seite ihrer
subjektiven Zueignung." (7)

Hegel hat - vor allem in der "Phänomenologie des Geistes" - die idealistische
Bildungsidee als Versöhnung des sich entfremdeten Geistes herausgearbeitet (8).

1. Bildungsziel ist Erhebung des Menschen zur Allgemeinheit des vernünftigen
Geistes im Gegensatz zu jeder Partikularität.

2. In diesem Ziel sind alle Bildungsmittel, alles, woran und wodurch einer gebildet
wird", aufgenommen, dabei nicht funktionslos geworden, sondern in echt ge-
schichtlichem Sinne aufbewahrt (9).

Hegels Bildungsbegriff blieb grundlegend für die Geisteswissenschaften. Er
wurde im Zusammenhang mit den Begriffen Persönlichkeit und Tradition (Überlieferung, 'geistiges Erbe' ) zum Grundbegriff der geisteswissenschaftlichen Pädagogik (10). Wahre, eigentliche Bildung ist Persönlichkeitsbildung auf Grund von
Aneignung des geistigen Erbes der Vergangenheit, insbesondere der griechisch-
römischen Antike, in der das wahre Wesen des Menschseins antizipiert wurde
(11). Als Nicht-Unmittelbares, Fremdartiges zwingt sie den Menschen zur Überwindung der Entfremdung durch Erhebung zur Allgemeinheit, um die Sache, "das
Objektive in seiner Freiheit", zu erfassen und damit den geschichtlichen Geist
mit sich selbst zu versöhnen (12).

Die Bildungstheorie des Neuhumanismus des 19. Jahrhunderts isolierte die formale Komponente dieser klassischen Bildungsauffassung, mit der die Namen Hegel und W. v. Humboldt verbunden sind (13). "Das Wesentliche der Bildung ist
nicht Aufnahme und Aneignung von Inhalten, sondern Formung, Entwicklung,
Reifung von körperlichen, seelischen und geistigen Kräften" (14), mit einem
Wort 'Personwerdung'. In dieser Zeit entstanden die humanistischen Gymnasien,

und mit der Geschichte dieser Institution ist der den Bildungsbegriff bis in unsere Zeit kennzeichnende 'emphatische' bis abwertende Beiklag der 'höheren' Bildung im Gegensatz zur berufsbezogenen, speziellen Ausbildung verbunden.

Die folgende Darstellung zielt darauf, die Entwicklung dieser Bildungsvorstellung in der bürgerlichen Gesellschaft, die zu einer Einschränkung der umfassenden Intention des Bildungsprozesses auf Bildung zur Geistkultur als Selbstzweck führte, in ihrer Problematik aufzuzeigen.

### 1.1. Bildung und Persönlichkeit

Die geisteswissenschaftliche Bildungstheorie ist von ihrem Ursprung im klassischen Idealismus her "durch die fast tautologische Anwendung der Begriffe Bildung und Persönlichkeit" gekennzeichnet und "eigentümlich belastet" (15). "Der wirklich Gebildete ist eine Persönlichkeit, die in jedem Wort und in jeder Tat ihrem Wesen Ausdruck verleiht, und eine wirkliche Persönlichkeit gibt es nur als gebildete" (16).

In dieser Zusammengehörigkeit fand bis zu Beginn des 19. Jahrhunderts der Emanziptionskampf des Bürgertums gegen den Absolutheitsanspruch von Kirche und Feudalstaat Ausdruck (17). Die bürgerliche Persönlichkeit zeichnete sich durch Selbständigkeit (Individualität), innere Freiheit gegenüber der Tradition und geistige Weltüberlegenheit aus. Ihre gesellschafts-politische war zugleich sittliche Autonomie, d.h., sie schloß selbstbestimmtes Gewissen und Verantwortung für den Mitmenschen ein. Die freie Entfaltung der Persönlichkeit vollzog sich in einem Prozeß ethisch-ästhetischer Selbstvervollkommnung, in der Formung des natürlichen Daseins zur Monade 'Individuum' (18). "Bildung sollte sein, was dem freien, im eigenen Bewußtsein gründenden, aber in der Gesellschaft fortwirkenden und seine Triebe sublimierenden Individuum rein als dessen eigener Geist zukäme. Sie galt stillschweigend als Bedingung einer autonomen Gesellschaft." (19)

Nach dem Scheitern der bürgerlichen Emanzipationsbestrebungen bei fortschreitender Industrialisierung und Technisierung wird Bildung im Laufe des 19. Jahrhunderts zum 'Lebensersatz'. Der ursprünglich gesellschaftspolitisch motivierte Ansatz beim Autonomieanspruch des Individuums wird zum ausschließlichen Prinzip, Bildung damit zum Selbstzweck einer universalen, inneren Geistbildung, die Personwürde zum inneren Wert einer harmonischen Persönlichkeit. Bildung ist nicht mehr Grund der Möglichkeit des Kampfes für die Wahrheiten der Humanität, sondern einer Haltung, die sich durch innere Harmonie und Ausgewogenheit des Verhaltens auszeichnet (20). Diese Entwicklung schlägt sich in den neuhumanistischen Bildungstheorien nieder, die die formale Komponente der klassischen Bildungsauffassung isolieren und verabsolutieren.

Bei W. v. Humboldt hieß es in einem Aufsatz aus seiner Studienzeit: "Alle Bildung hat ihren Ursprung allein in dem Innern der Seele und kann durch äußere Veranstaltungen nur veranlaßt, nie hervorgebracht werden" (21). In der "Theorie der Bildung des Menschen" schreibt er: "Beschränken sich alle diese Forderungen (der Bildung) nur auf das innere Wesen des Menschen, so drängt ihn doch seine Natur beständig, von sich aus zu den Gegenständen außer ihm überzugehen,

20

und hier kommt es nun darauf an, daß er in dieser Entfremdung nicht sich selbst
verliere, sondern vielmehr vor allem, was er außer sich vernimmt, immer das
erhellende Licht und die wohltätige Wärme in sein Inneres zurückstrahle" (22).

Motiv zur totalen Subjektivierung des Weltbezuges war in dieser Zeit das Interesse an der Verwirklichung einer bürgerlichen, demokratischen Gesellschaft von
Freien und Gleichen (23). Jeder soll sich selbst bilden, d.h. sich in seiner
Menschheit, der Möglichkeit zur Selbstbestimmung, Selbstverwirklichung im
Weltbezug darstellen. Die Stagnation der bürgerlichen Revolution führte jedoch
zur totalen Relativierung der Außenwelt. Jede Berührung mit ihr diente allein der
"inneren Verbesserung und Veredlung" (24), der Tugendbildung. Bezeichnend ist
die Definition des Pädagogen Paulsen um die Jahrhundertwende: Bildung ist "Gestaltung des Innenlebens durch das innere Formprinzip" (25). " Ein gebildeter
Mensch wäre... ein Mensch, der den Typus oder das Wesen des Menschen in
voller und reiner Entfaltung darstellt. Da... das Hauptgewicht auf das Innenle-
ben fällt...können wir...sagen: Gebildet ist ein Mensch, in dem durch Erziehung
und Unterricht die menschliche Anlage zu einer das menschlich-geistige Wesen
rein und voll darstellenden individuellen Gestalt entwickelt ist." (26)

Diese Tautologie von Bildung und Persönlichkeit, in der die konkrete Kultur nur
in ihrer Funktion für die geistige Entwicklung des Individuums in den Blick
kommt, prägt die geisteswissenschaftlichen 'formalen' Bildungstheorien bis ins
20. Jahrhundert (27). Die nach Wenigers Urteil zu fast kanonischer Geltung ge-
langte Definition Sprangers steht in dieser Tradition. "Bildung ist die lebendig
wachsende Aufnahme aller objektiven Werte, die zu der Anlage und dem Lebens-
kreise eines sich entwickelnden Geistes in Beziehung gesetzt werden können, in
das Erleben, die Gesinnung und die Schaffenskräfte dieses Menschen, mit dem
Ziel einer geschlossenen, objektiv leistungsfähigen und in sich befriedeten Persönlichkeit." (28) Auch der Religionspädagoge Friedrich Niebergall, seit 1922
auf einem Lehrstuhl für praktische Theologie in Marburg und damit Fakultäts-
kollege Bultmanns, vollzieht diese Gleichsetzung: "Sich selber finden, in den
großen Dingen des Lebens, in all dem, was man zur Kultur im besten Sinne des Wortes rechnet, das ist Bildung. Man kann dafür auch Persönlichkeit sagen, wenn
damit das hohe Ziel gemeint ist, daß sich jemand in seiner eigenen Weise zu den
hohen Werten des Lebens stellt, oder daß er sich im Umgang mit ihnen zu seiner
eigenen Höhe erhebt." (29)

Damit ist deutlich: die gesamte Pädagogik wird von der idealen Zielvorstellung
der gebildeten Persönlichkeit aus entworfen. Die Einzelziele werden weltfern,
transzendent, ohne eigentliche Bedeutung für den Alltag und seine konkrete Er-
ziehungsarbeit (30). Allgemein ausgedrückt: "Die Welt wird von der Bildung her konstruiert." (31) Das in der Einbildungskraft entworfene Bild,
die Idee der Welt, tritt an die Stelle der Begegnung mit den tatsächlichen Verhältnissen. Entscheidende Kritik an diesem Ideal der gebildeten Persönlichkeit
findet sich bereits bei Weniger:
"Persönlichkeit ist kein Produkt der Bildung", sondern sie wird im Vollzug
des Lebens, ist ein geschichtlicher Begriff. "Bildung hat gegenüber der Eigentlichkeit des Lebens einen nur sekundären Charakter..., sie bereitet die

Entscheidungen des Lebens nur vor, an denen der Mensch 'Persönlichkeit' zu
werden vermag. Aber sie können nicht gewollt und auf keine Weise erzwungen
werden." (32)

Bisher wurde versucht, die Dialektik des bürgerlichen Bildungsbegriffs zu entfalten. Das Ergebnis kann zusammengefaßt werden: Der ursprünglich berechtigte Ansatz beim Autonomieanspruch des Individuums gegen die Mächte der Tradition wird durch Verinnerlichung zum "Reflex des politisch unmündigen, wirt-
schaftlich stagnierenden Bildungsbürgertums auf die gesellschaftlichen Konflikte
der dynamischen Entwicklung des Kapitalismus" (33). Die Kehrseite der verin-
nerlichten Geistbildung war die Affirmation des Bestehenden. "Fünf Generatio-
nen haben sich des Schemas der 'Individualität' bedient, um sich auf die Seite des
'Staates' zu schlagen und die Augen vor den gesellschaftlichen und wirtschaftlichen Vorgängen zu verschließen." (34) Das Erziehungsgeschehen wurde im reinen pädagogischen Bezug zwischen Lehrer und Schüler angesetzt. Noch der
Existenzbegriff in der Existenzphilosophie und -pädagogik des 20. Jahrhunderts
ist "ein Rückzug auf die Individualität, ein Versuch, die irrationale 'Eigentlichkeit' des menschlichen Wesens" zu bewahren (35). Mit Recht wird in der gegenwärtigen Diskussion bemängelt, daß diese "rein aufs Individuum bezogene Erziehung dessen Emanzipation als ökonomische und politische 'Mündigkeit' nicht
realisieren kann" (36).

1. 2. Bildung und Überlieferung

Die Problematik der traditionellen geisteswissenschaftlichen Bildungstheorien
wird durch eine Analyse des Verhältnisses von Bildung und Überlieferung weiter
geklärt.

"Mit der Überlieferung so umzugehen, daß sie den Menschen zu sich selbst
bringt, das ist das eigentliche Anliegen der Bildung." (37) Denn "die in großen
Persönlichkeiten und ihren Werken formgewordenen Gehalte haben in diesem
(Bildungs-)prozeß eine besondere Bedeutung" (38).

Voraussetzung dieser Bestimmung des Wesens von Bildung ist die Verknüpfung
dieser Idee mit dem Sein des Geistes (Hegel) (39). "Bezeichnet man den Inbegriff der Kulturgebilde als objektiven Geist, so entspricht diesem auf der seelischen Seite eine nur dem Menschen eigentümliche Schicht des Bewußtseins, die
g e i s t i g e  Schicht. Mit dieser steht Bildung irgendwie in Beziehung" (40), und
zwar geschieht Persönlichkeitsbildung im Medium der Objektivationen der tra-
dierten Kultur, "die selbst die ganze Mannigfaltigkeit der menschlichen Seele"
(41) spiegeln. Kerschensteiner formuliert das Grundaxiom des Bildungprozesses:
"Die Bildung des Individuums wird nur durch jene Kulturgüter ermöglicht, deren geistige Struktur ganz oder teilweise der Struktur der individuellen Psyche
adäquat ist." (42) D. h. , der Idealität des Persönlichkeitsbegriffs entspricht
eine Charakterisierung der Bildungsaufgabe als Hervorbringung und Gestaltung
der in den überlieferten Gebilden verborgenen Idealität. Die konkrete, einmalige
Gestalt der Überlieferung wird notwendig übersprungen, um den Menschen an die
in den Gestaltungen der Tradition erscheinende ewig-gültige Idee zu binden.


22

Der klassisch-idealistische Bildungshumanismus sah in der griechisch-römischen Antike die Idee des geistigen Kosmos, die ideale Harmonie von Persönlichkeit und Makrokosmos im Begriff des Geistes, am vollkommensten, reinsten
verwirklicht. Sie galt daher als wirksamste Formkraft der geistigen Persönlichkeit. "In der Idee letzter Vollkommenheit" (43), den Ideen des Wahren, Guten
und Schönen und nicht durch wiederholende Imitation ihrer besonderen Inhalte
wußte man sich mit dieser Tradition verknüpft. Goethe bemerkt: "Jeder sei auf
seine Art ein Grieche! Aber er sei's." (44) Dieser Bildungsbegriff wird seit Beginn des 19. Jahrhunderts zur Grundlage der humanistischen Gymnasien, in denen der Umgang mit griechischer Sprache und Dichtung, die Einübung in die
ἀρχή -Frage, die wissenschaftliche Wahrheitssuche des Griechentums, als
vorzügliches, unübertreffliches Bildungsmittel gilt (45).


Eine einseitige Ausdeutung von Diltheys idealistischer Struktuphilosophie und
-psychologie wurde zum theoretischen Hintergrund der neuhumanistischen Wei-
terentwicklung der klassisch-idealistischen Bildungsidee, von Nietzsche in der
berühmten 'Zweiten Unzeitgemäßen Betrachtung' über 'Nutzen und Nachteil der
Historie für das Leben' als Pseudobildung 'wandelnder Enzyklopädien' karikiert
(46). Dilthey bediente sich in der hermeneutischen Grundlegung der Geisteswissenschaften Hegels Theorie des objektiven Geistes, löste diesen jedoch von der
"ideellen Konstruktion" und legte "seine Wirklichkeit in der Geschichte zugrunde"
(47). "Die Geschichte ist nichts anderes als das Feld, auf dem die Lebensäuße-
rungen der Seele Gestalt gewinnen in den Werken der Kultur, in den sozialen und
politischen Ordnungen, wie in Weltanschauung, Philosophie und Religion, wie in
Kunst und Dichtung." (48) Die Leitfrage "nach der Möglichkeit, O b j e k t i v i t ä t
i m  V e r s t e h e n  s i n g u l ä r e n  g e s c h i c h t l i c h e n  D a s e i n s ... zu gewinnen" (49), beantwortete Dilthey mit dem lebensphilosophischen Einfühlungsmodell
der "Übertragung des eigenen Selbst in einen gegebenen Inbegriff von Lebensäuße-
rungen. Auf der Grundlage dieses Hineinversetzens, dieser Transposition ent-
steht ... die höchste Art, in welcher die Totalität des Seelenlebens im Verstehen
wirksam ist - das Nachbilden oder Nacherleben." (5o) Damit ist deutlich: Diltheys
Interesse zielt auf eine tiefere Erfassung des erlebenden Subjektes. Dessen Bildung (Gestaltung) geschieht im Medium der symmetrisch strukturierten geschichtlichen Objektivationen.

Diese idealistische Geschichtsbetrachtung ist Grund für das verhängnisvolle Mißverständnis von Bildung und Kultur in der Folgezeit. Der Mensch wird als in seiner
eigentlichen Individualität, der Seele, auf die bessere, edlere Welt der Kultur,
das Reich des Guten, Wahren, Schönen, der Humanität als einem inneren Zustand
hin angelegt verstanden (51). Ihre Realisierung soll durch die kulturelle Bildung
der Individuen, verstanden als Pflege der in der Überlieferung vererb- und erwerb-
baren Geistkultur als einer festen Größe, geleistet werden (52).

An Richerts Idee der "deutschen Bildungseinheit", die seit 1924 der Neuordnung

des Höheren Schulwesens in Preußen zugrundegelegt wurde, wird dieses Verständnis von Erziehung und Bildung als Konsequenz der angedeuteten Dilthey-In-
terpretation deutlich (53). Richert objektiviert Bildung zu einer materialen Einheit des "Bildungsgutes", die er Kultur nennt (54), in die auch Religion orga-
nisch hineingehört (55). Dieser Einheit der objektiven Seite, dem modernen Bildungsganzen, entsprach die subjektive Einheit, die innere Harmonie und geistige
Ordnung der Person (56), die ihren Anspruch der Verwirklichung einer bürger-
lich-demokratischen Gesellschaft von Freien und Gleichen aufgegeben hatte (57).
"Kultur hat nicht, wer die Wahrheiten der Humanität als Kampfruf versteht, sondern als Haltung" (58), die sich in Harmonie und Ausgewogenheit des Verhaltens
demonstriert. Bildung, das "Material zur Selbstverwirklichung" (59), wird damit
faktisch zum illusionären Besitz, die Beschäftigung mit der Überlieferung zum
Selbstzweck des Innenlebens. Ihre Theorie bezieht nicht mehr die gegenwärtige
Gesellschaft kritisch auf deren notwendige Veränderung (60) hin in die Reflexion
ein.

### 1. 3. <u>Die Dialektik des bürgerlichen Bildungsbegriffs - Kritik und Anknüpfung</u>

1. Problematisiert wurde das neuhumanistische Verständnis von Persönlichkeitsbildung als innere Selbstverwirklichung und die entsprechende Vorstellung der
Einheit der überlieferten kulturellen Bildungsinhalte im Begriff des Klassischen
seit der Kulturkrise nach dem 1. Weltkrieg, die in Aufnahme von Nietzsches
Historismuskritik in existenzphilosophischen, theologischen und pädagogischen
Ansätzen "als Krise der kulturellen Werte, ihres Geltungsanspruchs, ihrer
hierarchischen Ordnung und damit der 'geistigen Einheit der Zeit' " (61) verstanden wurde. Die geschichtliche Analyse des eigenen Standortes wurde in die
geschichtliche Besinnung einbezogen. Die Gewißheit der Tradition wurde daher
radikal fraglich, der klassische Subjektivismus wurde zum Relativismus. Die
Konsequenz: die Wirklichkeit der Geschichte konnte nicht mehr "bis auf die Gefahr idealistischer Täuschung hin" nur "in ihrer höheren Idealität", sondern
mußte in der konkreten, geschichtlichen Einmaligkeit aufgegriffen werden (62).
Im Blick auf den Bildungsbegriff: von dem total geschichtlichen Wirklichkeitsverständnis dieser Zeit aus konnten weder selbstverständliche Gültigkeit noch
Verbindlichkeit des aus einer idealistischen Wesensbestimmung von Mensch und
Kultur erhobenen Bildungsideals postuliert werden. Der 'metaphysisch-religiöse'
Charakter (63) des klassischen Bildungsideals überhaupt, die deduktive Ableitung
der Bildungsinhalte wurden in Frage gestellt.

Den Geisteswissenschaften blieb die Aufgabe der Überwindung des drohenden Relativismus durch Artikulation der Wahrheitsfrage als Frage nach dem Sinn der
individuellen und gesellschaftlichen Existenz (64). Die einflußreiche Lösung Diltheys wurde dieser Aufgabe nicht gerecht. Die Gleichsetzung von Bildung und
Persönlichkeit konnte nicht grundsätzlich hinterfragt werden (65). "Daß Erlebnisse durch Innesein charakterisiert sind, so daß es hier ein Problem der Erkenntnis des anderen, des Nicht-Ich ... gar nicht gibt, blieb die Basis, auf der er
(Dilthey) den Aufbau der geschichtlichen Welt in den Geisteswissenschaften zu
errichten suchte." (66) Das apodiktische Urteil der Gegenwart: Nüchternheit
einer kritischen Erziehungswissenschaft und auf dieses irrationale Einfühlungs-

24

modell aufbauende Bildungstheorie schließen einander aus (67).

2. 1958 kommentiert Stallman das Nachkriegsbemühen (68) um einen an die humanistische Tradition des Abendlandes anknüpfenden Bildungsbegriff: "Das 'Zeitalter der Bildung' geht zu Ende, insofern als der Glaube schwindet, der die Bildung als das Mittel zur Selbstverwirklichung des Menschen verstehen wollte. Es ist keine Frage, daß weithin damit auch der Tradition jede Wirkung bestritten und der Geschichte kaum noch ein Einfluß ... zugeschrieben wird." (69) Bis in unsere Gegenwart blieb daher sowohl die Aufgabe der Neubestimmung der Funktion der Überlieferung im Bildungsvorgang als auch die einer Überwindung des individualistischen Ansatzes der im Bürgertum verwurzelten traditionellen Bildungstheorie, in der der Mensch (Schüler) nur als Selbstzweck, als autonome Persönlichkeit, in den Blick kommen kann.

Die Notwendigkeit der grundsätzlichen Infragestellung der überkommenen Bildungsvorstellung von der Erkenntnis der Geschichtlichkeit der menschlichen Existenz aus wird dabei durch empirische Beobachtungen vielfältig unterstützt, die die Kritik präzisieren und weiterführen. Zu den am häufigsten beklagten Faktoren unserer wissenschaftlich-technischen Arbeitswelt gehören Traditionslosigkeit und weithin unkritische Anpassungsbereitschaft vieler Jugendlicher (70). Ihre gesellschaftliche Situation macht die Begründung der Bildungsinhalte von einem abstrakten, idealistischen oder existentialistischen Persönlichkeitsbegriff (71) aus, der die gesellschaftliche Bedingtheit allen pädagogischen Denkens übersieht, unmöglich. Die zurückliegende Theorie des 'pädagogisch Eigentlichen' und die entsprechende Praxis einer unpolitischen pädagogischen Provinz haben die heutige Grundaufgabe der Pädagogik, " in der heranwachsenden Generation das Potential gesellschaftlicher Veränderung hervorzubringen" (72), nicht bewältigt. "Erst in der Vermittlung der bildungstheoretischen und erziehungskonzeptionellen Ansätze mit der Struktur der Gesellschaft kann das Erkenntnisinteresse einer ideologiekritischen Erziehungswissenschaft liegen, als 'reine' Pädagogik wird sie zur Apologie einer jeden Gesellschaft." (73) Sie muß dabei "die humanistisch-aufklärerischen Implikationen des klassischen Bildungsbegriffs" (74), den Willen zur Gleichheit und Freiheit aller, gegen eine 'differenzlose Identität' mit der bestehenden Gesellschaft bewahren und mit dem Ansatz eines bildungstheoretischen Realismus (Marx) produktiv vermitteln. (75). Ziel dieser kritisch-aktiven Erziehungs- und Bildungstheorie wäre, auf dem Hintergrund eines kollektiven Emanzipationsprozesses "die Chancen allseitiger Entfaltung der individuellen Möglichkeiten in der emanzipierten Gesellschaft (zu) garantieren" (76). Voraussetzung wäre, in der gegenwärtigen Gesellschaft auf Grund empirischer Analyse die Möglichkeiten emanzipatorischer Praxis zu erheben und zu realisieren (77). Eine kritische Erziehungswissenschaft muß in diesem Prozeß die Kriterien der Veränderung formulieren und bleibt damit angewiesen auf eine Beantwortung der Sinn- und Wertfragen menschlicher Existenz in der Dialektik von Selbst- und Fremdbestimmung (78). An dieser Stelle kommt als Korrektur jeder Gefahr ideologischer Verfestigung die Aufgabe des hermeneutischen Verstehens unserer Gesellschaft ins Spiel, die "die hermeneutische Befragung von Texten" (79) - auch der Tradition (80) - einschließt.

Damit ist deutlich: In der Aufdeckung der Möglichkeiten der Realisierung von
Mündigkeit wird für den gegenwärtigen Erziehungswissenschaftler bei aller not-
wendigen Kritik an der bürgerlichen Bildungstradition der idealistische Wille zur
Rationalität neu aktuell (81).

## 2. Bildung und Religion

### 2.1. Die 'Bildungsreligion' des klassischen Idealismus

"Wer Wissenschaft und Kunst besitzt,
hat auch Religion.
Wer diese beiden nicht besitzt,
habe Religion!" (1)

In diesem Wort Goethes findet die "Religiosität" der Gebildeten zur Zeit des
deutschen Idealismus ihren klassischen Ausdruck. Für diese nachaufklärerische
Bildungsaristokratie nehmen Humanismus und Idealismus die Stelle der traditionellen positiven Religion ein (2). "Religion ist ... die höchste Humanität, die
erhabenste Blüte der menschlichen Seele." (Herder) (3). Die Welt des Geistes,
die Vernunft, ist für das Denken autonom und absolut verbindlich. Sie ist der tra-
gende Sinn des Weltganzen, der in der Welt der Erscheinungen im Bild der Kunst
(Goethe) (4), im Vollzug begrifflichen Denkens (Hegel) (5) zu fassen ist. Die durch
künstlerische Gestaltung 'schöne', harmonische Seele hat die innere Form, die
traditionell die Religion gewährte. Vorbild "ewiger Schönheit und Größe", "etwas mehr als Irdisches, ja beinahe Göttliches" ist das idealisierte Griechentum
(6).

Das klassisch-humanistische Bildungsideal hat in diesem Denkansatz notwendig
metaphysisch-religiösen Charakter. Bildung ist "Selbstdarstellung Gottes im
menschlichen Geistesleben" (7), in ewiger Vollkommenheit im griechischen Idealismus. Kirche, Gottesdienst, die positive Religion überhaupt, sind für das 'ge-
meine' Volk Ersatz für die fehlende idealistische Bildungsreligion. Humboldt
hält es daher für notwendig,"daß dem Volke die Religion erhalten bliebe" (8).
Für Schleiermachers apologetische Reden 'Über die Religion ... an die Gebildeten unter ihren Verächtern' kann z.B. Goethe dagegen nur eine gesunde und fröh-
liche 'Abneigung' aufbringen (9).

Im ganzen kann die klassisch-idealistische Epoche als Versuch einer Synthese
von Bildung und Religion, von den "religösen Grundwerten der Überlieferung mit
dem modernen Prinzip der Freiheit und Mündigkeit des Menschen", von Vernunft, Humanität und Religion beurteilt werden (10).

### 2.2. Bildung und Religion bei Schleiermacher

### 2.2.1.

Vorbemerkung

Einen eigenständigen Versuch der positiven Verhältnisbestimmung von Bildungs-
autonomie und christlicher Religion unternahm zu Zeit des klassischen Idealismus Schleiermacher, der die Tendenz, sich an die Gebildeten zu wenden, Theologie und Kirche des 19. Jahrhunderts einprägte (11). Noch Bultmanns theologi-

26

sche Arbeiten werden aus dieser Intention erklärt (12). Wir werden im folgenden
nach Schleiermachers Bestimmung des Verhältnisses von Bildung und Religion
fragen und die Konsequenzen, die er für den Religionsunterricht zog, aufzeigen;
im Blick auf das Gesamtthema aus mehreren Gründen:

1. Schleiermachers Begriffe von Bildung und Religion - letztere in psychologischer Uminterpretation - haben die Religionspädagogik der liberalen Theologie
und damit Bultmanns Lehrer entscheidend beeinflußt (13).

2. Schleiermachers Unterscheidung von Bildung und Religion und die daraus folgende Ablehnung unmittelbarer religiöser Wirkungen durch einen christlichen
Unterricht sind Einsichten, von deren kritischer Aufarbeitung die Religionspädagogen, die sich gegen Ende der 50er Jahre allmählich von der Konzeption der
Evangelischen Unterweisung lösten, unmittelbare Hilfe erwarteten (14). M. Stallmann, H. Stock u.a. wußten sich dem theologischen Denken Rudolf Bultmanns
verpflichtet, der sich in seinem systematischen Programm 'Glauben und Verstehen' nach einem späten Urteil Barths als "ein Fortsetzer der großen Tradition des 19. Jahrhunderts und also in neuem Gewand ein echter Schüler Schleiermachers" (15) erwiesen hat und daher zumindest indirekt zu dieser Rückfrage
motivierte.

3. In den Frühschriften griff Bultmann im Gegensatz zur einseitigen Schleierma-
cher-Polemik der dialektischen Theologen Barth und Brunner (16) in seiner Auseinandersetzung mit dem liberalen Verständnis von Religion als bildungs- und
entwicklungsfähigem Kulturfaktor auf die eigentliche Intention des Idealismus und
dessen Verhältnis zur Religion in Schleiermachers Reden zurück (17). - In einem
Brief an Karl Barth vom 31.12.1922 reiht er Schleiermacher in die Ahnenreihe
Jeremia - Kierkegaard ein (18). - In der frühen Abhandlung 'Religion und Kultur'
und in den Auseinandersetzungen mit Humanismus und Idealismus (19) unmittelbar
nach dem Ende des 2. Weltkrieges fallen Bultmanns entscheidende Äußerungen zur
Frage Bildung und Religion, zu den Möglichkeiten religiöser Erziehung und zur
Problematik des Religionsunterrichts. Ihre kritische Aufarbeitung ist Ziel dieser
Untersuchung.

### 2.2.2. Schleiermachers Bildungsbegriff

Schleiermacher versteht sich selbst als Theologe, mit dem Ziel, die Religion
vor den Gebildeten unter ihren Verächtern zu verteidigen. Diese Intention macht
es notwendig, eine der Zeit entsprechende idealistische Philosophie und einen
Bildungsbegriff auszuarbeiten, die der Religion innerhalb der Kultur Daseinsbe-
rechtigung ermöglichen.

In dem Begriff von Bildung, den Schleiermacher in den "Reden" und "Monologen"
der Frühzeit verwendet, steht die Frage der Selbstbildung, der Ausformung der
Individualität, der inneren Bildung von Geist und Gemüt im Vordergrund (20).
Diese Gleichsetzung von Bildung und Persönlichkeit entspringt aktuellem politi-
schem Anlaß, der Forderung der Autonomie des Gebildeten gegen Absolutheitsan-
sprüche von Staat und Kirche (21). "Ein Staat, welcher individuelle Ausbildung der
Person ... hindern will, ist despotisch." (22) Durch diese Frontstellung ver-

fällt Schleiermacher nicht dem für die 2. Hälfte des 19. Jahrhunderts typischen
statischen und egozentrischen  Bildungsindividualismus, der die soziale Dimension menschlicher Existenz, die gesellschaftliche Bedingtheit pädagogischen Denkens, übersieht (23). Über sein  gesellschaftliches Verständnis von Ethik gelingt
ihm vielmehr in seiner Bildungstheorie im Unterschied zu den übrigen idealistischen Konzeptionen ein Ausgleich von Selbstbildung und Wirbildung, Individuum
und Gemeinschaft (24). Selbstbildung ist der 'progressive Weg', auf dem sich
die prästabilierte  Harmonie des Personbewußtseins, die Humanität (wieder-)ge-
winnen, das Böse "als eine Störung der Natur" überwinden läßt (25). Selbstbildung ist dabei nicht nur als Aktivität in Wissenschaft, Kunst und gesellschaftli-
chem Handeln verstanden, sondern sie meint primär ein Re-agieren, ein Sich-
bildenlassen im Anschauen des Universums - "sich ohne bestimmte Tätigkeit vom
Unendlichen affizieren" lassen (26). "Das größte Kunstwerk ist das, dessen Stoff
die Menschheit ist, welches das Universum unmittelbar bildet und für dieses
muß Vielen der Sinn bald aufgehen. Denn es bildet jetzt eben mit kühner und
kräftiger Kunst." (27) Es "ist in einer ununterbrochenen Tätigkeit" (28), als
der "ewige und Alles bildende Weltgeist" (29) nicht Gegenstand aktiven  menschlichen Bildens, sondern Ursprung menschlicher Bildung, die sich durch das
Subjekt, das Selbst vollzieht (30). Dieses Handeln des Universums auf uns, und
so alles Einzelne als "ein Teil des Ganzen, alles Beschränkte als eine Darstellung des Unendlichen hinnehmen, das ist Religion" (31). Eine völlige Identifika-
tion von  Bildung und Religion scheint damit vollzogen. In der Entfaltung seines
Religionsverständnisses wird jedoch neben dieser engen Beziehung auch der
Unterschied beider deutlich werden.

### 2.2.3. Schleiermachers Religionsbegriff

"Was tut Eure Metaphysik ... Eure Transzendentalphilosophie? Sie klassifi-
ziert das Universum ... deduziert die Notwendigkeit des Wirklichen ... Und
was tut Eure Moral? Sie entwickelt ein System von Pflichten ... " ruft Schleiermacher den Gebildeten zu Beginn der 2. Rede zu (32). Religion dagegen gehört
weder in die ratio, noch in den Willen, sondern wird angemessen als Gefühl bestimmt.

Die bekannte Definition lautet: "Ihr Wesen ist weder Denken noch Handeln, sondern Anschauung und Gefühl" (33). Das Religiöse im Menschen hat daher mit der
natürlichen Religion der  Aufklärung nichts zu tun, sondern ist "das  unmittelbare Bewußtsein von dem allgemeinen Sein alles Endlichen im Unendlichen und
durch das Unendliche. Alles Zeitliche im Ewigen und durch das Ewige. Dieses
Suchen und Finden in allem, was lebt und sich regt, in allem Werden und Wechsel, in allem Tun und Leiden, und das Leben selbst im unmittelbaren Gefühl nur
haben und kennen als dieses Sein, das ist Religion." (34) Schleiermacher behauptet,
daß Religion "aus dem Innern jeder bessern Seele notwendig von selbst entspringt, ihr eine eigne Provinz im Gemüte angehört, in welcher  sie unum-
schränkt herrscht" (35). Dieser 'Subjektivismus' legt es nahe, Religion additiv
neben den Bereich der Bildung als wissenschaftlicher Welterklärung, ethischem
Handeln und künstlerischem Tun zu stellen (36). Aber, bereits in den 'Reden'
wird Religion als der alle Lebensformen und jeden konkreten Lebensmoment

bestimmende Erfahrungsgrund verstanden. Der Mensch "soll alles mit Religion
tun, nichts aus Religion" (37). Auch in der Glaubenslehre wehrt er ab, die
schlechthinnige Abhängigkeit von Gott auf einen speziellen Wirklichkeitssektor
neben dem, was durch den Naturzusammenhang bedingt ist, zu beschränken (38).
Das unmittelbare Selbstbewußtsein ist "nicht etwas Zufälliges ... sondern ein
allgemeines Lebenselement"(39). - Diese Religion ist unendlich. "Mitten in der
Endlichkeit eins werden mit dem Unendlichen und ewig sein in einem Augenblick,
das ist die Unsterblichkeit der Religion."(40) Der Mensch als endlicher kann
jedoch die Religion niemals ganz haben, sondern ist an ihre jeweilige Konkretion gewiesen (41). Auch das konkrete Phänomen der christlichen Religion ist
keine abgeschlossene, absolute, sondern eine geschichtliche Größe. Sie ist positive Religion, die auf ihren Ursprung in Christus hin bedacht und in der Viel-
falt religiöser Ausformungen bis in den Bereich der Erziehung ernstgenommen
werden will (42). Schleiermacher fordert daher in allen Bereichen religiöse To-
leranz, damit der Christus in einem unendlichen geistigen Prozeß das Gottesbe-
wußtsein der frommen Persönlichkeit bilden kann (43).

2.2.4. Zum Verhältnis von Bildung und Religion bei Schleiermacher (44) - Zur
Frage des Religionsunterrichts

"Ich bin mit dem Verstand ein Philosoph ... und mit dem Gefühle bin ich ganz
ein Frommer, und zwar als solcher ein Christ." (45) Diese Formel ist nach Ebeling wegweisend für die Interpretation des Verhältnisses von Frömmigkeit und
Bildung (46). Da Schleiermacher die Religion auf das 'Grundmenschliche' bezieht (47), bleibt sie grundsätzlich bildungsoffen, kann nicht an eine bestimmte
Bildungsstufe gebunden, oder gar einer Bildungshierarchie unterworfen werden
(48). An Lücke sellt er die Frage: "Soll der Knoten der Geschichte so auseinan-
dergehen: das Christentum mit der  Barbarei und die Wissenschaft mit dem Unglauben?" (49) In dem allgemeinen Entwurf zum Religionsunterricht an gelehr-
ten Schulen argumentiert er entsprechend: Wenn schulischer Religionsunterricht
vom Staat gerechtfertigt wird, dann, um zu demonstrieren, daß "Religion unter
der positiven Form des Christentums und wissenschaftliche Bildung einander"
nicht ausschließen (50). Diese Beobachtungen werden bestätigt durch Schleiermachers dogmatische Arbeit, deren wissenschaftsmethodischer Grundsatz die
bekannte Formel bezeichnet: "Christliche Glaubenssätze sind Auffassungen der
christlich frommen Gemütszustände, in der Rede dargestellt." (51) - Neben der
dichterischen und rednerischen  Darbietung solcher Glaubenssätze kann sich die
darstellend belehrende und damit dogmatische "nur in solchen religiösen Gemeinschaften ... bedeutend entwickeln und geltend werden, welche einem Kulturgebiet angehören, in dem die Wissenschaft sich als ein von der Kunst ... als
dem Geschäft Gesondertes organisiert, und nur in dem Maß als in der frommen
Gemeinschaft selbst Freunde des Wissens vorhanden sind und Einfluß haben"
(52), die im  Gegensatz zur traditionellen Enge konservativer und pietistischer
Theologie geschichtlich gebildet sind (53). Diese Bildungsbejahung läßt sich jedoch nicht auf das Problem 'Bildung und Religion' übertragen, auf das Schleiermacher in der 3. Rede eingeht: "Alles, was wie sie (die Religion) ein Kontinuum
sein soll  im menschlichen Gemüt, liegt weit außer dem Gebiet des Lehrens und
Anbildens. Darum ist jedem, der die Religion so ansieht, Unterricht in ihr ein

abgeschmacktes und sinnleeres Wort. Unsere Meinungen und Lehrsätze können
wir andern wohl mitteilen, dazu bedürfen wir nur Worte und sie nur der auffas-
senden und nachbildenden Kraft des Geistes ... Anschauen können wir sie nicht
lehren" (54), und "Anschauen des Universums" (55) ist Schleiermachers Formel
für Religion. D.h., lehrbar sind Vorstellungen von Religion, nicht Religion. Das
Universum wird sich seine Bewunderer und Betrachter selbst bilden, für pädagogische Anstrengungen dagegen ist Religion schlechterdings unerreichbar. -
Bultmann spricht an dieser Stelle von der Unverfügbarkeit des christlichen Glaubens (56).

Auch die Definition der Glaubenslehre "Frömmigkeit ist weder ein Wissen noch
ein Tun, sondern eine Bestimmtheit des Gefühls oder des unmittelbaren Selbst-
bewußtseins" (57) läßt keinen Raum für 'Bildung zur Frömmigkeit'. Theologische Bildung betrifft die Vorstellungen von Religion, und sie setzen Frömmigkeit voraus.

Dieser klaren Trennung von Bildung und Religion entspricht Schleiermachers
Polemik gegen die pietistische Anschauung einer erzieherischen (unterrichtlichen) Vermittlung religiöser Erfahrung. Bevor ein Religionsunterricht sich um
Klärung der Gottesvorstellung bemüht, muß der 'Gottesgedanke' "irgendwie ins
Leben kommen und ... mit dem sittlichen Gefühl in Verbindung gebracht werden" (58). Aufgabe eines Religionsunterrichtes kann es höchstens sein, an ge-
lehrten Schulen künftigen Staatsdienern und höher Gebildeten überhaupt eine
angemessene 'Einsicht in Religionssachen' mit Hilfe einer 'historischen Darstellung' zu vermitteln, damit die christliche Sprache als "Depositum der christlichen Gesinnung" vor Verunreinigung bewahrt und verbreitet wird (59).

Schleiermacher bleibt grundsätzlich reserviert gegen einen Religionsunterricht
als schulische Angelegenheit. Aus dem gesellschaftlichen Ansatz seiner Ethik
und Pädagogik folgt eine klare Trennung zwischen Staat und Kirche. Religiöse
Erziehung hat auf das Leben in der relgiösen Gemeinschaft, der Kirche, vorzubereiten. Ihr Ort ist daher Gemeinde und Familie, nicht die öffenlichen Bildungsanstalten, wobei Kirche "einen von dem Hauswesen unabhängigen gemeinschaft-
lichen Unterricht anordnet und denselben nur denen anvertraut, die sich ihr dazu
als besonders bewährt empfohlen haben, d.h., solche, die auch in der Sprache
so durchgebildet sind, daß sie als tüchtige Organe zur Bildung einer reinen
christlichen Sprache dienen können" (60). Dagegen äußert sich Schleiermacher
zum schulischen Religionsunterricht: "Was nun den RU., der in öffentlichen Anstalten erteilt wird, betrifft, so bin ich der Meinung, daß dieser ganz erspart
werden kann. Es ist dieser U. nur ein Rest aus früherer Zeit, in der diese Anstalten, kirchlichen Ursprungs, der Kirche untergeordnet waren." (61) "Das
Wiederaufnehmen und Hervortreten der Andachtsübungen und des Religionsunterrichts hängt mit einer besonderen Modifikation des religiösen Interesses zusammen,... eine bestimmte Auffassung des Christentums nicht von allen der Kirche
angehörenden Glieder anerkannt, findet mehr oder weniger Eingang und wird in
den Schulen bevorzugt. Und die Schule, die das ausgleichende Prinzip stets im
Auge haben sollte, ruft eine Opposition hervor gegen einen Typus, den das religiöse Leben in einem anderen Umkreis gewonnen hat, und gegen das oft recht

wirksame religiöse Leben in den Familien. Gerade in solchen Zeiten, wie die
unsrige ist, sollte man in den Schulen nicht den Religionsunterricht hervorhe-
ben." (62)

Fassen wir zusammen:
Schleiermacher hat vor den gebildeten Verächtern der Religion, der 'Geistelite'
(63) seiner Zeit, den Begriff einer Religion entwickelt, die nicht Ergebnis
menschlicher Bildung ist, zu der nicht erzogen werden kann, aber deren historisch konkrete Vorstellungsformen der wissenschaftlichen Erarbeitung bedürfen,
daher grundsätzlich dem Fortschritt wahrer Bildung offen sind, denn in der Religion ist nichts, was "der höchsten menschlichen Bildung unwürdig wäre" (64).

2. 3. Das kulturprotestantische Konzept einer religiös-sittlichen Erziehung

Schleiermachers Definition der Religion als Gefühl - " um psychologische Interpretationen und Mißverständnisse fern zu halten", nach Bultmann besser "Bewußtsein" - der schlechthinnigen Abhängigkeit, legt für das Verständnis der Folgezeit den Akzent auf des Menschen "Bildung zur Religion" (65). Gerade dieser,
und zwar als Jugendlicher, als Schüler, steht im Blickfeld der Religionspädagogik, der sich daher Schleiermachers Religionsbegriff zur Rezeption anbietet.

Kabisch-Tögel knüpfen in ihrem Buch 'Wie lehren wir Religion', dem bekann-
testen und noch nach dem 2. Weltkrieg verbreiteten Werk der kulturprotestantischen Religionspädagogik, an diesen Religionsbegriff an, formen jedoch Schleiermachers Gedankengang mit Hilfe der Psychologie Wundts zur Grundlage der
Konzeption einer religiös-sittlichen Erziehung mit der Hauptintention der Entwicklung und Förderung der religiösen Anlagen des Kindes, seiner religiösen
Vorstellungen, religiösen Gefühle und seines ethischen Wollens um. Das Werk
trägt bezeichnenderweise den Untertitel: "Versuch einer Methodik des evangelischen Religionsunterrichts für alle Schulen auf psychologischer Grundlage" (66).
Seine bekannten Definitionen: "Religion ist unmittelbarste Wirklichkeit des über
sich selbst hinausgesteigerten Lebens" (67). Die Durchdringung des ganzen Lebens mit der religiösen Stimmung, die die Lebenskraft und -spannung nach allen Seiten erhöht, (ist) die vollendetste Form der Religion." (68) Die Entwicklung dieser allgemeinen menschlichen Funktion, dieser schöpfungsmäßigen Anlage (69) ist "von unvergleichlich segensreicher Kraft ..." Religion ist "eine
Waffe ..., um mit dem Leben fertig zu werden, seiner Not, seinen Versuchun-
gen, seinem Ende", eine "Waffe, die eingesetzt werden kann" (70). Die Unmündigen haben ein Recht, mit dieser 'Rüstung' umgürtet, d. h. ,zur Religion erzogen zu werden.

Das anthropologische Phänomen Religion leistet damit einen wesentlichen Beitrag
zu dem kulturoptimistischen, bürgerlich - idealistischen Erziehungs- und Bildungsziel des 19. Jahrhunderts, in dem es um Aufbau von "Menschenglück und
Menschenfortschritt" (71), um die Entwicklung der "Menschheit aus dem Natur-
zustand zur Kultur", des einzelnen "aus der Naturgebundenheit zur freien Persönlichkeit" (72) ging.

Im staatlichen, 'kulturgemäßen' Religionsunterricht wird die kindliche Erlebnis-

fähigkeit im religiösen Sektor, einem Teilgebiet von Kultur, entwickelt (73). Er
setzt die Lehrbarkeit (74) des religiösen "Erhebungsgefühles" (75) voraus als Bedingung, daß dem Jugendlichen die Lebenskraft 'Religion' zuwachsen kann. D. h.,
im Religionsunterricht überträgt sich die religiöse Ergriffenheit des Lehrers auf
den Schüler mit Auswirkungen bis zu dessen moralischem Verhalten im Alltag.
M. a. W. Kriterium des Wertes von Religion ist letztlich ihr moralischer Nutzen.
Ziel dieses Religionsunterrichts ist es nicht, "Religiosität im einzigen, absoluten und grenzenlosen Maße herbeizuführen", sondern zu wirken im Rahmen der
"Emporbildung der menschlichen Kräfte zu reiner Menschenweisheit" (76). "Die
Selbständigkeit und Dauerhaftigkeit religiösen Lebens innerhalb der übrigen, ihm
erreichbaren Kultur, dies Ziel wird für den Zögling auf religiösem Gebiet inner-
halb des ganzen Bildungsplans die Erziehung anstreben müssen." (77)

    Wie selbstverständlich dieses Denken war, zeigt eine religionspädagogische Re-
zension Barths in der 'Christlichen Welt' von 1911 (78). "Erziehung zur persönlichen Religion, zu religiöser Anschauung und religiös-sittlicher Betätigung
wird dort auch von Barth als Ziel des RU bezeichnet, der damit voll in das schulische Bildungsziel der "Erziehung zur kraftvollen, in sich geschlossenen und
doch freien Persönlichkeit" integriert ist.

Wie verhalten sich im konkreten Unterrichtsgeschehen christlicher Glaube und
biblische Verkündigung zu diesem Begriff von Religion als zu förderndem Kulturfaktor? An welcher Stelle tritt der von den dialektischen Theologen hervorgehobe-
ne absolute Sachanspruch des theologischen Inhalts in Erscheinung? Die Gleichsetzung von Christentum und Religion macht in didaktisch-methodischen Fragen
eine Kooperation der christlichen Theologie mit schulischen Unterrichtszielen möglich. Biblische und kirchengeschichtliche Stoffe, Kirchenlieder und Katechismus-
stücke können vollkommen in den schulischen Bildungsprozeß integriert werden.
Die erlebnisfähige Darstellung großer Persönlichkeiten der Christentumgeschichte
vermitteln dem Kind Erfahrungen, die sein Gewissen wecken und schärfen und zur
Mitarbeit im Reich der Gerechtigkeit, der Liebe und des Friedens motivieren. Daher steht die biblische Verkündigung nicht im Gegensatz zur, sondern ist Teil der
schulischen Bildungsarbeit.

    Der zweite Hauptvertreter der Religionspädagogik der liberalen Epoche, F. Nie-
bergall, steht Kabisch (79) nahe, weist aber darüber hinaus in einer einseitigen
Weiterbildung des theologischen Denkens seines Lehrers J. Kaftan dem Erziehungsbegriff eine zentrale theologische Funktion zu (80). Jesus und Gott sind Erzieher, die Offenbarung in Christus und in der Geschichte überhaupt ist ein Vorgang der Erziehung des Menschengeschlechts (Lessing!) (81). Dieser Erziehungsbegriff, der Entwicklung und Offenbarung verbindet (82), soll in Abgrenzung von Unterricht als intellektuellem Unternehmen den praktischen Charakter
des christlichen Glaubens bezeichnen. Niebergall charakterisiert das Interesse
seines Werkes "Der neue Religionsunterricht": "... daß es nicht bloß kühl sachlich über Religion unterrichten, sondern zum christlichen Glauben erziehen helfen will" (83). Die religiöse Erziehung ist dabei auch für ihn "nur ein Sonderfall
der großen Gesamtaufgabe, die jeder Erziehung gesetzt ist, die Natur zur Kultur emporzuheben und zu verklären, oder aber auch die Kultur an die Natur an-
zuknüpfen" (84).

Dieser pädagogisch-psychologischen Betrachtung des christlichen Glaubens entspricht ein Verständnis der praktischen Theologie als Lehre von der kirchlichen Gemeindeerziehung. Ihr entstammt die Methodenlehre einer praktischen Auslegung des Neuen Testaments, die von den dialektischen Theologen scharf verurteilt wurde (85). - Den schulischen Religionsunterricht mit seinem Gegenstand Christentum als einer Gesinnungs- und Kulturmacht, als Sitte und Brauch (86) unterscheidet Niebergall 'pragmatisch' vom Konfirmandenunterricht, der 'mehr auf die Seele' zielt (87). Wie Kabisch begründet er ihn vom Erziehungsauftrag der Schule her und kann ihn daher aus jeder institutionalisierten Kirchlichkeit lösen (88).

Das Urteil der dialektischen Theologen über diese aus dem Geist der bürgerlichen Gesellschaft erwachsene pädagogisch-psychologische Betrachtung des christlichen Glaubens ist radikal negativ: Das Wort Gottes wird relativiert. Das Christentum wird unter dem Begriff Religion als eine Religion des menschlichen Geisteslebens entfaltet, "als innerweltliche, sozialpsychologischen Gesetzen unterworfene Erscheinung aufgefaßt" (89). "Wie selbstverständlich wird das Wesen des Christentums in geschichtlichen Kräften und Gedanken gesehen, die prinzipiell auf einer Linie mit anderen geistigen Bewegungen stehen." (9o) "In dem Gefüge  Gott der Vater, die Vorsehung, die Kindschaft, der unendliche Wert der Menschenseele, spricht sich das ganze Evangelium aus" (91), das Jesus verkündigt hat. Aus ihm lassen sich Ideale wie Reich-Gottes und entsprechende Arbeiten direkt ableiten. Sie normieren innerweltliches Handeln, weisen ihm Ziel und Weg (92).

Nicht nur der theologische Ansatz beim pädagogischen und moralischen Nutzen von Religion, sondern auch das vordergründige Erscheinungsbild dieses Religionsunterrichts werden radikal kritisiert: "Die Zustände in unserem gesamten höheren Bildungswesen sprechen eine beredte Sprache. Die religiös-zerstörerische Wirkung, die der Religionsunterricht in Verbindung mit den übrigen Unterrichtsfächern ausübt, ist bekannt." Überhaupt ist die Konzeption religiöser Erziehung "eine der wichtigsten Ursachen für die Abwendung des größten Teils der Bildungswelt vom protestantischen Kirchentum" (93).

Die liberale Position bleibt jedoch trotz dialektisch-theologischer Wende auch im 20. Jahrhundert weiterhin in der Lehrerschaft verbreitet, wie der Bericht über "Die fünfzigste Versammlung evangelischer Religionslehrer an den höheren Lehranstalten der Rheinprovinz am 11. 6. 1925" anzeigt. Das Korreferat zu Bultmanns "von Barth'schem Geiste getragenen Ausführungen" über den christlichen Sinn von Glaube, Liebe, Hoffnung setzt mit der "Überzeugung" ein, "daß das heute verachtete Wort 'liberal' noch einmal zu Ehren kommt" und schließt in beschwörendem Pathos: "Wir (liberalen Lehrer) sind überzeugt, nicht etwa an einem babylonischen Turm zu bauen, sondern zu handeln im  Gehorsam gegen die unendliche Aufgabe, die der Idealismus mit Jesus als Arbeit am 'Reich Gottes' bezeichnet ... Es wäre wohl an der Zeit, daß der von Barth und Brunner totgesagte Schleiermacher wieder erstände und 'Reden über die R e l i g i o n  und über die K u l t u r  an die Gebildeten unter ihren Verächtern' richtete." (94)

2.4. Bultmanns Herkunft aus der 'Bildungsreligion' (95) des 19. Jahrhunderts

2.4.1. Zu Schule und Studienzeit

R. Bultmann wuchs in einem Pfarrhaus auf, in dem Pädagogik und Theologie des
liberalen Protestantismus selbstverständliche Denkvoraussetzungen waren. Er
besuchte das humanistische Gymnasium in Oldenburg, an dem er nach eigenen
Aussagen "hauptsächlich um Erfahrungen zu sammeln" ein Jahr lang unterrichte-
te (1906/07) (96). In den autobiographischen Bemerkungen aus dem Jahre 1959
entwirft er zu Schulzeit und Studiengang rückblickend das typische Bild des klas-
sich Gebildeten (97) um die Jahrhundertwende, der sich durch Interesse an den
Bildungswerten der abendländischen Kultur, der griechischen Sprache, der deutschen Literaturgeschichte, Konzert, Theater und Museen, Philosophie und Theologie auszeichnet. Auf Grund dieser Allgemeinbildung ist er an dem humanistischen Gymnasium in Oldenburg nicht nur Fachlehrer für Religion, sondern un-
terrichtet, wie Anfang des Jahrhunderts noch für klassische Philologen üblich,
auch in Deutsch, Geographie und Geschichte (98).

Bultmanns Vater war, wie später Bultmann selbst, Mitglied der Vereinigung der
Freunde der Christlichen Welt, bei deren jährlichen Treffen sie mit den Theologen des freien Protestantismus zusammenkamen und an den Diskussionen, "die
Theologie und Kirche unmittelbar vor und nach dem Ersten Weltkrieg bewegten"
(99), teilnahmen. Im Blick auf den Religionsunterricht vertritt der Vater wohl den
religionspädagogischen Standpunkt der liberalen Theologie, wie an "drei lapidaren
Sätzen" (100) eines Referates vor dem Generalpredigerverein in Oldenburg zu
dem Thema "Staat - Kirche - Religion - Schule" von 1919 deutlich wird (101).

"1. Staat und Kirche auseinander, nicht gegeneinander.
 2. Der Staat los von den Kirchen, nicht von der Religion.
 3. In der Schule nicht kirchlicher Konfessionsunterricht, sondern staatllcher
    Religionsunterricht."

Das Interesse der liberalen Theologen an der Zusammenarbeit von RU, Schule
und Erziehung drückt sich hier aus. Bultmanns Vater kann den RU voll in die
staatliche Schule integriert denken, da er als Repräsentant des 'erziehungsbe-
flissenen' (102) Christentums der liberalen Epoche von der Bedeutung des religiösen Erlebnisses im Werdeprozeß des Schülers zum sittlich vollkommenen Individuum überzeugt ist.

Auch Rudolf Bultmanns Universitäts-Lehrer sind liberale Theologen. Er selbst
nennt unter anderem Adolf von Harnack, Wilhelm Herrmann, die Neutestament-
ler Adolf Jülicher und Johannes Weiß, deren Denkansatz er sich, wie das folgende zeigen wird, auch als dialektischer Theologe verpflichtet weiß (103).

2.4.2. Die 'liberale' Intention in Bultmanns 'dialektischer'Theologie

"Der Gegenstand der Theologie ist Gott, und der Vorwurf gegen die liberale
Theologie ist der, daß sie nicht von Gott, sondern von Menschen gehandelt hat"
(104) und damit den Skandaloncharakter des Wortes Gottes in Christus über-
sprang.

Diese emphatische These leitet die Auseinandersetzung des dialektischen Theologen Bultmann mit der liberalen Theologie. Auf dem Hintergrund der Kultur-
und Gesellschaftskrise nach dem 1. Weltkrieg verurteilt er die relativistische
Geschichtsbetrachtung des Historismus, die geschichtspantheistisch den Glauben
immanent zu begründen sucht (105), und den Kulturoptimismus, der innerweltliches, der Förderung der Kultur dienendes Handeln als 'Gottesdienst' wertet. "Es
gibt kein Tun, das sich direkt auf Gott und sein Reich beziehen könnte. Jede Form
menschlichen Gemeinschaftslebens, die schlimmste, wie die idealste steht in
gleicher Weise unter dem göttlichen Gericht." (1o6)

Trotz dieser radikalen Wendung zur 'Theologie des Wortes Gottes' bleibt sich
Bultmann seiner Herkunft aus der liberalen Theologie bewußt, der er nach eigenen Worten "Erziehung zur Kritik, d.h. zur Freiheit und Wahrhaftigkeit", die
Voraussetzung seiner Arbeit als Theologe, verdankt (107). In einem Brief an
K. Barth zum Jahreswechsel 1922/23 führt er die Differenz in der exegetischen
Praxis, die in seiner Besprechung der 2. Auflage von Barths Römerbrief deutlich
wurde, auf das unterschiedliche "Bildungserlebnis" zurück (108). Bultmann, der
der exegetischen Schule der liberalen Theologie entstammt, hat ein "inneres Verhältnis zur Geschichtswissenschaft", das ihn veranlaßt, "die Tradition der histo -
risch-kritischen Forschung, wie sie in der 'liberalen' Theologie praktiziert wurde,weiterzuführen" (1o9). Bultmann bekennt sich damit zu der der bürgerlichen Gesellschaft entsprechenden kritischen Methode (110). Konkret: In seiner soziologisch orientierten formkritischen Frage nach dem Sitz im Leben geht er analytisch vor, knüpft dabei an die liberale Methode der Literaturkritik an (111). Auch
sein Entmythologisierungsprogramm steht in der Tradition des radikal kritischen
Denkansatzes der nachaufklärerischen Theologie (112). Im Unterschied zur liberalen Forschungspraxis hält er jedoch die Frage nach dem Sinn der historischen Kritik konsequent durch (113), "nicht um kausale Abhängigkeiten festzustellen, sondern im Dienste der Selbstbesinnung, als ... Methode des endlosen
Infragestellens" (114), die zu den Fragen führt, die unsere Entscheidung fordern.
Entscheidung wiederum setzt Verantwortung für sich selbst und Freiheit, also
Personsein, das Ziel des bürgerlich-idealistischen Bildungsprozesses, voraus,
wie er für die kulturprotestantische Theologie selbstverständliche Denkvoraussetzung war (115).

Dieses dialektische Verhältnis zur liberalen Theologie prägt auch das Geleitwort zur Neuausgabe von Harnacks Vorlesungen zur Jahrhundertwende über
"Das Wesen des Christentums" (1950). Gleich zu Beginn betont Bultmann, daß
Harnacks Verständnis des Christentums, "mag man es das liberale nennen, keineswegs das unlebendige Residuum einer vergangenen Epoche ist, das nicht
mehr ernst genommen zu werden brauchte, daß vielmehr in diesem 'liberalen'
Verständnis zum mindesten Motive wirksam sind, die, obwohl heute verdeckt,
ihr Recht behalten und auch wieder geltend gemacht werden." (116) Wenn er
weiter unten R. Lennert zustimmt, der in einem offenen Brief an H. Kittel im
Rahmen einer Diskussion über den evangelischen Religionsunterricht bemerkt,
"daß die Theologen sich doch vielleicht auch im Interesse ihrer Sache selbst da -
rauf einrichten müßten, diese alten liberalen Anliegen wieder etwas ernster zu
nehmen, als sie es heute tun ..." (117),und zwar, wie Bultmann interpretiert

Harnacks Kampf gegen das falsche, orthodoxe Verständnis der rechten Lehre
(118), lehnt er implizit auch die hermeneutische Konzeption der Evangelischen
Unterweisung mit ihrer dogmatistischen Gleichsetzung von Bibel und Wort Gottes
ab (119).

Auf Bultmanns gesamte theologische Arbeit trifft daher das Urteil zu, daß sich
trotz der dialektisch-theologischen Wende mit ihrer radikalen Kritik an der Er-
ziehungs- und Bildungsgläubigkeit des Kulturprotestantismus 'emanzipatorische'
Fragestellungen des 19. Jahrhunderts in charakteristischer Modifikation durch-
halten (120), so daß er z. B. 1948 zu einem Streit in Oldenburg über das Verhältnis von Schule und Kirche, um das Verständnis des Religionsunterrichts
schreiben kann: "Die Schule wird sich das Recht nicht nehmen lassen dürfen, den
R. U. aus eigener Kraft zu erteilen", der sich nicht als Verkündigung, sondern als
"ein einfacher Unterricht über die Christliche Religion im Sinne schlichter Belehrung" versteht(121).

Im Verlauf der folgenden Untersuchung wird der Grund der Möglichkeit dieser
und vergleichbarer konkreter Stellungnahmen zu Erziehungs- und Bildungsfragen
in Bultmanns theologischem Denken aufgewiesen werden.

Wir werden mit der Frage einsetzen, wie sich das Bewußtsein der Kultur- und
damit der Erziehungs- und Bildungskrise nach dem ersten Weltkrieg in Bultmanns frühen Aufsätzen in Gemeinsamkeit mit und im Unterschied zu Barth und
Gogarten niederschlug.

II. TEIL:

DER STELLENWERT VON ERZIEHUNG - BILDUNG - UNTER-
RICHT IM THEOLOGISCHEN DENKANSATZ RUDOLF BULTMANNS

1. <u>Der kulturkritische Ansatz der dialektischen Theologie und Bultmanns Früh-</u>

  <u>schriften</u>

1.1. Problemstellung

Die Geisteslage des gegenwärtigen deutschen Protestantismus wurde wiederholt als
Bewußtsein totaler Krise, die sich nicht zuletzt in der Dauerkrise des Religionsunterrichts spiegelt, charakterisiert. "Auch die machtvolle theologische Erneuerung seit dem zweiten Jahrzehnt dieses Jahrhunderts, die dem uneigentlichen
Krisenbewußtsein die entscheidungsvolle Krise angesichts der Offenbarung entge-
genhielt und den Blick von den empirischen Befunden ablenkte auf die Forderungen der Ewigkeit, vermochte jene Grundstimmung nicht aufzuheben. Indem sie
der bloß phänomenologischen Betrachtungsweise des Protestantismus durch Ernst
Troeltsch und Max Weber eine rein theologische entgegensetzte, trug sie zwar zu
besserer Orientierung gegenüber der biblischen Botschaft, nicht aber zur Orientierung der Protestanten in der heutigen Gegenwart bei." (1)

Diese radikale Kritik wirft der dialektischen Theologie, die nach eigenen Aussagen ihre Sachfrage gerade praktisch, mit der Predigtnot des Verkündigers begründete (2), mangelnde Reflexion der eigenen Wirklichkeit vor, und diese steht
in den die (religions-)pädagogische Theorie und Praxis betreffenden Fragen jeweils zur Diskussion (3). Dieses kritische Urteil wird im folgenden entfaltet und
auf seinem Hintergrund Bultmanns Position untersucht.

1.2. Die Anfänge der dialektischen Theologie: das Wort Gottes als Krisis der
     Kultur

Das Grundgefühl der 20er Jahre war das Gefühl der Krise, dem eine alle Geistes-
gebiete beherrschende Philosophie der Krise (4) entsprang. In ihr schlug sich die
irrationalistische Weigerung der jüngeren geistigen Elite Deutschlands (5) nieder,
die Kriegsniederlage von 1918 anzuerkennen. Sie forderte "geistige Radikalität
und Absolutheit ..., verbot alle 'relativen', alle 'vernünftigen' Lösungen", ver-
langte 'Kampf' (E. Jünger), 'Entscheidung' (C. Schmitt), 'Entschlossenheit' (M.
Heidegger), schlechthin (6). Die Entscheidung an sich, ohne abwägendes materi-
ales Wofür, Wogegen oder Wozu wurde zum einzigen Wert, zur einzigen Möglichkeit, den irrationalen Aufbruch von 1914 zu rechtfertigen, indem man ihn als
Etappe in einer Epoche totalen weltgeschichtlichen Umbruchs deutete (7).

Heidegger gibt in 'Sein und Zeit' (1927) diesem weltanschaulich - politischen Dezisionismus das philosophische Fundament. Er verdrängt das Problem des realen Geschichtsverlaufs durch die Frage nach der Eigentlichkeit: Die absolute Un-
bezüglichkeit eigentlicher Existenz bezeichnet echte, eigentliche Geschichtlichkeit (8).

Folge war die Auflösung der geistigen Einheit der vernünftigen, bürgerlich - humanitären Welt des Abendlandes (9), im pädagogischen Bereich die der normati-
ven, inhaltlichen Einheit der Bildung (10), im theologischen die der Synthese von
Kultur und Religion.

In diese Krisenstimmung gehören die apokalyptischen Gerichtsproklamationen

der dialektischen Theologen. Bekannt wurde vor allem Gogartens leidenschaftli-
ches Todesurteil über die bürgerlich-idealistische Synthese von Christentum und
Kultur, die er treffend charakterisiert: "Es wird unversehens aus der Kultur der
Zweck und aus der Religion ein Mittel zur Kultur, wenn denn auch das feinste,
wichtigste und geistigste" (11). In dem Wartburg-Vortrag 'Die Krise der
Kultur' von 1920 vollzog er, der vor seinen Hörern, den Freunden der Christlichen Welt, wie Luther redivivus (12) wirkte, das höchste unbedingte Werten und
totale Entwerten (13), das "sich grundsätzlich von dem üblichen Kritisieren, das
aus dem immanenten Zusammenhang der Dinge herauskommt und nur ihre gegenwärtige Gestalt in Frage stellt, das an fortschreitende und allmählich bessern-
de Änderung glaubt" (14), unterscheidet. Denn das "Gericht, das die Religion an
der Kultur vollzieht, trifft nicht hier einen Fehler und da einen ..., sondern es
trifft die Kultur als Kultur" (15). Grund der Möglichkeit dieses Nein ist der
Standort im leeren, "für das Fragen nach Gott" freien Raum zwischen den Zeiten
(16). Dieses Nein stammt von einem anderen Gott als dem der überkommenen
Theologie, die ihn im idealistischen Sinne als höchsten Gedanken oder höchstens
Gut verstand. Es "stammt aus einem absoluten Jenseits der Dinge und stellt sie
und ihren Wert ganz und gar in Frage. Da gibt es keine kontinuierende Besse-
rung und Veränderung, oder sie ist vollkommen gleichgültig." (17) Es gibt nur die
"Forderung zum heroischen Aushalten der Krise als der Voraussetzung des er-
hofften und ersehnten Neuen" (18), das total 'Gnade', 'Wunder' ist (19). Die real
-politische Kehrseite dieses Pathos liegt auf der Hand: alle relativen Besserungs-
vorschläge und konkreten Programme werden vehement abgelehnt. An die Stelle
der Synthese, die sich in Begriffen wie christliche Kultur, christlicher Staat,
christliche Moral ausdrückt, tritt die Diastase, das kategorische, statische Nein.

Auch Barths Frühschriften spiegeln das Bewußtsein der Krise. "Wir stehen tiefer
im Nein als im Ja, tiefer in der Kritik und im Protest als in der Naivität, tiefer
in der Sehnsucht nach dem Zukünftigen als in der Beteiligung an der Gegenwart"
(20). Dieses Nein verschließt ihm den Rückweg zur abendländischen Kultur;
"weder zu den Griechen, noch zu Goethe" (21), also weder zu dem antik-platoni-
schen, noch zu dem klassisch-humanistischen Idealismus sieht er eine Brücke.
Aus diesem Nein folgt bei Barth in diesen Jahren eine Konzentration auf die kirchlich theologische Arbeit, ein Aufruf zur 'theologischen Existenz' (22), der, wie
Barth selbst 1945 "An die deutschen Theologen in der Kriegsgefangenschaft" (23)
schreibt, in der Gefahr stand, den positiv kritischen Weltbezug des Wortes Gottes, die Weltgestaltung, nicht mit zu bedenken (24).

Die Kritik, die Harnack (25) und Troeltsch (26) als hervorragende Exponenten der
liberalen Theologie gegen Barth und Gogarten vorbringen, richtet sich gegen die
zeittypische (27), radikale Vereinfachung und Vereinseitigung des Bezuges Gottes
zur Welt in einem schroffen Dualismus. Gogartens Polemik gegen den Entwick-
lungsbegriff des Historismus weist Troeltsch zurück: "So zerhaut er den Knoten
ganz ähnlich wie Kierkegaard, den Knoten, an dem Jahrtausende aus guten Gründen geschürzt hatten, der in der modernen Welt allerdings recht verwickelt geworden ist und an dem nur Allzuviele ohne Ahnung von seiner Gefährlichkeit und
Schwierigkeit mit braven, aber leichten Händen weiter schürzen." (28) Gogartens Christentum nennt er "Privatchristentum", in dem "Gott angeblich einfach

radikal der Welt gegenübersteht ..." "Die Begegnung mit dem Absoluten, sein radikaler Gegensatz gegen die Welt, die Selbstverurteilung des Menschen in dieser
absoluten Situation und die Geringschätzung aller Vermittlung zwischen Gott und
Welt, welche nach Kierkegaard wesentlich Interesse und Werk aller Kirchen ist:
Das ist das Christentum der Absolutheit oder des Entweder-Oder, der Echtheit
und seelischen Tiefe, der historischen Wirklichkeit und des Ideals." (29)

Dieses radikale Nein zum Historismus übersieht, daß das Christentum historisch geworden und damit von dieser Welt ist (30). Das Entweder (Christentum
der reinen Personalität) - Oder (Welt, Kulur) macht 'Vermittlungen' wie 'Pfarrer', 'Gemeindeverwaltung', 'Mission', 'Predigt der Erziehung und  Seelenlei-
tung' unmöglich (31). Diese Kritik der 'Theologie des absoluten Moments' haben
gegenwärtige Analysen bestätigt: Im theologischen Denken dieser Zeit wurde ein
ontologischer Dualismus durch eine absolute Dialektik verschleiert (32). "Begriffe wie Freiheit und Recht, Humanität und Menschenwürde, deren relative Bedeutung für die Ordnung der Welt ja doch vom Ansatz her durchaus festzustellen und
festzuhalten war, (schienen) praktisch ausnahmslos dem großen Bann verfallen ...
Denn die Zeit hörte bloß, was sie hören wollte: eben das Nein über Vernunft und
Humanität, über Geist und Kultur" (33), und damit über die humanistisch - idealistische Tradition.

Zugespitzt formuliert: Die Ideologie der christlich - abendländischen Kultursynthese wurde durch die Ideologie der Krise ersetzt (34), deren Problematik Tillich jedoch bereits 1926 erkannte: Diese Theologie der  Krise "kann geradezu in
eine Stärkung des Geistes der bürgerlichen Gesellschaft und ihres orthodoxen
Korrelates umschlagen, sobald die prophetische Erschütterung  - wie es nicht
anders sein kann - nachgelassen hat." (35)

Die prophetische Kulturkritik jener Jahre mußte dem bürgerlichen Konzept religiöser Erziehung und Bildung, dem Selbstverständnis des staatlichen Religionsunterrichts jener Zeit notwendig widersprechen. Ein Religionsunterricht, "der
sich die Aufgabe stellt, der Religion im modernen Bildungsganzen die rechte
Stellung zu geben" (36), mußte zum Problem werden. Das  radikal transzendente
Wort Gottes ist kein Ziel der Erziehung, sondern von der Sphäre der Erziehung
und Bildung "durch eine unüberbrückbare Kluft geschieden" (37).

1. 3. Bultmanns frühe Beiträge zum Wesen von Kultur und Religion

1. 3. 1. Vorbemerkung

Wir haben in unserer Darstellung der Kulturkritik der dialektischen Theologie
Bultmanns frühe Aufsätze bisher nicht einbezogen. Auch in diesen steht das sy-
stematische Problem von Religion und Kultur (38), das Ringen um das Wesen von
Religion, im Vordergrund. Sie zeigen auch, wie die vordialektische, liberale
Intention (39) sich fortsetzt und Bultmanns Denken Eigenständigkeit verleiht (4o).

1. Bultmann führt im Gegensatz zu Barth und Gogarten die theologische Neube-
sinnung nicht auf das Kriegserleben und die Krisenstimmung der anschließenden
Jahre zurück, sondern sieht sie rein geistig in der inneren Auseinandersetzung
mit der Erziehungstheologie seiner Lehrer begründet. Er fragt: Kann in der li-

beralen Vorstellung einer ästhetisch-idealistischen oder naturalistisch-evolutionistischen Persönlichkeiterziehung der Anspruch des Wortes Gottes, Ruf zur Entscheidung zu sein, zum Ausdruck kommen (41)? Wie ist die menschliche Existenz im Gegenüber zum Wort Gottes zu denken? Die Konsequenz ist sein Bemühen um eine sachgemäße theologische Anthropologie.

Das heißt zugleich:

2. Der Krisischarakter des Wortes Gottes hebt die in der abendländischen Kultur gültigen Prinzipien der Wissenschaftlichkeit nicht auf (42). Die Aufgabe einer kritisch-wissenschaftlichen Auseinandersetzung mit der Tradition, die das Verhältnis von Kultur (Bildung, Erziehung) und Religion sorgfältig bestimmt, auch die Frage nach dem gegenseitigen Bezug stellt, bleibt bestehen.

An dieser Stelle liegt eine Wurzel für Bultmanns hermeneutisches Bemühen.

1920 erschien in der Christlichen Welt wenige Seiten nach Gogartens emphatischem Ruf "Zwischen den Zeiten" ein Aufsatz, in dem Bultmann durch eine "prinzipielle Besinnung auf das Wesen von Kultur und Religion" das Recht des liberalen Verständnisses von Religion als Kulturfaktor grundsätzlich überprüfen will (43). Wenn er darin die harmonische Synthese von Kultur und Religion, die Einordnung von religiösem Erleben in die individuelle Persönlichkeitsentwicklung und damit Lehrbarkeit von Religion und Erziehung zur Religion radikal ablehnt, ist auch er von dem zeittypischen kulturkritischen Interesse bewegt, entfaltet seinen Standpunkt jedoch in einer detaillierten Analyse in der Nachfolge seines Lehrers W. Herrmann, der "Recht und Selbständigkeit" religiösen Erlebens gegenüber den objektiven Phänomenen der Kultur, gegenüber Wissenschaft, Ethos (Recht) und Kunst zu begründen suchte (44), für Bultmann damit zugleich zur Überwindung der liberalen Theologie entscheidenden Anstoß gab (45).

Bevor wir diese Arbeit untersuchen, werden wir nach früheren, vorbereitenden Beiträgen zur Themenstellung zurückfragen.

1. 3. 2. Der Stoiker Epiktet und die Religion des Neuen Testaments - eine exemplarische Gegenüberstellung

Die Unterscheidung von (Erlösungs-) Religion und geistiger Kultur (sittlichem Idealismus) hatte Bultmann, der als historisch-kritischer Exeget in die wissenschaftliche Arbeit eingestiegen war (46), schon 1912 in einem auch für seine späteren hermeneutisch-theologischen Arbeiten typischen Vergleich von griechischem und neutestamentlichem Gedankengut unter dem Thema "Das religiöse Moment in der ethischen Unterweisung des Epiktet und das Neue Testament" (47) implizit durchgeführt.

Bultmann vergleicht die Denkansätze: Die ethischen Vorstellungen des Stoikers Epiktet und des NT (Paulus) sind phänomenologisch vergleichbar, jedoch unterschiedlich motiviert, was Bultmann an dem differierenden Stellenwert der religiösen Aussagen im Verhältnis zu dem zugrundeliegenden religiösen Leben aufzeigt.

Epiktets Ideal ist das in sich selbst zurückgezogene Individuum (48), das in zu-

nehmender Enthaltsamkeit von der Welt alles Individuell-Persönliche abstreift,
um in der Allgemeinheit des Logos aufzugehen. Diesem 'Selbstverständnis' (49)
entspricht eine rein negative Ethik, die weder zum "Überwinden der Natur durch
Gestaltung" noch zur "Schaffung einer Gemeinschaft" motiviert (50). Dem intel-
lektualistischen Individualismus fehlt jedes positive sittliche Ideal, Kriterium ist
allein das innere Verhalten (51).

In dieser ethischen Unterweisung ist der Gottesbegriff "eine Personifizierung der
höchsten Gedankeninhalte, die der Mensch fähig ist zu erzeugen, der sittli -
chen Gedanken" (52). Das Motiv, diese 'Gott' zu nennen, ist die pädagogische Aufgabe (53), denn Epiktet, der freigelassene Sklave und Schüler des Mu-
sonius, will in allem, was er sagt, Erzieher der Jugend sein (54). Die "sittlichen Ermahnungen erhalten Farbe und Wärme, wenn sie als Forderungen einer höheren, persönlichen Macht an den Menschen herantreten." M.a.W. Das religiöse
Moment in der sittlichen Unterweisung des Epiktet ist "die religiöse Interpretation
seiner kynisch-stoischen Tradition" (55). Die Kraft dieses aus erzieherischen
Motiven eingesetzten Moments liegt in der Persönlichkeit Epiktets, und dieses
Persönlichkeitsbewußtsein ist der Zentralpunkt der Differenz zum NT (56).

Epiktets Religion ist "sittlicher Idealismus", die des NT "Erlösungsreligion"
(57). Das paulinische Bekenntnis,"aus Gottes Gnade bin ich, was ich bin", ist
bei Epiktet undenkbar (58), denn Religion ist nicht freimachendes Gotteserlebnis
des Individuums, und der Gedanke eines lebendigen Gottes, der Natur und Geschichte nach seinem Willen auf ein Ziel zu lenkt, ist Epiktet unbekannt (59)."Gerade das, was dieser stoischen Unterweisung fehlt, die Kraft und der Enthusias-
mus einer lebendigen Religion, eines persönlichen Gottesglaubens, die neue Wertung des Individuums und die Macht, die menschliche Seele zu eigenem Leben zu
erwecken, konnte die Religion des Neuen Testaments geben." (6o) Sie hat daher
im Verlauf der Geschichte über die Stoa gesiegt.

Diese Untersuchung eines Vertreters der jüngeren Stoa, die im Vergleich mit
dem Neuen Testament zwei typische Möglichkeiten des Existenzverständnisses
(61) verdeutlichen will, ist im Grunde apologetisch orientiert, denn in ihrer ein-
deutigen Wertung rechtfertigt sie den Sieg der christlichen Religion über die
griechische Kultur (62): Die Anthropologie der Kyniker und Stoiker, die Bultmann
nach dem theologischen Umbruch der 20er Jahre auch der kulturprotestantischen
Theologie vorwirft, ist beispielhaft für die Vergottung der menschlichen Persönlichkeit (63), während die lebendige Gottheit des NT dem Individuum transzendent und nur in der irrationalen Tiefe seiner Persönlichkeit (64) erlebbar ist.

Um das eigenständige Wesen von Religion ging es Bultmann 1917 in seinem Beitrag zur Wilhelm-Herrmann-Festschrift (65). Er hebt Religion von den geistigen
Inhalten der Vernunfterkenntnis, den die Kultur konstituierenden Phänomenen Wissenschaft, Recht und Kunst, ab und definiert: "Als Wesen der Religion wird man
vorsichtig bezeichnen dürfen die Beziehung des Menschen zum Transzendenten,
zu einer göttlichen Welt, zu Gott. Eine Beziehung, die weder durch vernünftige
Erwägungen, noch durch natürliche Notwendigkeit hergestellt wird, sondern
durch Erlebnisse, die dem Menschen außerhalb Vernunft und Natur geschenkt

werden, die ihn überwältigen, denen er sich frei hingibt, die er als Offenbarung,
als Gnade bezeichnet; in denen er sich nicht selbständig schaffend weiß wie in den
übrigen Kulturgebieten, sondern schlechthin abhängig. " "Sie sind jeweils neu, ursprünglich und selbständig, sind damit unter dem Entwicklungsgedanken nicht
faßbar, so daß es eine Geschichte der Religion nicht geben kann wie es eine Geschichte der anderen Kulturinhalte als objektivierten Gestaltungen des geistigen
Lebens gibt. Religionsgeschichte kann nur den Begriff, die Bedeutung des Transzendenten im Zusammenhang der Entwicklungsstufe der betreffenden geistigen
Kultur darstellen, ist aber unabhängig vom Besitz von Religion, von eigenem religiösem Erleben. " (66)

1. 3. 3. Kultur und Religion - ihre Beziehung zueinander

In welchem Verhältnis steht nun diese als persönliches Erleben der Transzendenz zu bezeichnende eigenständige Religion zur Kultur, in deren Bereich sich
entsprechend der idealistisch humanistischen Tradition Erziehung und Bildung
abspielten? Der Aufsatz "Kultur und Religion" versucht eine Antwort, deren
Denkansatz sich bis zur Diskussion der Frage 'Humanismus und Christentum'
nach 1945 durchhält (67).

Bultmann setzt ein mit einer detaillierten Geschichtsbetrachtung: F ü r  die Kul-
turbetrachtung der Religion spricht die Entwicklung primitiver Wissenschaften
aus religiöser Welterklärung. D a g e g e n  steht erstens die im Verlauf der Geschichte allmählich fortschreitende Emanzipation der geistigen Kultur. Wissenschaft, Recht und Sittlichkeit, Kunst werden p r o f a n ,  verstehen sich a u t o n o m
und v o r a u s s e t z u n g s l o s ; ihre Sätze werden nicht von einer außerhalb
existierenden Größe, sondern innerhalb des eigenen Gedankensystems begründet;
dagegen steht zweitens der sich z. T. als hemmend auswirkende Einfluß der Religion in der Geschichte der geistigen Kultur. Auch das Urchristentum war im
Gegensatz zur kulturfördernden Stoa nur eine spezifisch religiöse Bewegung.

Eine prinzipielle, an Schleiermachers 'Reden' orientierte  Besinnung auf das
Wesen von Kultur und Religion verdeutlicht den Gegensatz: "Die Kultur ist die
methodische Entfaltung der menschlichen Vernunft in ihren drei Gebieten, dem
theoretischen, dem praktischen und dem ästhetischen. Für sie ist also wesentlich die AKTIVITÄT des menschlichen Geistes; er ist es, der die drei Welten
der Kultur: die Wissenschaft, Recht und Sittlichkeit, und die Kunst, baut" (68),
die in ihrer Bindung an die Gesetzmäßigkeit ihres Vernunftgebietes notwendig,
allgemeingültig und überindividuell sind. Ihre Gestaltungen haben "nur in ihrem Inhalt, ganz abgesehen von ihrer tatsächlichen Verwirklichung" durch ein
Individuum Geltung. Der Gestaltungswille des 'Tüchtigen' formt das Diesseits
nach der jenseitigen Idee (69).

Diesem Begriff von geistiger Kultur stellt Bultmann Religion als das Gefühl -
besser Bewußtsein - der schlechthinnigen Abhängigkeit gegenüber. Ihre Erkennt-
nisse und Gedanken haben nur "individuelle Geltung" (70), denn "Religion ist
nicht in objektiven Gestaltungen vorhanden wie Kultur, sondern im Verwirklicht-
werden, d. h. in dem, was mit dem Individuum geschieht". Ihr Sinn ist im Gegensatz zur Kultur der geistigen Aktivität das Werden des Einzellebens in seiner In-

dividualität (71).

Als unmittelbare, individuelle Erfahrung von Dasein und Handeln des Universums
ist Religion das "Bewußtsein schlechthinniger Abhängigkeit" und als solches "neutral gegenüber den Gestaltungen der Kultur" (72). Ihr Ursprung ist nicht der vernünftige Geist, sondern eine "unvernünftige Wundergeschichte" (nach Schleiermacher, R. 5, 268).

In der Tradition des frühen Schleiermacher zieht Bultmann aus diesem Gegenüber
Folgerungen im Blick auf die Möglichkeiten religiöser Erziehung im Religionsunterricht (73):

1. Die Erlebnisreligion ist Privatsache: Die notwendige Konsequenz wäre die
Trennung von Religion (Kirche) und Staat (Schule). Im Blick auf die sittliche Erziehung folgt aus dieser Unterscheidung: Das Ethos ist ein Phänomen der vernünftigen Kultur. Gott kann daher nicht als Hüter einer allgemeinen Moral beansprucht
werden. "Kraft der Willensbildung ist nicht die Religion, sondern die Bildung des
sittlichen Urteils und vor allem die Erziehung im Gemeinschaftsleben." Eine Erziehungspraxis, in der die religiöse Erziehung mit der sittlichen identifiziert oder
die sittliche religiös überhöht wird, ist damit abgelehnt. Mit Schleiermacher
trennt Bultmann also die moralische Bildungsanstalt des Staates und das priester-
liche Wirken lebendiger, (frei-) kirchlicher Gemeinschaften (74).

2. Unterricht und Erziehung lehnt Bultmann für den Bereich des religiösen Erlebens überhaupt ab. Er stimmt Schleiermacher zu: "Torheit wäre es, zu fordern:
'Nach und nach soll der Mensch religiös werden, wie er klug und verständig wird
und alles andere, was er sein soll; durch den Unterricht und die Erziehung soll
ihm dies kommen; nichts muß dabei sein, was für übernatürlich oder auch nur
für sonderbar könnte gehalten gehalten werden'." (75)

3. Aus dem Wesen des religiösen Erlebens im Gegensatz zur Kultur folgt vielmehr grundsätzlich: "Religionsunterricht, als ein Unterricht, der zur Religion
oder in Religion erziehen will,... ist ebenso widersinnig und unmöglich wie eine
Religionsphilosophie. Denn deren rechtmäßiger Gegenstand könnten ja nur Aussagen, also Objektivierungen des religiösen Erlebnisses sein; soche sind nie die
Religion selbst." (76)

Bultmann erteilt damit sowohl dem kulturprotestantischen Erziehungskonzept
einer Erziehung zur Religion als auch allen späteren Modi einer Erziehung zum
Glauben eine radikale Absage.

In der weiteren Analyse des Wesens der religiösen Erlebnisse wird deutlich: Ein
Unterricht über Religion betrifft die Objektivationen des Erlebens im Bereich
der Kultur, ist also ein Kulturfaktor. Die Erlebnisse selbst "stehen....nicht in
einem Verhältnis der Entwicklung zueinander, sondern sie sind da oder....nicht
da, und sie sind prinzipiell immer die gleichen" (77). Ihre Objektivationen stehen
innerhalb der Geistesgeschichte als einer "Darstellung der Selbstentfaltung der
Vernunft im Ringen mit dem Natürlich-Stofflichen" in einem geschichtlichen Zusammenhang, aber es gibt weder eine Geschichte der Religion noch anderer
existentieller Phänomene (78). Versteht man unter "Kulturfaktor eine geistige

Macht, die Geschichte schafft und die in den objektiven Gestaltungen der Kultur ihre Existenz hat, so ist die Religion kein Kulturfaktor und die Geschichte der geistigen Kultur als Problemgeschichte kann ohne Rücksicht auf die Religion geschrieben werden" (79). Unterricht über Religion und religiöses Erleben liegen auf zwei
grundverschiedenen Ebenen.

Bultmann bleibt jedoch nicht bei einem rigorosen Entweder/Oder Gogarten'scher
Prägung stehen, sondern bestimmt die Stellung der Religion zum Diesseits, die
Beziehung von Kultur und Religion. Der Sinn der Wissenschaft, der Ursprung der
geistigen Kultur liegt in der Bewältigung der Naturerfahrung. Diese je zu bewäl-
tigende Spannung von Natur und Kultur können Individuen als ihr Schicksal erleben, und hier liegt der Ursprung von Religion. In diesem Erlebnis, das als
schicksalhafte Schenkung einer einheitlichen, sinnvollen Macht erfahren werden
kann, kann - in einem paradoxen Geschehen - gerade der Reichtum des Lebens
zuwachsen. Und dies "Erlebnis..., sich solcher Schenkung öffnen zu können, ist
das Erlebnis s c h l e c h t h i n n i g e r Abhängigkeit, der freien Selbsthingabe, ist
die Geburtsstunde der R e l i g i o n" (80). Daher setzt Religion wie Wurzeln in
den Lebenskräften der Natur die Teilnahme an der Kultur und damit an Erziehung und Bildung voraus, deren Ziel aber niemals Erwerb von Religion sein kann.
Religiöses Erleben ist ein "Jenseits im Verhältnis zur Natur wie zur Kultur",
verlangt aber die Verwurzelung in beiden Welten (81), wobei die Kulturhöhe nicht
zur Diskussion steht.

Auf diesem Hintergrund kann Bultmann Religion umgekehrt als den stärksten Kulturfaktor bezeichnen, denn "ohne die Kraft des Erlebens würde die Kultur sinnlos,
und so ist nun nicht eigentlich die Religion gerechtfertigt vor der Kultur, sondern
die Kultur gerechtfertigt durch die Religion" (82).

Für die geschichtliche Situation der 20er Jahre (83) folgt aus dieser differenzierten Verhältnisbestimmung:

1. Gegen Flucht in die Kulturvergötzung bzw. Verabsolutierung eines bestimmten
Kulturstandes (z. B. der Kultursynthese des 19. Jhdts. ) führt die Religion dem Individuum die Frage des eigenen Sinnes und Zweckes vor Augen und wird von daher
wesentlich kulturkritisch.

2. Die Zeit ist durch das Sehnen nach religiöser Neugeburt gekennzeichnet. Ihr
Ausdruck ist der Kommunismus, der aktuelle "Protest gegen die Vergötterung
der Kultur", der aber verkennt, daß ihr Wesen eine ideelle Norm, kein Zustand,
sondern eine jede aktuelle Verwirklichung überschreitende Richtung ist und "in
diesem Sinne zum menschlichen Geistesleben notwendig gehört" (84).

3. Die Mitarbeit bei dem die Kulturarbeit garantierenden Neubau des Staates, der
alle Kulturarbeit und Kulturwerte zusammenfaßt, ist die Aufgabe jedes Menschen.
"Aber für das Individuum gibt es Höheres als Kultur; sein Leben, sein Glück,
das so zu heißen verdient, wird nicht erarbeitet, sondern als Geschenk empfangen.
Höher als Schaffen steht das Erleben." (85)

Fassen wir zusammen:

1. In dieser Besinnung auf das Wesen von Kultur und Religion verfällt Bultmann

weder einem starren, absolutistischen Entweder/Oder, noch der das 19. Jhdt.
kennzeichnenden Kultursynthese, die "in der Religion ein interessantes Kultur-
phänomen" (86) sah, sondern kann in sachlich nüchterner Argumentation ihre
wechselseitigen Beziehungen herausarbeiten.

2. In der Definition von Kultur knüpft Bultmann an das humanistisch-idealistische
Erbe des Abendlandes an, das Bildung, Erziehung und Unterricht dem Bereich der
Kultur zuordnet. Die Maßstäbe für die Weltgestaltung werden aus dem Kulturideal
deduziert.

3. In klarem Gegensatz steht die Religion, die Kraft des individuellen Erlebens,
der Spannung von Natur und Kultur, in der jeder Mensch steht. Sie begründet das
persönliche Leben im Jenseits zu Natur und Kultur (87). Sie hat daher ambivalenten Charakter: Sie kann die Entwicklung von Bildung und Kunst, Recht und Staat
hemmen, aber auch kulturkritisch jeder Kulturvergötterung wehren (88). Religion
ist daher kein Mittel zur sittlichen Bildung, kein Erziehungsphänomen. Unterricht
in Religion kann nur als Unterricht über die Objektivationen von Religion im Bereich der Kultur verstanden werden.

4. Das spezifisch Christliche des religiösen Erlebens, das (eschatologische)
Wesen des christlichen Glaubens (89) in Abgrenzung gegen jede nur menschliche,
rein innerweltliche Haltung (9o) entwickelt Bultmann erst in den folgenden Arbeiten und setzt es zur Kultur und damit zu Bildung und Erziehung in Beziehung.


2. <u>Die Entfaltung des Glaubensbegriffes innerhalb des dialektisch-theologischen
Denkansatzes</u>

2.1. Die Akzentuierung der Verstehensfrage - Bultmann im Gegensatz zu Karl
Barth

In seiner Besprechung von Bultmanns Theologie des Neuen Testaments merkt
N.A. Dahl an: "Der von Anfang an zwischen Barth und B. vorhandene Unterschied liegt jedenfalls zum Teil daran, daß der theologische Ansatzpunkt für
Barth die Situation des Predigers, für B. dagegen die Situation des Hörers des
Wortes war." (1) Barths theologische Arbeit entstand aus der Ratlosigkeit des
Gemeindepfarramtes (2): "Wir sollen als Theologen von Gott reden. Wir sind
aber Menschen und können als solche nicht von Gott reden. Wir sollen Beides,
unser Sollen und unser Nicht-Können, wissen und eben damit Gott die Ehre geben. Das ist unsere Bedrängnis." (3) Diese Erfahrung der Predigtnot war Anlaß zum Römerbriefkommentar, einem hermeneutischen Versuch, den Historismus der liberalen Epoche zu überwinden, mit Hilfe der 'dialektischen Methode'
die von Paulus verkündete Wahrheit Gottes, den 'ewigen Geist' der Bibel, direkt
zu vergegenwärtigen (4). Barth gewann damit ein neues Verständnis von Theologie
als Rede von Gott, die gegen die kulturprotestantische 'Relativierung und Ethisie-
rung' des christlichen Glaubens den absoluten Anspruch des **Wortes** Gottes pro-
klamierte.

Wir können die Problematik der ausschließlichen Konzentration auf das Wort
Gottes an dieser Stelle nicht diskutieren. Sie brachte Barth den Vorwurf des
'ontologischen Dualismus' (5) und des 'Offenbarungspositivismus' (6) ein. D. h.,
sie stand in der Gefahr, sich auf eine Darlegung des überlieferten Glauben der
Kirche zurückzuziehen, die Existenzfragen des Hörers, vor allem am Rande
der Kirche, zu ignorieren. (7)

Auch Bultmann basiert auf dem dialektisch-theologischen Denkansatz. Auch er
begründet seine theologische Arbeit in der Offenbarung Gottes (8). Seine kritische
Rezension der 2. Auflage des Römerbriefkommentars von Karl Barth (9) zeigt
jedoch bereits grundsätzlich theologische und methodische Differenzpunkte zu
diesem auf, die deutlich machen, daß für Bultmann zum "Nachdenken der geschehenen Offenbarung" (1o) die methodische Frage nach den Möglichkeiten des
Zugangs der menschlichen Existenz zur Offenbarung über ein Dokument der geschichtlichen Überlieferung, das Problem der Vergegenwärtigung (11), wesentlich hinzugehört.

1. Glauben versteht auch Bultmann als schlechthinniges Wunder (12), von jedem
psychischen Prozeß (Natur) und Bewußtseinsvorgang (Leben aus dem Geist, Kultur) radikal unterschieden. Der Weg zum Glauben ist kein innergeschichtlicher
Vorgang, sein Ziel kein Ergebnis eines Willensaktes, keine vernünftige Methode
kann zu Gott führen. (13)

2. Trotz dieses gemeinsamen Ausgangspunktes kritisiert er Barths Glaubensbegriff (14) als nicht genügend "von dem Gegenstand irgendeiner Spekulation" (15)
abgegrenzt. "Was soll dieser Glaube, dessen ich nicht bewußt bin, von dem ich
höchstens glauben kann, daß ich ihn habe?" (16) "Ein Glauben jenseits des Bewußtseins ist doch wohl nicht die 'unmögliche Möglichkeit', sondern in j e d e m
Sinne eine Absurdität" (17), seine Kehrseite ein übertriebener, exegetisch nicht
gerechtfertigter Supranaturalismus. Bultmann stellt positiv dagegen: Wenn man
Bewußtsein nicht als 'psychischen Prozeß', sondern "als den geistigen Gehalt,
der in solchem Prozeß 'anschaulich' wird", versteht, ist Glaube "durchaus eine
eigentümliche Bestimmtheit der Inhalte unseres Bewußtseins" (18), denn anders
wäre das zum Glauben gehörende Bekenntnis unmöglich.

3. Dieser Unterschied zu Karl Barth dokumentiert sich auch in dem Verhältnis
beider zum Text. Der Exeget Bultmann sieht die Differenz zu Karl Barth nicht
in der Sache, sondern im 'Bildungserlebnis', das für ihn ein "inneres Verhältnis
zur Geschichtswissenschaft" (19) und damit zur kritisch-exegetischen Arbeit bedeutet. Das πνεῦμα Χριστοῦ ist zwar die Krisis des Ganzen, führt aber die
liberale Aufgabe der historischen Kritik, die aus dem Vorhandensein von Glaubens-
zeugnissen resultiert, nicht ad absurdum (2o). Ihre Funktion ist aber nicht - wie in
der liberalen Theologie - Glaubensbegründung, sondern aufzudecken, "wo und wie
die S a c h e zu Wort kommt", um die Sache zu erfassen, durch ständige Befragung des Textes zur Klarheit in der Sache zu kommen, die größer ist als das
historisch-relative Bibelwort (21). Die Unterschiedung von Gesagtem und Gemeintem ist damit angesprochen; der Problemhorizont der Sachkritik, die in die Arbeit an einer theologischen Hermeneutik mündet, aufgedeckt.

Der Gegensatz wird beispielhaft deutlich in der Besprechung von 'Karl Barth,
Die Auferstehung der Toten'. Aus dem Kontext der paulinischen Briefe folgert
Bultmann im Gegensatz zu Barth das σὺν Χριστῷ εἶναι als Auslegungsprinzip
von 1. Kor. 15. "Christus ist nicht der kosmische Grund einer zukünftigen Zu-
ständlichkeit, sondern der geschichtliche Grund für unser gegenwärtiges Sein." (22)
Höhepunkt des 1. Korintherbriefes ist daher nicht das kosmologisch-mytho-
logische Kapitel 15, sondern Kapitel 13: Die Verkündigung der Totenauferstehung
ist die Verkündigung der ἀγάπη . (23)

### 2.2. Die menschliche Existenz in der Entscheidung vor Gott - der Glaubens-
####        begriff des Jesus-Buchs

In Bultmanns Jesus-Buch von 1926 (24) manifestiert sich endgültig seine Wende
von der liberalen zur dialektischen Theologie. Durchgehender Zug ist die Polemik gegen ein durch die idealistische Tradition bestimmtes Verständnis der
neutestamentlichen Anthropologie, ohne daß einer der liberalen Hauptrepräsen-
tanten namentlich genannt würde. (25)

Die Hermeneutik:
Bultmann führt einen Dialog mit der Geschichte, in dem eine wirkliche, ihren
Anspruch hörende Begegnung geschieht. Zu dieser "höchst persönlichen B e -
g e g n u n g   m i t   d e r   G e s c h i c h t e" (26) will er auch den Leser führen.

Die Theologie:
Bultmanns Interesse gilt nicht mehr wie in der liberalen Leben-Jesu-Forschung
des 19. Jahrhunderts der Persönlichkeit des historischen Jesus, sondern seiner
Verkündigung "als ... Auslegung der eigenen, in der Bewegung, in der Unge-
sichertheit, in der Entscheidung befindlichen Existenz, als der Ausdruck für eine
Möglichkeit, diese Existenz zu erfassen" (27), die auch in der Gegenwart Gültigkeit hat. Als solche ist "Jesu Lehre" kein System allgemeiner Wahrheiten (28).
Jesu Predigt entwickelt keine Theorie über Persönlichkeitsbildung im Sinne eines
ästhetisch-idealistischen Individualismus oder humanistischen Universalismus,
sondern Sinn seiner eschatologischen Botschaft ist die Aufforderung, jedes Jetzt
als wesenhaft neue, letzte Stunde der Entscheidung zu verstehen, "und zwar der
Entscheidung zwischen Gut und Böse als ... Entscheidung für Gottes Willen oder
für den eigenen Willen" (29). Durch diesen anthropologischen Ansatz beim Begriff des Willens kann Bultmann die menschliche Existenz als Einheit verstehen
(3o). Der Wille ist dabei nicht als durch vernünftige Einsicht determiniert gedacht, sondern er konstituiert sich in der Entscheidung des Augenblicks, in der
die Kontinuität mit der Vergangenheit aufgehoben und jeder Gesichtspunkt der
Entwicklung (Erziehung) ausgeschlossen ist. (31)

Nur wenn der Leser Jesu Wort als je über sein Jetzt entscheidendes, seine konkrete Existenz treffendes und bewegendes Wort hört, kommt es zur Entscheidung
zum Gehorsam, und damit zu einer Begegnung mit Jesus. Diese Glaubensentscheidung ist keine Wahl zwischen zwei beliebig zur Verfügung stehenden Möglichkeiten, sondern die gehorsame Preisgabe des natürlichen Willens für Gott
und damit eine totale Neubestimmung der ganzen Existenz durch Gottes eschatologische Herrschaft (32). Die negative Entscheidung hat dann "nicht den relativen

Charakter einer Entwicklungsstufe, sondern den absoluten Charakter der Sünde"
(33), während die positive im Tun der Liebe, der ungeteilten, definitiven Hingabe
für den anderen Wirklichkeit wird. Jesu Gottesbegriff ist damit deutlich: "Gott
ist der Gott der Gegenwart, weil sein Anspruch den Menschen in seinem gegenwärtigen Hier und Jetzt trifft, und er ist zugleich der Gott der Zukunft, weil er
dem Menschen für das Jetzt der Entscheidung Freiheit gibt und vor ihm steht als
die Zukunft, die sich in der Entscheidung dem Menschen öffnet: Gericht oder
Gnade." (34) M. a. W. Das Wort Gottes leitet weder zur Ausbildung der Persönlichkeit, noch zum Entwurf eines Programms zur Weltgestaltung an (35), sondern stellt als Anrede die menschliche Existenz je in die Situation der Entscheidung und wird damit je neu zum Ereignis des Gerichts oder der Vergebung (36).
Glaube meint dann die je neue gehorsame Preisgabe der ganzen Existenz an Gott
(37).

Mit diesem Existenzverständnis - "ihr Sinn ist der: in der Entscheidung zu stehen
vor Gott" (38) -, das Bultmann in Anknüpfung an Heideggers Existentialanalyse
in der Folgezeit weiter ausführt, hat er sich von der idealistischen Erziehungstheologie des 19. Jahrhunderts - ein Beispiel ist sein Berliner Dogmatiklehrer
Julius Kaftan (39) - scharf abgegrenzt: Nicht durch Erziehung und Unterricht,
sondern in der in Gott begründeten Glaubensentscheidung vollzieht sich je neu
die Konstituierung je meines individuellen Seins (4o).


2. 3.  Die Aufgabe des Religionsunterrichts: Entscheidung vor Gott
       Der religionspädagogische Ansatz des 'frühen' Bohne im Anschluß an Bult-
       manns Jesus-Buch

Auf diesen Entscheidungsbegriff in Bultmanns Jesus-Buch baut Bohne in dem
grundlegenden Werk "Das Wort Gottes und der Unterricht" (41) seine religionspädagogische Konzeption auf. Diese Schrift ist der 'klassische' Versuch, den
kulturkritischen Anstoß der Dialektischen Theologie für die Religionspädagogik
fruchtbar zu machen (42), trotzdem aber im Gegensatz zu deren Pädagogikfeind-
lichkeit den RU als ordentliches Schulfach, als organischen Bestandteil der schulischen Bildungsarbeit zu akzeptieren (43).

Bohnes systematischer Ausgangspunkt ist die Spannung zwischen Kultur und Religion, Bildung und Evangelium, die weder wie in der Kulturkritik Barths und
Gogartens in eine Aporie führt, noch aufzulösen, sondern durchzuhalten ist (44).
Beispielhaft deutlich wird sie am Religionsunterricht, der "dadurch, daß er
R e l i g i o n s  unterricht sein will und doch zugleich Religions u n t e r r i c h t
ist, hineingestellt (ist) in eine ungeheure Spannung" (45). Es ist einmal die grundsätzliche Spannung des Trägers des Evangeliums zum gesamten Bildungsvorgang
(46), zum andern ist seine innere Situation charakterisiert durch die Spannung von
menschlichem Wort (Lehre) und Wort Gottes (Verkündigung), unterrichtlichem
Bemühen und Wirken des heiligen Geistes, religiösen Zielsetzungen der menschlichen Erziehung und Wiedergeburt als Tat Gottes (47).

Aus dieser Wesensbestimmung ergibt sich die Aufgabe des Religionsunterrichts,
die Bohne theologisch formuliert: "daß er den Menschen in die Spannung hinein-
stellt, d. h. aber, daß er ihn in die Entscheidung stellt vor Gott." (48) Diesen


50

Anspruch hat, wie Bohne im Anschluß an Bultmanns Jesus-Buch mit seiner Kritik der liberalen Leben-Jesu-Theologie (49) darlegt, Jesu Predigt vom Kommen der Gottesherrschaft. Jesus will nicht die menschliche Persönlichkeit entfalten, 'emporbilden'. Für seine Verkündigung liegt die Bedeutung der Gottesherrschaft "nicht in den Ereignissen ihres Kommens, auch nicht in ihrem Zustand, wie auch immer man sich ihn vorstellen möge, sondern lediglich in der Tatsache, daß sie den Menschen in die Entscheidung stellt, in das große Entweder-Oder, ob er sich selbst gehören will oder Gott". "Nur durch die Entscheidung hindurch geht der Weg zum Heil." (5o) Die Aufgabe des RU und der Predigt Jesu sind gleich: Verkündigung des Evangeliums (51), Entscheidungsappell. Bohne überträgt damit die dialektisch-theologische Wende von der Persönlichkeit Jesu, dessen Predigt den göttlichen Funken im Menschen entwickeln soll, zur radikal eschatologischen Verkündigung, die in die Entscheidung vor Gott stellt, auf die Begründung des RU und stellt diese in Gegensatz zu dem kulturprotestantischen Ziel der Integration in das humanistische Erziehungs- und Bildungsideal einer harmonisch gebildeten Persönlichkeit.

Im Blick auf den Schüler: Bohne übernimmt die Formel, mit der Bultmann die Existenz des der Verkündigung Jesu begegnenden heutigen Lesers interpretiert. Mit "in der Entscheidung vor Gott stehen" ist die Glaubensexistenz des Schülers heute adäquat umschrieben. Der Vollzug der Entscheidung ist stets aufgegebenes, existentielles Glaubensereignis, wird niemals zum Entschiedenhaben, zum Bekehrtsein (52). Bohne sieht jedoch auch, daß diese theologische Grundkonzeption nur den Menschen schlechthin im Auge hat und daher in der Gefahr steht, den Schüler "sachlich" zu überfordern. An dieser Stelle tritt der zweite Pol des Spannungsbogens, die Erziehung, in Funktion. Wie kann das Menschwort des Lehrers auf Entscheidung hin wirken? Bohne sucht mit Hilfe entwicklungspsychologischer Kategorien festzustellen, in welcher Weise der Ruf zur Entscheidung als Appell an Willen und Gewissen auf den einzelnen Altersstufen zu differenzieren ist, welche Rücksichtnahmen die schulische Unterrichtssituation und die Erziehungsaufgaben erfordern (53). Diese psychologische Aufschlüsselung soll jedoch Entscheidung nicht in einen Weg, eine Entwicklung zu Gott hin uminterpretieren. Das letzte Ziel des RU ist, "so seltsam das klingen mag, nicht die menschlich-religiöse Entwicklung zu fördern, sondern sie v o n  G o t t  h e r  z u  s t ö r e n" (54).

Im Unterrichtsverlauf werden die Stoffe, auch die Bibeltexte, unter dem Gesichtspunkt ausgewählt, inwieweit sie g e e i g n e t sind, "in jene Entscheidung vor Gott hineinzustellen und ein Leben der Entscheidung zu fördern" (55). Bohne gibt daher dem Unterricht Freiheit zur historischen Kritik (56), ihr Verhältnis zum Glauben, das hermeneutische Problem 'Glaube und Geschichte', sieht er jedoch nicht. Von Bultmann übernimmt er nur die existentiale Interpretation des Glaubens im Begriff der Entscheidung, übersieht aber die Paradoxie von 'Glauben und Verstehen' und damit Bultmanns Interpretation des 'eschatologischen' Charakters der Entscheidung (57). Menschliches Wort und menschliche Methoden sind unumgängliche Hilfen im RU, dem "Verkünder einer ewigen Störung" (58), aber nicht in paradoxer Weise selbst Wort Gottes. Bohnes spätere religionspädagogische Theorie einer 'Mithilfe zur Erlösung' deutet sich bereits

hier an (59). Der Religionsunterricht "begleitet durch die Art, wie er die Wahrheitsfrage stellt, das Ich auf dem Wege seiner Entwicklung ... als Voraussetzung
einer letzten Entscheidung" (6o). Wesentlich bleibt dabei, "daß das Evangelium,
daß C h r i s t u s   a l l e i n  in die Entscheidung stellt" (61), auf die die menschliche Verkündigung nur 'hinweisen' (62) kann.

Die Kritik legt sich nahe: Bohne hat zwar seinen Unterricht in der theologischen
Theorie als Verkündigung konzipiert, diesen Anspruch (Störung, Entscheidungs-
appell) jedoch nicht bis in die hermeneutische Grundlegung seiner Didaktik hin
durchdacht (63). Anders ausgedrückt, die Spannung von Wort Gottes und Kultur
(Bildung) wird didaktisch-methodisch mit dem aus dem Kontext der Bultmannschen
Theologie isolierten Entscheidungsbegriff nicht voll bewältigt. Eine einseitige
Auflösung der Spannung bringt die auch aus kirchenpolitischen Notwendigkeiten
bedingte konsequente Eingliederung des Unterrichts in die Kirche (Rang (64),
Hammelbeck). Eine ausführliche Darstellung würde an dieser Stelle, der es um
die Aufnahme und Modifikation des Entscheidungsbegriffs des dialektischen Theologen Bultmann in Bohnes religionspädagogische Konzeption ging, jedoch abfüh-
ren (65).


## 3. Bultmanns Rückfrage nach dem griechischen Existenzverständnis - der παιδεία - Gedanke

### 3.1. Vorbemerkung - Der Sinn der Selbstbesinnung auf die Ursprünge des abendländischen Denkens

Bultmanns theologische Arbeit ist in den folgenden Jahren durch ein intensives
Bemühen gekennzeichnet, den 'neuen', dialektisch-theologischen Weg "methodisch zu sichern" (1). Der historisch-kritische Exeget will den Sinn der neutestamentlichen Botschaft verständlich machen, indem er sie in eine dem gegenwärtigen Menschen verstehbare Sprache übersetzt. Das Problem der Hermeneutik,
des Verstehens grundsätzlich (2), wird ihm daher zur Kernfrage, die er über
die sachkritische Exegese hinaus material als existentiale Interpretation im Anschluß an die Daseinsanalyse in Heideggers 'Sein und Zeit' (1927) zu beantworten
sucht (3). Er übernimmt formal-methodisch Heideggers "Absicht auf eine mög-
liche Anthropologie bzw. deren ontologische Fundamentierung" (4), wenn er seine
existential-hermeneutische Theologie in einer Gegenüberstellung von griechischem und urchristlichem Verständnis von Mensch und Welt entfaltet (5). Die
Fragestellungen, unter denen das griechische Existenzverständnis angesprochen
wird, sind dabei für ihn als Theologen durch das biblische dirigiert (6), denn
"sein (des urchristlichen Existenzverständnisses) selbständiger Sinn und sein
eigenes Gepräge werden gerade dann erkennbar, wenn es im Zusammenhang
mit der Welt, in der es erwuchs, gesehen wird". (7)

Bultmann will in dieser Konfrontation die historische und die systematisch-theo-
logische Grundfrage lösen, indem er durch typisierenden und schematisierenden

Vergleich den Blick schärft für das Existenzverständnis, "das im Urchristentum
als neue Möglichkeit menschlichen Existenzverständnisses zutage getreten ist". (8)
Er interpretiert dabei allgemein "die Phänomene der vergangenen Geschichte aus
den Möglichkeiten menschlichen Existenzverständnisses", die Heideggers Daseinsanalyse aufgezeigt hat, und will "diese zum Bewußtsein ... bringen als die Möglichkeiten auch gegenwärtigen Existenzverständnisses". Da griechisches Denken und
neutestamentliche Verkündigung die beiden Ursprünge unserer abendländischen
Kultur sind, klärt er damit die Entscheidungsfrage für unsere Gegenwart. (9)
Anders ausgedrückt: Indem er den heutigen Menschen auf die Ursprünge seines
Denkens zurückführt, zeigt er ihm den Weg und Ort der Selbstbesinnung auf. (1o)

Wir werden mit Bultmanns Rückfrage nach dem griechischen Existenzverständnis
einsetzen. In den zur Diskussion stehenden Arbeiten (11) setzt er die historisch-
-kritische Exegese voraus und geht interpretierend vor, d. h., in existentialer Interpretation des griechischen Verständnisses von Mensch und Welt erarbeitet er
seine Grundthese: griechisches Denken ist die Einheit von objektivierender Weltanschauung und humanistischer Bildung im Begriff des Geistes (12). Im Interpretationsvollzug werden daher notwendig Bedeutung und Stellenwert des griechischen
Erziehungs- und Bildungsgedankens und deren anthropologisches Fundament deutlich werden.

> Zusammenfassend stellt Bultmann griechische Anthropologie und Weltan-
> schauung in seiner Abhandlung über "Das Urchristentum im Rahmen der
> antiken Religionen" dar, in dessen 5 Hauptabschnitten der Weg von dem alt-
> testamentlichen Erbe (I) über das Judentum (II) zum Urchristentum (V) und
> der entgegengesetzte Denkansatz, die griechische Tradition mit ihrem Ver-
> nunftdenken (III), das sich im Hellenismus in Mysterienreligionen und Gnosis
> (IV) verliert, aufgezeigt wird.
> In der Interpretation des Griechentums stützt sich Bultmann vorwiegend auf
> Platon als Urheber des humanistischen Bildungsdenkens und auf die dem
> Urchristentum gleichzeitige Stoa (Epiktet), die die eigentliche Intention
> griechischen Denkens enthüllt. Beide kann er daher dem für das Griechen-
> tum typischen Zug zum System entsprechend in verkürzend resümierender
> Darstellung zusammenfassen. (13)


Exkurs: <u>Zu Entwicklung und Hauptmomenten des griechischen</u> παιδεία <u>-Begriffs</u>

Die Hauptwurzel der abendländischen idealistisch-humanistischen Vorstellung
von Erziehung und Bildung (14) ist das für die griechisch-römische Kultur der
Antike charakteristische Erziehungs- und Bildungsdenken, das die Wortgruppe
παιδεύω κτλ (eruditio) bezeichnet. Seit der zweiten Hälfte des 5. Jahrhunderts
wird der ursprünglich mit Ernährung (15) gleichbedeutende Begriff "zum Inbegriff
des idealen körperlichen und seelischen Geformtsein, der Kalokagathie, die jetzt
zum erstenmal bewußt auch eine eigentliche Geistesbildung einschließt." (16) Für
die klassische Zeit des Isokrates und Platon ist diese anthropozentrisch-ideali-
stische Begriffserweiterung bereits selbstverständlich. Ihr klassischer Nieder-

schlag ist das platonische "Höhlengleichnis". (17)

"Hesychius erklärt im 5. Jhdt. n. Chr. rückschauend παιδεία als ἀγωγή
und ωφέλιμος διδαχή und gibt damit die beiden Auffassungsmöglichkeiten an, um
deren gegenseitiges Verhältnis es sich in der Geschichte der Wortgruppe handelt.
Führung und nutzbringende Lehre - "in diesem Doppelsinn werden παιδεία und
Verwandte seit den Tragikern, bei den Sophisten und in der klassischen Philosophie
zum Ausdruck der Menschenbildung überhaupt." (18)

W. Jentsch unterscheidet in seiner Studie über "Urchristliches Erziehungsdenken"
in der griechisch-römischen Geschichte acht Erziehungstypen (19), von denen für
unseren Zusammenhang vor allem der idealistische, sokratisch-platonische Er-
ziehungstyp von Interesse ist.

Grundlage der παιδεία -Vorstellung ist eine individualistische Anthropologie.
"Jeder Mensch ist für sich das Maß der Dinge, der Seienden, daß sie sind, der
Nichtseienden, daß sie nicht sind." (Platon Theat 152a). Dieser Grundsatz des
Protagoras "steht letztlich hinter aller Paideia der Griechen" (2o), als deren
Grundformen sich die der Sophistik und Rhetorik (Protagoras) und die des platonischen Sokrates unterscheiden lassen (21). Plato ersetzt die sophistische Rela-
tivität durch die "transzendente Ausrichtung der Paideia". Zu dem Individualismus tritt antithetisch ein "absoluter Anspruch" (22): ὁ δὴ θεὸς ἡμῖν πάντων
χρημάτων μέτρον ἂν εἴη μάλιστα, καὶ πολὺ μᾶλλον ἢ πού τις...
ἄνθροπος.     (Leg. IV 716c). Das Individuum ist damit als zur Erkenntnis
(ἐπιστήμη ) der ἀλήθεια, des Wahren, Guten und Schönen, des Göttlichen,
fähig gedacht. Jeder Mensch wird es als wahrhaft Wissender selbstverständlich
auch verwirklichen. Der platonische Sokrates kann daher Tugend und Bildung (23)
gleichsetzen (Gorg. 47oe). Als Vernunftwesen ist das Individuum dann grundsätzlich erziehbar. Zugespitzt: Tugend ist 'lehrbar' (24). Die Lehrmethode ( διδαχή     )
(25) ist die sokratische 'Mäeutik', das Herausholen eines im Angesprochenen aufgrund seines Vernunftwesens potentiell vorhandenen Wissens (26). Der Zögling bedarf nur der Erinnerung an die Wahrheit: "Sie (die Idee des Guten) muß man erblickt
haben, wenn man für sich oder im öffentlichen Leben vernünftig handeln will." (27)

Zusammenfassend gilt: Παιδεία ist der von Jaeger (28) mit Kultur gleichgesetzte Zentralbegriff des klassischen Griechentums. Die griechische Geschichte ist die
der παιδεία als der Idee der "Formung eines höheren Menschen" (29). "Die
παιδεία ... verwirklicht die eigentliche Bestimmung des Menschen, indem sie
sein Streben auf ... das Maß des Guten richtet, das Gott ist" (3o). Daher kann der
"Prozeß der Bildung der Griechen jener Zeit nur in dem idealen Bild des
Menschen, das sie formten" (31), erfaßt werden.


3.2. Die Grundlage: Der Idealismus des Griechentums

Bultmann selbst wendet sich an keiner Stelle seiner Schriften dem παιδεία-
Begriff thematisch zu. Im Mittelpunkt seiner Rückfrage stehen die weltanschau-
lich-anthorpologischen Grundlagen des griechischen Denkens. Er definiert: "Eine
Weltanschauung will auf Grund eines allgemeinen Verständnisses von Welt und
Mensch je mein Schicksal verständlich machen als einen Fall des allgemeinen

Geschehens." (32) D. h. , das Individuum versteht seine Existenz von seinem Begriff von Welt aus. Dieser Denkansatz ist typisch für das Griechentum. Bultmann versucht, ihn zu entfalten, indem er nach dem Grund der Möglichkeit dieser
Zusammenschau von Welt und Mensch fragt.

Erklärungsprinzip ist für ihn der Idealismus, denn das Wesen des Menschen ist
für den Griechen λόγος,  νοῦς und dieser ist zugleich Ordnungsprinzip der Polis
und formt das Weltganze zu einem zweckvoll geordneten, gesetzmäßig wirkenden
System, zum Kosmos (33). Diese Geisteinheit von Welt und Mensch ist der zentrale Punkt der griechischen Weltanschauung (34). Durch sie kann sich der Mensch,
der selbst wesenhaft Vernunft und damit sich seiner Freiheit bewußte selbständige
Person ist, "als einen Fall des Allgemeinen verstehen" (35), "er versteht die Rät-
sel seines Daseins, wenn er die Gesetzmäßigkeit des Ganzen versteht. Was dem
Ganzen Sein und Gesetz gibt, gibt es auch ihm" (36), denn er ist Glied des Kosmos.
"Die Weisen sagen: Himmel und Erde, Götter und Menschen hält die Gemeinschaft
... zusammen und Freundschaft und Harmonie ... und Selbstbeschränkung und
Gerechtigkeit. Darum nennen sie das Weltganze Ordnung (κόσμος), nicht etwa
Unordnung und Zuchtlosigkeit ... Dir entging es wohl, daß das mathematische
Verhältnis unter Göttern und Menschen Gewalt hat." (37) Sokrates verweist den
Sophistenschüler Kallikles an dieser Stelle, die Bultmann wiederholt zitiert, an
die Gesetzmäßigkeit des Ganzen, der sich Kallikles einfügen soll.

Das Griechentum entfaltet diese Kosmologie und die entsprechende individualistische Anthropologie in der Terminologie des Kunsthandwerks:
Der Makrokosmos wird nach Analogie des "Werkes" ( ἔργον ) der 'Kunst' (τέχνη),
unter dem dualistischen Gesichtspunkt von Form und Stoff aufgefaßt. Für ihn gilt
wie für den künstlerischen Gestaltungsprozeß: "Was das Werk ins Sein bringt, ist
nicht das Material, sondern die Gestaltung; es ist dann wirklich, wenn das dem
Meister vorschwebende Bild im Material Gestalt gewonnen hat", die Materie (ὕλη)
geformt ist. "Dies die Gestaltung leitende Bild ist ... der eigentliche 'Ursprung'",
nicht Stoff (Materie), sondern Geist, das vorgestellte Ideal als εἶδος in der Seele des Bearbeitenden. (38)

Der Mensch wird in genauer Entsprechung zu dem Makrokosmos als Mikrokosmos
verstanden; "wie die gesetzmäßige Ordnung den großen Kosmos konstituiert, so
muß auch Ordnung die menschliche Seele konstituieren". (39) Als solches Ordnungsprinzip interpretiert Platon die höchste Tugend ( δικαιοσύνη ), die damit zugleich zu einer ethischen Norm wird, deren Verwirklichung Lebensaufgabe
ist (4o). "Auch sich selbst muß der Mensch formen zu einem Kunstwerk" (41),
indem er die sinnlichen Triebe des Leibes durch den vernünftigen Geist bändigt
und dem ordnenden Gesetz unterwirft (42). Im Blick auf den Lebensvollzug: "Der
Begriff der Bildung, der Selbstvervollkommnung, bestimmt die Lebensführung."
(43) Anders ausgedrückt: Im Existenzverständnis des Individuums hat die idealistische, ästhetisch-technisch verstandene Weltanschauung den doppelten Stellenwert von Wesensbestimmung und ethischem Appell. (44)

3. 3. Das griechische Bildungsideal als Erkenntnisideal

Nach Bultmann ist, wie bisher herausgestellt wurde, für griechisches Denken
charakteristisch,
1. daß dem "Idealismus zufolge das Gesetz des Denkens und das Gesetz des kosmischen Geschehens identisch" sind (45),
2. daß Makrokosmos (Welt) und Mikrokosmos (Mensch) "ausschließlich technisch"
ausgelegt werden (46),
3. daß die Lebensführung des einzelnen unter den Gesichtspunkt der Erziehung
und Bildung auf das Ideal der $\lambda\acute{o}\gamma o\varsigma$ -Teilhabe hin tritt (47), rationale Weltanschauung im Blick auf das Individuum zur ethischen Norm wird.
Im folgenden wenden wir uns zunächst dem Erkenntnisvollzug, der Grundlage des
Bildungsgedankens, zu.

Im rationalen Denken ( $\gamma\iota\gamma\nu\acute{\omega}\sigma\kappa\epsilon\iota\nu$ ) kann das Individuum seine eigene Existenz
als in den Zusammenhang des $\kappa\acute{o}\sigma\mu o\varsigma$ eingegliedert, in ihm beheimatet und gesichert verstehen (48). Diese Sachbezogenheit ist seit der ionischen Naturphilosophie
der Ansatzpunkt des wissenschaftlichen Denkens. Der Grieche fragt in ihr nach der
$\acute{\alpha}\rho\chi\acute{\eta}$ , meint aber nicht den zeitlichen Anfang - kennzeichnend für mythologisches
Denken -, sondern den Ursprung der Welt, ihre Begründung aus einem Weltgrund,
der als das eigentlich Seiende in ihrem Bestand ständig gegenwärtig ist (49), "und
von dem aus der Bestand der Welt und das Geschehen in ihr für das Denken" als
gesetzmäßig geordnete Einheit ( $\kappa\acute{o}\sigma\mu o\varsigma$ ) verstehbar wird (5o). M. a. W. Die
Frage nach der $\acute{\alpha}\rho\chi\acute{\eta}$ ist die "nach der Wahrheit ( $\acute{\alpha}\lambda\acute{\eta}\vartheta\epsilon\iota\alpha$ ) als der Wirklichkeit, die allen Erscheinungen als das eigentlich Wirkliche zugrunde liegt. " (51)
Diesem 'Erkenntnisideal' (52) nähert sich das Individuum in methodischem Den-
ken ( $\gamma\iota\gamma\nu\acute{\omega}\sigma\kappa\epsilon\iota\nu$ ) (53),  indem es in einem unendlichen Prozeß des $\delta\iota\alpha\lambda\acute{\epsilon}\gamma\epsilon\sigma\vartheta\alpha\iota$
die in seinem Denken verborgene Wahrheit, den $\lambda\acute{o}\gamma o\varsigma$, entbirgt (sokratische
Mäeutik). Jeder einzelne vollzieht daher die Vernunft-Erkenntnis selbständig,
folgt nicht der Autorität der Tradition, denn er "kann als wahr nur anerkennen,
was er als wahr verstehen kann, wovon er überzeugt ist" (54). Der wissenschaftliche Vernunftgebrauch ist jedoch nicht willkürliche Autonomie, sondern Teil der
alle Wirklichkeit konstituierenden Weltvernunft (55). Anders ausgedrückt: die
Vernunft, in deren Gebrauch sich die Freiheit des Individuums konstituiert, hat
dialektischen Charakter, auch sie kennzeichnet die für die Polis der klassischen
Zeit eigentümliche Dialektik von Freiheit und Gesetz. (56)

Die beiden Seiten dieser Dialektik:
Einerseits: Die platonische Vernunft ist nicht rational bemächtigende, sondern
vernehmende Vernunft. Das Erkennen vollzieht sich in distanznehmendem Hin-
sehen, uninteressiert. Wissenschaftliches Erkennen ist objektiv, ist theoria (57),
denn jede Teilnahme des Erkennenden am Erkenntnisgegenstand ist auf das Se-
hen reduziert (58). Das Leben im $\nu o\tilde{u}\varsigma$ , die $\vartheta\epsilon\omega\rho\acute{\iota}\alpha$ ist die eigentliche Lebens-
möglichkeit, und "die Erkenntnis des wirklich Seienden (kann) als die höchste
Möglichkeit des Daseins erscheinen, denn in ihr ist der Erkennende beim Ewigen
und hat Teil an ihm", und damit an der Gottheit. (59)

"Andererseits 'hat' der Sehende wirklich das Seiende und ist dadurch gesichert,
daß er im Erkennen darüber v e r f ü g t " (6o) und es zur Ausbildung seines

geistigen Wesens, zur ethischen Selbstvervollkommnung, einsetzen kann.

Mit dieser Interpretation hat Bultmann griechisches Denken als ungeschichtliches
Vernunftdenken typisiert, dem er in Konfrontation mit der Bibel Flucht "aus der
Problematik der je eigenen Existenz in die Anschauung des kosmischen Gesetzes,
der kosmischen Harmonie" (61) und Ordnung vorwirft. Die Begründung für dieses
Urteil wird im folgenden schärfer herausgearbeitet.

## 3. 4. Bildungsideal und rationale Ethik

Die Problematik dieses dialektischen Vernunftbegriffs, die Gefahr der rationa-
listischen Vereinseitigung dieser 'Sachlichkeit' wird an dem Verhältnis von Bil-
dungsgedanken und Ethik deutlich. Wie wird die Ausbildung zur $\lambda\acute{o}\gamma o\varsigma$ -Teilhabe,
zu dem personalen Eigensein des Menschen (62), gedacht?

Der Grundauffassung des Menschen als Glied des Kosmos entsprechen das Ideal
der Bildung und eine rationale Ethik (63). Da der Mensch "im Geist, in der selbständigen Vernunft, sein eigentliches Wesen hat, steht ... die Ethik nicht wie im
Alten Testament unter dem Gesichtspunkt autoritativer Gebote, sondern unter
dem Gesichtspunkt der B i l d u n g, durch die das eigentliche Wesen des Menschen verwirklicht werden soll. Die Bildung ist Sache der Belehrung. Selbstverständlich ist, daß jeder Mensch nach dem Guten strebt, aber was das Gute ist,
sagt die Vernunft. Und es gilt ... als selbstverständlich, daß der, der weiß,
was das Gute ist, es auch in seinem Tun verwirklichen wird, daß der Wille der
Vernunft folgen wird. Gemäß der für den Geist eigentümlichen Dialektik von Freiheit und Gesetz, Selbständigkeit und begrenzendem Maß ist das Ziel der Bildung
der individuelle Einzelmensch, jedoch nicht in dem individualistischen Sinn, daß
seine persönliche Eigenart ausgebildet werden soll, sondern so, daß er das Idealbild des Menschen zu realisieren hat, in dem wie in einem Kunstwerk Leib und
Seele, alle Triebe und Kräfte zu einer harmonischen Gestalt gebracht werden." (64)
Diese Lebensaufgabe, Verwirklichung des Bildungsideals, des $\kappa\alpha\lambda\grave{o}\nu\ \kappa\acute{\alpha}\gamma\alpha\vartheta\acute{o}\nu$ ,
des Schönen, Guten und Edlen (65), kann das konkrete Individuum aufgrund seines
mit dem Dasein notwendig gegebenen Anteils an dem Materiell-Stofflichen vergessen haben. "Aber es bedarf nur der Erinnerung und der Erziehung, daß er sie
(die Sphäre der ewigen Geistordnung) finde und seinen Charakter harmonisch
bilde." (66) Bei Sokrates geschieht dies durch die 'dialektische Methode' der Mäeutik.
Platon versteht den $\H{\epsilon}\rho\omega\varsigma$ als den Trieb im Individuum, der dieses zur Selbstvervollkommnung 'emporzieht'. (67)

Bultmann hat damit die Einheit von Theorie und Praxis im göttlichen $\nu o\tilde{\nu}\varsigma$ , von
erkennender Teilhabe am Guten und strebend wollender ( $\alpha\rho\epsilon\tau\acute{\eta}$ ) als für griechisches Denken charakteristisch herausgearbeitet (68). Die Konsequenz ist ein
rationalistisch begründeter ethischer Optimismus, für den Verfehlungen, Ver-
stöße gegen die geistige Ordnung nicht positiv Böses, nicht durch eine das Wesen
zerstörende totale Sündhaftigkeit verursacht sein kann. 'Sünden' beruhen auf "Irrtum, dessen das Individuum durch Belehrung und Selbsterziehung Herr werden
kann". (69)

Platons Orientierung an dem $\tau \acute{\epsilon} \chi \nu \eta$ -Begriff rechtfertigt dieses Verständnis der
griechischen Ethik, denn "die Loslösung der Sittlichkeit von der geschichtlichen
Gemeinschaft" (7o) wird an dieser Stelle besonders deutlich. "In seinem eigentlichen Wesen kann der Mensch durch das ihm Begegnende nicht wirklich getroffen
werden; alles kann ihm nur Anlaß und Material für die Ausbildung seines geistigen
Wesens werden. Die Zukunft kann ihm nichts grundsätzlich Neues bringen, da er,
wenn er sein Wesen verwirklicht, im Zeitlosen lebt." (71) Die Zukunft ist "das
reiche Feld der Bildungsmöglichkeiten". (72)

In letzter Konsequenz wurde dieses ideale Menschenbild in der Stoa ausgebildet:
der ideale Weise ist unabhängig von der Außenwelt, ist frei, wenn er sich auf
sein innerstes Wesen, den Geist, konzentriert und diesen in "konsequenter Selbsterziehung" (73) ausbildet, in der Gewißheit, "daß ... nichts seine innere Ruhe
und Bildung stören kann" (74). Der Tod wird dann zur "Probe auf die rechte Lebensführung" (75). In dieser harmonischen, optimistischen Weltanschauung ist der Mensch
"nicht durch seine Vergangenheit qualifiziert in dem Sinne, daß er sie in seine Gegenwart mitbrächte" (76). Der Tugendhafte hat sich vielmehr von der Gemeinschaft
des menschlichen Miteinander gelöst, ist neben die geschichtliche Wirklichkeit seiner Existenz getreten und versucht, ein Leben in Selbstbehauptung aufzubauen. Lei-
tend ist dabei der Wille zur Erkenntnis des Ganzen und seines Grundes. Sein Motto
ist $\acute{o}\mu o\lambda o\gamma o\upsilon\mu \acute{\epsilon}\nu\omega\varsigma \; \tau \tilde{\eta} \; \varphi \acute{\upsilon}\sigma\epsilon\iota \; \zeta \tilde{\eta}\nu$ , so daß er sein geschichtliches Leben
als Illusion verstehen lernt (77). Anders ausgedrückt: Um zu erkennen, flieht er aus
der Problematik seiner Existenz in der Zeit heraus an einen zeit- und geschichtslo-
sen Ort, wo er kosmische Harmonie und zeitloses Ideal eines Menschenbildes an-
schaut, die ihn zum rechten Handeln bewegen (78).

Im Blick auf unseren Themenbereich können wir zusammenfassen: Grundlegend
für die griechische Anthropologie ist in Bultmanns Interpretation der individualistische Gedanke der analog einem ästhetisch-technischen Prozeß verstandenen
Personbildung und bildenden Erziehung mit dem Ziel des eigentlichen Lebens im
$\nu o\tilde{\upsilon}\varsigma$ ; ihm korrespondiert die optimistische Grundhaltung eines ethischen
Rationalismus, während die Geschichtlichkeit des menschlichen Daseins nicht
gesehen wurde (79). Die Frage legt sich nahe: Wird Bultmanns schroff typisieren-
de Interpretation griechischem Denken wirklich gerecht? Trägt er nicht das auf-
klärerisch-rationalistische Denken des 18./19. Jahrhunderts ein, um auf dieser
negativen Folie das Christentum als eigentliche Existenzmöglichkeit positiv ab-
heben zu können? (8o)

3. 5. Das Ideal der Personbildung und der Gemeinschaftsgedanke

Das Bildungsstreben ist charakteristisch für die individuelle ethische, künstlerische und wissenschaftliche Entwicklung (81), in der im Dualismus von Körper und
Geist die Idee des Menschen als Person fortschreitend mehr Gestalt gewinnt. Unter dem Gesichtspunkt der Bildung zu diesem Ideal hin steht im klassischen Griechentum die Polis, deren "Idealbild erkannt und in der Erziehung dem Einzelnen
zu eigen gemacht werden" muß (82), darüberhinaus grundsätzlich jede menschliche Gemeinschaft. Bultmann führt aus: Wenn "die Selbstvervollkommnung das
Ziel des ethischen Strebens ist und nicht die Offenheit für den Anspruch des Ande-

ren in der jeweiligen konkreten Begegnung, so muß auch das Verhältnis von Ich
und Du seinen Sinn darin finden, daß beide sich gegenseitig zur Selbstvervollkommnung führen". (83) Dies vollzieht sich, indem der Liebestrieb (ἔρως )
zu dem durch den anderen ausgelösten Trieb zur Selbstvervollkommnung umgeformt
wird. M. a. W. Die Individuen tendieren in gemeinsamem Sachbezug "von vornherein auf Gemeinschaft ..., eine Gemeinschaft, die als die personale bezeichnet
werden könnte, weil sie, gerade als Gemeinschaft, eigenständige Personen voraussetzt und ausbildet" (84). Klassisches Bildungsmittel ist der philosophische
Dialog, das διαλέγεσθαι , in dem die Wahrheit ( ἀλήθεια ) im wetteifern-
den Streben ( ἀγων ) nach der Sache, dem Ziel der Erkenntnis, in vernunftge-
leiteter Rede und Widerrede aller einzelnen innerhalb der Gemeinschaft zu immer
weiterer Klarheit kommt - entborgen wird - (sokratische Mäeutik). In diesem
διαλέγεσθαι vollzieht sich der Denkprozeß überhaupt, der im Wechsel von
Frage und Antwort vom einzelnen λόγος zum λόγος des Ganzen, der
ἀλήθεια fortschreitet (85).

Der griechische Gemeinschaftsgedanke wird daher im Sinne von Erziehungsgemeinschaft, die in das διαλέγεσθαι methodisch einübt, sachgemäß erfaßt (86).
Bultmann interpretiert ihn als Urbild einer demokratischen Erziehung, die Freiheit und Gleichheit aller realisiert. Denn auch dem Lehrer-Schüler-Verhältnis
fehlt "das Motiv der persönlichen Autorität" (87). - Der Gedanke der Nachfolge
gehört in den alttestamentlich-jüdischen Raum. - Ziel der Erziehung im Griechentum ist nicht Abhängigkeit, sondern personale Selbständigkeit. Das Ziel ist
erreicht, wenn der λόγος , "der Geist zur beherrschenden Macht in der menschlichen Gemeinschaft" wird. Auch an dieser Stelle ist deutlich: Die Geschichte
ist in diesem ungeschichtlichen Denken "zum Stillstand gebracht" (88), die Je-
weiligkeit zeitlicher Existenz, ihre Geschichtlichkeit und ihre völlige Ungesichert-
heit sind übersehen (89). Eine zureichende Interpretation des griechischen Bil-
dungsdenkens kann daher den Individualismus niemals als absolute geschichtliche
Vereinsamung und Vereinzelung des Menschen verstehen (9o). Für den Griechen
geschieht Bildung in der demokratischen Gemeinschaft eines 'herrschaftsfreien
Dialogs'. (91)

## 3. 6. Abschließende Gesichtspunkte

Ziel der Darstellung war, Bultmanns Rückfrage nach dem Ursprung unserer traditionellen (idealistischen) Begrifflichkeit in der Antike zu analysieren, das implizierte Seinsverständnis und damit zugleich den Stellenwert des παιδεία-
Gedankens zu klären.

Als Grundintention griechischen Denkens war der rationalistische Zug zur erkennenden Welt- und Selbstbemächtigung in einem fortschreitenden Bildungsprozeß deutlich geworden. Seine Voraussetzung ist die idealistische Einheit von
Mensch und Welt, die dem Individuum die Erkenntnis der Weltgesetze ermöglicht.
Er verläuft in der 'Dialektik' von personalem Eigensein und Tendenz auf Gemeinschaft als ein ungeschichtlicher ästhetisch-technischer Prozeß der Personbildung.
Sein Ziel ist die Realisation des idealistischen 'Werde, der du aufgrund wesenhafter λόγος -Teilhabe bist!', die Verwirklichung der Idee des Menschen, die "im

unendlichen Fortschritt" mehr und mehr erreicht wird - die Vergöttlichung. (92)

Dieser Selbstbildung korrespondiert keine Verpflichtung zum verantwortlichen,
geschichtlichen Existieren. Die Bildung zur Idee des Geistes ist Flucht aus der
Zeit und Geschichte in die Ewigkeit des göttlichen Logos, in existentialer Interpretation uneigentliche Existenzweise (93), der Bultmann, wie der folgende Abschnitt zeigen wird, das Sein im Glauben als eigentliche Existenz konfrontiert.

Deutlich wurde, daß der anthropologische Ort des $\pi\alpha\iota\delta\epsilon\acute{\iota}\alpha$ -Gedankens die
ästhetisch-technisch verstandene Personwerdung des Individuums ist. Durch
diese Interpretation rückt die griechische Bildungsauffassung einseitig in die
Nähe der formalen neuhumanistischen Bildungstheorien des 19. Jahrhunderts,
die Bildung funktional vom Subjekt und seiner Personwerdung aus definierten,
die Verantwortung für die zeitliche Existenz und die reale Umwelt ausklammer-
ten. (94)

Im griechischen Idealismus war dabei selbstverständlich, "daß dem echten Wis-
sen auch das Tun folgt" (95). Die wissenschaftliche Wahrheit ($\alpha\lambda\acute{\eta}\vartheta\epsilon\iota\alpha$ ) hat
damit im Blick auf den Bildungsprozeß "den Sinn von 'rechte Lehre'" (96), die
über die Wahrheit belehrt und damit das Individuum 'automatisch' auf das Bildungsziel hin formt, in ihm die kosmische Ordnung nachbildet. Damit hat Bultmann den entscheidenden Punkt der Erkenntnistheorie des griechischen Idealismus aufgezeigt, der in seinen bildungstheoretischen Konsequenzen gegenwärtig
diskutiert wird (97): "Die Theorie geht auf dem Wege über die Angleichung der
Seele an die geordnete Bewegung des Kosmos in die Lebenspraxis ein - Theorie
prägt dem Leben ihre Form auf, sie reflektiert sich in der Haltung dessen, der
sich ihrer Zucht unterwirft, im E t h o s." (98) Anders ausgedrückt: Die faktische
Diskrepanz von Theorie und Praxis kann aufgrund des idealistischen Ansatzes
nicht zum Problem werden, denn der Umschlagort von theoretischem Erkennen
zur praktischen Vernunft, von Wissen in Gewissen, die $\pi\epsilon\rho\iota\alpha\gamma\omega\gamma\acute{\eta}$ , ist in
diesem ethischen Rationalismus nicht problematisiert. (99)

Da die reine Theorie die Praxis impliziert, ist das Problem der Verantwortung
für die Praxis gelöst, eine Reflexion auf das praktische Erkenntnisinteresse
überflüssig.

Die bildungstheoretische Konsequenz:
Die Frage nach dem didaktischen Prinzip ist in der idealistisch gedachten Einheit
von Kosmologie und Anthropologie grundsätzlich beantwortet. Die Wissenschafts-
theorie des klassischen griechsischen Idealismus und ihre Didaktik fallen zusammen. (1oo)

Bultmann kritisiert zwar das griechische Daseinsverständnis als Flucht der Existenz
aus ihrer geschichtlichen Verantwortung. Der kontemplative Erkenntnisbegriff,
der diese 'Uneigentlichkeit' begründet, wird jedoch in der existentialontologisch
ansetzenden Kritik nicht hinterfragt. (1o1)

Dieses Ergebnis wird im Hintergrund stehen, wenn im 3. Teil der Arbeit
nach Bultmanns systematischen Überlegungen zur Relevanz des Humanismus-
gedankens in der Gegenwart, zu Bildung und Erziehung theoretisch und deren

praktischer Verwirklichung in Schule überhaupt (humanistisches Gymnasium) und
im Religionsunterricht, an Universität und theologischer Fakultät gefragt wird.
Zunächst werden wir Bultmanns Interpretation des urchristlichen Existenzverständnisses analysieren. Dieser Weg ist die Voraussetzung, um Bultmanns Verhältnisbestimmung von Glaube und Bildung, seine Antwort auf die Frage nach der
Möglichkeit einer spezifisch christlichen Erziehung und Bildung kritisch erheben
zu können.


#### 4. Bultmanns Rückfrage nach dem urchristlichen Existenzverständnis – παιδεία-Gedanke und Neues Testament

### 4.1. Vorbemerkung

#### 4.1.1. Zum Gebrauch 'pädagogischer' Termini im Neuen Testament allgemein

Bereits die Terminologie des Neuen Testaments läßt vermuten, daß das Urchristentum Bildungsbegriff und -vorstellung im Sinne der klassisch-griechischen
παιδεία -Kultur nicht kennt. Eine spezifisch "pädagogische" Begrifflichkeit
taucht nur am Rande auf (1), in den Deuteropaulinen (Eph. 6,4) (2), dem Hebräer-
Brief (c 12, 4-11) und vor allem den Pastoralbriefen, die über die Wortgruppe
παιδεύω hinaus Vokabeln verwenden (διδάσκω, ἐλέγχω, νουθετέω, παρα-
καλέω, ἐπιτιμάω), die auf eine Beeinflussung durch den pädagogischen Vorstel-
lungshintergrund in der hellenistischen Umwelt schließen lassen. (3)

Dem alttestamentlichen Traditionsstrom ist dagegen der Gedanke der "Erziehung
oder religiös-sittlichen Bildung des Menschen ursprünglich nicht" bekannt. (4)
Der Sache nach ereignet sich dort Erziehung in Rechtsvollzug und Gesetzeslehre
(Dtn. 21,21), in der Lehre der Weisheit erhält sie "einen mehr intellektualisti-
schen Sinn" (5); im gesamten Spätjudentum ist Ziel der Erziehung der Mensch,
der im Gehorsam gegen Gottes Willen lebt. Auch eine "umfangreiche Begrifflichkeit für Erziehung" gibt es im Alten Testament nicht (6). Das Verbum יסר hat die
Bedeutung von "züchtigen, erziehen, zurechtweisen", das Substantivum מוסר
meint "Züchtigung, Zurechtweisung, Erziehung, Belehrung". Erziehung bedeutet
im Alten Testament insgesamt "in Zucht nehmen" (7). Dieses Verständnis steht
z.B. an der zentralen paulinischen Stelle im Hintergrund, wenn der Apostel Gal.
3, 24f den νόμος als den παιδαγωγὸς εἰς Χριστόν , bezeichnet.


#### 4.1.2. Bultmanns Problemansatz

Bultmanns Rückfrage nach dem urchristlichen Existenzverständnis setzt die
historisch-kritischen Untersuchungen zur Begriffsgeschichte voraus. Seine in
unserem Zusammenhang entscheidende These lautet: Im Urchristentum "fehlt
der Gedanke der B i l d u n g  und  E r z i e h u n g im griechischen Sinne" (8),
denn
1. steht es in der Tradition des jüdischen Volkes, "das nicht in  d e m  Sinne

ein geistiges Leben führt, daß ... kulturelle Bildungen wie Wissenschaft, Kunst
und Recht sich mit ihrer Eigengesetzlichkeit entwickelt hätten" (9),
2. "liegt die griechisch-dualistische Anthropologie fern mit ihrer Anschauung
der Spannung von Geist und Sinnlichkeit und mit ihrer darauf beruhenden Auffassung der Lebensführung, in der das Ideal des Menschseins im Edlen als ein 'Werk'
der 'Kunst' verwirklicht werden soll". (1o)

Mit dieser negativen Abgrenzung stellt sich für Bultmann die Frage nach dem
Eigenen der biblisch-neutestamentlichen Anthropologie und damit nach der Möglichkeit einer einheitlichen, neuen und eigenartigen "Grundauffassung von der
menschlichen Existenz im Urchristentum" (11), die das Fehlen des griechischen
παιδεία -Gedankens erklärt. - Bultmann orientiert seine Darstellung exegetisch
an den paulinischen Briefen und den johanneischen Schriften, "weil bei ihnen das
christliche Existenzverhältnis am deutlichsten entfaltet worden ist". (12)


4.2. Die existentiale Struktur des urchristlichen Existenzverständnisses

Für biblisches Denken überhaupt liegt das eigentliche Wesen des Menschen nicht
im vernünftigen Geist ( νοῦς , λόγος ), sondern im Willen. "Menschsein, Leben als menschliches Leben, ist immer verstanden als ein Aus-sein-auf, als
ein Trachten-nach, als ein Wollen." (13) Von dieser Grundunterscheidung aus
versucht Bultmann das Verständnis des Urchristentums von der menschlichen
Existenz umfassend zu klären. Die folgende Analyse, die sich vorwiegend an
Bultmanns Interpretation der paulinischen Briefe orientiert, wird daher zugleich
die Prämissen seiner Beurteilung des griechischen Daseinsverständnisses kritisch aufzudecken haben. Zunächst werden wir in der Frage nach der Struktur
des urchristlichen Existenzverständnisses Bultmanns existential-hermeneutischen Interpretationsansatz erheben.

"Die urchristliche Gemeinde ist sich bewußt, 'zwischen den Zeiten' zu stehen",
zwischen den beiden Äonen, zwischen Auferstehung und Parusie Christi. (14)
Diese Überzeugung (Selbstverständnis) wird im Neuen Testament "in der Anschauung und in den Begriffen des Mythos" (15) ausgedrückt, von Bultmann aber
entmythologisiert, d.h. nach dem "im Gedanken des 'Zwischen' enthaltenen
Existenzverständnis" (16) befragt. Um dieses methodisch sauber erheben zu
können, ist als erster Schritt eine existentiale Analyse gefordert, die die Struktur des mit der Existenz als solcher gegebenen Selbstverständnisses rein formal entfaltet.

Diesen hermeneutischen Schlüssel sieht Bultmann in den Daseinsanalysen in Heideggers 'Sein und Zeit', die jener, beeinflußt von Kierkegaard und Luther, in der
Umbruchzeit nach dem Ersten Weltkrieg entfaltete (17). Heidegger definiert dort:
"Das Dasein versteht sich selbst immer aus seiner Existenz, einer Möglichkeit
seiner selbst, es selbst oder nicht es selbst zu sein .... Die Existenz wird in
der Weise des Ergreifens oder Versäumens nur vom jeweiligen Dasein selbst
entschieden. Die Frage der Existenz ist immer nur durch das Existieren selbst
ins Reine zu bringen." (18) Im Anschluß daran definiert Bultmann in den Ausführungen über "Die Bedeutung der 'dialektischen Theologie' für die neutestament-

liche Wissenschaft" (19) von 1928 für seine weitere Arbeit grundlegend: "Wir
meinen das Dasein des Menschen richtiger zu verstehen, wenn wir es als g e -
s c h i c h t l i c h  bezeichnen. Und wir verstehen unter der G e s c h i c h t -
l i c h k e i t  des menschlichen Seins dieses, daß sein Sein ein S e i n - K ö n -
n e n  ist. D.h., daß das Sein des Menschen seiner Verfügung entnommen ist,
jeweils in den konkreten Situationen des Lebens auf dem Spiele steht, durch Entscheidungen geht, in denen der Mensch nicht je  e t w a s  f ü r  s i c h  wählt,
sondern  s i c h  s e l b s t  a l s  s e i n e  M ö g l i c h k e i t  wählt." (2o)
An anderer Stelle: "Dasein ist .. je meines." (21)

Traditionsgeschichtlicher Ursprung dieses Existenzverständnisses ist das Neue
Testament, durch dessen gegenständlich-supranaturale Redeweise es jedoch für
unsere Gegenwart verdeckt ist. Im Unterschied zur griechischen Anthropologie,
die vom rationalen Weltanschauungsdenken aus entworfen wurde, behauptet es,
"daß das eigentliche Leben des Menschen nicht das kosmische sei, daß es sich
vielmehr gerade im Jeweiligen, Individuellen, in der Sphäre der Geschichte ab-
spiele" (22), daß "ich nicht im Allgemeinen meine Existenz gewinne, sondern im
Konkreten, im Hier und Jetzt, in meiner individuellen Verantwortung und Entscheidung, in der ich mich wagend gewinnen oder verlieren kann" (23). D.h.,
das Sein im Augenblick ist eigentliches Sein, In-der-Entscheidung-Stehen eigentliches Wesen des Menschen, während das griechische Vernunftdenken eine Weise
der uneigentlichen (= ungeschichtlichen) Existenz ist.

Mit dieser Frage nach dem eigentlichen Wesen ist ein Mißverständnis des Willens
im Sinne von 'Beliebigkeit' des je aktuellen Tatwillens vom Ansatz her abgewehrt.
Mit dem Satz "das Wesen des Menschen (ist) primär Wille", spricht Bultmann
vielmehr die der jeweiligen Handlung vorausliegende Grundausrichtung der menschlichen Existenz an, die nach biblischer Meinung je auf dem rechten Weg sein und
sich verfehlen, gut und böse sein kann. (24)

Dieses geschichtliche Dasein hat seine Kontinuität im Verstehen. Anders ausgedrückt: Das Verstehen konstituiert den Lebenszusammenhang. "Denn etwas verstehen, heißt, es in seinem Bezuge auf sich, den Verstehenden, verstehen, sich
mit oder in ihm verstehen. Verstehen setzt den Lebenszusammenhang voraus,
in dem der Verstehende und das Verstandene von vornherein zusammengehören." (25)
Jedes Fremde, Neue, also auch die Offenbarung, "begegnet" in diesem Lebenszusammenhang, wird von ihm aus "befragt" und "verstanden", indem es in
ihn eingeordnet wird. Bultmann versteht seine formal-analytische Arbeit daher als
Aufklärung der Bedingungen der Möglichkeiten allen geschichtlichen Verstehens
(26), dem er glaubendes Verstehen zuordnet. Anders ausgedrückt: Glaube und seine
Kehrseite Unglaube sind Ereignisse im geschichtlichen Dasein, dessen Zusammenhang durch Verstehen charakterisiert ist, es sind Weisen verstehenden Existierens, "... deshalb versteht auch der Glaube die Offenbarung nicht als  e t w a s
Neues, sondern versteht sie nur, indem er  s i c h  in ihr neu versteht." (27)

Diese formale Existenzanalyse ist für Bultmann Voraussetzung, das neutestamentliche Urteil über den faktischen Stand des Menschen offenzulegen: faktisch
ist der Mensch nicht offen für die Zukunft, faktisch ist er nicht frei in der Entscheidung, faktisch hat er sich immer schon entschieden für seine Vergangenheit" (28)

und ist auf ein existenzumwandelndes Ereignis extra se angewiesen.

Bultmann kann sich dabei von Kuhlmanns Angriffen, er 'wiederhole' nur die philosophische Daseinsanalyse und autorisiere sie post festum, indem er ihre Begriffe mythologisiere (29), scharf distanzieren. Liebe und Glauben sind ontologische Möglichkeiten (Existentialien) des Daseins, und dieser ontologische Charakter ist Bedingung der Möglichkeit, "daß das Dasein v e r s t e h t, wenn es vom Kerygma getroffen wird" (3o). Aber faktisch verfehlt der verzweifelte Entschluß des Daseins je Glaube und Liebe. M. a. W. , sie "sagen und zeigen, daß in diesem Seinkönnen (das in seinem ontologischen Charakter nicht streitig gemacht wird) faktisch immer ein Seinmüssen vorliegt, insofern das Dasein in jeder faktischen Wahl, in der es eine Möglichkeit eigentlichen Existierens wählt, faktisch immer wählt, was es schon ist, daß es nie von seiner Vergangenheit loskommt und deshalb nie frei ist. Deshalb aber ist es auch nie echt geschichtlich, sofern Geschichtlichkeit die Möglichkeit wirklichen, d. h. neuen, Geschehens bedeutet." (31) Umgekehrt formuliert: Die ontologisch-existentiale Möglichkeit echt geschichtlichen Daseins bleibt in ihrer ontischen Realisation auf das Getroffenwerden durch das Wort der Verkündigung angewiesen (32). In tradidioneller Terminologie: Der existentielle Vollzug ist donum Spiritus sancti. M. a. W., Glaubender und Nichtglaubender unterscheiden sich nicht in ihrer existentialen Struktur, sondern im existentiellen Vollzug. Dieser sachliche Sinn des urchristlichen Existenzverständnisses 'Zwischen den Zeiten', das hier nur strukturell dargestellt wurde, wird im folgenden inhaltlich erarbeitet werden. (33)

An den paulinischen Briefen hat Bultmann die existentiale Interpretation exemplarisch durchgeführt. (34)

Die anthropologischen Hauptbegriffe:
1. Σῶμα bezeichnet die ontologische (formale) Struktur der Existenz ("die Person als ganze"). Der Mensch ist σῶμα , "sofern er ein Verhältnis zu sich selbst hat" und "nur deshalb, weil er σῶμα ist, besteht für ihn die Möglichkeit ..., ein Gottesverhältnis zu haben". (35)
2. Σάρξ bezeichnet das ontische Wie der Existenz außerhalb des Glaubens und damit eine der beiden Grundmöglichkeiten der Existenz, ihre Uneigentlichkeit. (36)
3. Πνεῦμα bezeichnet das ontische Wie der Glaubensexistenz, ihren Ursprung und ihre Norm. (37)

Nach diesem sachlichen, d. h. existential-anthropologischen Sinn, kann Bultmann alle theologischen Themen des Neuen Testaments befragen (38), denn die Bibel denkt Gott nicht theoretisch, als zeitloses Sein des Geistes, sondern als die 'konkrete Existenz bestimmende Macht' (39). "Von Gott können wir nur sagen, was er an uns tut." (4o) Bultmann bezeichnet daher als Gegenstand der Theologie "die begriffliche Darstellung der Existenz des Menschen als durch Gott bestimmter". (41)

Die Disposition seiner Darstellung der paulinischen Theologie ergibt sich für ihn aus dem Heilsereignis als der entscheidenden Wende der menschlichen Existenz: 1. der Mensch vor der Offenbarung der πίστις (ὑπὸ νόμον); 2. der Mensch unter der πίστις (ὑπὸ χάριν) (42), wobei die paulinische Anthropologie "vom Blickpunkt des Gerechtfertigten aus gezeichnet" ist, "also selbst als Aussage ein Akt des neuen

Lebens und nicht eine Anthropologie in einem allgemein-einleuchtenden Sinne"
ist. (43)


4.3. Der Mensch ὑπὸ νόμον - der existentiale Sinn des neutestamentlichen
     νόμος -Begriffs

In der zusammenfassenden Darstellung des paulinischen νόμος-Verständnisses
in der "Theologie des Neuen Testaments" ordnet Bultmann dieses zunächst der
biblisch-alttestamentlichen Tradition zu und stellt es dem rationalen Sittengesetz
des Griechentums gegenüber. (44)

1. "Gottes Forderung begegnet dem Menschen konkret im νόμος, im G e s e t z
d e s  A T." Sinn dieses νόμος ist es, "den Menschen zum Leben zu führen",
das er mit seinem eigentlichen Willen erstrebt (45). Rm.7,1o; 1o,5; Gal. 3,12b.
2. Das alttestamentliche Gesetz meint im Unterschied zum griechischen nicht
"das in einzelnen Forderungen entfaltete Prinzip eines Ideals vom Menschen oder
der menschlichen Gemeinschaft. Es ist also nicht das im Geist des Menschen begründete rationale Sittengesetz, so daß die Probleme der Entfaltung des Inhalts
des Guten und der Erziehung erörtert würden. Vielmehr ist das Gesetz  d i e
G e s a m t h e i t  d e r  h i s t o r i s c h  g e g e b e n e n  G e s e t z e s f o r -
d e r u n g e n." (46) Sie werden von der Tradition dargeboten, ihre "Autorität
ist in der Geschichte begründet", nicht in einem allgemeinen Vernunftgesetz. (47)
Der biblische νόμος  und eine Erziehungslehre in griechischem Sinne sind daher
unvereinbar.

3. Die alttestamentlichen Gebote wurden befolgt, "weil sie geboten waren" (48),
und zwar nicht in der auf das 'Bildungs-Ideal' ausgerichteten Gesinnung des "immer strebend sich Bemühens", des "werde, der du -sub specie der Idee - schon
bist", sondern im radikalen Gehorsam in dem jeweiligen konkreten Fall, den das
zwischenmenschliche Verhältnis stellt (49). Gottes ἐντολαί  sind für biblisches
Denken in der Forderung der ἀγάπη  (ein im griechischen Denkbereich nahezu
unbekannter Begriff) zusammengefaßt. "Was der Mensch tun soll, sagt ihm nicht
ein Ideal, sondern das Gebot der Nächstenliebe." (5o) Der Mensch, der mit seiner
Existenz in der Entscheidung vor Gott steht, ist aufgefordert, ihr (der Forderung
der  ἀγάπη  ) in jedem Jetzt total zu entsprechen. (51).

4. Diese Entscheidung wird nicht aufgrund vernünftiger Überlegungen, über die in
der Erziehung belehrt wurde, getroffen, sondern jeder Mensch steht völlig ungesichert in den geschichtlichen Begegnungen, in denen ihm die Forderung des Guten
begegnet (52). Seine Existenzweise ist total geschichtlich, an der Gemeinschaft,
nicht an der ἀρετή des Individuums ausgerichtet. (53)

5. Der historische Jesus stand in dieser alttestamentlich-jüdischen Tradition.
Für ihn hatte daher "ein Verfehlen, ein Fall des Menschen im Jetzt ... nicht
den relativen Charakter einer Entwicklungsstufe, sondern den absoluten Charakter
der Sünde" (54). Auch Paulus übernahm die Anschauung von der Geschichtlichkeit
der menschlichen Existenz (55), radikalisierte sie aber durch seine Erkenntnis
der völligen Ohnmacht des menschlichen Willens, sich von der sein gegenwärtiges
Sein total qualifizierenden Vergangenheit, in der er immer schon an dem νόμος

scheiterte, zu lösen (Rm. 7, 15-25). Anders ausgedrückt: Der Mensch fällt seine
Entscheidung aufgrund seiner Vergangenheit, die er als ihn total bestimmende,
sündige, in jedes Jetzt mitbringt (56) und die ihm ein Leben aus der Zukunft unmöglich macht.

6. Paulus hat dieses "Wissen um das Böse im Menschen als theologische Lehre
entwickelt" (57), die auch sein Verständnis des νόμος bestimmt. Der Mensch
steht vor dem Entweder/Oder, Bestimmtheit durch Gott oder durch die Sünde,
κατὰ πνεῦμα oder κατὰ σάρκα ζῆν . Dabei ist er als g a n z e r in die
Sünde verstrickt und muß als g a n z e r ein neuer werden. Sünde ist καυχᾶσθαι,
πεποιθέναι ἐν σαρκί, totales Verfallensein an das Streben, sich das Heil
eigenmächtig, aus eigener Kraft zu beschaffen. (58) Damit hat Paulus seinen Begriff von Sünde nicht auf "die Übertretung einzelner Gebote", die "moralische
Verfehlung" beschränkt, sondern Sünde ist "die Grundhaltung des natürlichen
Menschen", der um Daseinssicherung - im Judentum durch Gesetzeserfüllung,
im Griechentum durch eine Weltanschauung - bemüht ist. (59) Bultmann para-
phrasiert 1933: "Alles kann dem Menschen zur Sünde werden, d. h. zum Mittel,
sich selbst durchsetzen zu wollen, über sein Dasein verfügen zu wollen, auch
Besitz und Familie, Bildung und Recht, Volkstum und Staat." (6o) In theologischer
Generalisierung: Die Existenz ὑπὸ νόμον ist Sünde, denn der νόμος ist die
δύναμις τῆς ἁμαρτίας     (1. Kor. 15, 56; Rm. 7, 7ff). Δικαιοῦσθαι ἐκ
τοῦ νόμου     , d. h. aus eigener Kraft, durch die Anstrengungen einer vernünftigen Erziehung und Bildung, ist unmöglich.


4.4. Die Erziehungsfunktion des νόμος

4.4.1. Problemstellung

Diese Analyse der faktischen Situation des Menschen ὑπὸ νόμον vollzieht der
Glaube, dessen Vorbereitung und 'Kommen' Paulus Gal. 3, 21-25 skizziert und
als eine geschichtliche Möglichkeit aufzeigt. (61) Der existentiale Sinn des νόμος
wie er für das Sein ἐν Χριστῷ in den Blick kommt, ist damit aufgewiesen: Der
νόμος  ist παιδαγωγὸς εἰς Χριστόν.

Bultmanns Deutung dieser zweimaligen appositionellen Näherbestimmung des
νόμος   (Gal. 3,24f) müssen wir uns im folgenden thematisch zuwenden, denn
mit dieser stand für die traditionelle exegetische und religionspädagogische Literatur die Frage des Erziehungshandelns Gottes am Menschen, das Problem der
'göttlichen Heilspädagogik' (62), zur Diskussion. Es wurde im Anschluß an Gal.
3, 23-25 als ein hermeneutisches Grundproblem im Blick auf  παιδεία  -Gedan-
ken und Neues Testament verhandelt, wobei der griechisch-idealistische Sinn des
παιδεία     - Gedankens weithin leitendes Auslegungsprinzip ist. (63) 1882 kom-
mentierte z. B. Wörner: "Die Aufgabe eines  παιδαγωγός  ist ... durch beständ-
dige Aufsicht und Zurechtweisung vor sittlichen Gefahren zu behüten und in der
steten Richtung auf ein bestimmtes Entwicklungsziel zu erhalten." (64) Der νόμος
erhielt damit eine propädeutische Funktion auf das Ziel Christus hin (εἰς Χριστόν).

Diese (griechisch-hellenistische) Deutung konnte sich

1. auf die Herkunft des Paulus, der in seiner Heimat, dem kilikischen Tarsos,
mit der hellenistischen Kultur in Berührung gekommen war, die stoische Popular-
philosophie und damit die mit der Wortgruppe παιδεύω κτλ verbundene Vorstel-
lungswelt kennengelernt hatte (65), stützen,
2. auf die Wortbedeutung von παιδαγωγός , der im Sinne des griechisch-idealistischen Erziehungsdenkens als Pädagoge, "Knabenführer", verstanden werden
kann. (66)
3. Eine heilsgeschichtlich-idealistische Deutung von Gal. 4,1ff wurde z.T. zur
Untermauerung des ausschließlich positiv-heilspädagogischen Verständnisses von
c 3,24ff herangezogen (67): Der Unmündige (AT) wird aufgrund eines Erziehungs-
prozesses zum reifen Sohn Gottes (NT).

> Die Religionspädagogik kann bis in die 5oer Jahre auf dem Hintergrund dieser
> heilspädagogischen Exegese das Gesetz als Typos erzieherischen Handelns deu-
> ten. "Für den christlichen Erzieher ... ist ... Gal. 3,24 in seiner positiven
> heilsgeschichtlichen Auslegung bedeutsam. Die heilsgeschichtliche Pädagogik
> des G e s e t z e s  und seine in dem bekannten Doppelsinne erfolgte 'Aufhe-
> bung' im Evangelium ist die biblische Voraussetzung seines eigenen pädagogi-
> schen Wirkens." (68)

Neuere Auslegungen von Gal. 3,24ff und 4,1ff vermeiden zumeist ein eindeutiges
Urteil, ob und in welchem Maße darüberhinaus von dem 'negativen' Erziehungsdenken der alttestamentlichen Tradition, das, wie oben angedeutet, mit Erziehung die Vorstellung von "Züchtigung, Rüge, Zurechtweisung" verband, beeinflußt war. Die Vorstellung einer 'göttlichen Pädagogik' wird im Sinne von 'Zucht'
modifiziert. (69)


4.4.2. Der νόμος als Zuchtmeister εἰς Χριστόν (Gal. 3, 24f)

Bultmann hat den speziellen Abschnitt Gal. 3,24f nicht historisch-kritisch exege-
siert, aber behandelt Gal. 3,21-25 in der "Theologie des Neuen Testaments" im
Kontext seiner oben aufgezeigten existentialen Interpretation des paulinischen Ge-
setzesverständnisses und grenzt sich darin von der herkömmlichen heilspädago-
gischen Problemsicht scharf ab.

Er übersetzt: "Steht nun das Gesetz den Verheißungen (Gottes) entgegen? Keineswegs! Denn nur wenn das Gesetz als ein solches, das lebendig machen kann, gegeben worden wäre, dann würde tatsächlich die Gerechtigkeit im Gesetz ihren
Ursprung haben. Aber die Schrift hat vielmehr alles unter die Sünde eingeschlossen, damit die Verheißung auf Grund des Glaubens an Jesus Christus den Glaubenden geschenkt werde. Bevor jedoch der Glaube kam, wurden wir unter dem
Gesetz in Haft gehalten, eingeschlossen im Hinblick auf den Glauben, der offen-
bart werden sollte. Also ist das Gesetz unser Zuchtmeister" (παιδαγωγός)
"bis zu Christus hin geworden, damit wir auf Grund des Glaubens gerechtfertigt
werden sollten. Nachdem aber der Glaube gekommen ist, stehen wir nicht mehr
unter dem Zuchtmeister." (7o)

Bereits die Luther zustimmende Übersetzung von παιδαγωγός  mit Zuchtmeister zeigt,daß Bultmann den Begriff von dem alttestamentlichen jasar, musar, also

der Bedeutung von "auf den rechten Weg bringen", zu einem den Bundesforderungen Gottes an sein Volk Israel entsprechenden Verhalten führen, aus interpretiert. Damit sich jedoch der griechische Erziehungsgedanke in der Bedeutung von "fortbilden zu einem Idealbild" (71) nicht 'einschleicht', übersetzt er das εἰς Χριστόν nicht wie Luther mit 'auf Christus', sondern im Sinne einer Zeitbestimmung mit 'bis zu Christus'. (72)

Die Interpretation:
Bultmann parallelisiert den Abschnitt mit Rm. 4,13-16 und schließt eine knappe theologische Interpretation an. "Ist, bzw. war, der Sinn des νόμος der, παιδαγωγὸς εἰς Χριστόν zu sein, so ist er damit nicht im griechischen oder modernen Sinne als Erzieher verstanden, der den Menschen zu einer höheren Stufe des geistigen und insbesondere sittlichen Lebens emporbilden soll. Die der göttlichen χάρις sich öffnende πίστις ist ja nicht das Ergebnis der Erziehung; sie wird ja überhaupt erst auf Grund der in Christus wirkenden χάρις möglich. Die "Erziehung" durch das Gesetz führt vielmehr in die Sünde und "erzieht" insofern freilich indirekt zur πίστις, als der Sünder, wenn ihm die χάρις begegnet, das Entweder-Oder, Gesetzeswerke oder Glaube, verstehen kann. Aber wiederum nicht so, daß der νόμος den Menschen in die subjektive Verzweiflung hineinführt, sondern so, daß er ihn in eine objektiv verzweifelte Situation bringt, die er als solche erst erkennt, wenn ihn das Wort von der χάρις trifft. Gal. 3,21-25 denkt nicht an die Entwicklung des Individuums, sondern an die Geschichte der Menschheit." (73) (Rm. 7,14-24).

An dieser Interpretation wird deutlich:
1. Über die Vorstellung einer göttlichen Heilspädagogik bei Paulus reflektiert Bultmann nicht (74). Das Pädagogenbild hat ausschließlich negative Funktion. Das Gesetz entwickelt nicht in griechisch-idealistischem Sinne auf das 'Erziehungsziel' (75) 'Christus' hin, sondern verwahrt den Menschen bis zum Kommen der πίστις, bis zur Erfüllung der an Abraham ergangenen ἐπαγγελία.
2. Der Ausdruck παιδαγωγὸς εἰς Χριστόν hat im Kontext objektiv heilsgeschichtlichen, nicht subjektiv psychologischen Sinn (76). Der Apostel will an dieser Stelle ähnlich Rm. 7,14-24 nicht die Entwicklung seiner individuellen Psyche zum Glauben, nicht das psychologisch zu erhellende Phänomen seiner subjektiven Verzweiflung aufgrund des νόμος (Phl. 3,4-6 und Gal. 1,13ff zeigen gerade das Selbstbewußtsein des Juden Paulus) schildern, sondern die objektiv verzweifelte Situation des Menschen ὑπὸ νόμον, Gal. 3,12; Rm. 5,2o. Für den Glaubenden ist 'objektiv' sichtbar geworden, daß das eigenwillige Streben nach dem Leben nur tiefer in Sünde und Tod hineinführt. (77) Paradox formuliert: "Seine (des Gesetzes) Pädagogik ist die Entfaltung der Sünde." (78)

Das eigentliche Ergebnis der 'Erziehung durch das Gesetz' ist dann: Der Mensch hat keine andere Wahl als die Hoffnung ἐπὶ τῷ θεῷ τῷ ἐγείροντι τοὺς νεκρούς (2. Kor. 1,9) (79). D.h., der νόμος kann zwar nicht direkt zur δικαιοσύνη erziehen, aber er bleibt, obwohl er faktisch in die Sünde führt, indirekt Gnade. (8o)

Bultmann führt in seiner existentialen Interpretation des Alten Testaments diese Argumentation beispielhaft vor. Er deutet die alttestamentliche Geschichte analog der menschlichen Existenz von Gal. 3,24, der paulinischen Interpretation des Ge-

setzes (des Alten Testaments) als 'Zuchtmeister bis zu Christus' aus. Von der
Erfüllung in Christus aus ist sie Gesetz und als solche in ihrem Scheitern als
Verheißung ('Zuchtmeister') zu verstehen. (81).

Damit ist deutlich: Heilsgeschichtlicher Sinn des νόμος ist nicht, den Menschen
zur Persönlichkeit zu erziehen, sondern ihn in das Sichverstehen auf das Sündigen
zu führen und damit zutage zu bringen, daß der Mensch Sünder und d. h. , auf die
Gnade Gottes in Christus radikal angewiesen ist (82). Die Vorstellung einer Ent-
wicklungskontinuität vom Sein ὑπὸ νόμον zum Sein ὑπὸ χάριν im Sinne
der griechisch-idealistischen Anthropologie kann daher das paulinische Existenzverständnis nicht sachgemäß deuten.


4. 5. Der Mensch ὑπὸ χάριν
 - die Explikation des Glaubensaktes

Bultmann schließt seinen Aufsatz über "Die Christologie des Neuen Testaments":
"So führt die Erforschung der neutestamentlichen Christologie zu dem positiven
Ergebnis: diese Christologie ist Verkündigung der Heilstatsache, daß in Jesus
Christus Gott die Welt mit sich versöhnt hat ... Ebenso zeigt die Interpretation
der neutestamentlichen Christologie, wie mit der Christologie des Kerygma eine
Christologie gegeben ist, die nichts anderes ist als die Explikation des glaubenden
Verständnisses des neuen Seins." (83)
Ihr wird sich die Untersuchung im folgenden zu wenden.


4. 5. 1. Der dialektische Charakter der christlichen Existenz

Oben wurde die Geschichtlichkeit als Grundexistential in Bultmanns von Heidegger übernommener, aber formalisierter und neutralisierter Daseinsanalytik,
aufgewiesen. Sie ist das "bleibende Wesen" des Menschseins, "seine Möglichkeit,
die immer erst ergriffen werden muß" (84). Diese eigentliche Möglichkeit weiß
der Theologe Bultmann faktisch durch das totale Verfallensein des Menschen an
seine Vergangenheit verwirkt. Sie wird existentiell nur dann realisiert, "wenn
die Möglichkeit gegeben wird, daß der Mensch von anderswoher in seine Gegenwart kommt als aus der Lüge, der Sünde. Daß diese Möglichkeit gegeben ist,
sagt die B o t s c h a f t  v o n  C h r i s t u s." (85)

Der Sinn der neutestamentlichen Verkündigung ist:
Nicht das Gesetz, sondern Christus ist die eschatologische Heilstat Gottes, die
den Menschen total von sich selbst befreit und ihm wirkliche Zukunft schenkt (erschließt). Der Modus ist "Vergebung der Sünde ... als Tilgung  der Vergangenheit". (86) "Christus ist des Gesetzes Ende, indem er dem Menschen die Freiheit
gibt, von seiner Vergangenheit, von sich selbst gelöst aus der Zukunft und in die
Zukunft zu leben." (87) Diese Freiheit wird jedoch nie zu einer zuständlichen
Qualität; "sie verliert nie den Charakter des Geschenks, das nie ein sicherer Besitz ist, sondern als Geschenk je neu ergriffen werden muß". (88) Der Glaube
als die Eigentlichkeit des Existierens ist damit neutestamentlich keine "ein für
allemal besessene Überzeugung", sondern ein stets neu zu vollziehender Glaubensakt", eine ständige Bewegung zwischen dem 'nicht mehr' der Vergangenheit

(eines Lebens in der Knechtschaft unter Gesetz, Sünde, Tod) und dem 'noch nicht'
der Zukunft (eines Lebens in der Freiheit (ἐλευθερ ία) des Glaubens, eines
Seins ὑπὸ χάριν). (89) M. a. W. Die christliche Existenz hat dialektischen
Charakter. (9o) Bultmann zitiert wiederholt Phil. 3,13, wo diese Existenzhaltung sachgemäß ausgedrückt ist. "Ich weiß nur eines: das, was hinter mir liegt,
vergessend, strecke ich mich nach dem aus, was vor mir liegt." (91)

Die Kontinuität der christlichen Existenz liegt damit nicht in der geistigen Entwicklung von der Sünde zum Glauben, ist kein naturhaftes oder geistiges 'Werden', sondern ist eine geschichtliche der Glaubensentscheidung gegenüber dem
Heilsgeschehen in Christus, das im verkündigten Wort begegnet. (2. Kor. 5,18-21)
(92).In dieser Entscheidung ist die Bestimmung und eigentliche "Intention des
Menschen zur ζωή, zum Selbst, die unter der Sünde pervertiert waren", erfüllt;
er ist erlöst (93), aber nicht als Ergebnis einer innergeschichtlichen Entwicklung
oder Erziehungsmaßnahme, - die griechische Vorstellung einer Erziehung des
Sinnenlebens in der Kraft des Geistes kennt das Neue Testament nicht - (94),
sondern als Neuschöpfung von Gott her. (95)

Bultmann bezeichnet die existentiale Struktur des menschlichen Daseins an anderer Stelle als 'radikale Fraglichkeit' (96) und kommentiert: In der 'eschatologischen Situation' sind dann alle Existenzfragen gelöst (Joh 16,23). "Im Glauben
hat die Existenz ihre eindeutige Auslegung erhalten, weil sie nicht mehr von der
Welt her ausgelegt wird." (97) Aber der Glaubende bleibt im Dasein, bleibt
σῶμα        . Sein "Glaube ist immer nur im Überwinden des Unglaubens". (98)
Mark. 9,14, das Wort des Vaters des epileptischen Knaben, bringt diese 'Paradoxie' sachgemäß zum Ausdruck: "Ich glaube, Herr, hilf meinem Unglauben!"


## 4. 5. 2. Die Strukturmomente der πίστις (99)
### Die πίστις als ὑπακοή

Paulus versteht πίστις immer intentional als 'Glaube an' ( πιστεύειν,
πίστις εἰς        ), d. h., sie ist immer bezogen auf ihren Gegenstand, auf Gottes Heilstat in Christus (1oo). Er meint dabei keine bloße Kenntnisnahme und Zustimmung zu einer bisher noch unbekannten Gottheit (1o1), sondern einen Gehorsamsakt, in dem sich der Glaubende durch Christus, das 'Objekt' seines Glaubens,
total bestimmen läßt, sein eigenes Selbst radikal preisgibt, die "Infragestellung
des ganzen Menschen durch Gott" anerkennt (1o2). Für die Struktur der πίστις
folgt daraus: "Paulus versteht die πίστις primär als ὑπακοή , den
Glaubensakt als Gehorsamsakt." (1o3)

Diese ὑπακοή πίστεως   ist ein geschichtlicher Akt und als solcher je neu ungesichertes und unverfügbares Wagnis, je konkreter Entschluß des Augenblicks (1o4),
aber kein Akt weltlichen Handelns, sondern - paradox formuliert - "ein im Jenseitigen gegründetes Geschehen, eine Tat oder Gabe Gottes selbst". (1o5)

"D e r  G l a u b e , die Entscheidung gegenüber dem Wort der Verkündigung
(ist) eine Entscheidung wie andere und doch eine ganz andere. Denn hier handelt

es sich nicht darum, angesichts einer bestimmten in Zeit und Welt begegnenden
Forderung, einer bestimmten Gabe, die Freud und Leid schenken mag, offen zu
sein, nicht darum, für ein jeweiliges innerweltliches Schicksal bereit zu sein,
sondern offen zu sein für d i e Gabe Gottes, in der alle Zukunft vorweg geschenkt
ist, und deren Empfang erst wieder frei macht, Gottes Gabe und Forderung jeweils
jetzt zu vernehmen." (1o6)

D. h. Im Akt glaubenden Existierens ist das Problem von Gnade und Freiheit gelöst (1o7). Πίστις ist totale Hingabe an den κύριος (ὑπακοή) <u>und</u> freie
Tat der Entscheidung (1o8). Wer sie vollzieht, ist am Ziel, ist eschatologische
Existenz. Sie ist als radikaler Verzicht auf jede eigene Leistung " T a t im
eigentlichen Sinne, in der der Mensch als er selbst ist, während er beim ἔργον
neben dem steht, was er tut". (1o9)


Πίστις und γνῶσις

In ihrem Ausgerichtetsein auf das Objekt κύριος (vgl. Gal. 3,23ff) ist die ὑπακοὴ
πίστεως zugleich ὁμολογία (Bekenntnis), die aus der ἀκοὴ πίστεως (Predigt)
entspringt) (vgl. Rm. 1o, 9 u. 17). "Die πίστις... enthält darum notwendig
ein Wissen", das nicht im Fürwahrhalten eines Referates über historische Vor-
gänge, einer "Lehre über 'objektive' Sachverhalte" besteht, sondern nur in der
gehorsamen Annahme des Kerygmas angeeignet werden kann. (11o) D. h. Die
Glaubensentscheidung verlangt kein sacrificium intellectus (111), bietet aber auch
keine securitas einer theoretischen Erkenntnis. "Der Glaube bleibt immer ... ein
'Wagnis', daß er auf das Kerygma hin glaubt." (112) Die Sicherheit dieses Wissens
ist die in Gott begründete certitudo des existentiellen Glaubensaktes (113). Mit
γνῶσις meint Paulus daher bei unbestrittener Anknüpfung an den hellenistischen
Sprachgebrauch (114) nicht wie in dem griechischen Erkenntnisbegriff distanzneh-
mende Objektivierung ( θεωρεῖν ), sondern den existentiellen Vorgang der
Annahme des göttlichen Urteils über das bisherige Selbstverständnis (115) im
g e h o r s a m e n Hören der Verkündigung und zugleich die Eröffnung eines
neuen Selbstverständnisses als des Sichverstehens unter der göttlichen χάρις
(116) Bultmann formuliert dialektisch: "Gottes Geschenk verstehen, heißt sich
selbst als Beschenkten verstehen" (117) und verweist auf 1. Kor. 8,1-3:
εἰ δέ τις ἀγαπᾷ τὸν θεόν, οὗτος ἔγνωσται ὑπ' αὐτοῦ. (118).

Dieses existentielle Verstehen ist aber zugleich ein der Entfaltung fähiges und be-
dürftiges Wissen (119), eine "Erkenntnis, in der sich der Glaube selbst expliziert".
(12o). Γνῶσις und σοφία sind für Paulus hervorragende χαρίσματα ,
die Erkenntnis ist eine Gabe des Geistes, das schließt ein, "daß sie als Aufgabe
erfaßt und ausgebildet werden soll, wie Phl. 1,9f und Rm. 12,2 ... deutlich zeigen".
(121) Beide sprechen von einem δοκιμάζειν , Phl. 1,9f darüberhinaus von
"nachdenkenden Forschen", das in der christlichen Grundhaltung der ἀγάπη
fundiert ist. (122) D. h., der Glaube beinhaltet eine "Verpflichtung" zur "Kritik",
zur inhaltlichen Unterscheidung zwischen Gültigem und Ungültigem (123).

In theoretischer Entfaltung führt diese γνῶσις zum "systematisch-theologischen
Erkennen der μυστήρια des Heilsgeschehens (124) und zur Erfassung der sittlichen Pflichten", Phl. 1, 9f (125),bleibt aber stets ihrem Ursprung entsprechend
ein existentielles Sich-verstehen in der πίστις . "Sofern sich dieses Sich-
verstehen als Objekterkenntnis, d. h. als immer dringenderes Erkennen der göttlichen χάρις entfaltet, gilt, daß es immer Stückwerk bleibt" (126) bis zum
τέλειον. Sie hat teil an dem geschichtlichen Charakter der christlichen Existenz,
sie ist niemals "ruhender Besitz", der zum φυσιοῦσθαι berechtigte, sondern
entfaltet sich "im Leben des Christen als dauerndes Gehorchen wie als dauerndes
Nachdenken". (127)

Eine 'größere' Rolle als in allen anderen urchristlichen Schriften spielt γινώσκειν
in den johanneischen Schriften. Auch hier kommentiert Bultmann im Sinne existentiellen Sichverstehens:"Es ist... deutlich, daß mit γινώσκειν kein for-
schendes, betrachtendes Wissen, keine Spekulation bezeichnet ist, aber auch
keine mystische Anschauung, die aus der geschichtlichen Verbundenheit und aus
dem Handeln löst, sondern daß sich das γινώσκειν faktisch im geschichtlichen
Handeln vollzieht." (128) Im Blick auf 'Glauben und Erkennen': "Alles Erkennen,
das mit dem Glauben beginnt, bleibt auch im Glauben; aber alles Glauben soll
auch zu einem Erkennen werden. Wie alles Erkennen immer nur ein glaubendes
sein kann, so kommt im Erkennen der Glaube zu sich selbst; das Erkennen ist
also ein Strukturmoment des echten Glaubens." (129)

Damit ist deutlich: Paulus und Johannes kennen ein dem existentiellen Glaubensakt eigenes Verstehen ( γνῶσις ), das sich weder aufgrund freischwebender
Spekulation, noch aufgrund neutral forschender Wissenschaft einstellt, sondern
eine besondere Bewegung, ein "Strukturmoment" derπίστις selbst ist (130), zugleich aber auf verstehende Explikation hin angelegt ist. Der dialektische Charakter
der christlichen Gnosis ist damit deutlich (131). Der Glaube als neues, eschatologisches Selbstverständnis verpflichtet zu vernünftigem Erkennen, das "seine Legitimität dadurch erweist, daß es sich in Einheit mit dem Glaubensgehorsam und der
Liebe vollzieht als e x i s t e n t i e l l e s  Denken." (132)

Offen blieb bisher die Frage nach dem Verhältnis der πίστις zur παιδεία,
in der sich nach klassisch griechischem Verständnis die γνῶσις entwickelt.


### 4. 5. 3. Das Verhältnis der glaubenden Existenz zur Welt

Das glaubende Erkennen (= Ergreifen) der eigentlichen Existenzmöglichkeit als
Erkanntsein von Gott muß abschließend im Horizont von Zeitlichkeit und Geschichtlichkeit gesehen werden. Im Geschehen der πίστις sind eschatologisches
und zeitlich-geschichtliches Ereignis paradox identisch (133). "Das Alte verging;
siehe, es ward neu!" (134) Die Existenz der καινὴ κτίσις ist jedoch kein Zustand in der Welt, keine nach innerweltlichen Maßstäben verfügbare Gegebenheit,
sondern echt geschichtlich, d. h., sie muß als Überwindung desκατὰ σάρκα ζῆν
in der freien Tat der Entscheidung je neu Ereignis werden (135). Diese Tat ist
radikale Selbstpreisgabe an Gott, der in ihr Freiheit von der Vergangenheit (Gesetz, Sünde, Tod), echte Zukunft und damit dem Glaubenden das eigentliche Selbst

schenkt (136). Daraus folgt: "Der Glaube bedeutet als die Vorwegnahme jeder
Zukunft d i e   E n t w e l t l i c h u n g   d e s   M e n s c h e n, bedeutet seine
Versetzung in die eschatologische Existenz" (137), die aber eine Existenz in der
Welt bleibt. Anders ausgedrückt: "Die konkrete Realisierung der Glaubensmög-
lichkeit in der Glaubensentscheidung des Einzelnen ist selbst eschatologisches
Geschehen" (138), - aber in der Zeitlichkeit, in der der eschatologische Indikativ
der Freiheit von der Vergangenheit zum Imperativ der Freiheit zur Welt wird (139).
Damit ist die 'eschatologische' Existenz in die Wirklichkeit eines Neubeginns in der
Welt gestellt, in der sich ihre Stellung zur griechischen Weltanschauung und damit
zum     $\pi\alpha\iota\delta\varepsilon\acute{\iota}\alpha$ -Gedanken entscheiden muß.

Der $\varkappa\acute{o}\sigma\mu o\varsigma$ -Begriff, der im kosmologischen Denken des Griechentums das
"architektonische Weltgebäude" bezeichnete, hat im Neuen Testament "eschato-
logisch-geschichtlichen Sinn". (14o) Das eigentliche, glaubende Sein ist $\acute{\varepsilon}\varkappa\ \tau o\tilde{u}$
$\varkappa\acute{o}\sigma\mu o u$ aus dem Versklavtsein an die Sphäre des Irdischen befreit, lebt aber
$\acute{\varepsilon}\nu\ \tau\tilde{\omega}\ \varkappa\acute{o}\sigma\mu\omega$     . Für den Glaubenden ist "das ursprüngliche Schöpfungsver-
hältnis wiederhergestellt." (141) Er lebt innerhalb der neutralen Ordnungen,
die als bloße Dinge, Sachen, "nur der Rahmen (sind), in dem sich das für den
Menschen wesentliche Geschehen abspielt". (142) Dieses 'Worin' steht jedoch je
aktuell in der Gefahr der Vergöttlichung. Der $\varkappa\acute{o}\sigma\mu o\varsigma$ , die neutrale "Sphäre
der irdischen Lebensbedingungen" kann je zur "Sphäre gegengöttlicher Macht"
werden. (143) Bultmann zeigt in der Interpretation des Johannesevangeliums auf,
wie aus dem kosmologischen Dualismus der Gnosis ein radikaler Entscheidungs-
dualismus wird (144), in der der Paulusbriefe, wie der Raumbegriff $\varkappa\acute{o}\sigma\mu o\varsigma$
zu einem Zeitbegriff wird. (145)

Konsequenz dieser Zweideutigkeit ist eine Dialektik im praktischen Verhältnis
des Glaubenden zur Welt, die Bultmann in kommentierender Paraphrase von
1. Kor. 7, 29-31 immer neu deutlich zu machen sucht.

Die Übersetzung: "So sollen denn sein, die da Frauen haben, als hätten sie keine/
Und die da weinen, als weinten sie nicht, / Und die sich freuen, als freuten sie
sich nicht, / Und die da kaufen, als sollten sie nichts behalten, / Und die mit der
Welt umgehen, als hätten sie nichts davon. / Denn die Gestalt dieser Welt geht
dahin." (146)

Der Kommentar: "Die Entweltlichung ist grundsätzlich keine Askese, sondern
eine Distanz zur Welt, für die alle Beteiligung am Weltlichen in der Haltung des
'als ob nicht' ($\acute{\omega}\varsigma\ \mu\acute{\eta}$ ) vollzogen wird." (147) Die Glaubenden bleiben in ihren
"konkreten Lebensverhältnissen". Sie nehmen "am Handel und Wandel der Welt
teil", aber unter dem eschatologischen Vorbehalt des $\acute{\omega}\varsigma\ \mu\acute{\eta}$ , in innerer Freiheit, einer "Freiheit, in der alle innerweltlichen Ansprüche ihre Motivationskraft
verloren haben, alle innerweltlichen Dinge und Situationen in die Indifferenz
hinabgesunken sind." (148) Der Glaubende ist durch die Bindung an den $\varkappa\acute{u}\rho\iota o\varsigma$
(Rm. 14, 7f; 1. Kor. 3, 21ff) zu einem Weltbezug in Sachlichkeit, ohne die Knecht-
schaft des Geltungsbedürfnisses befreit. (149)

Wie verwirklicht sich dieses Geschenk  der Freiheit zur neuen Wirklichkeit positiv?
"Die Indifferenz alles Weltlichen verschwindet in der konkreten Situation der Ver-

antwortung." (15o) In dieser wird das Geschenk der Freiheit, die Gabe des Geistes,
zur Norm und zur Forderung. (151) M. a. W. Im Indikativ ist ein Imperativ begrün-
det, dessen Tragweite die Formulierung $\pi\iota\sigma\tau\iota\varsigma$ $\delta\iota'$ $\dot{\alpha}\gamma\dot{\alpha}\pi\eta\varsigma$ $\dot{\varepsilon}\nu\varepsilon\rho\gamma\text{o}\upsilon\mu\dot{\varepsilon}\nu\eta$
umschreibt. (152) D.h., Motiv des entweltlichten Handelns in der Welt ist die
$\dot{\alpha}\gamma\dot{\alpha}\pi\eta$ , die aus der Freiheit der eschatologischen Existenz entspringt, sich
voll an den anderen hinzugeben, vom andern her wahrhaft geschichtlich zu existieren.

Diese totale Hingabe an den andern als den Nächsten erfüllt den $\nu\dot{o}\mu\text{o}\varsigma$ $\vartheta\varepsilon\text{o}\tilde{\upsilon}$. (153)
"Denn das ganze Gesetz ist in dem einen Wort erfüllt: Du sollst deinen Nächsten
lieben wie dich selbst" (Gal. 5, 14). Das Gebot der $\dot{\alpha}\gamma\dot{\alpha}\pi\eta$ ist damit kein quan-
titatives Mehr oder Weniger gegenüber den traditionellen $\dot{\varepsilon}\nu\tau\text{o}\lambda\alpha\iota$ , die,
sofern sie Gottes Forderung enthalten, in Gültigkeit bleiben. (154) Sie werden je-
doch kritisierbar, denn in der $\dot{\varepsilon}\lambda\varepsilon\upsilon\vartheta\varepsilon\rho\iota\alpha$ des Glaubens ist totales Verfügungs-
recht über die Welt und in der ihn beanspruchenden Begegnung mit dem Du die
Möglichkeit radikalen Verzichts eingeschlossen. (155) Die Preisgabe der
$\dot{\varepsilon}\lambda\varepsilon\upsilon\vartheta\varepsilon\rho\iota\alpha$ in der $\dot{\alpha}\gamma\dot{\alpha}\pi\eta$ geschieht jedoch an keiner Stelle um menschlicher Konventionen und Wertmaßstäbe, sondern um des Nächsten willen, als reines
Sein für den anderen. (156)

Diese sachliche Einheit von Glaube und Liebe steht in der Verkündigung Jesu,
der paulinischen und johanneischen Theologie, an zentraler Stelle. (157) Mit ihr
ist nicht das abstrakte Ideal einer allgemeinen Menschenliebe gemeint, die "am
einzelnen vorbei die Menschheit glücklich machen will", sondern liebende Erfüllung des Anspruchs des mir begegnenden Du im jeweiligen Augenblick. (158) Anders ausgedrückt: Glaubendes als liebendes Existieren ist existentielles Ergreifen
eigentlichen Seins, denn "menschliches Sein ist M i t e i n a n d e r s e i n, und
damit ist es g e s c h i c h t l i c h e s Sein im Unterschied vom Sein der Natur"
(159).

Die neutestamentliche $\dot{\alpha}\gamma\dot{\alpha}\pi\eta$ ist damit kein zeitlich neues Was, kein Material-
prinzip einer neuen Ethik, die in der Geistesgeschichte 'relativ' neu wäre, sondern
das Handeln in der Welt wird von einem neuen Wie getragen, das jeden Moment
der Entscheidung "wesenhaft" neu macht. (16o) Am Beispiel der Arbeit: Sie ist
als solche neutral, niemals absoluter Wert, aber sie kann je zur Möglichkeit
werden, in der die Forderung der $\dot{\alpha}\gamma\dot{\alpha}\pi\eta$ mich total beansprucht. (161) Liebe
bleibt unverfügbar, denn im geschichtlichen Vollzug ist ihr Ziel erreicht, das
neue Sein, dessen Grund Gottes Liebe in Christus (162) ist, der uns den Geist
der Liebe schenkt. Dieser Geist einer neuen Ich-Du-Beziehung verwandelt die
Welt, denn er weiß, "was er zu tun hat". (163) "Freilich nicht so, als enthielte
die Liebe das Programm einer besseren Organisation der Welt" (164), aber sie
gibt kritische Einsicht in die empirischen Möglichkeiten und Konsequenzen des
Handelns (165) und bestimmt, "daß wir selbst Träger der Liebe, des göttlichen
Lichtes in der Welt, sein können und sollen; daß unsere Entscheidungen, vor die
uns der Tag und der Augenblick stellen, im Geiste der Liebe gefällt werden;
daß unsere Lebenspläne und Programme, die ja die konkrete Verantwortung immer wieder von uns fordert, im Geiste der Liebe entworfen werden." (166)

4. 6. Das Existenzverständnis in den nachpaulinischen Briefen des Neuen Testaments

In der Auslegung der Deuteropaulinen und der Pastoralbriefe wendet Bultmann das Sachkriterium als Maßstab an, das er bei der Exegese der echten Paulusbriefe gewann (167): das dialektische Verständnis der christlichen Existenz. Die Pastoralbriefe, die sich im Unterschied zu denen des Paulus durch eine pädagogische Terminologie auszeichnen, beurteilt er als "legitime Fortsetzung des paulinischen Denkens", zu dem aber eine zunehmende "Moralisierung im Verständnis des Heils" hinzukommt (168). Intention der Verfasser war nach Bultmann vermutlich, Irrlehren durch Stärkung der kirchlichen Organisation zu bekämpfen, "den Gemeinden in Lehre und Sitte einen festen Halt zu geben". (169)

Δικαιοσύνη meint daher vorwiegend 'Rechtschaffenheit', eine moralische Eigenschaft, zu der nach 2. Tim. 3,16 die Schrift erzieht. Ähnlich ist Tit. 2,11f unter der χάρις...παιδεύουσα ἡμᾶς eine Kraft verstanden, die das alltäglich-bürgerliche Leben in der Gegenwart formt, umgestaltet und "uns zum 'frommen' Leben 'erzieht'" (17o). D.h., die Kirche als Heilsgemeinde erzieht durch Zucht ihre Glieder. (1. Tim. 3, 15; 5, 2o; 2. Tim 2, 19; Tit. 1,9.13; 2, 15). Insgesamt ist das Urteil jedoch positiv: Da in den Pastoralbriefen das alltägliche Leben unter das Licht der Gnade gestellt wird, geht bei aller Anpassung an die hellenistische Bürgerlichkeit das paulinische ὡς μή nicht verloren, der Imperativ bleibt im Indikativ begründet. (171)

Der Hebräer-Brief dagegen hat das spezifisch urchristliche, paulinisch-johanneische, dialektische Verständnis der Glaubensexistenz preisgegeben. Der Begriff des πνεῦμα , "nach Paulus die Kraft des christlichen Lebens", erscheint nicht mehr. "Statt dessen lehrt er, die den Glaubenden treffendenLeiden als die Erziehung Gottes zu verstehen (12, 4-11)." (172) Seine Theologie wird daher von Bultmann mit einer eindeutig abwertenden Tendenz skizziert. (173)


5. <u>Ergebnis: Urchristliches und griechisches Existenzverständnis in der Interpretation Bultmanns - Gegenüberstellung und kritische Verhältnisbestimmung</u>

"Verantwortung für die Welt in der Liebe" (1) - mit dieser Formel umschreibt Bultmann das paulinische ὡς μή und hat damit das Verhältnis des urchristlichen zum griechischen Verständnis von Mensch und Welt und zugleich das Verhältnis von πίστις und παιδεία bestimmt.

1. Für die griechische Weltanschauung gilt die zeitlose, allgemeine Sphäre der ewigen Ordnungen als die eigentliche, die göttliche Welt (2). Ihr entspricht eine Anthropologie, die den vernünftigen Geist ( λόγος ) als das eigentliche Wesen des Menschen versteht. "Der Mensch findet deshalb den Sinn seiner Existenz in der Vergeistigung seines Lebens, d.h. darin, daß er die Idee des Menschen durch Bildung, durch Selbstvervollkommnung verwirklicht." (3)

Der Glaubende weiß um die Zweideutigkeit (4) der ewigen Weltordnungen, in denen
dem Griechen die Wahrheit, Gott (5), grundsätzlich offenbar ist. Er weiß, sie
können Gott, der im geschichtlichen Geschehen begegnet, "ebenso verhüllen wie
offenbaren". (6) Dem anthropologischen Gesichtspunkt der Paideia, der bildenden
Erziehung zur Allgemeinheit des Geistes, steht daher der der Verantwortung vor
Gott im konkreten geschichtlichen Leben gegenüber. "Nicht im Allgemeinen, sondern gerade im Individuellen erfüllt sich sein Sein. Seine Vergangenheit ist s e i -
n e  Vergangenheit, die ihn unentrinnbar qualifiziert mit ihrem Segen oder mit
ihrem Fluch. Seine Zukunft ist  s e i n e  Zukunft, die nicht als das Bild eines
Ideals vor ihm steht, zu dem er sich mehr und mehr emporbildet, sondern die
in verantwortlicher Entscheidung zu wählen ist mit dem Wagnis, sich zu gewinnen
oder zu verlieren." (7)

Bultmann denkt damit das Gegenüber von Griechentum und Christentum anthropologisch als das Entweder-Oder von schematischem "Idealbild des Menschen als
Vernunftwesen" (8) oder dialektischem Verständnis der Existenz in der Verantwortung vor Gott.

2. Das Bewußtsein der Individualität, der Geschichtlichkeit der Existenz in radikaler Einsamkeit vor Gott sind die entscheidenden Charakteristika urchristlichen
Existenzverständnisses (9). Das eigentliche Selbst ist als radikal geschichtlich,
unverfügbar, ungesichert, als radikal transzendent gegenüber der Welt gedacht
(1o). Den ethischen Optimismus des Griechentums, daß der Mensch selbstmächtig
frei ist zum Tun des Guten, wenn sein Denken dem Gesetz der Vernunft folgt,
kann das glaubende Individuum nicht nachvollziehen. Sein Wesen ist ihm unverfügbares Geschenk der Gnade, verfügbare Formung des Selbst durch παιδεία
unmöglich. An die Stelle der Erziehungsgemeinschaft tritt daher im Christentum
die Gemeinschaft der Liebe in der totalen Hingabe an das Du. (11)

Deutlich ist: Πίστις  und  παιδεία  sind unvereinbare Gegensätze.

3. Das Weltverhältnis des Glaubenden kennzeichnet eine Dialektik, "eine ständige
Spannung" (12). Für das entweltlichte Sein in der Welt ist diese in ihrem sach-
lich-neutralen Sinn, als bloßes Ding, in ihrer Profaneität sichtbar geworden und
steht als Feld der Arbeit einem sach-, d.h., schöpfungsgemäßen Gebrauch zur
Verfügung. (Phil. 4,8). Dieser hat sich jedoch je in der Überwindung des Welt-
seins als der δουλεία  unter Gesetz, Sünde und Tod zu manifestieren (Röm.
5-8), die als Verantwortung für die Welt in der ἀγάπη  geschieht. D.h.,
die existential-ontologischen Möglichkeiten von Eigentlichkeit und Uneigentlichkeit kennt das Neue Testament nur als existentielle Wirklichkeiten des Ergrif-
fenseins von der Sünde - wie der griechische Versuch der Weltbemächtigung durch
Vernunft - oder von Gott, der in paradoxer Weise radikale Freiheit ( ἀγάπη  )
schenkt. (13)

4. Auch die Vernunft ist Welt, d.h. für den Glaubenden Schöpfung Gottes und als
solche profan und neutral. Die πίστις  enthält keine inhaltlich neuen Erkenntnis-
se der Welt. Die eschatologische Existenz ist als nicht objektivierbarer 'Entschluß des Augenblicks' keine 'Methode der Welterklärung', kein 'Weltdeutungs-
versuch'. Der Glaube vollzieht sich aber in der Welt und ist daher auf ein ver-

nünftiges Verständnis der Welt, das die griechische Welt des Geistes mit ihren kulturellen Bildungen Wissenschaft, Recht und Kunst, mit ihrem Erziehungs- und Bildungs-
gedanken bietet (14), angewiesen. Wie alle Phänomene dieser Welt ist sie jedoch zweideutig. Die eigentlich christliche 'Lehre' ist nicht die Vernunft, sondern die Liebe
(1. Thess. 4, 9). $\Delta\iota\grave{\alpha}\ \tau\tilde{\eta}\varsigma\ \grave{\alpha}\gamma\acute{\alpha}\pi\eta\varsigma\ \delta o\upsilon\lambda\epsilon\acute{\upsilon}\epsilon\tau\epsilon\ \grave{\alpha}\lambda\lambda\acute{\eta}\lambda o\iota\varsigma$ (Gal. 5, 13):
Staat, Wissenschaft, vernunftgeleitete Erziehung und Bildung als profanes Tun sind
damit "gerechtfertigt, wenn das Leben in ihnen sich jeweils in der Liebe vollzieht;
sie sind gerechtfertigt unter dem eschatologischen Vorbehalt, wenn wir uns ihrer
bedienen in der Distanz des 'als ob nicht'. Aber die Durchführung der Liebe und
des 'als ob nicht' ist immer Sache des Augenblicks" (16), ist eschatologisches Geschehen. In dieser dialektischen Haltung zur Welt, in der liebenden Verantwortung
des $\acute{\omega}\varsigma\ \mu\acute{\eta}$ , beteiligt sich der Glaubende an Wissenschaft, Erziehung und Bildung.

5. Die "F r a g e  G r i e c h e n t u m  o d e r  C h r i s t e n t u m" ist damit
aus ihren historischen Kontext gelöst und zu einer Grundfrage für jede Existenz,
zu "e i n e (r) d e m  M e n s c h e n  s t e t s  m i t g e g e b e n e (n)  F r a g e"
(17) generalisiert: Leben aus dem Geschenk der $\pi\acute{\iota}\sigma\tau\iota\varsigma$ oder aus der eigenmächtig zu bildenden Vernunft? Bedarf er (der Mensch) des Griechentums für sein
Handeln in der Welt, so ist die entscheidende Frage die nach dem Sinn seines
Handelns." (18) Dieser kann für den Glaubenden niemals in der Erziehung und
Bildung zu einem idealen Logoswesen liegen. Für ihn gilt: $\Pi\acute{\alpha}\nu\tau\alpha\ \gamma\grave{\alpha}\rho\ \acute{\upsilon}\mu\tilde{\omega}\nu$
$\acute{\epsilon}\sigma\tau\iota\nu...\acute{\upsilon}\mu\epsilon\tilde{\iota}\varsigma\ \delta\grave{\epsilon}\ X\rho\iota\sigma\tauo\tilde{\upsilon},\ X\rho\iota\sigma\tau\grave{o}\varsigma\ \delta\grave{\epsilon}\ \vartheta\epsilon o\tilde{\upsilon}$ (1. Kor. 3, 21ff).

6. Aufgrund des existential-ontologischen Auslegungsansatzes ist in Bultmanns
Auslegung die Weltverantwortung (das $\pi\acute{\alpha}\nu\tau\alpha\ \acute{\upsilon}\mu\tilde{\omega}\nu$ ) auf die Frage nach dem
Sinn der je eigenen Existenz reduziert. Das glaubende Individuum "ist befreit
zum echten geschichtlichen Leben, das heißt zur selbständig-verantwortungs-
vollen Entscheidung je in den Begegnungen des Lebens" (19), in denen er sich
der Vernunft sach-, d. h., schöpfungsgemäß bedient. Eine Konkretion des $\pi\acute{\alpha}\nu\tau\alpha$
$\acute{\upsilon}\mu\tilde{\omega}\nu$ bis in die Lebenspraxis bleibt dabei überflüssig, denn der Vernunftgebrauch in der liebenden Verantwortung des Glaubens für die Welt ist sachent-
sprechend - neutral. Eine 'Praxistheorie des Glaubens' (2o), die verantwortliche
Weltgestaltung auch im Bereich der Erziehung und Bildung mitreflektiert, würde
dagegen den eschatologischen Augenblick objektivieren, verfügbar machen, und
damit zur Geschichtlichkeit des Glaubens in Widerspruch geraten.

6. Bultmanns Rückfrage nach dem Verhältnis von Kerygma und Lehre im Neuen
   Testament

## 6.1. Problemstellung

Ein Strukturmoment glaubenden Seins ist, wie Bultmann in einer Analyse der
paulinischen und johanneischen Schriften aufzeigt, das γινώσκειν , von dem
Paulus in einem doppelten Sinn redet: "einmal von dem durch das Kerygma vermittelten Wissen um das Heilsgeschehen, sodann von dem Wissen, das sich als neues
Selbstverständnis dem Glauben erschließt". (1) Die erste Bedeutung ist in der
griechischen Weltanschauung verwurzelt und dort mit der idealistischen Anthropologie und Bildungsidee verbunden, nach der sich der Mensch im γινώσκειν
aus eigener Kraft der geistigen Welt (Gottheit) nähert. Paulus knüpft an diesen
hellenistischen Sprachgebrauch an, stellt aber der 'verfügbaren' theoretischen
Erkenntnis die 'unverfügbare' existentielle Anerkenntnis gegenüber, d.h., er
weiß die γνῶσις des Menschen "durch Gottes auf den Menschen gerichtetes
Erkennen begründet". (2) (Gal. 4,9; 1. Kor. 8,2f; 13,12). M.a.W. Er
"polemisiert gegen eine γνῶσις , die als theoretische Einsicht... sicherer
Besitz ist, so daß man Folgerungen aus ihr ziehen kann; und er fordert eine γνῶσις
die als eine Bestimmtheit des Lebens sich äußert und ihre vorzügliche Vollzugs-
möglichkeit in der ἀγάπη hat". (3) Mit dieser Auslegung hat Bultmann die Möglichkeit abschließender theoretischer Erkenntnis des Heilsgeschehens, der Glaubensexistenz, in Frage gestellt. Umgekehrt formuliert: Mit dem Begriff des Glaubens
als eines existentiellen Verstehens wird die Frage der "rechten theologischen
Lehre", die nach dem Weg theologischer Erkenntnis und ihren Kriterien, zum
Problem. Kann "Lehre" in der christlichen Kirche überhaupt einen legitimen
Sinn beanspruchen? (4)

Der Frage nach den anthropologischen Grundentscheidungen im Verhältnis Glaube -
Bildung wird sich im folgenden die nach der Verhältnisbestimmung von Kerygma
und Lehre anschließen. Sie wird den Begriff von Theologie, von 'theologischer
Lehre' und damit den Ansatzpunkt einer Didaktik der Theologie im Denken Bultmanns aufweisen. Deren Problematik wird sich die Untersuchung in der Diskussion der praxisbezogenen Stellungnahmen in Teil III zuwenden.

1929 erschien die für die Bestimmung des Verhältnisses von Kerygma und Lehre
grundlegende Abhandlung über "Kirche und Lehre im Neuen Testament" (5), die
Ausgangspunkt der folgenden durch Akzentuierungen aus späteren Arbeiten (6)
ergänzten Ausführungen ist.


## 6.2. Das Verständnis von Lehre im Horizont griechischen Seinsverständnisses

Bultmann setzt in der hier zugrundeliegenden Abhandlung mit einer Klärung des
Vorverständnisses von Kirche und Lehre ein. Wir beschränken uns in unserem
Zusammenhang auf die Frage der Lehre, die im 'normalen' Verständnis "durch
Worte gegebene Mitteilung von etwas, was man noch nicht weiß" (7), bedeutet
und die beiden Aspekte der Fakten- und Prinzipienmitteilung enthält (8). Ihnen
ist gemeinsam, daß jeder Hörer sie verstehen kann, denn er hat selbst die Mög-

lichkeit, ein nicht gewußtes Faktum zu entdecken oder er erfährt durch Belehrung,
vor allem in Erziehung und Unterricht, allgemeine (z. B. ethische) Wahrheiten,
die ihm zum Bewußtsein bringen, "was er sich selbst hätte sagen können". (9)
Auch der Unterricht in Mathematik oder den Naturwissenschaften deckt im Prozeß der ἀνάμνησις dem Schüler ein Wissen auf, das dieser aufgrund seines
Weltverständnisses bereits hat "und das in der 'Belehrung' nur bewußt und explizit wird". (1o) Nach dieser Methode des 'Sich-erinnerns' verfahren Forschung
und Lehre der traditionellen objektivierenden Wissenschaft überhaupt. (11)

Radikal neue Erkenntis ist in diesem Vorgang von Lehre ausgeschlossen. Der
Lernende bleibt in distanziertem Sehen ( θεωρεῖν ), in objektivierendem
Explizieren des Sinngehaltes der Lehre bei sich selbst und bedient sich seines
bereits vorhandenen Weltverständnisses.

Damit ist deutlich: Dieser Begriff von Lehre gehört in das griechische Seinsverständnis, in dem Mensch und Welt eine vorhandene, verfügbare Einheit sind,
das wirklich Seiende, die ἀλήθεια , im γινώσκειν aufgedeckt wird. Der Lehrer
als geschichtlich existierende Person kommt nicht in den Blick, denn er ist kontingente, sich selbst überflüssig machende Bedingung für die wesenhafte Erkenntnis des Lernenden (Sokrates!). (12)


6. 3. Das Verständnis von Lehre im Horizont geschichtlichen Seinsverständnisses

Grundsätzlich Neues kann mir durch Lehre - entsprechend Bultmanns existential-
ontologischem Ansatz - nur auf dem Hintergrund eines geschichtlichen Seinsverständnisses mitgeteilt werden. In ihm gehört das Wort zur jeweiligen Situation
hinzu, erschließt diese und damit neue Daseinsmöglichkeiten, bewegt zu einem
neuen Daseinsverständnis. Die Lehre ist damit Anrede, die den Menschen "sich
selbst verstehen lehrt, und zwar nicht als theoretische Belehrung über ihn, sondern so, daß das Ereignis der Anrede ihm eine Situation des existeniellen Sich-
Verstehens eröffnet, die ... ergriffen werden muß". (13) Diese Lehre kann direkt -
ein personales Wort der Liebe oder des Hasses - und indirekt sein - Sinn des
schulischen Geschichtsunterrichts, der nicht über beliebige historische Fakten
orientieren, sondern nach Bultmann auf Klärung des Selbstverständnisses im und
auf Stellungnahme für das eigene Volk zielt. (14) - Letztere ist grundsätzlich
zweideutig, denn sie kann einerseits als bloße Wissensmitteilung - das Mitge-
teilte ist zufälliger Anlaß für mein (Lehrbuch-)Wissen - und andererseits geschichtlich - das Verstehen der 'Lehre' hat "den Charakter des 'Hörens', des
Sich-Angeredet-Wissens, der Entscheidung" (15) - aufgefaßt werden.

Lehre im Sinne von Anrede schließt Lernfortschritt bzw. konstatierbare Entwicklung im Wissensbestand aus (16), denn sie schließt "die konkrete, existentielle
Situation" des Redenden und Hörenden ein. (17) Ihr Ziel 'Verstehen' setzt Ver-
stehenkönnen voraus, das jedoch nicht in einem potentiell verfügbaren, theoretischen Wissen um die vorhandene Welt, sondern in einem Vorverständnis der
jeweiligen Daseinsmöglichkeiten, für die sich Lehrender und Hörender je neu
wagend zu entscheiden haben, begründet ist. 'Je neu' ist in diesem Falle nicht
das 'Was' der Belehrung, so daß die Lehre niemals zu einem Mittel objektivie-

render Darstellung werden kann, sondern das 'Daß' des je konkreten Sagens, das
auf existentielles Hören und Sichentscheiden für die Möglichkeit der Existenz zielt,
damit nicht in der Theorie, sondern je in der Lebenspraxis Konsequenzen haben
kann. (18)

## 6.4. Die Lehre des Neuen Testaments: das Kerygma

Bultmann hat mit diesem 'geschichtlichen' Begriff von Lehre Kerygma bereits
formal charakterisiert. "Kerygma im eigentlichen Sinne" ist "autorisierte, verfügende Verkündigung, herrscherlicher Erlaß ... Anrede, die je den Einzelnen
trifft, ihn in seinem Selbstverständnis in Frage stellt und seine Entscheidung
fordert" (19), indem es ein historisches Faktum (Jesus von Nazareth) als das
eschatologische (den Christus) verkündigt.

Daraus folgt:
1. Das Kerygma hat Anredecharakter. Gottes Wort stellt den Hörer je in die Entscheidung für ein neues Selbstverständnis (2o),
2. Diese Anrede ist indirekt, denn sie ist zugleich Mitteilung eines Geschehens,
die auf Verstehen zielt.
D.h., in einem gewissen Sinne ist das neutestamentliche Kerygma auch Lehre. (21)

Bultmann entfaltet diese These auf hermeneutischem Wege, indem er die Verkündigung Jesu und der Urgemeinde, vor allem Paulus und Johannes, zu erheben
sucht.

Jesus verkündigt im Rahmen der jüdischen Kirche keine theoretisch betrachtende
Lehre, sondern im "Ruf zur Buße" und in der "Verheißung des kommenden Heils
für den Bußfertigen" (22) redet er direkt an. Seine Anrede ist jedoch, da sie auch
über ein Faktum, das Kommen der Gottesherrschaft, belehrt, zugleich indirekt
Aufforderung zur Entscheidung. Als solche setzt sie Verstehen voraus, das im
Hören explizit wird, so daß "das Denken bzw. 'Lehren' nicht obendrein zur Anrede hinzukommt, sondern daß es Anreden und Hören nur zugleich mit dem Vollzug eines Verstehens, eines mehr oder weniger expliziten Denkens, gibt". (23)
Jesu Predigt hat damit den Doppelcharakter von Anrede, Aufruf zum rechten Tun,
und Lehre, theoretische Besinnung auf das eigene Daseinsverständnis - jedoch im
Dienst des Tuns. - In diese 'Lehre' bezog der historische Jesus die eigene Person
nicht ein, stellte aber als Träger des Wortes, angesichts dessen sich die Entscheidung des Hörers vollzieht, ihr Faktum als bedeutsam hin.

Diese implizite Christologie wurde im Bekenntnis der Urgemeinde explizit. Sein
einziger Inhalt ist kein historisch-biographischer Bericht über Jesus, sondern
das nicht nach vernünftigen Kriterien beweisbare 'Daß' der entscheidenden Tat
Gottes in der Einheit von Leben und Lehre Jesu. (24) Jesus von Nazareth wird in
der Entscheidung des Glaubens als der Christus, als die Heilstat Gottes, bekannt.

Wie verhalten sich in der Verkündigung der Urgemeinde Glaubensentscheidung und
Verstehen, Anrede und Mitteilung, Kerygma und Lehre (Theologie)?

Das paulinische Kerygma teilt ein historisches Faktum mit, das nicht als vorfind-
liches Weltfaktum - in den Augen der Welt bringt das Kerygma Torheit ( $\mu\omega\rho\dot{\iota}\alpha$ ) -,

sondern als zur Entscheidung auffordendes Heilsfaktum, als an das Gewissen
der Hörer adressierte Tat der Gnade und Liebe Gottes - und damit von Gott her
als σοφία (1. Kor. 1-4) - zu verstehen ist. (25) Mitgeteilt werden also nicht
'allgemeine Wahrheiten' im Sinne der Prinzipi enforschung, sondern das Ereignis
Jesus Christus. Im Vollzug der 'indirekten' Anrede ist dieses vergangene Ereignis
als Heil, als "Vergebung, Rechtfertigung, Leben" gegenwärtig (26) und kann nur
im Gehorsam verstanden werden. "V e r s t e h e n nicht im Sinne ableitenden
Erklärens, so daß man das Verkündigte in das bisherige Weltbild einreichen kann
.... Vielmehr so, daß man unter dem Hören des Kerygma sich selbst neu verstehen lernt, nämlich als den Sünder, dem Gott Rechtfertigung schenkt" (27),
also nicht Verstehen eines vorhandenen Weltphänomens, sondern existentielles
Sich-selbst-neu-verstehen.

Bultmann folgert im Blick auf den paulinischen Offenbarungsbegriff: "Gottes Offenbarung ist primär ein Geschehen, nicht eine Wissensmitteilung; aber sie begründet ein Wissen und eine Lehre, sofern sie ein neues Sich-verstehen ermöglicht." (28) D.h., die Mitteilung (Lehre) des Kerygma ist "keine bloß zufällige
und nebensächliche Vermittlung, sondern gehört als die durch das Heilsfaktum
autorisierte Predigt selbst zum Heilsfaktum; und umgekehrt ist auch das Heilsfaktum nicht ohne die Predigt, was es ist." (29) In dem Jetzt der Verkündigung,
die Bultmann nicht auf Kanzelpredigt (3o) einschränkt, wird die Offenbarung Gegenwart. Sie kann dabei jedoch aufgrund ihrer Geschichtlichkeit niemals im Sinne
eines Wissensbesitzes angeeignet, sondern muß je neu verkündigt und existentiell
verstanden werden. "Die Zusammengehörigkeit von Kirche und Lehre", die sich
gegenseitig 'konstituieren', ist hier deutlich. Das Kerygma konstituiert die Kirche als eschatologische Gemeinschaft und wird selbst "durch die Kirche konstituiert, in deren Tradition es weitergegeben und als Anrede hier und jetzt gesprochen wird". (31)

Bultmann hat damit den Lehrcharakter des Kerygma von vernünftiger Wissens-
vermittlung unterschieden, denn
1. es kann niemals als sichtbarer, vorhandener Besitz "eingesehen, verwahrt
und weitergegeben werden" (32),
2. es richtet sich nicht an das kritische Denken, sondern redet in die konkrete
Existenz, ist ein die "Existenz bewegendes Ereignis", nicht Übermittlung von
Lehrbuchwissen (33),
3. inhaltlich neu ist nur das Daß der Heilstat Gottes, neu ist aber für den Hörer
das Angebot einer neuen Daseinsmöglichkeit, des Selbstverständnisses "als Ge-
schöpf Gottes". (34) "Indem die Verkündigung von der Tat Gottes in Christus berichtet, ist sie zugleich Anrede an den Hörer, und indem sie die Erkenntnis dessen bringt, was Gott in Christus getan hat, bringt sie zugleich dem Hörer eine
neue Erkenntnis seiner selbst." (35)

Bultmann vergleicht diese 'kerygmatische Lehre' mit dem Erziehungsverständnis, das Goethe in der 'pädagogischen Provinz' seines Wilhelm Meister entwickelt.
Dort lassen "weise Männer den Knaben unter der Hand dasjenige finden ..., was
ihm gemäß ist". Sie verkürzen "die Umwege, durch welche der Mensch von seiner
Bestimmung, nur allzu gefällig, abirren mag". (36) Im Unterschied dazu muß

im Christentum jeder für sich je neu von vorne anfangen, hat jedes Geschlecht
"das gleiche ursprüngliche Verhältnis zur Offenbarung" (37) und gibt in der Glaubensentscheidung seine Antwort auf die Anrede des Kerygma. Jesus ist dabei weder Vorbild noch Lehrer im Sinne der weisen Männer oder ihres Urbildes 'Sokrates', kann
also weder 'erledigt', noch 'überholt' werden. (38) Jesus ist für den Glaubenden primär κύριος, Lehrer nur für den, "für den er schon Herr ist". (39) Der Entwick-
lungsgedanke, der zur Vernunft bildende Erziehung durch vernünftige Lehre charakterisiert, trifft hier nicht zu. "Die christliche Lehre ist ... nicht eine religiöse
Weltanschauung, die diskutiert werden kann, die sich entwickeln und umgestalten
kann, sondern das eine, immer gleich bleibende Wort der Verkündigung, das das
Kreuz verkündigt als Gottes richtende und befreiende Tat, und das jeden fragt, ob
er sich unter das Kreuz beugen und sein Leben von ihm her verstehen will." (4o)

Grundsätzlich hat Bultmann damit das Kerygma als die echte christliche Lehre bestimmt. Dieses, nicht die Theologie, ist Gegenstand des Glaubens. Das Kerygma
ist "als fragendes und verheißendes, als richtendes und begnadigendes Wort" Anrede Gottes. Es ist jedoch zugleich ein 'Weltfaktum', erscheint daher "nie anders als
in einer theologischen Ausgelegtheit", ist auf Verstehen angewiesen und kann daher
"nie anders als in einer menschlichen Sprache, durch menschliches Denken geformt,
gesprochen werden". (41). D.h., im Kerygma ist "'Theologie' als theoretische
Besinnung des Menschen über sein Vor-Gott-gestellt-sein angelegt". (42)

Bereits die Urgemeinde stand damit vor dem Problem der 'rechten Lehre' (Kanon!)
(43), das Paulus in seiner geschichtlichen Situation der Auseinandersetzung mit
Judentum und Gnosis exemplarisch gelöst hat. In seinen Briefen begründet er die
christliche Theologie .(44). Diese hat notwendig dialektischen Charakter, denn sie
ist Kerygma "in der Form diskutierter Lehre", kann daher nur im Glaubensgehorsam wirklich verstanden und kritisiert werden (45). Joh. 7, 17 kommentiert
Bultmann: "Wer das Wort des Offenbarers als Anrede hört und ihm gehorcht, wer
glaubt, nur der wird das Kriterium gewinnen, ob es das Wort Gottes oder die Behauptung eines arroganten Menschen ist." (46)

Auf diesem Hintergrund versteht Bultmann unter Theologie allgemein die Entfaltung
des glaubenden Verstehens von Gott, Welt und Mensch in der je neuen geschichtlichen Situation (47). Sie ist also 'situationsbedingt' und damit notwendig 'unvollstän-
dig'. "Natürlich läßt sich nicht allgemein sagen, wieweit das Verstehen des Hörers
jeweils explizit werden muß, um im Bekenntnis des Glaubens oder im Weitergeben
der Anrede Ausdruck zu finden. Einerseits ist jeder Ausdruck im Wort eine bestimmte Explikation, enthält also theologische Elemente, und zwar in die Begrifflichkeit
der Zeit jeweils gefaßt. Andererseits kann bewußt und absichtlich die begriffliche
Explikation des glaubenden Verstehens zur Aufgabe gemacht werden. Aber wenn
solche theologische, theoretische Lehrarbeit nicht abirren will, wenn sie indirekte
Anrede bleiben will und sich in ihr der Glaubensgehorsam vollziehen soll, so wird
sie die Aufgabe nur ergreifen dürfen, wenn sie zur Pflicht wird, also nicht von
einer 'Idee der Wissenschaft' aus, zu der angeblich auch die Theologie gehört.
Theologie wird also als legitime immer kritisch und polemisch sein müssen." (48)

Bultmann hat Theologie damit von den traditionellen Wissenschaften unterschieden.
Sie ist nicht reine Theorie, sondern setzt die existentielle Beteiligung des For-

schers am Erkenntnisprozeß voraus. Die kritisch-wissenschaftliche Diskussion
ist ein notwendiges, jedoch sekundäres Phänomen. (49) "Keiner Kritik aber unterliegt das Kerygma, das als Anrede, die ja Gehorsam fordert, nicht von einer neu-
talen Basis aus beurteilt werden kann, sondern gerade die Preisgabe des eigenen
Urteils verlangt. Da aber das Kerygma selbst sich immer nur in der Begrifflichkeit menschlichen Redens ausspricht, ist wohl grundsätzlich genau zwischen Kerygma
und Theologie zu unterscheiden, nicht aber ebenso praktisch; d. h. es läßt sich nie
eindeutig sagen, was das Kerygma ist, wieviel und welche Sätze es umfaßt." (5o)
An diesem Punkt stellt Bultmann die Frage nach d e r  hermeneutischen Methode,
die es erlaubt, das Kerygma via subtractionis genau zu definieren, ohne es zu
objektivieren (51). Seine Antwort ist das Entmythologisierungsprogramm, durchgeführt als existentiale Interpretation.

6. 5. Zusammenfassung und weiterführende Gesichtspunkte: Kerygma - Theologie
     als Wissenschaft und die Frage des Unterrichtes

1. Das Kerygma ist indirekte Anrede. Als je neue Mitteilung eines historischen
Faktums als Heilsfaktum wird es je zur Frage der Entscheidung für ein neues
Selbstverständnis.

2. "Das Kerygma, die Anrede, ist ... Lehre, sofern es ein bestimmtes Verstehen
impliziert" (52), nicht im Sinne einer wissenschaftlichen Anthropologie, die den
Menschen zu einem Phänomen der Welt verobjektiviert, sondern ein existentielles
Verstehen meines Selbst in Einheit mit Gott und Welt. M. a. W. Verstehen ist ein
Strukturmoment des Glaubens, denn nur, wenn das durch das Kerygma "geweckte
Selbstverständnis als eine Möglichkeit menschlichen Selbstverständnisses" verstan-
den wird, kann es zum Ruf zur Entscheidung werden. (53)

3. Das Kerygma erscheint grundsätzlich in theologischer Ausgelegtheit, die das
glaubende Selbstverständnis im Horizont von Geschichtlichkeit expliziert. Die theologische Lehre hat dabei dialektischen Charakter, denn als fester, verfügbarer Besitz ist sie falsche, wenn sich in ihr die Tat des Glaubens vollzieht, "der Entschluß
des Glaubens durchhält", rechte Lehre. (54) Diese Unterscheidung von Kerygma
und Theologie wird von Bultmann mit Hilfe der formalen Daseinsanalyse, der Differenzierung von existentiellem und existentialem Verstehen, weiter geklärt. (55)

Für den frühen dialektischen Theologen Bultmann steht bereits fest, daß "die Entscheidung über das, was Theologie sei, ... nicht von außerhalb der Theologie gefällt werden, und die Theologie ... sich ihre Probleme und Begriffe nicht von einer
allgemeinen Kultur- oder Geisteswissenschaft geben lassen" kann. (56)

In der Auseinandersetzung mit Peterson um die Auswirkung der Autorität des Wortes Gottes, der Offenbarung, in der theologischen Arbeit (57) heißt es 1926:
"Ihrer Form nach ist ... Theologie immer Exegese der Schrift. Ihrem Inhalt nach
ist sie Reden von der Offenbarung. Da diese aber das ewige Geschehen ist, unter
dem als dem Gericht oder der Vergebung der wirkliche Mensch steht, ist der Ge-

genstand der Theologie nichts anderes als die begriffliche Darstellung der Existenz des Menschen als durch Gott bestimmter, d.h. so wie er sie im Lichte der Schrift sehen muß." (58)

Mit dieser Definition bringt Bultmann den 'dialektischen' Charakter von Theologie auf den Begriff:
1. Theologie ist autonom gegenüber dem Kosmos der Wissenschaften,denn sie ist in der Autorität des Wortes Gottes begründet, expliziert das im Glauben angelegte Verstehen und kritisiert alle immanenten Erkenntnisversuche. (59) Sie ist daher niemals spannungslos in die universitas literarum integrierbar.
2. Theologie ist auf einen Sachverhalt (Offenbarung) bezogen, dessen Sinn durch saubere Exegese eines historischen Textes erschlossen wird. Sie ist damit zugleich positive historische Wissenschaft. (6o)

Dieses dialektische Verständnis von Theologie hat Konsequenzen für das Selbstverständnis der theologischen Fakultäten an den Universitäten, denn sie geraten notwendig in Spannung zur universitas literarum. Darüberhinaus wird die theologische Bildung der späteren Pfarrer zum Problem (Reform des Theologiestudiums). (61)

Fragen wir abschließend nach möglichen Konsequenzen dieses dialektischen Verständnisses von theologischer Lehre für einen Begriff von Unterricht. (62) Deutlich ist, daß Bultmann jeden Unterricht, der "dogmatische Sätze" vorträgt, "die man glauben soll" (63), ablehnen muß. Das Neue Testament ist kein 'Glaubens-Lehrbuch'. (64) "Nimmt die Theologie aber den Glauben nur als ein Phänomen der menschlichen Psyche oder der Kultur- und Religionsgeschichte, so handelt sie vom Glauben nicht als Theologie, sondern wie eine andere Kulturwissenschaft." (65) Von diesem kulturprotestantischen Unterrichtskonzept versucht sich der dialektische Theologe Bultmann abzugrenzen. Er fordert einen "einfachen Unterricht über die Christliche Religion im Sinne schlichter Belehrung" (66), der jungen Menschen klarmachen soll, "was christlicher Glaube ist", damit Stellungnahmen wie die der protestantischen Autoren in Deschners Buch 'Was halten Sie vom Christentum?' (67) unmöglich werden. - Sie veranlassen Bultmann zu dem emphatischen Ausruf: "Welchen Religions- und Konfirmandenunterricht müssen diese Menschen genossen haben!" (68) An anderer Stelle macht er auf die Schwierigkeit aufmerksam, Begriffe der religiösen Tradition, z.B. das Wort 'Heiland' (69), so zu übersetzen, daß Schüler ihren Sinn erfassen.

Das Ziel einer solchen Belehrung kann niemals gläubiges Verstehen, sondern "nur" Sinnverstehen sein, das Glaube und Unglaube als Akte des geschichtlichen Daseins mitvollziehen können. (7o) Die Frage ist an dieser Stelle jedoch noch offen, ob und, wenn ja, wie sich der dialektische Charakter theologischer Lehre in einem auf Sinnklärung und Sinnexplikation zielenden Unterricht durchhält. Der letzte Abschnitt dieser Arbeit wird sie aufnehmen und zu beantworten versuchen.

## 7. Bultmanns 'dialektische' Theologie als hermeneutischer Vollzug

Die dialektisch-theologische Theorie über das Verhältnis von Kerygma und Theologie wird von Bultmann methodologisch gesichert, indem er das Problem der Hermeneutik aufgreift und durch das Programm der Entmythologisierung, durchgeführt als existentiale Interpretation, eine umfassende Lösung anbietet.


### 7.1. Das Problem einer theologischen Exegese des Neuen Testaments

Von seinen frühen Aufsätzen ist die Arbeit über "Das Problem einer theologischen Exegese des Neuen Testaments" (1) in unserem Zusammenhang insofern wichtig, als sie hermeneutische Ansätze vor Ausbildung der hermeneutischen Methode der existentialen Interpretation zeigt, einen ersten Versuch, den Subjektivismus jeden Verstehens durch einen neuen Begriff von Objektivität zu überwinden. Wenn Bultmann sich hier von der - seiner Meinung nach primitiven und vorläufigen - Unterscheidung von Gesagtem und Gemeintem (2) leiten läßt, greift er eine Differenzierung auf und reflektiert diese systematisch, die in den Unterrichtsansätzen der neueren religionspädagogischen Literatur, soweit ihr die Bibelexegese zum Problem wurde, eine wichtige Rolle spielt (3). Aber bereits hier zeigen sich die Grenzen von Bultmanns eigenem methodischen Weg: Dem "religiösen Individualismus" des urchristlichen Daseinsverständnisses entspricht ein Interpretationsansatz bei der geschichtlichen Individualität . (4)

Die Analyse:
Bultmann schematisiert die bisherigen Auslegungen: Ihr Kennzeichen ist die distanzierte Betrachtungsweise, die über alle Möglichkeiten dessen, was gesagt werden kann, verfügt, im Text daher nur allgemeine Wahrheiten finden kann. Die liberalen Exegeten wollten mit der Rückfrage nach dem damals Gesagten Offenbarung objektiv in den Blick bekommen, Heilsgeschichte als wirkliche Geschichte rekonstruieren. Jede Reflexion "über Sinn und Anspruch des Gesagten" unterblieb, die grundsätzliche Verfügbarkeit von Geschichte ließ keinen Raum für autoritatives Angesprochenwerden (5). Die Exegeten gingen von der Vorstellung aus, ihre Auslegung in einer neutralen Sphäre zu vollziehen, die es im menschlichen Bereich jedoch nicht gibt.

Bultmann stellt dieser Tradition seine eigene Exegese gegenüber, die der existentiellen Bewegtheit des Subjektes entspringt, jedoch keinem totalen Subjektivismus verfällt, da sie im Vollzug die Wirklichkeit der Geschichte zu Wort kommen lassen und gerade dadurch die Objektivität der Exegese garantieren soll. Die entscheidende Ausgangsfrage lautet: "ob wir der Geschichte so gegenübertreten, daß wir ihren A n s p r u c h  a u f  u n s  anerkennen, daß sie uns  N e u e s  zu sagen hat ... Es sei vorläufig so formuliert: die zeitgeschichtliche Exegese fragt (in Analogie zur 'Erklärung von Natur'): w a s  i s t  g e s a g t? und wir fragen statt dessen: w a s  i s t  g e m e i n t? ... welche  S a c h e n  mit den Aussagen gemeint sind ... Der Charakter dieser Sachexegese wird noch genauer dadurch bestimmt, daß sich für sie die Möglichkeit und Notwendigkeit einer  S a c h k r i t i k  herausstellt, einer Kritik nämlich, die zwischen Gesagtem und Gemeintem unterscheidet und das Gesagte am Gemeinten mißt." (6) Anders ausgedrückt: Bultmann fragt nach der theologischen Sache, indem er nach der Transzendenz der Sache gegen-

über dem zeitgeschichtlichen 'Relationszusammenhang' fragt und sie in dem im
geschichtlichen Text Gemeinten zu finden beansprucht (7). Diese unverfügbare
Sache ist Maßstab der Exegese und Grund, "daß sie nie zu allgemeingültigen
Sätzen als 'Ergebnissen' kommt, sondern stets in lebendiger Bewegung ist". (8)

Mit der Frage "nach dem G e b i e t, a u f d e m d a s G e m e i n t e l i e g t
und nach seiner Z u g ä n g l i c h k e i t f ü r d e n E x e g e t e n" (9) versucht Bultmann die widerspruchsvolle Situation dieser Exegese, die "zum Gemeinten nur durch das Gesagte kommt und doch das Gesagte am Gemeinten mißt" (1o),
zu klären. "Und allgemein ist zu sagen, daß das Gebiet des Gemeinten so weit
reicht, als die Möglichkeiten des Menschen reichen." Bultmann bindet damit die
Verständnismöglichkeiten eines Textes an die Aufgeschlossenheit des Exegeten
für seine Existenzmöglichkeiten als menschlicher Möglichkeiten,daran, "welche
Auslegung von sich als Menschen der Exeget hat." (11) Damit sind Auslegung des
Textes und Selbstauslegung des Exegeten unlösbar gekoppelt, die einleitende Unterscheidung von distanzierter und engagierter Textauslegung aufgehoben, - vielmehr weiterführend durch die eigentliche Differenz ersetzt, die Auffassungsmöglichkeiten von der menschlichen Existenz einerseits als verfügbar, im allgemeinen gesichert, andererseits als nicht verfügbar, "ungesichert, problematisch, daß wir
also bereit sind, Worte als Worte zu hören, Fragen zu hören, die Entscheidung
für uns bedeuten, den Anspruch eines Textes zu hören als Autorität, an der es
sich zu entscheiden gilt" (12). M. a. W., Bultmann führt den Zentralpunkt der Differenz zwischen der herkömmlichen liberalen Exegese und seiner kritisch-exegetischen Methodik auf die Verschiedenheit des Existenzverständnisses zurück. Das
durch die Termini Zeitlichkeit, Ereignis, Entscheidung, Begegnung charakterisierte
Existenzverständnis hat für ihn die richtige, "von der Frage der Selbstauslegung"
geleitete Exegese zur Folge, die sich in existentieller Lebendigkeit vollzieht, in
der die traditionelle Subjekt/Objekt-Spaltung und damit der Vorwurf der Auslie-
ferung der Exegese an die subjektive Beliebigkeit aufgehoben ist (13). Die unverfügbare Sache, das Gemeinte, realisiert sich in der persönlichen Betroffenheit
des Exegeten, als den Text auslegendem Subjekt.

Bultmann kommt zu diesem Konzept einer existentiell bewegten Exegese, indem
er die personale Begegnung zwischen Ich und Du, in der sich unsere eigentliche,
unentfremdete Existenz abspielt, auf die Begegnung mit der Geschichte überträgt
(14).Die sich selbst verstehende Exegese, z.B. von Geschichtstexten, steht wie
die Begegnung mit dem Du als freie Tat "außerhalb meiner Verfügung und vollzieht
sich nur in der Entscheidung", d. h. im "Gehorsam gegenüber der Autorität der
Geschichte" (15). Das "Eigentümliche für d i e E x e g e s e d e s N e u e n
Testaments" ist nun, "daß sie zwar im Kreis der profanen Exegese bleiben kann,
daß ihr aber die Behauptung des Neuen Testaments entgegentritt, der Mensch
verfüge über seine Existenz nicht einmal insoweit, daß er von sich aus die Existenzfrage stellen könne und die Möglichkeit der freien Tat - der Entscheidung
für die jeweilige Möglichkeit - habe; all das gäbe es nur für den Glauben." (16)
Umgekehrt formuliert: Echte personale Existenz und damit die Möglichkeit einer
freien Tat der Entscheidung gibt es nach Meinung des Neuen Testaments nicht
außerhalb des Glaubens. Da dieser "nur im Getanwerden wirklich" ist, steht die
Exegese in der gleichen Situation wie Theologie überhaupt, "die auch nur sinnvoll

ist unter der Voraussetzung des Glaubens, und die doch über diese Voraussetzung
nicht verfügt, die aber doch getrieben werden muß" (17). Joh. 7,17 umschreibt
das Kriterium dieser Exegese: ἐάν τις θέλῃ τὸ θέλημα αὐτοῦ ποιεῖν,
γνώσεται περὶ τῆς διδαχῆς, πότερον ἐκ τοῦ θεοῦ ἐστιν ἢ ἐγὼ ἀπ'
ἐμαυτοῦ λαλῶ. Prinzipiell sind daher die Interpretationen des
Neuen Testaments, Luthers und der Bhagavadgita gleich. Eine "besondere Methode theologischer Exegese" (18) gibt es nicht. Aber: "Im tatsächlichen
Vorgang der Exegese steht die historische und die theologische Exegese in einem
nicht analysierbaren Zusammenhang, weil ... die echte historische Exegese auf der
existentiellen Begegnung mit der Geschichte beruht, also mit der theologischen zu-
sammenfällt." (19) "Ob ... bei solcher Interpretation glaubendes Hören Ereignis wird, darüber läßt sich prinzipiell nichts ausmachen" (2o), denn es ist unverfügbares Geschenk der χάρις θεοῦ.

Fassen wir zusammen:
Bultmann argumentiert im gesamten Aufsatz von der theologischen Voraussetzung
aus, daß erst die Gnade Gottes echte menschliche Freiheit schafft (21) und eine
existentielle, d. h. unentfremdete, von realen Umweltzwängen freie, Begegnung
mit der Geschichte ermöglicht. Diesen theologischen Ausgangspunkt weiß er durch
das Konzept der existentiell bewegten Exegese historischer Texte gewahrt, das er
der methodischen Exegese im herkömmlichen Sinne gegenüberstellt. Eine über das
Vorhandene verfügende Methode kann wirkliche, wesenhaft unverfügbare Geschichte,
deren Auslegung nie zu definitiven Ergebnissen kommen kann, nicht erfassen. (22)

Bultmann gibt seinem Konzept eine radikal individualistische Wendung. Die χάρις
θεοῦ trifft die eigentliche, personale Existenz des Auslegers, existentielles
Verstehen ist unverfügbare, freie Tat seiner Individualität. Die Reflexion auf die
soziale und historische Beschränktheit jeder menschlichen Daseinsauslegung wird
bewußt ausgeklammert (23). Eine Möglichkeit zur weiteren Explikation dieses individualistischen Ansatzes findet Bultmann in der Heideggerschen Existentialontologie, die er formal übernehmen kann, da er in der Frage nach den existential-
ontologischen Bedingungen von Existieren Objektivität der Methode und Unverfügbarkeit der Sache gewährleistet sieht. (24)

Bultmann hat mit diesen hermeneutischen Erwägungen die wissenschaftliche Exegese des Neuen Testaments aus der Tat des Glaubensgehorsams deduziert (25)
und damit
1. die Einheit von systematischer und historischer Theologie, von Selbstauslegung
und Textauslegung begründet (26),
2. Theologie und Verkündigung unterschieden.

Aufgrund ihrer Wissenschaftlichkeit "kann die Theologie nicht den Anspruch erheben, direkt Wortverkündigung zu sein"; im Unterschied zu dieser sind ihre
Sätze nur relativ gültig (27). Entsprechend ist für die exegetische Theologie "das
Neue Testament nur indirekt, aber nicht direkt Wort Gottes", denn wie "es zwischen Ich und Du keine unmittelbare Begegnung gibt, sondern nur die im Wort mit
seinem Charakter, Ausdruck zu sein f ü r Etwas, verhüllte, so gibt es keine
unmittelbare Offenbarung, sondern nur die im menschlichen Wort verhüllte". (28)
Von der Aufgabe der Sachkritik als Transzendierung der Sprache auf die gemeinte

Sache hin, die die "Verpflichtung zur Selbstkritik ... im existentiellen Sinne einschließt" (29), kann sich dabei keine Bibelexegese distanzieren.


## 7.2. Das hermeneutische Programm der existentialen Interpretation

### 7.2.1. Das Problem der Entmythologisierung des Neuen Testaments

Unter diesem hermeneutischen Frageaspekt wendet sich Bultmann der mythologischen Redeweise im Neuen Testament zu und erarbeitet eine Interpretation, in
der "die neutestamentliche Mythologie" als "Modell für das Verhältnis von Kerygma
und Theologie" (3o) fungiert.

Bultmann entwirft sein Entmythologisierungsprogramm (31): Der Mythos hat die
"eigentliche Intention ... von der Existenz des Menschen in ihrer Begründung und
Begrenzung durch eine jenseitige, unweltliche Macht zu reden, eine Macht, die
dem objektivierenden Denken nicht sichtbar wird." (32) Diese existentiale Intention
ist jedoch verborgen, denn im Mythos selbst wird gerade entgegengesetzt " d a s
J e n s e i t s   z u m   D i e s s e i t s   und damit ... zum Verfügbaren" objektiviert. Bultmann hat mit dieser vielumstrittenen Definition den Mythos in die Exi-
stenzdialektik (Uneigentlichkeit, Verfügbarkeit: falsche Autorität des mythischen
Weltbildes - Eigentlichkeit, Unverfügbarkeit: existentieller Gehorsam gegenüber
dem Kerygma) eingeordnet und damit sein Interpretationsprinzip für die neutestamentlichen Texte umrissen: Der moderne Mensch versteht sich als selbständig
und beansprucht, für sein Personsein selbst verantwortlich zu sein. Sein Denken
ist total von der  Wissenschaft bestimmt. Der Mythos dagegen ist Moment eines
Weltbildes, das als 'mythisches' für ihn "vergangen" und "unglaubhaft" geworden
ist (33). Daher kann er den Anspruch des Kerygmas nur hören, wenn er das Neue
Testament entmythologisiert, d.h. negativ, das "W e l t b i l d   d e s   M y t h o s,
sofern dieses die eigentliche Intention des Mythos verbirgt", kritisiert, d.h. positiv, das Neue Testament existential interpretiert und dadurch "die Intention des
Mythos, seine Absicht, von der Existenz des Menschen zu reden", deutlich macht
(34).

Damit ist für Bultmann das Programm der Entmythologisierung notwendiger Bestandteil der Kerygmatheologie. Die historische Kritik ist konsequent in den dialektisch-theologischen Fragehorizont eingeordnet und die liberale Reduktion des
Kerygma  "auf bestimmte religiöse und sittliche Grundgedanken ..., auf eine religiös motivierte idealistische Ethik" zugleich als unsachgemäß abgewehrt. (35)
Aufgabe der Entmythologisierung des Neuen Testamentes ist statt dessen, auf
hermeneutischem Wege die "mythologischen Objektivationen so zu eliminieren,
daß die hinter ihnen verborgene Wahrheit des Kerygmas hervortritt" (36). Die
kritischen Prinzipien liefert die existentiale Interpretation, mit deren Hilfe Bultmann versucht, die Hermeneutik des neutestamentlichen Bibeltextes in der
Hermeneutik des Daseins,das als solches die Gott-Mensch-Beziehung einschließt,
zu verankern. (37)

7.2.2. Die existentiale Interpretation als hermeneutische Methode

1948 hielt Bultmann auf der Arbeitstagung der Dozenten für Evangelische Theologie
und Unterweisung an den Pädagogischen Hochschulen das einleitende hermeneutische Grundsatzreferat über "Das Problem der Erklärung der biblischen Schriften"
(38),das unter dem Titel "Das Problem der Hermeneutik" (39) 195o in überarbeite-
ter Form publiziert wurde. Bultmann hat dort sein Verständnis von Hermeneutik
als existentiale Interpretation systematisch entwickelt.

Er versucht, den in den Objektivationen mythologischen Denkens fixierten Bibel-
text 'heute' zum Verstehen zu bringen, dabei aber die Unverfügbarkeit des Kerygmas,
der existentiellen (glaubenden) Begegnung des Menschen mit Gottes Wort, zu wahren.

Die beiden Prämissen:
1. 1928 schrieb Bultmann: "Theologisch wird die Arbeit des Exegeten nicht durch
seine Voraussetzungen und seine Methode, sondern durch ihren Gegenstand, das
Neue Testament .... Sein Hören als Forscher ist profan, heilig ist nur das Wort,
das geschrieben steht", und dieses Wort trägt die "Verantwortung für den theologischen Charakter seiner Arbeit". (4o)

Die speziellen Hermeneutikaufsätze argumentieren umgekehrt:
2. "Die Interpretation der biblischen Schriften unterliegt nicht anderen Bedingungen
des Verstehens als jede andere Literatur." (41)

Mit Hilfe einer Rückfrage in die Geschichte der Hermeneutik (42) erarbeitet Bultmann die sachgemäßen Interpretationsschritte für historische Texte:

1. Die "formale Analyse eines literarischen Werkes hinsichtlich seines Aufbaus
und seines Stils".
2. Die Interpretation "nach den Regeln der Grammatik", vor allem bei fremd-
sprachlichen Texten wie der Bibel.
3. Die Frage nach dem Sprachgebrauch der jeweiligen Abfassungszeit und nach
der Bedingtheit des Textes "durch die Umstände von Zeit und Ort". (43)

Zu diesem "rein sachlich interessierten Hören" soll sich der Interpret "erziehen"
und dabei seine Individualität mehr und mehr ausschalten. (44)

Bultmann begnügt sich jedoch nicht, die überkommenen hermeneutischen Regeln
aufzuzeigen, sondern ihm geht es in der geisteswissenschaftlichen Tradition
Schleiermachers und Diltheys um "Einsicht in den Vorgang des Verstehens". (45)
"Voraussetzung jeder verstehenden Interpretation ist das vorgängige Lebensverhältnis zu der Sache, die im Text direkt oder indirekt zu Worte kommt
und die das Woraufhin der Befragung leitet." (46) Dieses Vorverständnis der im
Text verhandelten Sache, das jeder Exeget in den Interpretationsvollzug einbringt,
wird durch den 'Lebenszusammenhang', in dem dieser steht, konstituiert (47), kann
daher niemals die Funktion haben, die Wahrheit des zu Verstehenden, in unserem
Zusammenhang des Kerygma, theoretisch zu begründen. (48) Gerade im Gegensatz
zur oben geforderten Voraussetzungslosigkeit der historischen Methode ist mit diesem Vorverständnis die aufs äußerste verfeinerte, lebendige und ihrer selbst ge-
wisse Individualität gemeint (49), aber wiederum nicht Vorurteilshaftigkeit

aufgrund des historisch und sozial beschränkten, im empirischen Bereich einge-
grenzten Charakters des Verstehensprozesses, sondern engagiertes Sachinter-
esse, Teilhabe an der Verantwortung für die Sache, aus der "das jeweilige hermeneutische Prinzip" (5o) erwächst.

Im Blick auf die Exegese der neutestamentlichen Schriften: Zur Interpretation
von Texten der Philosophie, Religion und Dichtung motiviert "d i e   F r a g e
n a c h   d e m   m e n s c h l i c h e n   a l s   d e m   e i g e n e n   S e i n" (51).
Grund der Möglichkeit einer 'sachgemäßen' Exegese von Bibeltexten ist daher
die hermeneutische Methode der existentialen Interpretation, die mit dem Versuch der Klärung des mit der menschlichen Existenz gegebenen Existenzverständnisses einsetzt, d.h. zunächst das Vorverständnis vom Handeln Gottes überhaupt
im Gegensatz zu natürlichen und politischen Ereignissen erhebt (52). Das Ergebnis: "Im menschlichen Dasein ist ein existentielles Wissen um Gott lebendig als
die Frage nach 'Glück', nach 'Heil', nach dem Sinn von Welt und Geschichte, als
die Frage nach der Eigentlichkeit des je eigenen Seins." (53) Diese Bewegtheit
durch die Gottesfrage kennzeichnet menschliche Existenz als solche, kommt daher
als Voraussetzung in die existentiale Interpretation von Bibeltexten, die das "nicht-
wissende Wissen um Gott" (54) durch ein neues Verstehen korrigiert. Das Selbstverständnis der glaubenden Urgemeinde wird als eine Möglichkeit eigenen Selbstverständnisses aufgewiesen (55). Der Exeget wird im Vollzug der  existentialen
Interpretation vor die existentielle Entscheidung Glaube oder Unglaube gestellt.

Bultmann unterscheidet also die existentiale Interpretation als eine wissenschaftliche " M e t h o d e  der Auslegung" (56), die im Übersetzen zum Verstehen der
im Text an mich gerichteten Entscheidungsfrage führen will, und das verstehende
Ja der existentiellen Glaubensentscheidung, das "donum Spiritus Sancti" (57),
das unverfügbar und nur hörend "im Vollzug der Existenz und nicht in der isolierten denkenden Reflexion wirklich ist" (58). Erst mit diesem 'Verstehen' ist "der
Ort der Eigentlichkeit bezeichnet, in dem gläubige Beziehung zu Gott und eigene
Existenzerhellung geschehen, d.h. mit dem  V e r s t e h e n  ist der 'o n t o l o -
g i s c h e   O r t' des Glaubensvollzuges umschrieben, seine definitive formale
Struktur". (59)


7. 3.  Kritische Gesichtspunkte und Folgerungen: Die Problematik der existential-
        hermeneutischen Ausführung der 'dialektischen' Theologie - grundsätzlich
        theologische und didaktische Anfragen

Bultmann entfaltet sein theologisches Denken im methodologischen Rahmen der
historisch-hermeneutischen Wissenschaften (6o). Sein praktisches Interesse ist
Ermöglichung existentiellen Hörens auf den Textanspruch - das Kerygma, so daß,
wie Ebeling mit Recht bemerkt, für Bultmann das hermeneutische Problem "im
Vollzug der Predigt seine äußerste Verdichtung erfährt" (61). Dieses Kerygma
bleibt dem konkreten Verstehensprozeß transzendent, ihm kann jedoch, vermittelt
durch hermeneutische Reflexion, jede Generation gleichzeitig werden, in gleicher
Unmittelbarkeit gegenüberstehen und in der Glaubensentscheidung das verstehende
Ja wagen. Mit dem Begriff bezeichnet Bultmann also keine verfügbare Substanz,

sondern das, was sich gegen alle historische Aufklärung in der biblischen Überlieferung behauptet und von dem "die christliche Kirche unter aller, ja wesentlich
vor aller und im Zweifelsfall trotz aller geschichtlichen Wandlung lebt." (62)
Das Kerygma steht in der paradoxen Situation, daß es stets theologisch expliziert,
jedoch niemals "in Satzwahrheiten verrechenbar" (63) ist. Der Begriff schließt
daher die Verpflichtung zur Sachkritik, zur radikalen historischen Kritik des Bibeltextes, ein. Bereits 1925 schrieb Bultmann entsprechend: "Die Exegese kann
nur von der Interpretation des Wortes ausgehen. Da die Arbeit der Exegese begriffliche Arbeit ist, und da das Wort des Textes nie die Sache selbst, sondern
Ausdruck f ü r die Sache ist, wird dem Exegeten auch die Sache nur zugänglich,
wenn er das Wort versteht." (64)

Das der Transzendenz der Sache angemessene methodische Instrumentarium
bietet dem Exegeten Bult mann das Programm der existentialen Interpretation,
das von der Seinsstruktur der Existentialität ausgeht. Bultmann folgert für das
Neue Testament: Die im Mythos verobjektivierte existentiale Möglichkeit kann
nur dann zur existentiellen Wirklichkeit werden, wenn ich das neutestamentliche
Wort als Angebot einer neuen Existenzmöglichkeit verstehe. Erster Schritt der
existentialen Interpretation ist daher die Destruktion der zeitbedingten mythologischen Objektivationen des Kerygmas (65). Da sie sich im hermeneutischen
Zirkel des geisteswissenschaftlichen Sinnverstehens vollzieht, fordert sie als
zweiten Schritt eine kritische Reflexion des eigenen Vorverständnisses. Bultmann hat es - und an dieser Stelle zeigt sich die Problematik seines existential-
hermeneutischen Ansatzes - außer einem knappen Hinweis auf die Notwendigkeit
der Traditionskritik (66) nur formal im Blick als durch den 'Lebenszusammenhang' des Exegeten bedingtes Vorverständnis der Sache, aufgeschlüsselt als
Engagement in und Verantwortung des Individuums für die Sache, um die es im
Text geht (67). Als "größtmögliche" Offenheit (Erschlossenheit der eigenen Existenz) für den Textanspruch darf es nicht mit situativ, bzw. durch die konkreten
Verhältnisse bedingtem 'Vorurteil' verwechselt werden (68). Im Blick auf theologische Texte bestimmt es Bultmann als die Existenzfrage nach der Eigentlichkeit
des Seins und setzt es mit der die menschliche Existenz bewegenden Gottesfrage
gleich. Hermeneutisches Subjekt ist dann je meine Existenz in ihrer existentialen
Grundstruktur der Geschichtlichkeit (69). Der Verstehensvorgang wird dabei gerade ungeschichtlich als Identischwerden der eigentlichen Existenz mit sich selbst,
wie sie im vergangenen Text zur Sprache kam, gefaßt.

Die Kehrseite: Durch den methodischen Ansatz bei der Existentialität ist eine kri-
tische Infragestellung von gegenwärtigem Bewußtsein in seinem sozialhistorischen
Kontext ausgeschlossen (7o). Das Existential 'Verstehen' ist - zugespitzt - "als
Ausstieg aus der Sozialisation in den Bereich transzendierender eigentlicher
Existenz" gedacht (71). Die Bedingungen des eigenen Vorverständnisses u n d
Selbstverständnisses werden nicht reflektiert, obwohl diese niemals unmittelbar,
sondern grundsätzlich historisch, durch eine christliche Tradition, eine Wirkungsgeschichte des Kerygma, vermittelt (72) und durch synchrone äußere Abhängigkeiten, z.B. Gesellschaft, bedingt sind (73). Konkrete Gegenwartsanalysen sind
im Blick auf die Auslegung des das Personleben betreffenden Wortes nur von se-
kundärer, die technische Seite des Wirksamwerdens bedenkender Bedeutung. (74)

Den Auslegungsvorgang motiviert das Interesse, die Verkündigung als Angebot
eines Selbstverständnisses heute hörbar zu machen. Der Wille zur zukunftsge-
richteten Veränderung, die gesellschaftlich relevante Praxis, kommt dabei
höchstens sekundär ins Spiel (75). Anders ausgedrückt: Bultmanns existentiale
Interpretation des Neuen Testaments leistet mit ihrer Leitfrage nach dem im
Text zur Sprache gekommenen Selbstverständnis eine Übersetzungsarbeit, bei
der die Verantwortung des Interpreten für das unverfügbare Getroffenwerden
der menschlichen Existenz durch das Kerygma zwar abstrakt gefordert, aber
nicht konkret praktiziert wird. (76)

Diese Kritik wird weitergeführt, wenn Bultmann die theologischen Voraussetzungen, die er mit Hilfe der existentialen Analyse klären will, unter dem Thema "Anknüpfung und Widerspruch" (77) behandelt.

1. Ausgangspunkt des dialektischen Theologen: Der christliche Glaube ist kein
Ergebnis eines innergeschichtlichen Entwicklungsvorgangs - der Mensch kann
niemals von sich aus zum Glauben kommen -, sondern Geschenk Gottes. "Indem
Gott zu uns spricht, schafft er auch selbst in uns das Organ, ihn zu hören." (78)
Die existentiale Hermeneutik kann daher "den existentiellen Bezug zwischen dem
Interpreten und der in der Interpretation zu verstehenden Wirklichkeit" nicht her-
stellen. (79)

2. Die "Einsicht in die Dialektik der Existenz" (8o) führt zu der Erkenntnis, daß
im Widerspruch Gottes gegen den ganzen Menschen "i n  p a r a d o x e r  W e i s e
d e r  A n k n ü p f u n g s p u n k t  g e s c h a f f e n, oder besser: a u f g e -
d e c k t" (81) wird. Dieser Anknüpfungspunkt ist kein Bewußtseins-, sondern ein
Existenzphänomen. Mit ihm wird das schöpfungsgemäße Gottesverhältnis aller
Menschen, die Gottesebenbildlichkeit, in der die Gleichheit aller Individuen begründet ist, wieder hergestellt.

3. Zur menschlichen Existenz als solcher gehört daher das Gottesverhältnis.
"Die den Menschen, der er selbst sein will und der sein Selbst verloren hat, be-
wegende Frage nach seiner Eigentlichkeit ist der Anknüpfungspunkt für Gottes
Wort." (82) Diese Existenzfrage - unter hermeneutischem Aspekt das Vorverständnis für Gottes Wort - deutet ('lügt') der Mensch eigenmächtig je zur 'uneigentlichen' Antwort um. Daher die paradoxe Formel: "D i e  S ü n d e  d e s  M e n -
s c h e n  i s t  d e r  A n k n ü p f u n g s p u n k t  für das widersprechende Wort
von der Gnade." (83)

4. Das existential-ontologische Phänomen des Anknüpfungspunktes erscheint jedoch nur in historischer Konkretion. "Die Gestalt, in der sich jeweils das Existenzverständnis der Menschen ausgeprägt hat, die Ausgelegtheit, die sein Widerspruch
gegen Gott und die Frage nach der Eigentlichkeit gefunden hat, ist der Anknüpfungspunkt ... seine Religion, sein Gottesbegriff, seine Ethik, seine Philosophie" (84),
kurz gesagt: seine 'Sprache', und um sie hat sich die Verkündigungspraxis zu bemühen (85). Damit ist deutlich: Menschsein ist ein schlechthin individuelles Phänomen. "So sind denn alle Menschen in ihrer Menschlichkeit - und das heißt:
gegenüber dem jenseitigen Gott - g l e i c h." (86)

Zu dieser humanitas gehört die mit der Gottesfrage gleichgesetzte Frage nach der
Eigentlichkeit der Existenz, der ontologisch-theologisch, nicht psychologisch verstandene Anknüpfungspunkt (87), dessen jeweilige sprachliche Ausdrucksgestalt
die Predigt treffen muß, um aufdecken zu können, "welche Fragen in diesem oder
jenem Lebensgebiet enthalten sind und welche Antwort sie im Licht des Wortes
Gottes empfangen" (88). Diese existential-hermeneutische Klärung des theologischen Ansatzes bleibt jedoch im idealistisch-verbalen Bereich: nur der sprachliche Ausdruck, nicht die konkreten, Sprache und Verstehen bedingenden Verhältnisse geht in die kritische Reflexion des Anknüpfungspunktes (89) ein.

Fragen wir abschließend nach den Konsequenzen für die Frage der Didaktik und
des Unterrichts.

Harbsmeier schreibt 1964: "In der Religionspädagogik hängt so gut wie alles davon
ab, ob ein Kind immer schon Gottes ist, und es abgründig tief darum weiß und
also daraufhin auch anredbar ist. Bultmann behauptet diese Anredbarkeit." (9o)
D. h. wiederum: Alle Menschen haben das 'gleiche' vorgängige Verhältnis zu der
durch das Kerygma zur Sprache gebrachten Sache, das jedoch kein Bewußtseins-
phänomen sein muß.

Die kritische Frage legt sich nahe: Kann auf der Grundlage dieser existentialontologisch begründeten Ansprechbarkeit der Schüler überhaupt in seiner Eigenart ernst genommen, bzw. das Vorverständnis in seiner didaktischen Problematik
gesehen werden? (91) In dem Hermeneutikaufsatz von 1925 heißt es, "daß Interpretation ... in der Regel auch die Vermittlung des Textes an einen Dritten" einschließen, dessen existentielle Begegnung mit der 'Sache' des Textes ermöglichen
(92) will. M. a. W.  Durch die abstrakte Gleichheit des hermeneutischen Subjektes 'Existenz' qua Text - Interpret - Hörer ist das Problem der Didaktik mit der
existentialen Interpretation des Bibeltextes grundsätzlich gelöst. Die Vermutung
legt sich nahe, daß sich ein entsprechender existential-hermeneutisch konzipier-
ter Religionsunterricht zwar vom Dogmatismus einer institutionalisierten kirchlichen Bevormundung emanzipiert hat, jedoch in der Gefahr steht, mit den Schülern in einen 'sturmfreien' Raum der Existentialität zu entfliehen (93), der die
eigene Abhängigkeit von sozialen und psychosozialen Faktoren nicht mit reflektiert und damit die Bewährung der 'eschatologischen' Freiheit in der 'humanen'
verscherzt. (94)


## 8. Kritische Würdigung

Dieser zweite, grundsätzlich-theoretische Teil hat versucht, den Stellenwert
von Erziehung, Bildung und Unterricht in Bultmanns existentialhermeneutischer
Theologie zu klären, indem er dessen Verhältnisbestimmung von christlichem
und idealistischem Daseinsverständnis - zu letzterem gehören der griechische
παιδεία -Gedanke und der für die deutsche pädagogische Tradition charakteristische Bildungsbegriff (1), - von Glauben und Verstehen (Lehre, Unterricht (2))
analysierte.

In den Frühschriften entwickelt Bultmann einen humanistisch-idealistischen Begriff von Kultur und konfrontiert ihn der wesenhaft eigenständigen, der lebendigen Individualität zugehörenden Religion. Er distanziert sich damit von dem liberalen Verständnis von Religion als bildbarer, feinster Blüte am Baum der Kultur und von dem religiösen Heroenkult (3). Als dialektischer Theologe warnt er vor einer Deutung der Kulturkritik als 'Kulturpessimismus' oder 'Kulturmüdigkeit'; "hier wird im Gegenteil der Kulturarbeit", - und damit auch der Pädagogik - "ein neuer und eigentlicher Sinn zurückgegeben". (4)

Diesen Sinn und damit die Bedeutung der deutschen idealistischen Tradition für die christliche Theologie und Kirche will Bultmann klären, indem er nach dem griechischen und christlichen Selbstverständnis zurückfragt und diese Ursprünge unserer abendländischen Kultur als gegenwartsrelevante Existenzmöglichkeiten interpretiert.(5) Kriterium für ihre Legitimität ist formal die Erkenntnis der Geschichtlichkeit menschlichen Seins, d. h. der Freiheit von der Vergangenheit und der Offenheit für die Zukunft (6), die im christlichen Glauben radikalen Ausdruck fand, während Bultmann dem griechischen Selbstverständnis "Flucht aus der eigenen Geschichte" vorwirft. (7) "Die Paradoxie der christlichen Existenz ist die, daß der Glaubende der Welt entnommen ist, als gleichsam Entweltlichter existiert, und daß er zugleich innerhalb der Welt, innerhalb seiner Geschichtlichkeit bleibt." (8) Ihr Grund ist das Kerygma, das als Anrede das je konkrete Jetzt des Hörers qualifiziert und ihn in die Entscheidung ruft, indem es Jesus Christus als den Herrn, ein historisches als das eschatologische Ereignis verkündigt. Die Paradoxie des Kerygmas ist, daß in der Mitteilung des historischen Ereignisses sich dieses je neu als Offenbarungs- und Heilsgeschehen vollzieht. Diesen Anredecharakter des Wortes Gottes im Gegensatz zu allgemeinen Vernunftwahrheiten, die jedoch hic et nunc zur indirekten Anrede werden und an der Verkündigung teilgewinnen können (9), will Bultmann in sachgemäßer theologischer Begrifflichkeit klären und zieht dazu als formales und neutrales Instrumentarium Heideggers Existentialanalytik heran. D. h., seine Überlegungen gelten dem direkten Weg von der historisch kritischen Exegese des Neuen Testaments zu Verkündigung und Predigt heute, wobei weltliche Faktoren, wie pädagogische Bedingungszusammenhänge, ausgeklammert bleiben, da sie das Handeln Gottes weder fördern noch hindern können. Soziokulturelle Determinanten, psychologische Voraussetzungen (die religiöse Ansprechbarkeit, das Vorverständnis als Problem der Pädagogik) sind theologisch irrelevant. Grundsätzlich: Der für die griechische, idealistische Weltanschauung typische $\pi\alpha\iota\delta\epsilon\zeta\alpha$ -Gedanke, der die Vorstellung einer Entwicklung durch die eigene Kraft des vernünftigen und seiner selbst mächtigen Menschen einschließt, kann zur Konstituierung der Glaubensexistenz nichts beitragen. M. a. W. Die Unverfügbarkeit des Wortes Gottes schließt Erziehung und Bildung zur Religion aus. Die eschatologische Existenz wird niemals zur innerweltlichen Gegebenheit.

Diesem dialektisch-theologischen Ansatz widerspricht auch die Vorstellung der Lehr- und Lernbarkeit des Glaubens. Trotzdem ist das Gottesverhältnis des Glaubenden nicht nur 'Gefühl', 'Frömmigkeit', sondern "zugleich ein Wissen um Gott und Mensch". (1o) Bultmann kann in paradoxer Weise sogar von einem 'Lernprozeß' sprechen, den das Kerygma initiiert: "Die Herrschaft des Herrn verstehen zu lernen als das Geschenk der Freiheit, in der der Mensch von sich selbst frei zu einem

94

neuen Menschen wird. " (11) D. h. , Freiheit ist nicht in vernünftiger Aufklärung -
Freiheit unter theologischem und Emanzipation unter pädagogischem Aspekt sind
nicht identisch -, sondern in der Gnade fundiert und wird   ὡς μή   in der Verantwortung für die Welt in der Liebe praktiziert. (12) Die Glaubensexistenz ist
dann grundsätzlich offen, frei für die profane geschichtliche Arbeit, für Erziehung,
Bildung und Unterricht als vernünftiger Aufgaben in der Welt.

Dem Religionsunterricht selbst bleibt die Aufgabe, den Sinn unseres Redens von
Offenbarung zu klären, denn "sowohl die begriffliche Explikation des Vorverständnisses wie die theologisch begriffliche Explikation des in der Offenbarung begründeten Wissens des Glaubens um sich selbst" (13) entwickeln sich im Verlauf der
Geschichte und fordern daher eine je neue existentiale Interpretation ihres Sinnes,
die historische Bibelkritik und Übersetzung in die Gegenwartssprache (14) um-
schließt. Glaube u n d Unglaube als Akte des geschichtlichen Daseins können diese
Sinnklärung verstehen. (15) Diese, nicht Verkündigung, ist ein unterrichtlich plan-
und verfügbares Unternehmen, das aber in der konkreten Situation je zur indirekten
Anrede - Verkündigung - werden kann. (16)

Dieser als existentiale Hermeneutik konzipierten theologischen Theorie wurde oben
als Konsequenz des existential-ontologischen Ansatzes Individualismus bzw. Beschränkung auf die Ich-Du-Relation, fehlende Reflexion der gesellschaftlichen Wirklichkeit und der Dimension der Geschichte (Zukunft) vorgeworfen; deutliches Indiz
ist die Institutionenfeindlichkeit: Programme, Institutionen, Organisationen, d. h.
für Bultmann die Gestaltungen der Kultur, grundsätzlich die sozioökonomische Wirklichkeit überhaupt, gehören in die Sphäre der Welt - des Uneigentlichen - die blind
macht "für den wirklichen Anspruch des Augenblicks, für das konkrete Du, das mir
begegnet". (17) - Die Tragweite dieser theologischen Theorie wird sich im folgenden
an den Stellungnahmen zu aktuellen Fragestellungen des pädagogischen Bereichs erweisen. An ihnen wird sich entscheiden, ob Bultmanns theologische Theorie auch die
Verantwortung für die pädagogische Praxis des christlichen Glaubens, die Didaktik
der Theologie, mit umfaßt. (18)

III. TEIL:

BULTMANNS STELLUNGNAHMEN ZU AKTUELLEN FRAGEN DES
BILDUNGSBEREICHS - KONSEQUENZEN FÜR BILDUNGSPOLITIK -
ERZIEHUNGSPRAXIS - UNTERRICHT -.

DIE FUNKTION DER THEOLOGIE AN SCHULE UND UNIVERSITÄT

1. Einführung

Bultmann nimmt verschiedentlich aus aktuellem Anlaß zu konkreten Fragen des
Bildungsbereichs überhaupt und zur Praxis theologischer Bildung an Schule und
Universität Stellung.

1. In der Diskussion um die Reform des Theologiestudiums, die nach dem 1. Weltkrieg einsetzt.

2. In der Diskussion um die Möglichkeiten der Erneuerung der abendländischen
Kultur durch Anknüpfung an Humanismus und / oder Christentum nach 1945. Der
kurze Beitrag zur Heidegger-Festschrift von 1959 "Erziehung und christlicher
Glaube" ist ein verspäteter Nachklang.

In 1 steht zugleich die dialektisch-theologische Frage nach dem Wissenschaftscharakter von Theologie überhaupt zur Diskussion, d. h. einerseits ihre Berechtigung
an der Universität, andererseits ihr Verhältnis zur Kirchenbehörde (die Frage der
Lehrinstanz für die Theologie) und zur kirchlichen Praxis.

In den Erwägungen zu Punkt 2 im aktuellen Kontext der Nachkriegszeit wird der
systematische Stellenwert von Erziehung, Bildung und Unterricht in Bultmanns
existential-theologischem Denken weiter geklärt und bis in die praktischen Konsequenzen hinein (Universität - Theologische Fakultät; humanistisches Gymnasium -
Religionsunterricht) konkretisiert. Sie begründen Bultmanns Weg zwischen einer
christlichen Kultursynthese und einer absoluten Diastase, damit zugleich seine Kritik an der zu dieser Zeit dominierenden Konzeption der Evangelischen Unterweisung in der Schule, sowohl an ihrer kirchlichen Begründung, als auch an ihrem
Verkündigungsmodus. Bultmanns Frage nach dem Seinsverständnis des Hörers
der Verkündigung gibt zur Überwindung dieses Monismus und zur Neukonzeption
eines hermeneutischen RU gegen Ende der 5oer Jahre entscheidenden Anstoß.


2. Theologie als Wissenschaft und das Problem ihrer Didaktik
   Die Theologische Fakultät zwischen Kirche und Universität
   - Zur Frage der Reform des Theologiestudiums -


2.1. Vorbemerkung

Das Verhältnis von Wissenschaft und Praxis der Theologie ist die Leitfrage in
mehreren Beiträgen zwischen 1926 und 1946 zu Fragen der Wissenschafts- und
Hochschuldidaktik.

1. 1926 bespricht Bultmann in der 'Christlichen Welt' die Denkschrift der Theologischen Fakultät der Universität Greifswald über "Die Reform des theologischen
Studiums und des kirchlichen Prüfungswesens" (1).

2. 1931 verfaßt er selbst eine Denkschrift (2) gegen einen damals geplanten Staats-
vertrag, der den Kirchenbehörden das Recht der Begutachtung von theologischen

Lehrstühlen zugestehen sollte. (Prüfungsrecht!)

3. In der 2. Stellungnahme zur Studienreform (3) von 1933 beschränkt sich Bultmann auf die Sicht,"wie sie von der allgemeinen Hochschulproblematik aus aktuell
wird", d.h., er legt seine Überlegungen zur Wissenschafts- und Hochschuldidaktik
grundsätzlich dar, deren praktische Konsequenzen er für den Bereich der Theologie in den Thesen der Theologischen Fachschaft der Universität Marburg zur Reform
des Theologiestudiums (4) verwirklicht sieht.

4. 1944 geht es im Rahmen der Studienbetreuung der Kriegsteilnehmer des 2. Weltkrieges um die "Frage der wissenschaftlichen Ausbildung der Theologen" (5), ihren
für die Praxis notwendigen Umfang.

5. In der Situation des Wiederaufbaus 1946 bezieht Bultmann unter dem Thema
"Das Verhältnis der Universität zu Antike und Christentum" zur Neugestaltung
der deutschen Hochschulen Stellung. (6)


2.2. Bultmanns Beitrag zur Diskussion um eine Reform des Theologiestudiums
      nach dem ersten Weltkrieg (1926)

Nach dem ersten Weltkrieg wurde im Bereich der Landeskirchenleitungen und der
Theologischen Fakultäten die Frage einer Reform des Theologiestudiums aktuell
(7).Äußerer Anlaß war einmal die weithin fehlende humanistische Vorbildung der
Theologiestudenten seit der Reform des Gymnasialunterrichtes, d.h. der Einführung von Realgymnasien und Oberrealschulen um 1900, zum anderen die Situation
der aus dem Wehrdienst zurückgekehrten Theologiestudenten, schließlich die berechtigte Empfindung einer ungeheuren Erweiterung der wissenschaftlichen Theorie und
entsprechend einer zunehmenden Komplexität des praktischen Lebens (8). Die Neube-
sinnung auf das Wort Gottes, das Proprium der Theologie, und die Erfahrungen
des Kirchenkampfes ließen dessen Bezug auf die Kirche, in der damaligen Situation
die kirchliche Verantwortung des Theologiestudenten, in den Vordergrund treten. (9)

Bultmann problematisiert in seinem Beitrag von 1926 die zeittypische einlinige Beziehung Kirche - Theologie.

Er geht aus von der "Spannung zwischen der Theologie als Wissenschaft und der
Kirche" (1o), einer Spannung, die sich vor allem in der Person des Pfarrers ausdrückt, daß "der Diener der Kirche seine Ausbildung im wissenschaftlichen Orga-
nismus der Universität", an staatlichen, der universitas literarum zugehörenden
theologischen Fakultäten erhält (11), und versucht eine grundsätzliche Klärung:
Die Spannung ist notwendig, denn "in der Natur der Sache", dem Gegensatz zwischen
dem unmittelbaren wissenschaftlichen Daseinszweck der Fakultäten und dem praktischen Lebensinteresse der Kirche (12) begründet. Als Wissenschaft ist die Theologie notwendig kritisch und steht in Spannung zu den Bedürfnissen der Kirche.
"Die Kirche aber muß die kritische Wissenschaft um ihrer selbst - d.h. ihrer
eigentlichen Aufgabe der Wortverkündigung (13) - willen wünschen." (14) Bultmann spitzt zu: Gerade die sachgemäß und eigenständig vollzogene Arbeit der
Theologie ist "Dienst an der Kirche" (15). Grundlage der Zusammenarbeit von

Fakultäten und Kirchen, die institutionell getrennt sind, ist gegenseitiges Vertrauen,
ihre Garantie sind niemals institutionalisierte Kontrollbestimmungen, sondern die
sachgemäße Arbeit beider Seiten (16), die der theologisch gebildete Pfarrer in seiner Person vermittelt.

Auf diesem Hintergrund diskutiert Bultmann 1. die Reformvorschläge der Theologischen Fakultät der Universität Greifswald und verweist 2. zustimmend auf die
Thesen der Marburger Evangelisch-Theologischen Fachschaft zur Reform des Theologiestudiums. (17)

Für Bultmann charakteristische Forderungen sind zunächst zu 1):

1. "Die Ausbildung (muß) im Zusammenhang mit der universitas literarum an voll-
ständigen evangelisch-theologischen Fakultäten erfolgen." (18) In ihrem sachent-
sprechenden Verlauf werden sich systematische und historische Studien gegenseitig durchdringen.

2. Interessen und Kräfte der Studierenden sind in der Regel von der wissenschaftlichen Ausbildung "hinreichend in Anspruch genommen", so daß praktische Neben-
tätigkeiten (z.B. Kindergottesdienst, Bibelkreis) als verunsichernd oder verführe-
risch abzulehnen sind. (19)

3. Die sachgemäßen Examinatoren sind die Lehrer der Prüflinge. (2o)

4. Die praktische Theologie ist eine Methodenfrage und daher der praktischen Aus-
bildungszeit in den Predigerseminaren zuzuordnen. Zu ihr gehören Kultus, Litur-
gie, Sozialethik und Sozialpädagogik (21), d.h. erst sie bezieht Soziologie und Pädagogik, die zwar keine eigentlich theologischen Probleme enthalten, aber in der
gegenwärtigen Situation weitgehend kirchliche Notwendigkeit sind, in ihre Reflexion
ein (22). Praktische Theologie allein kann niemals konkrete Ziele und Programme
für weltliches Handeln, z.B. Erziehung und Bildung, aufstellen. (23)

zu 2) (24)

"I. Ziel und Weg des theologischen Studiums.
  1. Das Ziel des theologischen Studiums ist die Ausbildung zum kirchlichen
  Amt im Dienste der Wortverkündigung und zum Lehramt in Schulen.

  2. Der sachgemäße Weg der Ausbildung des Pfarrers und Religionslehrers ist
  die Erarbeitung einer begründeten Anschauung von Wesen und Wahrheit der
  christlichen Wortverkündigung und des christlichen Glaubens.

  3. Da der Gegenstand solcher Arbeit von dem Einzelnen stets nur mit dem
  Einsatz seiner selbst angeeignet werden muß, kann die Ausbildung nicht in der
  Übernahme eines abgeschlossenen Wissensstoffes und in der Erlernung technischer Fertigkeiten bestehen, sondern nur in einem wissenschaftlichen Studium als einem durch die Wahrheitsfrage bewegten Forschen. Die sachgemäße Stätte der Ausbildung ist deshalb die Universität als die Stätte wissenschaftlicher Arbeit.

  4. In welches Verhältnis die zur Übernahme des konkreten Berufes des Pfarrers oder Lehrers notwendige Spezialausbildung zur wissenschaftlich-theologischen Ausbildung zu setzen ist, ist eine Frage zweiter Ordnung.

II. Die Frage der Vorbildung.

1. Erstrebenswert ist eine stärkere Vereinheitlichung des Schulwesens, wobei
die grundlegende Bedeutung der humanistischen Bildung und des durch die Tradition vermittelten Wissensstoffes wieder zur Geltung gebracht wird."

Punkt 2, die "Vorbedingung ... Kenntnis des Hebräischen" wird von Bultmann in
Frage gestellt. (25)

III. Die Gebiete des theologischen Studiums

"3. Die praktische Theologie, soweit sie nicht als grundsätzliche Lehre von
der Verkündigung zur Lehre von der Kirche und damit in die systematische
Theologie gehört, ist auf das Predigerseminar zu verlegen. In ihren Rahmen
gehören auch: Pädagogik, Kirchenrecht und Kirchenkunde, Spezialgebiete der
Kirchengeschichte, das Studium der ethischen Probleme des praktischen Lebens in Staat und Wirtschaft und anderer für die Praxis bedeutsamer Fragen."

Dieser These stimmt Bultmann explizit zu. (26)

IV. Der Studiengang

"2. Angesichts der Ausdehnung der theologischen Wissenschaft und ihrer Spezia-
lisierung im einzelnen erscheint eine gleichmäßige Beherrschung der einzelnen
Gebiete nicht mehr möglich und deshalb ist eine Differenzierung geboten, damit
das Ergebnis nicht ein kompendiarisches Allgemeinwissen ist, sondern auf Grund
einer allgemeinen theologischen Bildung eine Vertiefung im Einzelnen erreicht
wird."

V. Die Schlußprüfung des Volltheologen

Im Sinne Bultmanns wird eine Studiendauer von 8 Semestern und die Verteilung
des Examens auf diese Zeit (27) gefordert.


2. 3. Zum Ort der theologischen Wissenschaft zwischen Kirche und Universität
      - Bultmanns Denkschrift zum preußischen Staats-Kirchen-Vertrag von 1931

Die "in der Natur der Sache" begründete Spannung zwischen wissenschaftlicher
Theologie und Kirche stellt je neu die Frage nach der sachgemäßen Instanz für die
rechte theologische Lehre, auf die Bultmann 1931 in einer Denkschrift gegen den
Inhalt des Vertrages zwischen dem Freistaat Preußen und den Evangelischen Landeskirchen, gegen die kirchliche Begutachtung von theologischen Lehrstühlen,
eine Antwort versucht. (28)

1. Die Theologie steht als positive Wissenschaft in ihrer Forschungsmethode in
Analogie zur Geschichtswissenschaft. Auch theologisches Erkennen setzt in der
Sache stehen, an ihr teilnehmen, voraus. Nur ihr Gegenstand, die Offenbarung
Gottes in der Geschichte, kann daher Antrieb und Norm der Forschung sein. (29)
Er gibt ihr den Charakter einer freien Wissenschaft mit der Möglichkeit des Irr-
tums. (3o) Die Entscheidung über die rechte Lehre "kann nur in der theologischen
Arbeit selbst fallen" und muß als solche "immer ... aufs neue gefunden, vertei-
digt und widerlegt, vernichtet und durchgesetzt werden" (31). M.a.W. Auch der

theologische Erkenntnisprozeß geschieht in einem Verfahren wissenschaftlicher
Kommunikation nach den "Regeln rationalen Argumentierens". (32)

Theologie als Wissenschaft ist damit autonom, d.h. unabhängig von kirchlichen
und anderen gesellschaftlichen Institutionen gedacht.

2. Die Kirchenbehörde hat das Amt der Verwaltung, die Theologie dagegen das
der Lehre. Damit ist gerade umgekehrt die Theologie, bzw. ihr universitärer
Ort, die theologische Fakultät, zuständig für Lehrfragen innerhalb der Institution
Kirche, Norm für die Verkündigung der Pfarrer, Schutz vor Individualismus und
Subjektivismus. Diese Verkündigungskontrolle und damit 'den Begriff der rechten
Lehre' können die theologischen Fakultäten nur "mit der Weite und Freiheit hand-
haben", die den Protestantismus, der um die Geschichtlichkeit der rechten Lehre
weiß, charakterisieren. (33)

Deutlich ist: Bultmanns Position widerspricht der Konzeption ausschließlich kirchlich bestimmter Hochschulen (34) und, wie wir unten sehen werden, auch einem
Unterrichtsfach Christliche Unterweisung in der Schule, dessen Lehrer von der
Institution Kirche bevollmächtigt sind und das die Kirche inhaltlich mitgestaltet
und kontrolliert. "Befruchtend und kritisch" kann auf den Lehrer an Universität
und Schule nur das kirchliche Leben selbst wirken, das von der Offenbarung Gottes, dem Gegenstand der Theologie, lebt und in der der theologische Lehrer als
von der Sache bewegter selbstverständlich steht. (35) Der Unterricht, in dem der
wissenschaftlich-theologische Lehrer seine Verantwortung für die Praxis bewährt,
muß dann in dem "Bewußtsein, daß es um die Wahrheitsfrage geht, daß es rechte
Lehre und Irrlehre g i b t" (36), geschehen.

Bultmanns Denkschrift impliziert daher eine Anfrage an die Ausbildung des Religionslehrers, die diesen zu einem dem theologischen Begriff von Lehre entsprechenden Unterrichten befähigen sollte, das "a l s Organ des kirchlichen Lebens
auf dieses selbst klärend und kritisch" (37) wirkt. Auf diesen Theoriebegriff und
die Frage der Didaktik wird der folgende Abschnitt weiter eingehen.


2.4. Das Problem einer wissenschaftlich-theologischen Bildung

2.4.1. Bemerkungen Bultmanns zur Wissenschafts- und Hochschuldidaktik allge-
       mein (1933)

Im zweiten Beitrag zur Reform des theologischen Studiums setzt Bultmann mit
einer grundsätzlichen Reflexion über das Verhältnis von wissenschaftlicher Theorie
und Praxis ein. (38) Es wurde als Problem bewußt durch den Verlust des Prak-
tisch-werden-könnens der Theologie, wie der übrigen Geisteswissenschaften "im
sogenannten Historismus". Graf Yorck von Wartenburg schrieb 1884 an Dilthey:
"Das Praktisch-werden-können ist ja nun allerdings der eigentliche Rechtsgrund
aller Wissenschaft." (39) Bis in die Gegenwart besteht jedoch Nietzsches Protest
gegen die Bildung des Historismus mit ihrer Beschränkung auf eine Summe rein
historischen Faktenwissens zu Recht: Aus der "uninteressierten, scheinbar objektiven Registrierung dessen, was einmal gewesen ist", kann 'keine echte Bildung'

entspringen, sondern "nur eine Art Wissen um Bildung", eine "Pseudobildung
'wandelnder Enzyklopädien'" , die "das Verhältnis zum Leben der Zeit verloren
hat". (4o)

Bultmann konkretisiert seine Ausgangsfrage: Kann der - wirklich oder angeblich -
dem Leben "entfremdete Lehrbetrieb an der Universität den Kontakt mit dem Leben und seiner Aktualität" durch Fachhochschulstudium bzw. durch Orientierung
des Universitätsstudiums überhaupt an den praktischen Zwecken des Lebens wie-
dergewinnen? (41) Er lehnt die Beschränkung auf die Vermittlung berufsnotwendi-
ger Kenntnisse als falschen Pragmatismus ab. Sein Ideal ist die echt wissenschaftliche Bildung, die die echte Beziehung von Wissenschaft und Leben impliziert und
ihrem Ursprung im griechischen Idealismus zufolge 'handlungsorientierend' ist (42),
was aber nicht Verwendbarkeit aufgrund pädagogischer Zusatzveranstaltungen bedeutet. Sondern: "Wie echte Wissenschaft ihre Möglichkeit zum Praktischwerden
daraus empfängt, daß sie aus dem lebensmäßigen Verhältnis zu ihrem Gegenstand
erwächst, so enthält ja das Leben in all seinen Beziehungen zu den Gegenständen
auch ein Wissen um diese. Wissenschaft ist nur die methodische Ausbildung dieses
in der ursprünglichen Lebensbeziehung enthaltenen Wissens." (43) Aus diesem
Praxisbezug folgt die idealistische Grundthese einer Sanktionierung der reinen
Theorie: "Echte Wissenschaft, die alles Wissen sammelt, sichtet, systematisiert,
dient dem Leben gerade dann, wenn sie von den jeweiligen Zwecken absieht, wenn
sie nicht alle möglichen Lebensverhältnisse, Anlässe und Verwendungsmöglichkei-
ten aufzählt, sondern, wenn sie für alle solche Möglichkeiten,
die in der Praxis doch immer neu und anders sind als
in einer Theorie der Praxis, das Wissen bereitstellt"
(44),und damit implizit die vorwissenschaftliche Praxis kritisierend korrigiert.

Im Blick auf die Ausbildung: "Aller auf die Praxis vorbereitende Unterricht (kann)
nur ... die Theorie der Praxis geben ..., nie die Praxis selbst, die nachher doch
immer anders aussieht, als es in einer noch so differenzierten Psychologie und
Pädagogik dargestellt werden konnte." (45)

Die Konsequenz:
1. Das Verfahren der Erkenntnisgewinnung und der Vermittlung, Wissenschafts-
theorie und -didaktik fallen zusammen. (46)

2. Das gesellschaftspolitische Problem der Realisation einer veränderten Praxis
wird im Optimismus der reinen Theorie nicht gesehen: "Die Reinheit des theoretischen Verhaltens" soll "die Verwirklichung des postulierten Zweckes garantieren"
(47).

Die gegenwärtigen Schwierigkeiten dieser Konzeption sieht Bultmann kulturpessi-
mistisch in dem erschreckenden Absinken der Allgemeinbildung begründet. Er be-
dauert den Mangel an "Vertrautheit mit den geistigen Motiven und Strömungen unseres Lebens", mit "Literatur und Kunst, in der das Leben sich ausprägt", und
entsprechend die fehlende Vertrautheit "mit der Fülle der Möglichkeiten des Lebens in seinen natürlichen (Familie) und institutionellen (Gesellschaft) Zusammen-
hängen" (48). Dem isoliert und traditionslos lebenden Einzelmenschen der Gegenwart fehlt die "geistige" Tiefe. Die Belehrung der Studenten über die Möglichkeiten

der Praxis wird dadurch faktisch notwendig.

Bultmann wendet diese idealistischen Grundsatzüberlegungen auf Wissenschafts-
theorie und -didaktik der Theologie an:
Die wissenschaftliche Ausbildung des Theologen zielt auf den Beruf Pfarrer, der
in der eigenen Person Theorie und Praxis zu vermitteln hat. Dabei grenzt Bultmann ab: "Für allerlei Liebestätigkeit, für christliche Erziehung, für Rat und
Trost in allen möglichen Situationen ist der Pfarrer als Pfarrer nicht da ....
Sein eigentliches Amt ist die Verkündigung der christlichen Lehre, die Predigt"
(49), und ihre Voraussetzung ist "ein W i s s e n  u m  d i e  T h e o l o g i e
s e l b s t", d.h. theoretisch-wissenschaftliche Bildung. (5o) M. a. W. Der Pfarrer
als akademisch Gebildeter vermittelt die von der kirchlichen Organisation institutionell getrennte theologische Theorie mit der kirchlichen Praxis, denn ist seine
theologische Bildung echt, muß sie praktisch-werden-können, d. h. die lebensmäs-
sige Beziehung zu ihrem Gegenstand, dem Menschen, einschließen, dessen eigentliche Frage nach dem Sinn des Lebens beantworten. Grundsätzlich formuliert:
Theologie als eine theoretische Wissenschaft betreiben und das echt praktische
Bedürfnis, sich selbst zu verstehen, fallen zusammen. "Die Theologie findet sich
in dieser Hinsicht mit den scheinbar 'unpraktischen' Geisteswissenschaften zusammen, sofern auch diese, selbst wenn es im Unterrichtsbetriebe nicht immer
und vor allem nicht immer direkt hervortritt, die echt praktische Aufgabe haben,
das Selbstverständnis des Menschen zu klären." (51)

Die wissenschaftliche Ausbildung steht daher unter dem Motto: Je weniger sich
die Theologie auf die Zwecke des praktischen Lebens einläßt, umso besser wird
sie die Studenten für die Praxis erziehen." (52) Das 'Wie' der Vermittlung der
echten wissenschaftlich-theologischen Bildung kann für Bultmann nur cura posterior
sein. Sie muß je neu gelernt werden, jedoch "besser aus der Praxis als aus der
Theorie über die Praxis" (53). Der praktischen Theologie kann Bultmann auch hier
nur die Aufgabe der methodischen Übung, der Anleitung zur Anwendung des Wissens,
zuweisen. (54) Ihr Ort ist nicht die Universität, sondern das Predigerseminar. (55)
Für eine Reform des wissenschaftlich-theologischen Studiums stellt Bultmann dagegen drei konkrete Forderungen auf:

1. "d a ß  m ö g l i c h s t  v i e l  v o n  d e m,  w a s  b e r e i t s  v o n  d e r
I d e e  d e r  F a c h h o c h s c h u l e  i n  d e n  U n t e r r i c h t  e i n g e-
d r u n g e n  i s t,  w i e d e r  v e r s c h w i n d e t" (56); die Konzeption kirchlicher Hochschulen ist damit abgelehnt.

2. "daß der der Universität vorausgehende S c h u l u n t e r r i c h t  wieder unter das Ideal einer echt wissenschaftlichen Bildung gestellt werde" (57) (humanistisches Gymnasium),

3. "daß ... unser modernes Leben wieder vom Gedanken einer wissenschaftlichen,
zweckfreien Bildung durchdrungen werde", was jedoch nicht durch Beschlüsse
und Institutionen, sondern nur im geschichtlichen Lebensvollzug selbst realisier-
bar ist. (58)

Dieser Beitrag in der Frankfurter Zeitung vom Januar 1933 macht deutlich: Bultmann argumentiert innerhalb der bürgerlich-idealistischen Bildungsidee des 19.

Jahrhunderts, die er über den bloßen Intellektualismus einer nur auf praktische
Zwecke bezogenen Fachbildung oder einer rein positivistischen Methodologie
(Historismus) zu ihrer wirklich 'geistigen Höhe' erheben will. Er bringt das Ergebnis seiner Rückfrage nach dem griechisch-idealistischen Daseinsverständnis
in die aktuelle Diskussion um die Ausbildungspraxis des Theologen ein. Er kritisiert den Historismus als "Positivismus der Geisteswissenschaften" (59) und
nimmt dabei, wie Habermas für die Phänomenologie Husserls nachgewiesen hat,
"zum Maßstab seiner Kritik eine Idee von Erkenntnis, die jenen platonischen Zusammenhang der reinen Theorie mit der Lebenspraxis wahrt" (60). In der Übertragung dieses Theorie-Praxis-Verhältnisses auf die Theologie wird die Pro-  ·
blematik deutlich. Indem Bultmann das griechische Erkenntnisideal existential
interpretiert - die Geisteswissenschaften (mit Theologie) klären eigentliches Leben und aktualisieren damit das vorgängige Lebensverhältnis des Individuums zur
wissenschaftlichen Sache, die zur Diskussion steht (61) - verschleiert er durch
den Rückzug auf Existentialontologie, auf formale und neutrale Existenzstrukturen,
sein eigenes, erkenntnisleitendes Interesse zugunsten des Scheins einer reinen,
autonomen Theorie. Anders ausgedrückt: Das Theorie-Praxis-Problem in der
Relation von Erkenntnis und Interesse, die äußeren Bedingungszusammenhänge
von Erkenntnis, werden nicht gesehen. Im Blick auf die Theologie: Der in der theologischen Theorie gebildete Pfarrer soll in der Ausrichtung auf theologische Erkenntnis, die als solche der Eigengesetzlichkeit der rationalen Methode unterliegt,
das Selbstverständnis des Individuums in seinem eigentlichen Sinn klären, hat aber
keinen Ansatzpunkt, dieses mit der gesellschaftlichen Praxis zu vermitteln.

Das Schreiben Bultmanns an den Reichsminister für Wissenschaft von 1935 (62)
zeigt, daß Bultmann diese personale Einheit von theoretischer Bildung und prakti-
schem Leben in eigener Person zu verwirklichen sucht. "Da die wissenschaftliche
Arbeit der Theologie ihre Begründung und Abzweckung in der Evangelischen Kirche hat, deren Bedeutung für Volk und Staat ja nicht zur Diskussion steht, ist es
für den theologischen Lehrer ganz u n m ö g l i c h , z u d e n k i r c h l i c h e n
E r e i g n i s s e n u n d G e s e t z e n d e r G e g e n w a r t i m U n t e r -
r i c h t n i c h t S t e l l u n g z u n e h m e n , wenn er nicht die Beziehung der
Wissenschaft zum konkreten Leben preisgeben will, die der Wissenschaft doch
erst ihr Recht verleiht. Denn da die schwebenden kirchenparteilichen Gegensätze
zutiefst in einer gegensätzlichen Auffassung von der christlichen Lehre begründet
sind, so läßt sich die Erarbeitung grundsätzlicher Klarheit in allen die christliche
Lehre betreffenden Fragen ... gar nicht von der Stellungnahme zu den kirchenpolitischen Gegensätzen der Gegenwart trennen, auch dann nicht, wenn ich diese
Gegensätze nicht zum direkten Thema meiner Vorlesung mache. E s i s t a b e r
e b e n s o u n m ö g l i c h , i m a k a d e m i s c h e n U n t e r r i c h t e i n e
b e s t i m m t e A n s c h a u u n g z u v e r t r e t e n u n d n a c h h e r i m
p r a k t i s c h e n L e b e n n i c h t d i e K o n s e q u e n z s o l c h e r A n -
s c h a u u n g z u z i e h e n ." (63)

In diesen Zusammenhang von Theorie und Praxis gehören auch das Bultmanns Vorlesung im Sommersemester 1933 einleitende Referat über "Die Aufgabe der Theologie in der gegenwärtigen Situation" (64) und seine Stellungnahme zum "Arier-
Paragraph im Raum der Kirche" (65).

In diesem Abschnitt wurde in einer Analyse der Interpretation des griechisch-idealistischen Theorie-Praxis-Kontextes durch das Medium des spätbürgerlichen Individualismus der existentialen Eigentlichkeit die Grenze von Bultmanns theologischer Theorie und Didaktik sichtbar. Sie deutet sich an im Vergleich mit Barths politischer Haltung in der Zeit des Nationalsozialismus (66), sie manifestiert sich in ihren möglicherweise auch undemokratischen Konsequenzen in der Unterzeichnung des 'Marburger Manifests' vom 17.4.1968 (67). Die gegenwärtige Kritik an der traditionellen, platonisch-idealistischen, über Humboldt der Gegenwart vermittelten Bildungsidee bestätigt sich auch an Bultmanns Arbeiten. "Bildung durch Wissenschaft führt zu einer zeitgemäßen Form von Halbbildung, wenn nicht mit ihr die Bildung des politischen Bewußtseins einhergeht." (68)

### 2.4.2. Zur Didaktik der Theologie zwischen Kirche und Universität (1944)

Dieses Ideal einer zweckfreien, echt wissenschaftlichen, theologischen Bildung wurde dem Soldaten fragwürdig, der seine Entscheidung für das Theologiestudium mit der tiefen, persönlichen Lebenserfahrung im Krieg begründete und der reinen Wissenschaft entgegensetzte. Bultmann konfrontiert dessen Situation mit den Notwendigkeiten der kirchlichen Zukunft und präzisiert in einem Beitrag zur Studienbetreuung der Kriegsteilnehmer seine Vorstellung von der wissenschaftlichen Ausbildung des Theologen. (69)

1. Um des inneren Zusammenhangs zwischen wissenschaftlich-theologischer Bildung und kirchlicher Praxis willen können zwar die Forderungen an die Quantität der Kenntnisse reduziert werden, die an die Qualität der Bildung jedoch nicht, wobei ein gewisses Quantum an Wissen notwendig mitgefordert ist. (7o) Wissenschaftlich-theologische Bildung ist erreicht, wenn der Student "den Sinn und die Arbeitsweise der theologischen Wissenschaft erfaßt hat, ... er selbst vom Geist wissenschaftlich-theologischer Arbeit erfaßt worden ist, ... er den Willen zu solcher Arbeit hat, ... sich die Methode solcher Arbeit zu eigen gemacht hat und zu selbständigen wissenschaftlichen Urteilen befähigt ist" (71). Auch hier geht Bultmann also von der Autonomie der Wissenschaft aus.

2. "Solange die christliche Kirche in der Schrift das Zeugnis der Offenbarung Gottes sieht, solange der Verkündigung des Wortes die Erklärung der Schrift zugrunde liegt, solange ist das methodische wissenschaftliche Studium der Schrift die unerläßliche Voraussetzung für die Übernahme des kirchlichen Amtes der Verkündigung." (72) Es vollzieht sich echt wissenschaftlich in sachlicher Diskussion (73), die mit rationalen Gründen argumentiert und in dieser Objektivität Garantie ist gegen unkontrollierbaren Subjektivismus. Damit sind implizit dogmatische Systembildungen als 'unwissenschaftlich' abgelehnt.

Schriftlektüre und -erklärung von Laien ohne philologisch-historische Bildung ist, wenn nicht völlig willkürlich, von dieser wissenschaftlichen Exegese ausgebildeter Theologen abhängig. Umgekehrt sind diese wiederum für die sachgemäße Bibellektüre der Laien verantwortlich und haben dieser Aufgabe in allgemeinverständlichen Publikationen, in Predigt, Unterricht und Bibelstunde nachzukommen. (74)

Bultmann selbst hat dies exemplarisch praktiziert

1. in der Leitung einer theologischen Arbeitsgemeinschaft von Pfarrern und Religionslehrern in Marburg, die seit 193o einmal monatlich zusammenkam (75),

2. in der zeitweisen Übernahme des Religionsunterrichts während des 2. Weltkrieges am Gymnasium Philippinum in Marburg (76).

3. Zum Studiengang:
3.1. Bultmann fordert Sprachstudien, da "nur der ein begründetes Urteil über den
Sinn eines Textes haben kann, der seine Sprache versteht" (77).
3.2. Ihnen folgt die Einübung in "die Maßstäbe einer methodischen Textkritik", damit der Student zur Selbständigkeit des Urteils erzogen" wird (78).
3.3. Literaturkritik und Literaturgeschichte sind als historische Rückfragen zugleich Anfragen an die "Zuverlässigkeit der kirchlichen Tradition über die biblischen Schriften" (79). Sie erziehen "zur unbedingten Wahrhaftigkeit", damit "zum
rechten Verständnis des Grundsatzes der Schriftgemäßheit, bzw. ... der Autorität
der Schrift, die ... kein Gesetzbuch ist, ... sondern ... das Zeugnis der Offenbarung Gottes im Gewande eines historischen Dokumentes" (8o). Diese "Bildung
in der Einleitungswissenschaft" wird zu echter Apologetik befähigen. (81)

Deutlich wurde, daß der Lernprozeß geschieht, indem der Student am wissenschaftlichen Lernfortschritt teilhat, nicht in einer getrennten Veranstaltung zur Wissens-
vermittlung.

4. Bultmann stellt abschließend wissenschaftliche Forschung und pneumatische
Schrifterklärung gegenüber.
4.1. Die Auslegung des Offenbarungszeugnisses erfordert historisch-kritische
Arbeit, "nicht außerhalb, sondern in ihr wirkt der Heilige Geist" (82), sie steht
als conditio sine qua non im Dienst des gläubigen Verständnisses (83) der Schrift.
4.2. Aber Grundsatz der biblischen wie jeder Texterklärung ist: "Man kann ...
nicht verstehen und erklären, wenn man kein inneres Verhältnis zu der Sache hat,
um die es ... geht." (84)
4.3. "Das Verhältnis zur Sache kann der Lehrer dem Schüler nicht,oder nur indirekt vermitteln; es entzieht sich der methodischen Belehrung. Es muß schon
vorhanden sein, sei es auch nur als Frage oder gar unbewußt, ja, sei es auch in
Widerspruch. Es kann im Unterricht nur geweckt, ausgebildet, zur Klarheit gebracht werden. Und eben dieses geschieht in der methodischen wissenschaftlichen
Arbeit, in der sich das Verhältnis zur Sache aktualisiert." (85)

Damit hat Bultmann die Didaktik der Theologie mit der existentialen Hermeneutik
gleichgesetzt. Das vorgängige Sachverhältnis des Forschers (des Studenten) - im
hermeneutischen Vollzug das Vorverständnis - wird in der rationalen methodisch-
wissenschaftlichen Arbeit geklärt, die als kommunikativer Prozeß Erkenntnisgewinnung und -vermittlung umfaßt.

Diese wissenschaftlich-theologische Schrift-Forschung (existentiale Interpretation)
ist für den Pfarrer explizit, für den Laien implizit der Horizont, innerhalb dessen
sich glaubendes Verstehen (existentielle Begegnung mit dem Wort Gottes) vollzieht.
Auch hier argumentiert Bultmann aus der Vorstellung einer autonomen, von gesell-

schaftlichen Bedingungen, z.B. den Interessen der Institution Kirche, unabhängigen
Wissenschaft, die als solche die Verantwortung füı die Praxis einschließt.

"In der praktischen Auslegung der Schrift für die Gemeinde wird sich derjenige
als der Überlegene erweisen, der die wissenschaftliche Arbeit mit dem größten
Ernst und mit der peinlichsten Gewissenhaftigkeit getrieben hat, - nein! nicht
getrieben  h a t, sondern immer weiter treibt." (86)


### 3. Bultmanns Beitrag zur Grundsatzdiskussion um Humanismus und Christentum nach 1945 - Seine bildungstheoretischen und -praktischen Konsequenzen

#### 3.1. Vorbemerkung - Zur Diskussion um Humanismus und / oder Christentum nach 1945

Die Situation nach dem Zusammenbruch des Dritten Reiches zeichnet sich durch
das Ringen um eine umfassende geistige Neuorientierung der Gesellschaft aus.
In der geisteswissenschaftlichen Diskussion steht die Frage nach dem Wesen von
Humanismus und / oder Christentum und damit die Rückfrage nach den Ursprüngen
unseres abendländischen Denkens in Antike und Christentum im Vordergrund. Ist
von einer "wahrhaft humanistischen Bildung und Umbildung unseres Denkens, zu
der uns die Antike helfen könnte" (1), von einer Restauration der abendländischen
Synthese oder nur, wie von protestantischer Seite wiederholt gefordert, von einer
klaren Entscheidung für das Christentum Gestaltungskraft für die Zukunft unserer
Kultur zu erwarten?

Bevor wir uns Bultmanns Position zuwenden, soll einleitend 1. die katholische
Synthese und 2. das dialektisch-theologische Entweder/Oder, die für die protestantische Theologie der Nachkriegszeit charakteristische Position, kurz skizziert
werden.

1. Die katholischen Beiträge zum Problem Humanismus und Christentum nach
1945 (2) zielen auf eine Wiederherstellung der traditionellen Synthese eines christlichen Humanismus in der gesamten abendländischen Kultur, vor allem auch auf
dem Bildungssektor. (3)

Von Balthasars (4) Entwurf eines christlichen Humanismus nimmt zwar eine
Spannung zwischen beiden Mächten, Humanismus und Christentum, wahr - der
sich selbst überlassene Humanismus steht ständig in der Gefahr, zu Titanis-
mus und prometheischer Dämonie auszuarten - Funktion der Kirche ist jedoch
Ausgleich der Spannung. Sie setzt der Kultur positive Maßstäbe, vollendet ihr
Werk und überhöht es in einem christlichen Humanismus. "Das Christentum allein (ist) die ... unentbehrliche Lösung, die den Humanismus auch als innerweltliche Möglichkeit verbürgt und besiegelt." (5)

Andere Beiträge (6) bestätigen zwar die ursprüngliche Intention des Humanismus -
"die antiken Grundlagen sind ewig-menschliche Grundlagen menschlicher Bildung,
freien, geistigen Menschentums oder Menschenadels" (7), aber nur in einem

christlichen Humanismus ist der antike Idealismus aufgehoben und die Orientierung an der Würde der Person garantiert.

Bultmann datiert diese katholische Synthese in das Mittelalter. Er beurteilt sie als in Reformation und Renaissance (8) endgültig zerbrochen.

2. Die von der dialektischen Theologie herkommenden Theologen und Religionspädagogen deuten die Katastrophe von 1945 als das Gericht Gottes über die hybride Selbstübersteigerung der Menschheit in der NS-Barbarei. Sie war notwendige Folge des in Totalitarismus umgeschlagenen autonomen Humanismus. "Christliche Kultur, christliche Politik, christliches Abendland, christliche Erziehung und Schule sind Begriffsbestimmungen katholischer Art." (9) Als einzige Alternative galt, den abendländischen Traditionsstrom Humanismus zugunsten des Christentums, der Theonomie, radikal preiszugeben (1o) und damit die Spannung zwischen Humanismus, dem 'Inbegriff' und 'geistigen Gehalt' der antiken Tradition, und Christentum, die bereits Hölderlin, Kierkegaard und Nietzsche als Problem empfanden (11), endgültig zu lösen.

Verschärft wird damit nur unter den Bedingungen der Nachkriegssituation die im Anschluß an die Kulturkritik der 2oer Jahre (12) geführte Grundsatzdebatte über das Verhältnis von Christentum und Kultur, Evangelium und Bildung, Verkündigung/Glaube und Erziehung, bzw. Möglichkeiten und Grenzen einer evangelischen Erziehung. Sie kam zu dem Schluß, "daß die Spannung zwischen aller Kultur und reformatorischem Glauben auf dem Gebiet der Pädagogik ihre äußerste, dialektische Zuspitzung erfährt. Denn das Anliegen der Pädagogik ist es, den seiner selbst mächtigen, autonomen Menschen zu entwickeln, und das Anliegen Gottes, gerade diese Entwicklung zu stören." (13)

Im einzelnen ist die Nachkriegszeit durch eine bildungstheoretische Grundsatzdiskussion um die Möglichkeit eines ideologiefreien, vernünftigen Bildungsideals und um den entsprechenden Erziehungsmodus (14) gekennzeichnet; außerdem entstehen konkrete Entwürfe zur Neugestaltung der Universität und des Schulwesens. Als 'eigentliche' Voraussetzung des Universitätsstudiums gelten noch immer die humanistischen Gymnasien. Vor allem klassische Philologen sehen in ihrer Erneuerung eine Möglichkeit, durch den "paideutischen Humanismus" die Antike für eine verantwortliche Gegenwartsbewältigung fruchtbar werden zu lassen. (15)

Bultmanns Stellungnahmen zu dem Problemkreis wollen die Diskussion weiterführen. Sie bringen das Ergebnis seiner Rückfrage nach dem griechischen und urchristlichen Daseinsverständnis ein und wollen damit helfen, die Voraussetzungen für bildungspolitische Entscheidungen offenzulegen.


3.2. Zur Frage der Neugestaltung der Universität

Die ersten Äußerungen Bultmanns nach 1945 zu dieser Thematik betreffen das Problem der Neugestaltung der Universität, (16) in dem Theorie und Praxis unlösbar aufeinander bezogen sind; er greift damit in eine für die damalige Situation typische Diskussion ein.

3.2.1. Karl Jaspers, "Die Idee der Universität" (1946)

1946 erschien die Schrift von Jaspers "Die Idee der Universität", in der dieser
angesichts der gegenwärtigen Lage den von den Griechen herkommenden Geist der
Wahrheit, Wissenschaft und Freiheit als Maßstab und Ursprung der Universität
darstellt, "aus der immer von neuem die Wiedergeburt erfolgt". (17)

> Eine Hauptaufgabe der Universität ist Erziehung und Bildung, d. h. , über wis-
> senschaftliches Können hinaus geistige Bildung. (18) Jaspers führt entsprechend
> ihrem Ursprung aus:
> Der Universität eigentümlich ist wissenschaftliche Bildung als Ver-
> nunftbildung, d. h. "Ergriffensein von dem grenzenlosen Willen zum Forschen
> und Klären", Bestimmtsein "durch die Haltung der Wissenschaftlich-
> keit überhaupt" (19), der Objektivität und Sachlichkeit, die die Humanitas
> des einzelnen, sein selbständiges Menschsein fördert. (2o)
> Bildung geschieht dabei auf doppelte, für Jaspers völlig gleichwertige Weise: in
> den Naturwissenschaften durch methodische "Übung exakt-realistischer Auffas-
> sung" unter Leitung des Bildungsideals 'naturwissenschaftlicher Realismus';
> in den Geisteswissenschaften durch verstehende "Teilnahme an der menschli-
> chen Vergangenheit", durch "Wissen in der Weite der menschlichen Möglichkei-
> ten", bestimmt durch das Ideal des Humanismus. (21) Dem geistigen Leben der
> Universität entspricht die 'demokratische' Praxis der sokratischen ('mäeutischen')
> Erziehung (22), in der der Lehrer sub specie des Geistes auf gleicher Stufe wie
> der Schüler in diesem vorhandene Möglichkeiten weckt, jedoch niemals autoritär
> von außen aufzwingt. Das nicht empirische Selbst des Individuums kann dadurch
> in unendlichem Prozeß entwickelt werden und sich in einem geistigen Leben in
> eigener Verantwortung vor der Transzendenz verwirklichen.

3.2.2. Rudolf Bultmann, "Das Verhältnis der Universität zu Antike und Christen-
      tum" (1946)

Leitthema der knappen Abhandlung zur Universitätsreform ist das Verhältnis der
Universität zu Antike und Christentum; mit diesem setzt Bultmann die Frage nach
der Einheit der Universität, nach der wirklichen universitas, gleich. (23) Begründet ist diese Einheit in der Idee der Wissenschaft. In der Entfaltung dieser These
bestätigt sich der historische Ursprung des Wissenschaftsbegriffs im platonischen
Idealismus, wird über die Gegenwartsbedeutung von Antike und Christentum und
im Blick auf die praktische Konsequenz über den Vorrang der humanistischen
Bildung entschieden. (24)

1. Bultmann geht von der für die Wissenschaftslehre des deutschen Idealismus
charakteristischen Theorie der Einheit der Wissenschaften in der methodologischen
Gemeinsamkeit aus (25) und fragt nach dem historischen Ursprung der Idee der
Wissenschaft im Griechentum zurück. Die Beschäftigung mit der antiken Tradition
steht daher im Zentrum der Universität. Sie dient der Erhaltung dieser Idee und
hat "pädagogische Bedeutung" für die Ausbildung in der ihr entsprechenden Forschungsmethodik. Nicht nur formal als Denkschulung, auch im
Inhalt hat das antike Denken bildenden Wert. (26)

111

2. In der Antike ist die Bezogenheit aller Wissenschaft auf den Menschen exemplarisch erkannt und realisiert. Anders ausgedrückt: Ihr Studium ist notwendig, da "die Grundprobleme des menschlichen Lebens in exemplarischer Weise entwickelt und diskutiert worden sind". Die lernende Begegnung zielt jedoch nicht auf kopierende Übernahme ihrer Problemformulierungen und Lösungsversuche, sondern "bedeutet für jede Gegenwart Auseinandersetzung mit den Möglichkeiten, die Welt und den Menschen zu verstehen und ist deshalb eine stets aktuelle wissenschaftliche Aufgabe" (27). Auch hier geht Bultmann von der Einheit von Erkenntnisgewinnung und -vermittlung im platonischen $\delta\iota\alpha\lambda\acute{\epsilon}\gamma\epsilon\sigma\vartheta\alpha\iota$ aus.

3. Antike und Christentum sind unser geschichtliches Erbe und in der Treue zu dieser Geschichte, ihrer Bejahung als Bildungselemente, konstituiert sich die Einheit der Universität, "weil sie eine Atmosphäre gibt, innerhalb deren sich alle Beteiligten weithin verstehen können". (28)

Damit wird die begrifflich als Humanismus zu bezeichnende geistige Gegenwart der Antike zum konstitutiven Element der universitas literarum, zu deren traditionellem Bestand jedoch auch die theologischen Fakultäten gehören, die im Gegensatz zur "griechischen Weltlichkeit" eine Welthaltung der "Entweltlichung" repräsentieren und sich dadurch dem Kosmos der Wissenschaften nicht spannungslos einfügen. (29) Das Verhältnis der Idee der Universität zur theologischen Fakultät und damit zugleich des Traditionsstranges Antike / Humanismus zum Christentum steht an dieser Stelle zur Diskussion. "Warum haben diese Kräfte das Abendland nicht vor dem Ausbruch der Barbarei, den wir erlebt haben, und damit vor der Katastrophe retten können?" (3o) Ist von ihnen, von Antike und/oder Christentum, ein Weg in die Zukunft, "eine Erneuerung unserer Kultur" zu erwarten? (31) Eine Klärung dieser Fragen versucht Bultmann bereits in diesem Beitrag. (32) Sie werden zum Leitmotiv der Grundsatzreferate der folgenden Jahre, in denen er durch gewissenhafte Besinnung auf das Wesen von Humanismus und Christentum und deren traditionellem Bündnis zur Selbstbesinnung führen will (33), um sowohl die 'vorschnelle' Synthese eines christlichen Humanismus, wie ihn der Kulturprotestantismus des 19. Jahrhunderts vertrat, von dem Katholizismus und liberale Lehrerschaft (34) nach 1945 weiter ausgehen, zu vermeiden (35), als auch, wie oben angedeutet, die für theologische und kirchliche Kreise des Protestantismus nach 1945 typische radikale Preisgabe von Idealismus und Humanismus als überstürzt zu erweisen. (36)


3.3. Bultmanns Besinnung auf das Wesen von Humanismus und Christentum


3.3.1. Vorbemerkung - Die Ursprünge der abendländischen Tradition: Griechentum und Christentum

Bultmann stellt, wie oben aufgezeigt wurde, die griechisch-antike Weltanschauung als ungeschichtlichen Idealismus dar, der Welt und Mensch im Begriff des Geistes zusammendenkt (37): Dem sichtbaren Weltstoff, der Materie, steht der Geist, das göttliche Prinzip und unsichtbare Weltgestaltungsprinzip, gegenüber. Wie das Weltall zu einer gesetzmäßig geordneten Einheit (Makrokosmos), so formt er auch das Einzelwesen Mensch zum Mikrokosmos; m.a.W. die griechische Anthropologie ist von der Kosmologie aus entworfen.

112

Der Mensch ist wesenhaft geistiges, vernünftiges Individuum. Seine Lebensführung steht unter dem Gesichtspunkt der Bildung auf das Ideal des Geistes, des Wahren, Guten und Schönen, des καλὸν κἀγαθόν hin. Diesem Geist entspringt die ἀρχή -Frage, d. h. alle Gebiete des menschlichen Daseins werden wissenschaftlichem Denken zugänglich. Der zugrundeliegende Glaube an die Kraft der Vernunft gibt dem Menschen Daseinssicherheit (38) in einem vernunftgemäßen Leben.

In dieser griechischen Anschauung von Welt und Mensch ist für Bultmann eine Grundmöglichkeit menschlichen Selbstverständnisses systematisch und exemplarisch ausgebildet, die

1. unsere abendländische Kultur entscheidend prägte.
   "Im Menschenbild des Idealismus lebt das Menschenbild der Antike in neuer Form auf." Das eigentliche Wesen des Menschen wird als Geist verstanden, der die Sinnlichkeit "zu beherrschen und zu gestalten hat, damit die reine Gestalt des Menschen erstehe. Der Begriff der Erziehung und Bildung gewinnt ... die gleiche Bedeutung wie in der griechischen Antike." (39)
   Bultmann überspringt den Unterschied nicht. Der deutsche Idealismus bewertet aufgrund des christlichen Einflusses den Willen höher und führt damit über ein Verständnis des Verhältnisses von Geist und Sinnlichkeit nach Analogie der künstlerischen Bildung hinaus. (4o)

2. "als solche ständige Möglichkeit ist, so lange es Menschen gibt, die mit Vernunft begabt sind und an den Adel und die Verpflichtung des Geistes glauben". (41)

Diese Grundvoraussetzung fordert eine differenzierte Verhältnisbestimmung zum Christentum (42), das als Traditionsstrom das abendländische Geistesleben wesentlich beeinflußte und sich in der Glaubensentscheidung als gegenwartsrelevante Existenzmöglichkeit erweist.

Der Rückblick in die Geschichte ergibt die sachgemäße Fragestellung: Humanismus und Christentum - Synthese oder Entweder/Oder? Die Antwort gibt Bultmann in mehreren Stellungnahmen (43) auf dem Hintergrund des 'kulturellen Wiederaufbaus' nach 1945. Die bildungstheoretische Grundentscheidung des Theologen über die Stellung zu den in der damaligen Situation umstrittenen Themenkreisen Evangelium/Bildung, Glaube/Erziehung, Verhältnis von Schule und Kirche (Frage des Religionsunterrichts) fällt dabei in der kritischen Auseinandersetzung mit dem abendländischen Humanismus bzw. Idealismus.


3. 3. 2. Der Humanismusbegriff - Analyse und kritische Stellungnahme

Bultmann definiert Humanismus als die Gesinnung, "die das eigentliche Leben des Menschen im Geistigen erblickt, die die geistige Bildung als die Macht versteht, die den Menschen eigentlich zum Menschen macht" (44) und kraft deren "er die Welt des Wahren, des Guten, des Schönen erschafft in Wissenschaft, Recht und Kunst" (45). Der 'Sachbegriff' Humanismus steht damit für "den geistigen Gehalt der antiken Tradition" (46); er weist wie diese der Idee des Geistes eine dreifache Gestaltungsaufgabe zu: "In der Nachahmung des Weltgeistes, der

in der Natur die Materie nach seinen Gesetzen zum Kosmos gestaltet, soll die
menschliche Gemeinschaft in der Kultur nach den Ideen des Geistes geformt
werden und der Einzelmensch zur Persönlichkeit." (47)

In der Darstellung des Humanismus ist Bultmanns Interesse vorwiegend auf den
letzten Punkt, das Personsein und -werden des Individuums gerichtet. Er fragt
als Theologe (48) nach der Vereinbarkeit des christlich-religiösen mit dem idealistischen Humanismus und Individualismus. (49) Wie ist der Mensch zu verstehen,
der in der Glaubensentscheidung als Einsamer, radikal entweltlicht, vor Gott
steht? (5o)

Bultmann setzt "den G l a u b e n  a n  d e n  G e i s t" mit dem "G l a u b e n
a n  d e n  A d e l  d e s  M e n s c h e n" (51), an seine Würde als Person, gleich
und führt dazu aus, daß der Mensch niemals ein den Zwecken des praktischen,
des leiblich-natürlichen, des wirtschaftlichen und politischen Lebens verhaftetes
und ihnen dienendes Wesen, sondern Person, d. h. ein Wesen ist, das etwas für
sich ist, "seinen Sinn und Zweck in  sich selbst als Person" (52) trägt. Zu dem
Selbst-Bewußtsein dieses Person-seins und seiner freien Entfaltung gelangt er
aufgrund wesenhafter Teilhabe an der jenseits des Sichtbaren liegenden Welt des
Geistes. Ein Leben unter ihrer Autorität gibt ihm 'innere Freiheit' (53) von der
sichtbaren Welt und damit Unabhängigkeit von der Verwendbarkeit für praktische
Lebenszwecke.

Dieses Personsein soll der Mensch durch Bildung verwirklichen, indem er sich
einem Leben nach den Gesetzen des Geistes, nach den ewigen Normen der Wahrheit, Gerechtigkeit, des Guten und Schönen unendlich fortschreitend nähert (54)
und in der Entwicklung seines Charakters, in Selbsterziehung, das negative, das
Noch-nicht der Vergangenheit, überwindet. (55) Das Ziel dieses Bildungsprozesses, das Selbst, der vollkommene Mensch, ist niemals abgeschlossen fertig, nie
ein Besitz wie erarbeitete Qualitäten, erworbene Kenntnisse und Fähigkeiten,
sondern steht als ewige Idee stets vor dem empirischen Ich. (56) "S i e  f o r m t
d e n  C h a r a k t e r, d i e  P e r s o n." (57) Der Prozeß der zunehmenden Verwirklichung des Ideals vollzieht sich im wissenschaftlichen Denken nach der  I d e e
d e r  W a h r h e i t, - beispielhaft dafür ist die Bildung durch Universitätsstu-
dium, im Blick auf die Bibelauslegung  die 'Selbsterziehung' "zu einem rein sachlich interessierten Hören" in der Interpretation historischer Texte (58) -, im Handeln nach der  I d e e  d e s  G u t e n, die "den Willen zur Selbstbeherrschung und
zur inneren Harmonie" erzieht, im künstlerischen Gestalten nach der  I d e e  d e s
S c h ö n e n, die "den anschauenden Geist zu Maß und Harmonie" bildet. (59) In
dieser Lebensführung in der Kraft des Geistes, unterwirft sich der Mensch die
Welt und macht sich diese durch den Aufbau der Kultur zur Heimat. (6o)

Auf die Gemeinschaft übertragen: diese soll "in der Kultur nach den Ideen des
Geistes geformt" und damit "zu einer Gemeinschaft von Personen gebildet werden" (61), die "nicht durch Organisation ... zu ihrem eigentlichen Sinn gebracht"
(62) werden kann. Alle unmittelbaren äußeren Nutzen bringende Organisation ist
zwar unentbehrlich, kann aber nur von echter "Persongemeinschaft' her gestaltet, in deren Dienst (63) entworfen werden.

Entscheidend für Bultmanns Humanismusbegriff ist damit der Ausgangspunkt bei
der Idee der Person, d.h. bei dem Postulat der Gleichheit aller Menschen qua
innerer Geistperson jenseits der gesellschaftlichen Antagonismen (64):

1. "Der Mensch, der sein Leben nach den Gesetzen der Welt des Geistes gestaltet,
wird zur Person." (65) Dieser Begriff der geistigen Individualität steht im Gegensatz zu dem des Leibes mit Sinnlichkeit und Trieben. (66)

2. "Auch ein Mensch, dessen Arbeit der Befriedigung praktischer Lebensbedürfnisse dient, kann sich als Person wissen" (67), "d.h. als ein Wesen, das etwas
für sich ist und seinen Sinn und Wert in sich selbst trägt, das unabhängig ist von
seiner Verwendbarkeit für irgendwelche praktischen Lebenszwecke." (68)

Zur Beurteilung dieses Humanismus-Begriffes muß die Problematik des 'Person' mit umfassenden Kulturbegriffs unserer abendländischen, idealistischen
Tradition kurz skizziert werden. (69)

Ursprünglich war in dem bürgerlich-humanistischen Verständnis von Kultur
"all das zusammengefaßt, was der Mensch sowohl der Umwelt als auch in seiner eigenen Entwicklung dem natürlichen Zustand hinzufügt und
wodurch er zur Vervollkommnung seiner selbst gelangt." (7o)
Bildung "als Kultur nach der Seite ihrer subjektiven Zueignung" (71) übernahm
die Aufgabe, natürliches Dasein 'bewahrend' zu formen, indem sie das Selbstbewußtsein als Person, als geistige Individualität entfaltete. (72) Kultur war
damit als "Prozeß der Humanisierung" (73) gedacht, der das Ganze des Lebens umfaßte. Der Begriff war Ausdruck der Glücksforderung des Individuums
angesichts von Not und Elend der realen Welt. (74) Sein Ziel war, mit der frei-
en Entfaltung der Individuen eine autonome Gesellschaft zu ermöglichen. (75)

Als im Verlauf der bürgerlichen Epoche des 19. Jahrhunderts das Scheitern
der vollen Emanzipation des Bürgertums deutlich wurde, Technisierung und
Industrialisierung jedoch fortschritten, wurde "die geistig-seelische Welt als
ein selbständiges Wertreich" von dem gesellschaftlichen Prozeß getrennt. "Ihr
entscheidender Zug ist die Behauptung einer allgemein verpflichtenden, unbedingt zu bejahenden, ewig besseren, wertvolleren Welt, welche von der tatsächlichen Welt des alltäglichen Daseinskampfes wesentlich verschieden ist, die
aber jedes Individuum 'von innen her', ohne jene Tatsächlichkeit zu verändern,
für sich realisieren kann." (76) Der Wert der Person liegt in ihrer seelischen
Freiheit und Würde. (77)

Die Kehrseite dieser Entwicklung bringen Adorno und Marcuse überzeugend zum
Ausdruck. In der Entwicklung der bürgerlichen Gesellschaft zu einer technolo-
gischen Zivilisation werden "die transzendenten Ziele der Kultur" beseitigt, die
Kultur des geistigen Innenlebens wird affirmativ, sie dient dazu, "die Gewalt
des Bestehenden über den Geist zu befestigen" (78). Mit den Worten Adornos:
"Zugleich aber ist in solcher Vergeistigung von Kultur deren Ohnmacht virtuell
bereits bestätigt, das reale Leben der Menschen blind bestehenden, blind sich
bewegenden Verhältnissen überantwortet .... Der Traum der Bildung, Freiheit
vom Diktat Mittel, der sturen und kargen Nützlichkeit, wird verfälscht zur
Apologie der Welt, die nach jenem Diktat eingerichtet ist. Im Bildungsideal, das
die Kultur absolut setzt, schlägt die Fragwürdigkeit von Kultur durch." (79)

Eine 'Neubestimmung von Kultur' wird daher das kritisch-revolutionäre Potential der traditionellen Werte unserer Kultur freizusetzen haben.

Der Exkurs macht deutlich: Bultmanns Humanismusbegriff basiert zwar auf der geistesgeschichtlichen Rückfrage nach der griechischen Kosmologie und Anthropologie, steht aber in der Tradition des ambivalenten, spätbürgerlichen Kultur-Begriffs, der "das Reich der eigentlichen Werte und Selbst-Zwecke der gesell--schaftlichen Nutz- und Mittel-Welt entgegenhält." (8o)

Der Gegensatz Geistkultur / Praxis (Bereich der Uneigentlichkeit) durchzieht seine Überlegungen: Der Glaube an die Idee des Menschen als Person steht als Norm über dem konkreten Leben, gibt dem Menschen Selbstbewußtsein, Würde, die seinen Adel und seine Pflicht (81) - ohne unmittelbare "praktische Lebensbedeutung" (82) beinhaltet. Das Personsein wird damit zwar zum 'realen Schein' (83), bleibt aber bestimmend für Willen und Handeln (84), und damit Motor zur Zivilisationskritik. (85)

Die Totalität der Arbeitswelt - eine Folge der Technisierung - und die Totalität politischer Systeme, die alle Sphären des Daseins der Disziplin des autoritären Staates unterwerfen, sind notwendige Konsequenzen der Entartung des Humanismus zu einem von der geistigen Welt gelösten Glauben des Menschen an sich selbst, der sich einerseits in Geltungsbedürfnis, Geltungsdrang, Mißbrauch Untergebener als Mittel zu Zwecken, andererseits, wenn dies nicht ausreichend erreicht wird, in einem den Charakter vergiftenden R e s s e n t i m e n t äußert. (86) Der moderne Mensch betrügt sich damit um sein eigentliches Leben als Person in echter Gemeinschaft von Personen. (87)

Der humanistisch  Gebildete weiß um den Grundwert der Personwürde und hat die Verpflichtung, praxiskritisch für die Beseitigung 'menschen-unwürdiger' Berufe oder Verhältnisse zu sorgen. (88) Marcuses Vorwurf: "Sie (die Geistkultur) spricht von der Würde 'des' Menschen, ohne sich um einen tatsächlichen würdigeren Zustand des Menschen zu kümmern" (89), trifft auf Bultmanns Humanismusbegriff daher nicht uneingeschränkt zu, sondern die Wahrheit des Geistbegriffs, sein ursprünglich emanzipatorisches Element der Verheißung von Freiheit (9o), schlägt durch, wird aber aufgrund des individualistischen Idealismus in einem praxisfernen Rückzug in die Innerlichkeit des Geistes aufgehoben, die Verantwortung für die Kultur nur theoretisch postuliert, nicht mehr auf die Möglichkeiten der Realisation bis in die konkrete gesellschaftliche Wirklichkeit hinein durchdacht. (91)


### 3. 3. 3. Die humanistische Bildung als 'zeitgemäße' Grundlage der humanistischen Gymnasien

Bevor wir uns Bultmanns Verhältnisbestimmung von Humanismus und Christentum zuwenden (3. 3. 4. ), werden wir das in diesem Humanismusbegriff implizierte Bildungsideal bis in die bildungspraktischen Konsequenzen hinein analysieren. Nach humanistischer Auffassung geschieht die Verwirklichung des eigentlichen Geist-Ich durch Bildung ( $\pi\alpha\iota\delta\epsilon\acute{\iota}\alpha$ ). Bultmann generalisiert die abendländische Tradition: "Das Bildungsideal kann zufolge unserer Geschichte nur das humanisti-

sche ... sein, - es wird aber auch grundsätzlich kein anderes sein können." (92)
Als Glaube an die Kraft der Vernunft ist es die Voraussetzung wissenschaftlichen
Denkens und damit der abendländischen Weltbemächtigung. (93) Ihm entsprangen
die Idee der Universität und der humanistischen Gymnasien, deren wesentliche
Bildungsmittel  entsprechend dem Ursprung der humanistischen Gesinnung in der
griechisch-römischen Antike die Pflege der antiken Tradition ist. (94) Sie bildet
jedoch nicht in kopierender Wiederholung, sondern in je aktueller Auseinandersetzung: "Echte humanistische Bildung wird immer durch Platon, d.h. natürlich
nicht: durch aus den platonischen Schriften abstrahierte 'Lehren', aber durch die
platonische Weise des Philosophierens bestimmt sein." (95)

Den Bildungsweg der humanistischen Gymnasien wertet Bultmann als vorzüglichen
Weg der Menschenbildung (96) und damit als Bedingung, zumindest natürlich gegebene Voraussetzung des Universitätsstudiums. (97) Er verdeutlicht ihn in der
Abgrenzung von der auf praktischen Nutzen zielenden realistischen Bildung (98),
die in unserer immer mehr technisierten und durchorganisierten Welt gegenüber
der humanistischen Schule bevorzugt wird. Sie will nicht den gebildeten Menschen,
sondern den Fachmann für die technischen Berufe, der dem immer weiter geteil-
ten und ständig verfeinerten Arbeitsprozeß in der kapitalistischen Gesellschaft
gewachsen ist. (99) Sie gerät in Gegensatz zum humanistischen Bildungsweg und
-ziel, wenn dessen Recht "vom Standpunkt des Realismus aus bestritten wird ....
Man kennt die so oft gegen das humanistische Gymnasium gerichtete Frage:
'Was kann man im Leben damit anfangen, daß man die alten Sprachen lernt, die
alte Literatur liest?' Für das praktische Leben hat das doch keinen Wert!' -
Nun, es hat zwar auch das Erlernen der alten Sprachen einen nur dem oberfläch-
lichen Blick verborgenen Wert; aber das ist nicht das Entscheidende. Das Entscheidende ist vielmehr dieses: die humanistische Bildung beansprucht gar nicht, eine
unmittelbare, praktische Lebensbedeutung zu haben, sondern beruht auf der Anschauung, daß die jenseits der praktischen Lebenszwecke liegende geistige Welt
einen selbständigen Wert für den Menschen hat, weil sie sein inneres, sein geistiges Leben ausbildet und ihm einen Reichtum, eine Freude und ein Glück gibt, das
höher ist als die Befriedigung der praktischen Lebensbedürfnisse. S i e  f o r m t
d e n  C h a r a k t e r , d i e  P e r s o n ." (1oo) Für Bultmann ist daher die humanistische Bildung und die dieser Idee entsprechende Einrichtung der humanistischen Gymnasien auch im Arbeitsgetriebe unserer total technisierten und spezia-
lisierten Welt unbedingt zeitgemäß (1o1), ihr Ziel, das Selbstbewußtsein des Menschen als Person, hervorragender Schutz vor der Entwürdigung zum Menschen-
material im Totalitarismus jeglicher Ausprägung. (1o2)

Bultmann steht mit dieser Argumentation der klassisch-idealistischen Bildungstheorie nahe, die er nach der formalen Seite hin akzentuiert. Das Ergebnis einer
kritischen Analyse seiner Position:

1. Bildung ist der geistige Wert der Personwerdung des abstrakten Individuums,
der Garant des eigentlichen Seins in der Welt des Geistes. Die Überlegungen
sind 'spekulative' Deduktionen aus diesem idealistischen Ansatz. Für Erziehung
und Bildung notwendige, empirisch überprüfbare, entwicklungs- und sozialpsychologische Überlegungen zum Aufbau des Personbewußtseins fehlen.

2. Aus diesem Endzweck der Bildung werden die Bildungsinhalte und -methoden
abgeleitet: theoretische Wissenschaft als "systematische Erkenntnis des Wahren
in der Welt der Erscheinungen"; Ethos und Recht als die "des Guten in der Sphäre
des Handelns"; Kunst als "die des Schönen im Reiche des künstlerischen Gestal-
tens". (1o3)

2.1. Der Begriff 'theologische Bildung', den Bultmann, wie einleitend exemplarisch vorgeführt, wiederholt verwendet, bezeichnet dann die Fähigkeit zu wissenschaftlich theologischer Forschung unter Verwendung der dem Gegenstandsgebiet der Fachwissenschaft Theologie angemessenen Methoden. Sie fordert
historisches Denken, ist Voraussetzung für das Verstehen wissenschaftlich-theologischer Sachfragen wie der Entmythologisierung und für die sachgemäße pfarr-
amtliche Praxis. (1o4)

2.2. Erziehung ist Entwicklung der ratio anhand des nicht hinterfragbaren Bil-
dungsmittels der klassischen Antike. Die dialektische, grundsätzlich demokra-
tisch fundierte Methode ist die sokratische Mäeutik. (1o5)

Das didaktische Problem einer Diskussion der Struktur dieser Bildungsinhalte
und -gehalte in der gegenwärtigen Gesellschaft steht nicht im Horizont dieses
Ansatzes. (1o6)

3. Auch jede konkrete unterrichtsmethodische Fragestellung wird als sekundär
abgewertet. "Wie in der Unterrichtsgestaltung des humanistischen Gymnasiums
dieses Bildungsziel mit der Ausbildung für praktische Berufe zu vereinen sei,
ist heute eine nicht leicht zu beantwortende Frage. Aber sie ist cura posterior
gegenüber der grundsätzlichen Erkenntnis vom Sinn echter Menschenbildung." (1o7)

Die Kritik legt sich nahe:
Da in der abstrakten Idee des Menschen als Person alle gesellschaftliche Vermittlung aufgehoben ist, werden Bildungsziel und Bildungsinhalt zur leeren Formel,
die von der Diskrepanz zwischen praxisfernem Anspruch (innere Gleichheit als
Person) und tatsächlicher Wirklichkeit (faktische Ungleichheit) ablenkt. (1o8)
Der Sozialcharakter menschlicher Bildsamkeit ist zwar thetisch erkannt: - "Es
ist klar, daß in der modernen Welt nicht jeder Mensch an der spezifisch humanistischen Bildung teilhaben kann, und daß das Leben der meisten Menschen in den
Prozeß der Arbeit eingespannt ist, die für die Befriedigung der praktischen Lebensbedürfnisse sorgt." (1o9) - Die einzige Konsequenz ist ein Appell an die zur
humanistischen Bildung Privilegierten, dafür zu sorgen, "daß jedem Menschen
der Glaube an die geistige Welt mit ihren Forderungen und ihren Gaben erhalten
bleibt oder wieder erwächst, der Glaube an das Wahre, das Gute, das Schöne",
und menschen-unwürdige Zustände beseitigt werden. Ein Weg zur realen Überwindung der Ungleichheit der Bildungschancen wird nicht aufgezeigt. Außer einem
globalen Verweis auf K. Jaspers, Die Idee der Universität, 1946 (11o), der
wohl auf dessen Überlegungen zur 'Idee der technischen Fakultät' zielt (111),
fehlt jeder konkrete Gestaltungsvorschlag. "Wie das zu geschehen hat, ist hier
nicht zu untersuchen." (112)

Das Bildungsziel Personwerdung spiegelt das Standesbewußtsein des gebildeten,
bürgerlichen Individuums, das sich über die Berufe des praktischen Lebens, die

118

zum Personsein nichts beitragen, erhaben weiß. (113) Der humanistisch gebildete
'Geistaristokrat' (114) hat aufgrund seiner Kenntnis der Antike tiefere Einsichten
in die Möglichkeiten des menschlichen Seins als der Ungebildete, bzw. nur praktisch Ausgebildete. (115)

An Bultmanns Überlegungen bestätigt sich die oben aufgezeigte Dialektik des
bürgerlichen Bildungsbegriffs. (116) Der praxisferne idealistische Rückzug zur
Personwürde des Individuums ist faktisch Verschleierung bestehender Ungleichheit, des Klassencharakters von Bildung. Das klassische Bildungsideal der personalen Humanität, und damit 'wirkliche' Demokratie, werden zwar postuliert,
ihre Realisation durch fehlende 'kritische Selbstreflexion' gegenwärtiger Bildung
faktisch verhindert. (117)


### 3.3.4. Humanismus oder Christentum? Das sachgemäße Verständnis des Ent-
weder-Oder

Wir haben uns bisher dem Traditionsstrang Antike / Humanismus zugewandt.
Der von ihm repräsentierten Haltung der Weltlichkeit, der Weltbemächtigung
durch vernünftige Erziehung und Bildung, steht im Christentum die Glaubenshaltung der radikalen Entweltlichung in der Einsamkeit vor Gott, die Erkenntnis
der total geschichtlichen Existenz gegenüber. (118) "Der Geist, von dem der Humanismus redet, manifestiert sich in der Welt des Sichtbaren, im Werk, in der
Gestaltung der Welt, in den Werken der Wissenschaft, in den Ordnungen des
Gemeinschaftslebens, in den Schöpfungen der Kunst, ebenso in der Bildung des
Menschen zur Persönlichkeit." (119) Das christliche Pneuma ist in seiner radikalen Jenseitigkeit diesem humanistischen Geist, der das vernünftige Wesen des
Menschen bezeichnet, transzendent. Pneuma meint die entweltlichte, eschatologische Existenz (12o), nichts 'Gegebenes', sondern "die Macht der Zukünftigkeit"
(121)."Es steht vor mir als das Ich", das eigentliche menschliche Sein, "das ich
in Gott sein soll und sein kann" (122). An dem christlichen Sinn der Begriffe
'Jenseits' und 'Freiheit' macht Bultmann den Gegensatz deutlich. (123)

1. Der Jenseitigkeit des Geistes Gottes nähert sich der Christ nicht wie der Humanist der zeitlosen, ewigen Idee des Geistes in einem fortschreitenden Gang der
geistigen Entwicklung und Bildung. "Das Christentum kennt den Begriff der Bildung nicht" (124), denn es nimmt die menschliche Existenz in ihrer Zeitlichkeit
und Geschichtlichkeit ernst. "Der Humanist nimmt sein Leben gleichsam in die
Hand, er bildet sich, er schreitet fort, er entwickelt sich, er wird immer mehr
der, der er sub specie der Idee schon ist. Der Glaubende bildet und entwickelt
sich nicht zum immer vollkommener Glaubenden, sondern ist, was er als Glaubender ist, entweder ganz oder gar nicht." (125) 'Christlich' ist die Existenz nicht
sub specie der Idee, sondern realiter in der Entscheidung des Augenblicks, in
der das radikale Jenseits Gottes paradoxe Gegenwart ist.

2. Zu dieser eigentlichen, der Glaubensentscheidung, ist nach christlichem Verständnis der Mensch niemals aus eigener Kraft in der Lage. Das geschichtlich
existierende Ich, das zum eigentlichen Selbst wird in der konkreten Entscheidung gegenüber dem je Begegnenden, Mensch und Schicksal (126), ist faktisch

total an seine Vergangenheit gebunden, in der ihm Gottes Schöpfung, d.h. die
Welt mit allen Kräften der humanistischen Tradition, auch der Bildung, zur
Sünde wurde, "zum Mittel, sich selbst durchsetzen zu wollen, über sein Dasein
verfügen zu wollen." (127) Dem entspricht umgekehrt: die Freiheit des Glaubens
ist niemals Ergebnis eigenen Strebens, sondern wird im Wort der Vergebung je
zugesprochen, und auch dieses Wort ist niemals allgemeine Wahrheit, zeitlose
Idee der Gnade Gottes, über die der Mensch belehrt werden kann, sondern Anrede,
die die Situation neu qualifiziert, Ereignis von Zorn und Gnade, Gericht und Vergebung Gottes. (128) Seine Gabe ist das Pneuma, der Ursprung und die Norm des
neuen Lebens, in dem die Freiheit von Sünde, Gesetz und Tod im Wirken der
Liebe Wirklichkeit (129) und die Welt als Schöpfung nutzbar wird.

Damit hat Bultmann den Geist Gottes von dem humanistischen Geist unterschieden.
Er ist kein "gestaltendes Prinzip in der Welt des Sichtbaren. Es gibt weder eine
christliche Wissenschaft noch eine christliche Ethik. Es gibt weder ein politisches
Programm noch ein Sozialprogramm des christlichen Glaubens. Es gibt keine
christliche Kunst, keine christliche Bildung, k e i n e   c h r i s t l i c h e   P ä -
d a g o g i k ,   k e i n e n   c h r i s t l i c h e n   H u m a n i s m u s ." (13o) D.h.,
auf allen Gebieten des Geisteslebens gibt es keine spezifisch christliche, sondern nur eine dem Gegenstandsgebiet angemessene, vernünftige Methode. Umgekehrt ist auch die Offenbarung keine Quelle neuer Inhalte der Vernunfterkenntnis
(131), denn die Erkenntis Gottes ist die Erkenntnis des Augenblicks, dessen Anspruch sich nicht in ein Bildungsideal einfangen läßt. (132) Anders ausgedrückt:
Das Adjektiv 'christlich' ist an den unverfügbaren, nicht objektivierbaren, geschichtlichen Existenzvollzug gebunden. Es bezeichnet die Glaubensentscheidung
in actu, im Hören der Anrede des Wortes Gottes. Daher gibt es "christliche
Schuster, aber keine christliche Schuhmacherei" (133); auf den Erziehungssektor
übertragen: keine christliche Erziehung, aber Christen, die erziehen, und zwar
zu verstehen als ein weltlicher Akt. (134)

Bultmann hat damit entsprechend seinem dialektisch-theologischen Ansatz die
kulturprotestantische Synthese von Christentum und Humanismus, die diesen
Sinn des Entweder-Oder verkennt, ausgeschlossen. (135) Die Frage nach Humanismus und Christentum ist für ihn die nach der existentiellen Relevanz der
beiden, unsere Kultur prägenden Traditionsströme. In ihnen sind zwei Grundmöglichkeiten menschlichen Selbstverständnisses ausgebildet (136), die als solche
nicht nur unvergleichbar sind, sondern einander ausschließen: "ob der Mensch
sein Leben aus eigener Kraft oder aus der Gnade Gottes leben will ..., ob er
sein eigenes menschliches Wesen verstehen will als den Geist, der nach den
Ideen des Wahren, Guten und Schönen das Reich der Kultur aufbaut ... oder ob
er sein Leben als ein 'geschichtliches' verstehen will, das seinen Sinn in den
Entscheidungen des Augenblicks gewinnt, die jeweils durch die Begegnungen her-
ausgefordert werden" (137). Er bleibt jedoch nicht bei diesem absoluten Entweder-
Oder stehen.

In unserer abendländischen Kultur haben sich die beiden 'Grundmöglichkeiten menschlichen Selbstverständnisses ausgebildet'. Es ist daher "unser geschichtliches Schicksal, daß es humanistisches Existenzverständnis nur noch in der Bezogenheit auf

christliches gibt und umgekehrt. Das Verhältnis der beiden Mächte ist das einer
lebendigen, fruchtbaren S p a n n u n g", deren Ausgleich "jeweils der  V e r -
a n t w o r t u n g   d e s   E i n z e l n e n  zugemutet" (138) ist.

Bultmann versucht eine Klärung
1. in theoretischer-theologischer Reflexion,
2. bezogen auf den praktischen Lebensvollzug des Einzelnen. (139)

zu 1. ) Deutlich wurde: Humanismus und Christentum bedürfen einander zur gegenseitigen Ergänzung nicht. Der Humanismus "mag das Christentum sogar als
unbequeme  S t ö r u n g   d e r   S e l b s t s i c h e r h e i t   d e s   G e i s t e s
empfinden" (14o). Denn das Christentum gesteht entgegen idealistischem Siche-
rungsbestreben "d i e   F r a g w ü r d i g k e i t   d e s   m e n s c h l i c h e n
L e b e n s" und der menschlichen Geschichte überhaupt ein: Der Mensch erfährt
sein Ausgeliefertsein an das Schicksal, das er in absoluter Vereinzelung bewälti-
gen muß. (141) Die totale Verurteilung des Humanismus als hybride subjektivi-
stische Willkür im Protestantismus der Nachkriegsjahre wird diesem jedoch
nicht gerecht. "Die mit der Entdeckung der durch das Gesetz konstituierten Einheit des Kosmos gegebene Entdeckung des objektiven Geistes bedeutet für den
Griechen ursprünglich zugleich die Entdeckung der dem Individuum das Gesetz
gebenden göttlichen Macht." (142) Erst das sophistische "aller Werte Maß ist
der Mensch", die Lösung von der Autorität des Geistes ist die Voraussetzung
des modernen Relativismus (Historismus) und Nihilismus und ihrer Kehrseiten
Totalitarismus, verbunden mit Inhumanität  (NS-Zeit), die aber mit der antiken
Tradition - und dem Christentum - grundsätzlich gebrochen, die Idee der Wahrheit aufgegeben haben. (143)

Das Christentum versteht die humanistisch-idealistischen Normen des Geistes,
des Wahren, des Guten, des Rechten und der Pflicht vielmehr positiv als das
Gesetz Gottes, das auch für den Christen in Geltung bleibt. Die systematisch-
theologische Schlußfolgerung:  "Das Verhältnis von Humanismus und Christentum
erscheint als das Verhältnis von 'Gesetz und Evangelium'". (144) M. a. W. Autonomie in echtem Sinne ist Theonomie. (145) D. h., Humanismus und Christentum
gemeinsam ist das Wissen um die Gebundenheit an die Autorität einer transzendenten, geistigen Welt, das Gesetz Gottes. "Sie stehen ... zusammen im Glauben an die Möglichkeit objektiver Wahrheitserkenntnis ... die Gültigkeit sittlicher Normen und ... die Idee eines von Gerechtigkeit bestimmten Rechtes." (146)
Den Einzelnen rufen beide zurück zu dem Bewußtsein seiner selbst als Person,
denn "das Gesetz ruft den Menschen in die Verantwortung und macht ihn zur Person.
Gott will den Menschen als Person, also gerade als den, der zu sein der Humanist
bestrebt ist." (147) Der Humanismus ist daher - grundsätzlich und vor allem im
Blick auf die spzielle Situation nach 1945 - nicht um der Erhaltung unserer abendländischen Kultur als einer objektiven Größe willen bedeutsam, "sondern um der
Menschen willen, damit die Würde des Menschen als Person erhalten bleibe". (148)

Im Blick auf die spezielle Thematik:
Da sich vernünftige Erziehung und Bildung im Bereich des Humanismus vollzieht,
kann diese unter theologischem Aspekt dem christlichen Glauben wie das Gesetz
dem Evangelium zugeordnet werden. (149)

zu 2. ) Auch hier steht bereits fest: Jeder Mensch kann der Gnade Gottes auch
ohne humanistische Bildung gewiß werden. Aber das Christentum als solches ist
weder an die Barbarei noch an eine bestimmte Kulturstufe gebunden, "so daß
es den Verzicht auf Wissenschaft, Bildung, Recht und Kunst fordern müßte" (15o).
Bultmann fragt in der Tradition Schleiermachers: "Hat nicht der Humanismus dem
Christentum die Mittel gegeben, in der Welt wirksam zu werden, - d. h. eine ständige Möglichkeit zu bleiben? Kann es ein Verständnis der Bibel, in der der christliche Glaube das Wort Gottes zu hören meint, ohne Wissenschaft geben? Kann
ohne kritisches wissenschaftliches Denken der Glaube zur Klarheit über sich selbst
kommen?" (151) Damit bedarf aber "nicht der christliche Glaube als solcher, wohl
aber der einzelne Christ im konkreten geschichtlichen Dasein ... direkt oder indirekt - des Humanismus" (152). Im Bewußtsein des eschatologischen Vorbehaltes
wird er im täglichen Leben die Kräfte der humanistischen Tradition, Wissenschaft,
Recht und Kunst nutzen und erhalten. Diese Lebenspraxis ist Voraussetzung, damit
der Mensch in der Welt den Ruf der Glaubensentscheidung hören und als Person
seinen Glauben im Wirken der Liebe, der Erfüllung des Gesetzes Gottes bewähren
kann. Der Glaubende muß aber um ihren, d. h. des Gesetzes, existentiellen Sinn
wissen, um seiner selbst sicher zu sein und nicht "ständig der Verführung durch
das Gesetz - in welcher Form auch immer - (zu) unterliegen" (153).

Damit wurde deutlich: Der existentielle Sinn des Entweder-Oder, Leben aus dem verfügbaren vernünftigen Geist oder aus dem Geschenk der Gnade in den Entscheidungen,
die die geschichtlichen Begegnungen je fordern, macht es notwendig, die idealistischen Einsichten in die menschliche Existenz kritisch zu reflektieren und "in das
rechte Verhältnis zum christlichen Existenzverständnis" zu setzen. (154) Mit dem
Begriff der Person drückt Bultmann die Kontinuität der Existenz aus: Der Mensch
"kann sich ... in seinem Verhältnis zu Gott nur als Personwesen verstehen, das
in seinem Sein als Person von Gott angesprochen wird" (155). Dieses 'Sein als
Person' ist Ziel der humanistischen Erziehung und Bildung, die um der Erhaltung
der 'Würde des Menschen als Person' willen vor dem christlichen Glauben gerechtfertigt ist.

Aus diesem spannungsreichen Miteinander von Humanismus und Christentum in
der abendländischen Geschichte zieht Bultmann bildungs-praktische Konsequenzen.

1. im Blick auf die Gestaltung der Universität:
"Zur Vollständigkeit der Universität gehört die theologische Fakultät." (156)
"Das Spannungsverhältnis, das wesensmäßig zwischen der theologischen Fakultät
und den anderen Fakultäten besteht, sprengt die Einheit der Universität nicht ....
Es zwingt alle anderen Wissenschaften, sich immer wieder auf ihren Sinn und ihre
letzte Begründung im Verständnis der menschlichen Existenz zu besinnen." (157)

2. im Blick auf das Verständnis des RU:
"Die Vertrautheit mit der christlichen Tradition gehört zu den Voraussetzungen
des Studiums. An den höheren Schulen sollte deshalb Unterricht in der christlichen Religion, der nicht notwendig kirchlicher Unterricht zu sein braucht, erteilt
werden." (158) Die didaktischen Entscheidungen werden nicht von dem kirchlichen
Dogma, sondern von der dem humanistischen Bildungsideal entsprechenden Fachwissenschaft Theologie aus getroffen. Aufgabe des Unterrichts ist, das Wesen

des Christentums "zu wissenschaftlicher Klarheit zu erheben" (159), d.h. als
eine Existenzmöglichkeit für die Gegenwart verstehbar zu machen.

3.4. Bultmanns Bemerkungen zur Kontroverse um das Verhältnis von Schule und
     Kirche, - das Verständnis des Religionsunterrichts -, in Oldenburg 1947/48

### 3.4.1. Vorbemerkung - der Verlauf der Auseinandersetzung

Über Selbstverständnis, Ziel und Inhalt des Religionsunterrichts in einer durch
das humanistische Bildungsideal bestimmten Schule äußerte sich Bultmann ausführlich, als er 1947/48 im Zusammenhang eines Streites um das Verhältnis von
Schule und Kirche im Blick auf den Religionsunterricht in seiner Heimatstadt
Oldenburg ein Votum abgab. Wir werden uns im folgenden dieser Kontroverse im
einzelnen zuwenden, denn ihr Verlauf spiegelt die in bezug auf Bildungsfragen
noch der Diskussion offene Situation der ersten Nachkriegsjahre (16o):

In der Lehrerschaft lebte trotz Kulturkritik und theologischem Umbruch der 2oer
Jahre das kulturprotestantische Ideengut weiter. (161) Dagegen wurde von den
Vertretern der offiziellen Kirche und Religionspädagogik der Religionsunterricht
nach 1945 als Evangelische Unterweisung neubegründet und diese typische Nach-
kriegskonzeption 'dogmatisiert'. - Die 'Glaubensvoraussetzung' wird zum 'konstitutiven Merkmal' eines 'sachgemäßen' Religionsunterrichts. (162) - Ihre mangelnde Gesprächsbereitschaft führte die Gegenseite schließlich zur Resignation.
(163)

Der Verlauf der Auseinandersetzung (164):

Im Beiheft 1/1947 des Gesetz- und Verordnungsblattes für die Evangelisch-
Lutherische Kirche in Oldenburg befürwortet Edo Osterloh, damals Oberkirchenrat in Oldenburg, eine von der Kirche getragene Christliche Unterweisung im
Raum der Schule. Ihm antwortet als Verfechter kulturprotestantischer Religionspädagogik und liberaler Theologe der "alte" Lehrer W. Schwecke (165) in völli-
gem Unverständnis gegenüber der kirchlichen Position der Nachkriegszeit. (166)

In Beiheft 4/47 eröffnet Osterloh unter dem Thema "Schule und Kirche II. Antwort
auf 'Einige Bemerkungen ... von Wilhelm Schwecke'" eine zweite, wesentlich
schärfere Gesprächsrunde. Osterloh personalisiert den Kampf um die Sache, indem er ihn zum Kampf gegen die seiner Meinung nach noch immer stark verbreitete liberale Lehrerschaft (Prototyp W. Schwecke) erklärt. (167) Ihn unterstützt
der damalige Direktor der Pädagogischen Akademie in Oldenburg, Hollweg (168),
der Schweckes Humanitätsideal auf seine anthropologischen Grundlagen und die
Konsequenzen im Blick auf Staat und kirchlich gebundenes Christentum hin befragt.

Diesen Angriffen entgegnet wiederum Schwecke, wobei deutlich wird, daß die
Kontrahenten völlig aneinander vorbeiredeten. Er schließt mit einem emphatischen Appell an die Lehrerschaft, die Unabhängigkeit der Schule von der Kirche
zu bewahren. (169)

Bultmanns 'Bemerkungen' zu diesem Streitpunkt, datiert am 7.5.1948, wurden
bisher an keiner Stelle geschlossen veröffentlicht (17o), nur auszugsweise zitiert. (171) Sie ziehen die 'religionspädagogischen' Konsequenzen aus seiner
Verhältnisbestimmung von Humanismus und Christentum, die kirchlichen Ansatz
und Verkündigungsform der christlichen Unterweisung radikal in Frage stellen.


3.4.2.  Zum Verhältnis von Schule und Kirche:
        Religionsunterricht oder Christliche Unterweisung?
        Die Sachgesichtspunkte der Hauptkontrahenten Schwecke und Osterloh

Zur staatlichen Erziehung in der Nachkriegszeit

Osterloh setzt mit Überlegungen zum Verhältnis von Staat und Schule, dem Problemkreis 'Abhängigkeit der Schule vom Staat' ein. Negatives Beispiel ist die
alleinige Gültigkeit des nationalsozialistischen Erziehungsideals in der Epoche
von 1933-45, die in der Situation des Wiederaufbaus grundsätzlich jedes staatlich
festgesetzte Erziehungsideal fragwürdig werden ließ. (172) Im Unterschied zu
dieser skeptischen und pessimistischen Staatsauffassung, der Hollweg (173) und
auch Bultmann (174) zustimmen, bejaht Schwecke den demokratischen Staat als
oberste Instanz aller kulturellen Angelegenheiten und Einrichtungen, auch des
Unterrichts- und Erziehungswesens. (175) Ermöglicht wird ihm dies durch den
Rückgriff auf das jenseits des nationalsozialistischen Irrweges "über Raum und
Zeit" erhabene Humanitätsideal, das "die vollendete Menschlichkeit im Sinne
einer vollkommenen und harmonischen Entwicklung aller menschlichen Anlagen
und Kräfte" will, dabei auch das Religiös-Sittliche einschließt. (176) Für Hollweg
spiegelt diese Position einen idealistischen Individualismus, ein privates Christentum auf humaner Grundlage, das der apokalyptischen Geschichte der letzten Jahrzehnte nicht standhalten konnte und auch grundsätzlich nicht kann. (177)
Bultmann dagegen kritisiert Schweckes Begriff von Idealismus: Der Staat bzw.
der Volkskörper treten an die Stelle des transzendenten Geistes. (178)

Zum Begriff 'Kirche'

Nach Osterloh und Hollweg gehören Lebenswirklichkeit der Kirche und Wirklichkeit Gottes zusammen. Die Gottesfrage wird damit zur religiösen Schicksalsfrage des Abendlandes, dessen Antwort sich in der Entscheidung für oder gegen
die christliche Kirche dokumentiert. "Die beiden einzigen Antworten, zwischen
denen der moderne Mensch sich entscheiden kann, werden vom Atheismus und
vom christlichen Glauben gegeben." (179) Mit dieser Gleichsetzung hat Osterloh
die Kirche des Glaubens und die Institution Kirche nicht klar getrennt und k a n n
daher, was Bultmann mit Recht bemerkt, von Schwecke (18o), der im Glauben
eine "ureigenste persönliche Angelegenheit" (181) sieht, gar nicht verstanden
werden.

Christliche Unterweisung oder Unterricht über Religion?

Für Osterloh verwirklicht sich eine fruchtbare Zusammenarbeit zwischen Schule
und Kirche in dem Unterrichtsfach "Christliche Unterweisung", für das die Schule
in Gebäude und Stundenplan einen Raum läßt, das aber inhaltlich und personell
(rechtlich) von der Kirche verantwortet wird, daher auch nicht allgemein verbindlich sein kann. (182) Sein Sinn ist, "junge Menschen mit dieser Lebenswirklichkeit der Kirche in Berührung zu bringen und diese Berührung beständig so zu
verstärken, daß in der wachsenden Teilnahme am Leben der Kirche jene Früchte
reifen, an deren Genuß auch das ganze Volk teilhat." (183) Nur so kann das Christentum, auf dessen Boden die ethischen Werte unseres Alltags 'ausschließlich'
und 'unablösbar' gewachsen sind, seinen Beitrag zur Not der Gegenwart einbrin-
gen. (184)

Schweckes Position ist genau entgegengesetzt:
"Persönlich nehme ich den Standpunkt ein, daß die staatliche Schule nie auf den
Religionsunterricht verzichten sollte. Unser kulturelles Leben und unser Kulturgut sind so sehr von christlich religiösen Begriffen und Gedankengängen getragen
und durchwebt, daß mir Schulunterricht und Schulerziehung lückenhaft und ungenügend erscheinen würden, wenn die Schule auf den Religionsunterricht verzichten und ihn ganz der Kirche überlassen würde." (185) Für die Volksschule vor
allem ist dieser Religionsunterricht ein entscheidendes Mittel, "den materiellen
Strömungen im Geistesleben der Gegenwart entgegen zu wirken" (186). Osterlohs
Christliche Unterweisung ist für ihn "eine kirchliche Enklave in der staatlichen
Schule" (187), die den autonomen Lehrerstand zu einem höheren Küsterdienst
abwertet. (188)

Inhaltlich ist dieses selbständige Unterrichtsfach der Schule weder konfessionell
gebunden, noch dogmatisch, sondern geschichtlich, d.h. es geht vor an Hand
der Schulbibel, in deren Mittelpunkt die Person und die Lehre Jesu steht, ist vom
Kind her orientiert und nicht durch Sonderinteressen der Kirche bedingt. Sinn
und Ziel dieses Religionsunterrichtes ist, die Schüler mit Leben und Lehre Jesu
bekannt zu machen und in die "Ehrfurcht vor Gott und allem Göttlichen" zu führen. (189)

Osterloh wirft diesem Standpunkt vor, einen fast wertlosen Ersatz für "Kulturphilosophie" zu bieten und Religion als das Mittel benutzen zu wollen, "eine wankend gewordene idealistische Illusion aufrechtzuerhalten" (19o). Sein Unterricht
über Religion handle vom christlichen Glauben auf der gleichen Ebene wie von
anderen Religionen, gehe davon aus, daß es eine Offenbarung Gottes nicht gibt,
sondern nur verschiedene religiöse Ansichten über Gott. Er kann daher höchstens
museales Wissen vermitteln; die Wahrheitsfrage hat in ihm keinen Ort. (191) -
Wesentlich positiver wird Schwecke als "Vertreter einer humanistischen bzw.
humanistisch bestimmten Bildung" von Bultmann beurteilt: Schwecke kann in der
Nachfolge Harnacks "Humanismus und christlichen Glauben" nicht unterscheiden
und daher nur mit der Verkündigung des "Evangeliums Jesu", nicht mit der des
"Evangeliums von Jesus" einen legitimen Sinn verbinden. Aber auch sein Unterricht braucht kein "Produkt historischer Phantasie zu sein", denn er wird von

der "evangelischen Tradition" nicht abstrahieren können. (192)

In der abschließenden Stellungnahme skizziert Osterloh die Gestalt der Christlichen Unterweisung, die er als Teil des kirchlichen Verkündigungsauftrages versteht. Sein Anliegen: "Wir kämpfen nicht für die 'Christliche Unterweisung' als für die 'Einführung in die Formen des kirchlichen Lebens' im Sinne nebensächlicher Äußerlichkeiten, sondern wir bekämpfen das Gerede über Gott und Christus und rufen zur Begegnung mit der Wirklichkeit Gottes im tatsächlichen Leben der christlichen Gemeinde." (193) In ihr ist der persönliche Herr Jesus Christus verborgen, aber wirklich gegenwärtig in Sakrament, Verkündigung und Christlicher Unterweisung. (194) Nicht, wie Schwecke in der Nachfolge Harnacks meint, das Evangelium Jesu, sondern das Evangelium von Jesus, der 2. Artikel, muß daher im Mittelpunkt der Christlichen Unterweisung stehen, "wenn sie den Anspruch stellt, 'christlich' zu sein" (195). Der dieser Deduktion aus dem Evangelium entsprechende Unterrichtsmodus ist nicht Lehre, sondern Zeugnis. (196) Dessen Ausdruck sind liturgische Formen wie Lied, Spiel, Gebet, denn "die Art, in der die Christliche Unterweisung erteilt wird, muß zum Ausdruck bringen, daß hier nicht das Gesetz, sondern die Gnade am Werk ist" (197). Für sie gibt es weder Erfolgsgarantie noch eine gültige Methode. Motiv der Unterweisung ist die Liebe, "die weiß, daß nichts besser für den Menschen ist als die Begegnung mit Christus" (198)·Osterloh spitzt zu: Die Christliche Unterweisung ist Garant für die Menschlichkeit von Schule und Kirche: "Wenn die Schule in keinem Sinne eine 'kirchliche Enklave' behält, und wenn die Kirche die Schule nicht in ihr Leben hineinragen läßt, dann entartet die Schule zur 'Menschenfabrik' und die Kirche zur Sekte." (199)

Der Abstand dieser Argumentation zu Bultmann, der Erziehung und Bildung dem Humanismus, d. h. theologisch dem Gesetz, zuordnet, liegt auf der Hand. (2oo)


3. 4. 3. Religionsunterricht im Sinne schlichter Belehrung über die christliche
Religion –
'Einige Bemerkungen' Bultmanns zur Auseinandersetzung

Bultmanns Standpunkt wird deutlich, wenn er an drei schwachen Punkten der Ausführungen Osterlohs die Unmöglichkeit einer Verständigung zwischen den Kontrahenten aufweist.
1. Der zweideutige Begriff von Kirche
2. Die Unklarheit des Erziehungsgedankens
3. Die für Laien notwendigerweise unverständliche Sprache

ad 1) Osterloh vermischt institutionelle Kirche und Kirche des Glaubens, die allein Subjekt der Christlichen Unterweisung sein kann. Bultmann folgert: "Ist es heute angesichts der tatsächlichen Verhältnisse vielleicht wünschenswert, daß Schule und Kirche in d e r Weise zusammenarbeiten, daß die Aufgabe der chr.U. kirchlich legitimierten Lehrern übertragen wird, so sollte man sich doch darüber klar sein, daß das grundsätzlich falsch ist und ein testimonium pauperitatis für die institutionelle Kirche bedeutet. Denn deren Verkündigung müßte so klar und kraftvoll sein, daß die Kirche des Glaubens in der bürgerlichen Gemeinde lebendig ist, so daß jeder Lehrer (es sei denn, daß er aus der Kirche austritt und das Christen-

126

tum bewußt ablehnt) als legitimer Träger der chr. U. gelten kann, - legitimiert
durch die Kirche des Glaubens" (2o1), die nicht in Institutionen, sondern nur in
der unverfügbaren Glaubensentscheidung, in dem Ereigniswerden des sich selbst
vergegenwärtigenden Handeln Gottes sichtbar wird. (2o2)

Bultmann hat damit
1. jede Form geistlicher Schulaufsicht, ein Verständnis der Institution Kirche
als dogmatischer Lehrinstanz, oder auch nur als Autorität, die die Lehre des
RU bekenntnismäßig überprüft (2o3), abgelehnt. Die Verkündigung adressiert
sich an das Gewissen des Hörers (2o4), der als einzelner in seinem Gewissen
die Lehre verantwortet (2o5),
2. die Diskusstion um die Frage der Vokation, die Entgegensetzung 'autonome
Erzieherpersönlichkeit' - 'Beauftragter der Kirche' (2o6) relativiert. 'Kirchliche
Bevollmächtigung' ist keine theologische (2o7), sondern höchstens eine zeitbedingte
praktische Notwendigkeit. (2o8)

ad 2) Bultmann zeigt den Widerspruch zwischen Ablehnung eines Erziehungsideals
und Bejahung der Aufgabe der Charakterbildung bei Osterloh auf. Gerade dadurch
bestätigt jener die Unumgänglichkeit eines Erziehungsideals, die sich für Bultmann aus dem Sinn der geisteswissenschaftlichen Unterrichtsfächer ergibt. (2o9)
"Dieses Ideal kann zufolge unserer Geschichte nur das humanistische ... sein, -
es wird aber auch grundsätzlich kein anderes sein können." (21o)

In den Rahmen einer durch das humanistische Bildungsideal bestimmten Schule
gehört ein Unterricht in der christlichen Religion. Daher wird sich die Schule
"das Recht nicht nehmen lassen dürfen, den R. U. aus eigener Kraft zu erteilen."
Bultmanns Begründung für diese These weist zunächst Osterlohs Alternative
Christliche Unterweisung oder Entartung der Schule zu einer Menschenfabrik
ab. "Echte humanistische Bildung wird immer durch Platon, d. h. natürlich nicht:
durch aus den platonischen Schriften abstrahierte 'Lehren', aber durch die platonische Weise des Philosophierens, bestimmt sein." (211) In ihr ist eine Grundmöglichkeit menschlichen Selbstverständnisses ausgebildet, die dem Menschen
eigentliches, personhaftes Leben ermöglicht. Eine solche humanistisch bestimmte
Schule steht notwendig im gleichen Widerspruch wie die Kirche zu einem Staat,
der nicht aus humanistischem Geist erwächst und daher die Freiheit des einzelnen
preisgibt und das Verantwortungsgefühl tötet. (212) Bultmann begründet positiv;
einmal geistesgeschichtlich: "weil weder die Literatur noch die Geschichte ohne
ein Verständnis der christlichen Religion verstanden werden kann, und wenn der
christliche Glaube auch kein Phänomen der Geisteskultur ist, so ist es die christliche Religion und Kirche in ihrer konkreten geschichtlichen Gestalt jedenfalls";
zum anderen existentiell: "daß die existentiellen Fragen, die durch einen humanistischen (zumal Platon-)Unterricht notwendig geweckt werden (ob sie implizit
bleiben oder explizit werden, ist gleich), dieselben sind, um die es sich in der
christlichen Religion handelt". (213)

Zu Gestalt und Inhalt dieses Religionsunterrichts:

Die Schule "hat in ihrem R. U. nichts weiter zu tun, als das Wesen der christl.
Religion, den Sinn des christl. Glaubens, deutlich zu machen und so z.B. auch

den 2. Artikel ganz schlicht 'durchzunehmen'. Propaganda für den christlichen
Glauben wird sie nicht machen und wird es abweisen, 'chr. U. ' in diesem Sinne
zu sein. Sie wird aber durch den schlichten Unterricht die Frage des christl.
Glaubens aktuell machen; denn als humanistisch bestimmte Schule weiß sie, daß
Lehren und Lernen sich in der Sphäre des Geistes bewegt, und daß echte Pädagogik Maieutik ist, d. h. daß sie den Geist und damit das existentielle Fragen der
Schüler entbindet. Wohl ist z. B. das theoretische Verständnis des Gottesgedankens noch nicht existentieller Gottesglaube. Aber ist denn das Wissen vom existentiellen Selbstverständnis (zumal beim naiven Menschen, wie es Schüler normalerweise sind) derart getrennt, daß die existentielle Frage dem Schüler nicht aufgehen müßte (oder meinetwegen: könnte), wenn ihm der Gottesgedanke im R.-U. klar
gemacht wird? Mir scheint, daß das überhaupt der normale Weg ist, den junge
Menschen geführt werden müssen, und ich kann mir nicht denken, daß durch eine
'chr. U. ' die 'Wirklichkeit Gottes' erschlossen werden könnte. Welch hybrides
Unterfangen überhaupt, die 'Wirklichkeit Gottes' in einer 'chr. U. ' in Gang bringen
zu wollen, zumal durch " - liturgische - " Einübungen". (214)

Diese vernünftige,theoretische Belehrung, die zugleich - für Bultmann entwicklungspsychologisch unverfügbar (215) - das existentielle Fragen des Schülers weckt,
weiß er auch im Interesse der Kirche. "Hat die Kirche (die institutionelle) ein
Interesse daran, daß die Kinder in der Schule mehr lernen, als was Wesen und
Sinn des christlichen Glaubens ist? daß sie zu mehr erzogen werden als dazu,
daß die Glaubensfrage für sie aktuell wird?" ... "Zum mindesten kann solcher
Unterricht indirekte Verkündigung sein (vgl. Kierkegaard)." D. h. Er bereitet
auf das Hören der direkten Verkündigung, die die Kirche 'zeitgemäß' zu prakti-
zieren hat (216), 'sachgemäß' vor. (217)

Die eigentlich "religiöse 'Erziehung'" dagegen, unter der Bultmann "die Erschlie-
ßung der Kinder für den Glauben und die Kirche" versteht, sollte "natürlicher
Weise in 1. Linie" nicht in der Kirche, sondern "in der Familie geschehen". (218)

ad 3) Hier verweist Bultmann auf Schweckes Fragen, " die ... demonstrieren,ı,
wie wichtig ein einfacher Unterricht über die Christl. Religion im Sinne schlichter
Belehrung ist" (219), der das liberale Mißverständnis des "Evangeliums von Jesus"
im Sinne einer dogmatischen Lehre verhindert.

"Endlich möchte ich fragen, ob nicht auch der Lehrer, der nur das Evangelium
Jesu verkündigt, damit nicht vielleicht auch (vielleicht sogar ausgezeichnet) indirekt das 'Evangelium von Jesus' verkündigen kann. Jedenfalls braucht der
'historische Jesus', den Männer wie Schw. den Schülern lebendig gemacht wissen
wollen, keineswegs ein Produkt historischer Phantasie zu sein; denn in diesem
Unterricht wird doch zweifellos auch die evangelische Tradition zur Geltung kommen" (22o), die zur Aktualisierung der existentiellen Glaubensfrage verhilft.

Der Text zeigt:

1. Zu einer humanistisch bestimmten Schule gehört ein belehrender Unterricht
über Wesen und Sinn des christlichen Glaubens / der christlichen Religion. (221)
Das Grundaxiom der EU, institutionell garantierte Kirchlichkeit, steht aufgrund
der für Bultmann bezeichnenden Antithese 'personale' Begegnung mit dem Kerygma -
'Institution' Kirche überhaupt nicht zur Diskussion. (222)

2. In der geistesgeschichtlich-idealistischen Begründung nimmt Bultmann wesentliche Punkte der späteren Kritik an der Konzeption der EU vorweg.
2.1. Unsere Tradition ist ohne das Element Christentum nicht verstehbar. Unter
dem Einfluß dieser Bildungsmacht stehen Lehrer und Schüler. (223)
2.2. Zwar nicht der christliche Glaube, aber die konkrete geschichtliche Gestalt
von Kirche und Religion ist in der Geistesgeschichte aufweisbar, verstehbar und
unterliegt damit vernünftiger Analyse und Kritik. (224)

3. Für Bultmann ist das Christentum nicht nur prägender Faktor unserer abend-
ländischen Tradition, sondern das $\delta\iota\alpha\lambda\acute{\epsilon}\gamma\epsilon\sigma\vartheta\alpha\iota$ über Texte der christlichen
Religion 'entbindet' wie die Platon-Lektüre - das existentielle Fragen der Schüler
"nach dem menschlichen als dem eigenen Sein" (225). D.h. Die theoretische Sinn-
frage macht die Glaubensfrage aktuell. Dieser idealistische Weg von der Wissenschaft zur Existenz führt unter entwicklungspsychologischem Aspekt zu der 'Vermutung', bei jungen und damit naiven Menschen werde die existentielle Frage -
altersmäßig nicht exakt festlegbar - gleichzeitig mit bzw. durch theoretische Reflexion aufgrund vernünftiger Belehrung geweckt. Grund der Möglichkeit ist Bultmanns
Anthropologie, die im Begriff des Menschen als Person wesenhafte Existentialität
und Teilhabe an der Sphäre des Geistes zusammenzudenken versucht. Diese Hypo-
these läßt sich jedoch weder durch psychologische Erwägungen zum Lernprozeß,
noch durch empirische Beobachtungen belegen. (226)

4. Im Unterschied zur direkten Verkündigung in der kirchlichen Predigt kann dieser Religionsunterricht 'nur' zur indirekten Verkündigung werden. Wenn er, wie
Bultmann an anderer Stelle darlegt, als theoretische (philosophische) Belehrung
"z.B. das Wesen des menschlichen Seins und den Sinn von Gewissen und Entscheidung klarlegt", kann er den Schüler "zur Besinnung auf sich selbst führen und ihm
die Frage nach der Echtheit seiner Existenz brennend machen und so als Appell
wirken" (227), d.h. theologisch, den 'eigentlichen Sinn des Gesetzes' realisieren. -
In diesem Zusammenhang verweist Bultmann auf Kierkegaard, der die Glaubensentscheidung und das "Aufmerksammachen auf das Religiöse" unterscheidet (228):
"Einen Menschen zwingen zu einer Meinung, einer Überzeugung, einem Glauben,
das kann ich in alle Ewigkeit nicht, aber eines kann ich ...: ich kann ihn zwingen,
aufmerksam zu werden" (229), und ihn dadurch auf das Hören der direkten Verkündigung 'sachgemäß' vorbereiten. (23o)

Die kritische Analyse dieser Bemerkungen ließ deutlich werden: Bultmann argumentiert primär theologisch, nicht pädagogisch. Als abendländischer Traditionsstrom
bietet das Christentum auch in der Gegenwart eine grundsätzliche Existenzmöglichkeit für Lehrer und Schüler. (231) Bultmanns Interesse gilt der Begründung der Unverfügbarkeit der Glaubensentscheidung, die in der existentiellen Begegnung mit dem

Wort Gottes geschieht, das je zur Antwort auf die zum Menschen gehörende Frage
nach der Eigentlichkeit der Existenz wird.

Das dieser Theologie entsprechende Unterrichtskonzept ist idealistisch. Die aus der
gesellschaftlichen Existenz des Schülers erwachsenden didaktischen Problemstellungen können nicht auftauchen. (232) Der Schüler ist als in der theoretischen Geist-
Sphäre denkendes oder auf den indirekten Verkündigungsappell hörendes Individuum
im Blick. Weder wird die didaktische Frage der religiösen Ansprechbarkeit (233),
die durch das Fehlen religiöser Erfahrung innerhalb der Primärfaktoren Elternhaus,
gesellschaftliche Sitte und Tradition und mitmenschliche Begegnung aktuell wird,
noch wird der Beitrag religionspädagogischer Praxis und Theorie zu einem kritischen Emanzipationsprozeß der Jugendlichen mit dem Ziel einer zukünftigen
humaneren Gesellschaft reflektiert. (234)

## 4. Bultmanns Beitrag zur religionspädagogischen Diskussion in den 5oer Jahren

Die Stellungnahme Bultmanns im Streit um das Verständnis des Religionsunterrichts in Oldenburg, Konsequenz seiner Verhältnisbestimmung von Humanismus
und Christentum, blieb nach 1945 in der Neubegründung der Beziehung von Schule
und Kirche sowohl in der religionspädagogischen Theorie wie in der Praxis zunächst nahezu unbeachtet und wirkungslos. Die Fragen nach einer evangelischen
Bildungslehre, nach dem kirchlichen Erziehungsauftrag und dessen Verhältnis
zum Verkündigungsauftrag, nach dem sachgemäßen Unterrichtsverständnis, wurden von einem Verkündigungsbegriff aus beantwortet, der sich von dem dialektisch-
theologischen Denkansatz Karl Barths her verstand. (1) Im folgenden wird auf
dem Hintergrund der Diskussionslage der 5oer Jahre Bultmanns systematisch-
theologische Begründung eines 'Unterrichts in der christlichen Religion' weiterhin
kritisch analysiert.

### 4.1. Karl Barths Verhältnisbestimmung von 'Evangelium und Bildung' und die
kirchliche Begründung des Religionsunterrichts als 'Evangelische Unterweisung' nach 1945

Karl Barth hielt 1938 vor dem Evangelischen Schulverein der Schweiz ein Referat zum Thema "Evangelium und Bildung" (2), das in der 2. Auflage von 1947
die protestantische Nachkriegsdiskussion über das Verhältnis von Glaube und
Bildung beeinflußte.

Barth entwirft in den äußerst allgemein gehaltenen Ausführungen einen 'theolo-
gisch-christologischen' Bildungsbegriff, der ihm ein dialektisches Ja und Nein
zur Bildung ermöglicht. Sein Ausgangspunkt ist nicht der neuhumanistische Begriff der Bildung einer sittlich-religiösen Persönlichkeit, sondern die biblische
Vorstellung der Gottesebenbildlichkeit,bzw. der neutestamentliche Eikon-Gedanke
(Kol. 1,15). (3) Ihm entspricht ein Bildungsgedanke, der zu dem Evangelium als
einer allem andern schlechthin übergeordneten Größe niemals im Widerspruch

13o

stehen kann.

Subjekt der Bildung ist nicht der autonome Mensch, sondern Gott in Christus.
Christus ist "das realisierte Menschenbild nach dem Bilde Gottes, d e r 'gebildete', der eine, einzige nicht nur in einer Bildung begriffene, sondern wirklich,
weil durch Gott selbst nach dem Bilde Gottes selbst 'gebildete' Mensch." (4)
Damit will Barth jedoch kein ethisches Vorbild, kein verfügbares Bildungsideal
statuieren (5), sondern die eschatologische Wirklichkeit "der Bildung aller Glaubenden" (6) bezeichnen. Durch diese christologisch-soteriologische Verankerung
kann er menschliche Bildung freigeben: "Das Evangelium ... dient allen in Selbst-
bescheidung und Sachlichkeit vom Menschen unternommenen Bildungsversuchen"
(7).In den praxisfernen Überlegungen bleiben außer der Kritik jeglicher Verabsolutierung Barths Konsequenzen im Blick auf Schule und Kirche jedoch völlig offen.


In dieser Tradition Barths steht Iwand, der 1951 in einem "Referat vor den evangelischen Religionslehrern an Höheren Schulen des Rheinlandes" (8) Bildung als
"Heilung des g a n z e n  Menschen" definiert, als Hilfe, im Leben "die Mitte zu
finden und einzuhalten, die zwischen Himmel und Hölle liegt" (9). Diese Bildung
geschieht von Gott her und löst jeden Bindestrich zwischen Humanismus (bzw. hu-
manistisch-idealistischem Bildungsideal) und Christentum. "Eben dies ist die frohe
Botschaft, daß durch diesen gekreuzigten und auferstandenen Jesus von Nazareth
der Mensch einbezogen in ein Sterben und Auferstehen ist, in eine 'Bildung' eigen-
ster Art." (1o) Auch Iwand kann aus dieser theologischen Begründung das menschliche Bemühen um Bildung rechtfertigen. Das W o r t  G o t t e s, der "Inbegriff
von Wahrheit und Erkenntnis" fordert den Menschen "als ein mit Vernunft begabtes
Wesen" zur Bildung heraus. (11) Dem Wort Gottes entspricht: "Die Schule mit dem
Evangelium als Rand und Mitte, die Bildung mit dem Worte Gottes über sich und
in sich, - diese neue Form unserer Bildungsanstalten steht noch aus, sie würde
eine Umwälzung bedeuten, vielleicht noch mehr als das - sie würde die Rettung
der Bildung und darum die uns rettende Bildung sein." (12) Seine praktische Konsequenz ist eine Schulform mit dem Religionsunterricht als "Sauerteig" der ganzen Schule, die sich weder mit der Konfessionsschule noch mit der weltlichen
Schule deckt, aber als solche echte Bildung garantiert. (13)

Im Gegensatz zu dieser dialektischen Position der Fachtheologen wird der Religionsunterricht nach 1945 einlinig als Verkündigung, als "Kirche in der Schule"
(Evangelische Unterweisung=EU) in der religionspädagogischen Theorie begründet
und in der Schulpraxis institutionalisiert. (14)

Programmschrift ist Kittels Buch 'Vom Religionsunterricht zur Evangelischen
Unterweisung' (1947, 1949$^2$, 1957$^3$). Sein Motto: "Evangelische Unterweisung,
so heißt die heute neue, uns gestellte Aufgabe - nie wieder Religionsunterricht!
Wir wissen jetzt, daß jeder überkonfessionelle Religionsunterricht in Wahrheit
weniger als konfessionell wird, jeder überchristliche in Wahrheit weniger als
christlich." (15)

Evangelische Unterweisung meint "Unterweisung im Umgang mit dem Evangelium" (16),weder ein historisierender,noch ein theoretisierender, oder morali-
sierender Unterricht,sondern "Hören vor Gottes Angesicht" (17). Daher: "Was
... rechter Umgang mit dem Evangelium genannt zu werden verdient,kann man

nur aus dem Evangelium selbst lernen" (18), und im Zusammenhang mit dem Leben der Kirche einüben. Vom Lehrer fordert Kittel das Bekenntnis, daß über ihn entschieden ist; für dieses hat er durch Wort und Tat Zeugnis abzulegen. (19)

Dieser nach Gestalt und Inhalt voll der Kirche überlassene Religionsunterricht ist, wie der kirchliche Widerstand gegen das NS-Regime bewies, Garant und Wächter einer ideologiefreien Schule, denn das 1. Gebot impliziert "ständige Kritik der Fachweltanschauungen durch das Evangelium" (2o). Daher macht "echte Evangelische Unterweisung ... die weltlichen Fächer erst wirklich weltlich, während sie ohne Evangelische Unterweisung nur eine 'weltanschaulich geprägte' Wirklichkeit zeigen. Die einzig echte weltliche Schule ist deshalb die Schule, in der es echte Evangelische Unterweisung gibt". (21)

Die führenden Vertreter der EU lehnen insgesamt das humanistische Erziehungsideal für das Schulwesen radikal ab. Der Religionsunterricht mit dem Bildungsziel der menschlich-idealen Persönlichkeit, den Methoden Lehren, Unterrichten, Bilden, soll konsequent durch die 'Evangelische Unterweisung' als von der Gemeinde Christi getragene "Verkündigung der rettenden Gottestat in Christus" (22) ersetzt werden. Als entscheidender Teil der Schule gewährleistet sie die Ideologiefreiheit des Unterrichts. Im Gegensatz zu einer falsch verstandenen pädagogischen Autonomie garantiert sie die 'Menschwerdung des Menschen', das eigentliche erzieherische Anliegen der Schule. (23)


4.2. Pädagogische und theologische Kritik am Verkündigungscharakter der
     'Evangelischen Unterweisung'

Zustimmung findet Bultmanns totale Integration des Religionsunterrichts in eine humanistisch orientierte Schule von pädagogischer Seite in der wegweisenden Kritik der kirchlichen Konzeption bei Weniger und Lennert, mit denen sich Stock ab 1952 in seinen religionspädagogischen Beiträgen (24) positiv auseinandersetzt.

L e n n e r t  zeigt in seinen verschiedenen Stellungnahmen zum Religionsunterricht in der Zeitschrift 'Die Sammlung' 1948-1952 (25) die Diskrepanz zwischen der Schule, deren Gesetz heißt: "es soll Verstehen geweckt und Können geübt werden, an den Gehalten, die dem Menschen für Leben und Sterben wichtig und notwendig sind" (26) und der Verkündigungskonzeption auf. Er befürwortet einen interpretierenden Bibelunterricht, in dem die "Schüler die B i b e l kennenlernen und es lernen, sie zu lesen" (27).

W e n i g e r  entwarf auf der religionspädagogischen Arbeitstagung zum Thema 'Glaube und Erziehung' von 1948 in Hermannsburg (28) das Programm "einer hermeneutischen, deiktischen Form der christlichen Unterweisung" (29), die er didaktisch als "Hermeneutik des christlichen Selbstverständnisses", methodisch als hinweisende (deiktische) Lehre entfaltete. (3o)

Beide argumentieren als Pädagogen von der faktischen Situation des Unglaubens aus, bemühen sich jedoch auch um eine theologische Rechtfertigung ihrer Folgerungen, zu der Weniger Bultmanns und Gogartens Schriften heranzieht, Lennert an zentraler Stelle aus Bultmanns nicht veröffentlichter Stellungnahme zur Oldenburger Kontroverse um Schule - Religionsunterricht - Kirche ausführlich zitiert. (31)

1. Ihr Ansatz ist das Christentum als Bildungsmacht, abgesehen von dem eigentlichen Sinn des christlichen Glaubens, der an Erziehung und Bildung primär nicht interessiert ist. (32) Christliche Unterweisung ist für Weniger auch Religionsunterricht, Bildungsfach in schulischer, nicht kirchlicher Verantwortung (33), das aber die echte Frage nach dem Eigentlichen und den Hinweis auf dieses Eigentliche enthält [56]. Lennert kann zwischen Verkündigung als unverfügbarer personaler Anrede und der Bildungs-Wirklichkeit der Schule, die die Aufgabe angemessener Auslegung stellt, keine Beziehung herstellen. (34)

Für den Religionspädagogen Stock, der unter diesem Einfluß die Bildungsarbeit der Schule, ihre humanistische Tradition, für alle Schulstufen bejaht, bleibt ein konfessioneller RU als Garant ihrer Ideologiefreiheit notwendig: "Aber andererseits gilt ..., daß wir nicht mehr hinter den christlichen Glauben zurückkönnen. Dieser Glaube kann und will zwar nicht die Welträtsel lösen, er gibt jedoch dem Menschen die Kraft, im echten Fragen auszuhalten und gerade so der Aufgabe einer sachlichen, weltlichen Bildung gerecht zu werden." (35)

2. Mit einer Zeitanalyse begründet Weniger die Notwendigkeit des Religionsunterrichtes als Schulfach. In unserem Zeitalter, in dem explizite Glaubensentscheidungen kaum mehr vollzogen werden, ist trotzdem eine Ahnung für die Wahrheit der christlichen Daseinsdeutung und damit ein bildungsfähiges religiöses Bedürfnis geblieben. (36) "Pädagogisch ist diese Offenheit dem christlichen Glauben gegenüber, die doch den letzten Sprung nicht wagt, die eigentliche Situation des heutigen Menschen, von der aus es zu wriken gilt." (51) Weniger grenzt diese immanente, durch Bildung erreichte Offenheit von der radikalen Offenheit für Gott und das eigene Sündersein ab. (37) Jene bleibt für ihn jedoch pädagogisch unverfügbar, denn das Existenzverständnis des Glaubens ist "keine anthropologische Theorie ..., die allgemeingültige Aussagen über die Möglichkeit des Menschen machen will". (51). Bultmann, auf dessen Erwiderung zu Thielickes Entmythologisierungskritik sich Weniger an dieser Stelle bezieht, hatte darüber hinaus als Theologe in diesem Zusammenhang positiv formuliert: "Der Glaube bzw. das christliche Selbstverständnis ist, was es ist, nur in dem ständigen Bezuge auf Gottes Tat in Christus, die mir im Worte begegnet", das "jeweils Ereignis ist, konkrete Anrede in der konkreten Situation, nicht sokratisch-maieutische Rede oder Mitteilung einer zeitlosen Wahrheit" (38) und damit niemals im Unterricht zur verfügbaren Lehre über den Sinngehalt einer vorhandenen Einheit werden kann.

Weniger und Lennert argumentieren rein pädagogisch im Rahmen der schulischen Bildungsarbeit, (39) grenzen dabei die existentielle Dimension des Glaubens aus. Beide lehnen einen Religionsunterricht ab, der auf eine persönliche Glaubensvoraussetzung aufbaut und damit die Lehrerschaft religiös überfordert. (4o) Ihr Religionsunterricht verzichtet auf unmittelbare Verkündigung, auf den Ruf zur Bekehrung; seine Aufgabe ist, sich "vorbehaltlos dem Bemühen um das Humanum, um die einfache Menschlichkeit" hinzugeben. (41) Als Pädagogen stellen sie der theologischen Seite die Aufgabe einer Verhältnisbestimmung von Unterricht (Er-

ziehung) und Verkündigung (christlichem Glauben), zu der auch Bultmann 1959
kurz Stellung nahm. (42) - Bereits die an Wenigers Referat anschließende Diskussion stellt heraus: "Es wird letztlich kein Verstehen des Christlichen geben,
es wird bei christlicher Weltanschauung bleiben, wenn Sünde nicht existentiell
erfahren wird." "Nur von dieser Tiefe her ist die ganze Frage nach der Möglichkeit der 'Bildung' und des 'Religiösen' zu entscheiden." (43) Die das spätere
hermeneutische Konzept des RU kennzeichnende Zweigleisigkeit (44) zeichnet
sich bereits hier ab: Der RU hat ein doppeltes Anliegen, das parallel berück-
sichtigt werden muß, pädagogisch: 'Bildung' und theologisch: 'Verkündigung'. (45)

3. Stocks frühe Arbeiten schließen an diese Problemstellung an. Sein Grundproblem ist der Durchbruch von der immanenten Bildungssphäre in die existentielle
Wirklichkeit. Didaktisch ist es die Frage: "Wo läuft im Vollzuge sachgerechter
Interpretation die Grenze zwischen Verstehen und Glauben?" (46) Seine theologische Antwort geht über Lennerts interpretierenden Bibelunterricht und über Wenigers hermeneutisch-deiktische Verkündigungspropädeutik hinaus: "Das Fragen
muß von seiten des Lehrers wie des Schülers so selbstverständlich sein und so
frei geübt werden dürfen, daß es nun zur Überwindung der Diskussion und zur
Erkenntis und Anerkenntnis der Autorität des Wortes kommen kann, welche sich
dann nicht mehr von Gnaden der menschlichen Vernunft herleitet, sondern diese
Vernunft frei überwindet. Damit ist keineswegs dies gemeint, daß der Glaube
auf dem Wege der Diskussion einleuchtend gemacht werden könnte." - M. a. W.
Erziehung zum Glauben ist unmöglich. (47) - "Es muß aber das menschliche
Denken sich aktiv bewegen, damit es je an seine Grenze gelangt" (48), an der
die Glaubensfrage als Existenzfrage aktuell wird. Zur sachgemäßen Auslegung
innerhalb der "pädagogischen Zielsetzungen und der methodischen Regeln der
übrigen Schularbeit" (49) gehört daher, sich der Möglichkeit des existentiellen
Betroffenwerdens durch den Text im Augenblick des Verstehens nicht zu verweigern. (5o) "Daß wir selbst in der Konkretheit unserer Existenz in den Texten
gemeint sind, wenn vom Gottesverhältnis 'des Menschen' gehandelt wird, kann
ja doch nicht nur formelhaft versichert oder gar ganz zurückgestellt werden,
sondern es wird konkret entfaltet werden müssen, indem ich zum Beispiel ein
Wort der Bergpredigt so aktuell auslege, daß es mich und meine Hörer in Auf-
ruhr und Verzweiflung treibt." (51) M. a. W. Die Auslegung stellt im Vollzug des
Übersetzungsvorgangs in existentielle Entscheidung. Durch Auslegung geschieht
Verkündigung. (52)

> Eine theologische Grundsatzdiskussion über das "den biblischen Unterricht
> leitende Verständnis der biblischen Geschichte" widmet Stallmann 1954 Ru-
> dolf Bultmann zum 7o. Geburtstag. (53) Er will aufzeigen,"daß die Entmytho-
> logisierungsdebatte nicht von außen an den biblischen Unterricht Fragen heran-
> bringt, sondern daß in ihr schon immer die geschichtlichen und sachlichen Vor-
> aussetzungen dieses Unterrichts mit zur Verhandlung stehen" (54). Nicht die
> 'Verwendbarkeit' von Ergebnissen wissenschaftlicher Entmythologisierungsver-
> suche im Unterricht, sondern die kritische Reflexion der Anfrage, die sich aus
> dem die Entmythologisierung leitenden kerygmatischen Verständnis der bibli-
> schen Texte an das bisherige Verständnis des biblischen Unterrichts richtet,
> ist sein Ziel. Auch ihm geht es damit um das Verhältnis von Verkündigung und

Auslegung im RU (55), um das Problem der Vergegenwärtigung (Aktualisierung) des biblischen Kerygmas. (56)

Die unterrichtspraktische Bedeutung des Entmythologisierungsprogramms wurde von Lehrern bereits in der ersten Nachkriegszeit erkannt. Ein Junglehrer nimmt 1951 Stellung: "Ich hatte früher für diese 'Geschichten' (gemeint sind die biblischen) nur immer ein mitleidiges Lächeln übrig und sehe heute in der Schule bei Kindern ähnliches. Meine Frage ist nun: Wie kann ich den Kindern Gottes Erlösungstat mitteilen, ohne daß sie schon an dem Kleid des Evangeliums Anstoß nehmen, und so niemals zu dem wahren Ärgernis, welches diese erlösende Botschaft in sich birgt, kommen können. Denn hier liegt dann für jeden die Entscheidung, die zu fällen ist, nicht an der äußeren Form des Dargebotenen. Also noch einmal die Frage: Gibt es Evangelische Unterweisung ohne Mythos? Ich denke hier zunächst an die Volksschule." (57)

4. Die methodische Form dieses Unterrichts ist bei Weniger und Lennert und als planbares Unternehmen auch bei Stock der des Deutschunterrichts verwandt. (58) Der Unterricht hat keine Sonderstellung, denn die Hermeneutik der Bibel verfährt nach Bultmann nicht anders als jede profane Hermeneutik. (59) Als hinweisende (propädeutische) Lehre (6o) fordert er vom Lehrer theologische Bildung (61), damit dieser wissenschaftlich-theologische Sachfragen wie die Entmythologisierung (62) sachgemäß einsetzt.

Ergebnis: Das radikale Entweder / Oder (evangelische oder humanistische Erziehung) wird im Verlauf der 5oer Jahre von der konkreten Unterrichtssituation, der Faktizität des Unglaubens aus in Frage gestellt (63), Neuansätze vorwiegend mit Bultmanns theologischer Arbeit legitimiert. Vor allem seine exegetisch-hermeneutischen Schriften werden zu Anfragen an Theorie und Praxis der Evangelischen Unterweisung. Entscheidender Wendepunkt sind das wegweisende Werk von Martin Stallmann, "Christentum und Schule" 1958, und Stocks unterrichtsbezogene "Studien zur Auslegung der synoptischen Evangelien im Unterricht" 1959 (64). Die unkritische Übernahme von Bultmanns existential-hermeneutischem Ansatz in die Unterrichtstheorie und die praktischen Entwürfe der folgenden Jahre wird zum Hauptgrund des Scheiterns der theoretischen Neu-Konzeption an der Unterrichtswirklichkeit der zweiten Hälfte der 6oer Jahre. (65)


4. 3. Bultmanns existential-hermeneutische Begründung eines 'Unterrichts in der christlichen Religion' - Analyse und kritische Stellungnahme

Während der Vorlesungsreihe am Department of Bible and Religion der Syracuse University im Frühjahrssemester 1959 wurde Bultmann mit dem Problem der 'Christian Education', einem Lieblingsthema der USA, konfrontiert. (66) Nach seiner Rückkehr nahm er, wie im folgenden aufgezeigt wird, noch einmal zur Frage der Bildung Stellung (4. 3. 1.). Außerdem begründete er seine Ablehnung einer 'christlichen Erziehung'. Aus seinem Verständnis von dialektischer Theologie als existentialer Hermeneutik entwickelte er jedoch die Notwendigkeit eines 'Unterrichts in der christlichen Religion' (4. 3. 2.).

4.3.1. Geschichtlichkeit der Existenz und Bildung

Bultmann schrieb 196o für die Schülerzeitung des Alten Gymnasiums in Oldenburg, an dem er Schüler (1895 - 19o3) und Lehrer (19o6 - 19o7) war, 'Ein Wort
über Bildung' (67), das nicht mehr ungeschichtlich-idealistisch von der Formung
des Individuums an den klassisch-antiken Werten des Guten, Wahren, Schönen
zum Personsein her argumentiert, sondern Bildung als 'Propädeutikum' des Lebens
versteht, das sich als geschichtliches in Begegnungen (68) vollzieht, in denen der
Mensch zum Ich, zur Person (69), wird. Bultmann unterscheidet auch hier Bildung
für das Leben von der noch zu dieser Zeit allgemein zumeist als Funktionalisierung
abgewerteten "Ausbildung für einen praktischen Lebensberuf" (7o).

Diese Bildung hat die beiden Aspekte (71):

1. Allgemeinbildung (studium generale). Sie will Fachidiotie verhindern, indem
sie "Einblick in die verschiedenen Interessengebiete" vermittelt, Kommunikation
und Gedankenaustausch ( $\delta\iota\alpha\lambda\acute{\epsilon}\gamma\epsilon\sigma\vartheta\alpha\iota$ ) und damit gegenseitiges Verstehen,
die Voraussetzungen für das Leben von einzelnen in einer Gemeinschaft, ermög-
licht.

2. Um dabei der Gefahr einer Beschränkung auf formale, äußere Vielwisserei
zu entgehen, vertieft Bultmann seine Überlegungen durch den "engeren", "spe-
zielleren" Sinn von Bildung. Er meint die "Kenntnis der menschlichen Natur ...
besser: Das Verständnis des Menschen und seiner Möglichkeiten", das durch
keine besondere Methode gelernt werden kann, sondern das wächst und sich entwickelt in Erfahrungen, in konkreten Begegnungen, für die es offen zu sein gilt. (72)

Hinweise zum Bildungsweg:
In jeder großen Dichtung, deren Lektüre Bultmann seinen Studenten und den Schülern als Lesern dieser Zeitung dringend empfiehlt, "ist das menschliche Leben
in großen und eindrucksvollen Bildern und Gestalten dargestellt, die Möglichkeiten der menschlichen Existenz und ihre Probleme" (73). Ihr Studium öffnet die
Augen für die Wirklichkeit des aktuellen Lebens. Frucht des Studiums ist "Bildung in engerem Sinn", Verstehen des menschlichen Seins, in Bezug auf die konkrete Lebenspraxis "Schärfung des Urteils ... Fähigkeit der Kritik ... der Selbstkritik und damit ein weiter Blick für Welt und Leben und innere Freiheit". (74)

Bultmann hat sich in dieser späten Äußerung von dem Gedanken der ästhetisch-
technischen, humanistisch-idealistischen Persönlichkeits-Bildung entfernt, grenzt
Bildung jedoch, dem traditionellen Bildungsmonopol der Geisteswissenschaften
entsprechend, primär auf literarische bzw. geschichtliche und sprachliche Bildung ein. (75) Der Bildungsweg entspricht der existentialen Interpretation großer
Dichtung. Diese Werke "erschließen sich dem teilnehmenden Verstehen ... und
sie erschließen solchem teilnehmenden Verstehen das menschliche Sein in seinen
Möglichkeiten als den eigenen Möglichkeiten des Verstehenden" (76), die dieser
zu ergreifen hat. (77) Anders ausgedrückt: Die Bildungsarbeit der 'sachgemäßen',
d.h. existential-hermeneutischen Befragung literarischer Texte vermittelt die
Kenntnis der Existenzmöglichkeiten und bereitet dadurch 'sachgemäß' vor auf die
Begegnungen, in denen der Mensch je zum Ich, zur Person, wird. (78)


136

Die aktuelle Lebenspraxis - ganz zu schweigen von dem Problemhorizont der
Schüler, ihren Interessen, ihrer Erwartungshaltung - kommt auch an dieser
Stelle nur als cura posterior in den Blick: In großer Literatur ist Leben als
solches 'eingefangen und aufbewahrt'. Ihre Interpretation wird daher Verirrun-
gen und Gedankenlosigkeiten der Praxis grundsätzlich korrigieren. (79) Diese
selbstverständliche Einheit von Theorie und Praxis muß jedoch fraglich werden,
wenn Bultmanns Vorstellungen von dem Bildungsweg und dessen Frucht, die er
nur in der Allgemeinheit der Theorie umschreiben kann, der Bildungshorizont
des 2o. Jahrhunderts, die Aufgabenstellung für Gegenwart und Zukunft der tech-
nisch-wissenschaftlichen Zivilisation, konfrontiert wird. (8o)


4. 3. 2. Der 'Unterricht in der christlichen Religion'

Um Klärung der Relation von Erziehung (Unterricht) und Glaube (Verkündigung)
geht es in der knappen Studie 'Erziehung und christlicher Glaube' in der Festschrift zum 7o. Geburtstag Martin Heideggers (1959). (81) Bultmann vermeidet
hier den Begriff Bildung, ordnet aber Erziehung einlinig der griechisch-huma-
nistischen Tradition zu. (82) "Erziehung ist ... eine Sache des Lehrens und
Lernens ..., die methodische Entwicklung der Vernunft, des rationalen Vermögens des Menschen." (83)

Alle Kenntnisse des praktischen Lebens (Beruf) (84) sind auf diese planbare Denk-
und Willensschulung angewiesen. M. a. W. Bultmanns Erziehungsbegriff ist einlinig konzipiert, orientiert sich ausschließlich an verfügbarer, vernünftiger Men-
schen-Formung. Das Menschsein des zu Erziehenden, dem sich - nach Pestalozzi -
der Erzieher in gläubiger Liebe zuwendet, kommt nicht vor. (85) D. h. für den dialektischen Theologen hat der Erziehungsbegriff (86) keine theologische Funktion:
spezifisch 'christliche' Erziehung kann es nicht geben.

Bultmann begründet diese These, indem er Wesen und Ursprung des christlichen
Glaubens, der "seinen Grund nicht in der menschlichen Vernunft" hat (87), theologisch expliziert. Kennzeichen des geschichtlichen Daseins ist die Fraglichkeit,
unter der Bultmann kein intellektuelles Phänomen, sondern das Verlangen, die
Frage der ganzen Existenz nach dem zukünftigen als dem eigentlichen Sein versteht, die Sehnsucht "nach 'Wahrheit', nach 'Wirklichkeit', nach 'sinnvoller', nach
verwirklichter echter Existenz ... nach Liebe in dem doppelten Sinne: zu lieben
und geliebt zu werden" (88). Diese Grundfrage kann sich in Macht-, Besitz-,
und Genußstreben, aber auch in spezifisch religiöse (z. B. asketische) Bestre-
bungen kleiden. (89) Auf sie trifft der Ruf Gottes, der diese je schon mißleiteten
Möglichkeiten des Selbstverständnisses radikal in Frage stellt, indem er zur
Glaubensentscheidung aufruft. D. h. "Christlicher Glaube ist ein Akt des Willens
..., eine Entscheidung, nämlich die Antwort auf das Wort Gottes" (9o), und als
solcher ist er nicht blinder, unvernünftiger Entschluß, sondern setzt voraus,
daß der Mensch Gottes Ruf als die Aufforderung zur Preisgabe seines bisherigen
Selbstverständnisses versteht. Erziehung als planbares, rationalistisches Vor-
gehen widerspricht diesem unverfügbaren Anredecharakter des Wortes Gottes
und Entscheidungscharakter des Glaubens. Der Begriff wird daher aus der theo-

logischen Lehre über den Glauben ausgeklammert. (91)

"Was kann ... Menschen zum christlichen Glauben führen? Allgemein gesprochen:
das Wort Gottes selbst. Aber das Wort Gottes muß zu ihnen gesagt werden, und
zwar so, daß es verstanden werden kann. Das aber kann nun in verschiedener
Weise geschehen, entsprechend der Verschiedenheit der individuellen Menschen
und ihrer konkreten Situation. Zweierlei ist jedoch dabei das Gleiche. Das Eine
ist dieses: der Mensch muß dahin gelangen, daß er sich auf sich selbst besinnt,
daß er sich fragt, was menschliches, was sein Sein ist. Er muß lernen, seine
eigenen Fragen zu verstehen, gewahr zu werden, wonach er eigentlich verlangt,
was Wahrheit, was Wirklichkeit, was echte Existenz bedeutet. Und sodann: es
muß ihm gezeigt werden, was der Sinn des christlichen Glaubens ist, was gemeint ist, wenn der christliche Glaube redet von Gott, von Sünde, von Gnade,
wie der christliche Glaube die Situation des Menschen in der Welt versteht. Es
bedarf dazu nicht der 'Erziehung', wohl aber des 'Unterrichts in der christlichen
Religion'" (92), dessen Struktur Bultmann im folgenden entwickelt.

Dieser Unterricht kann wie jeder Unterricht "nicht geschehen ohne vernünftiges
Denken, ja unter Umständen nicht ohne philosophisches Denken" (93). Er hat jedoch nicht den Sinn einer methodischen "Entwicklung des vernünftigen Vermögens
des Menschen", sondern "ist in gewisser (paradoxer) Weise dessen Negation".
Die unterrichtliche Vernunft kann helfen, den Grund des Glaubens freizulegen,
"und zwar in der paradoxen Weise, indem sie ihre eigene Begrenztheit erkennen"
läßt. "In seinem eigentlichen Sinne ist dieser 'Unterricht' direkter Appell, selbst
wenn er der Form nach ein indirekter Appell ist, - ein Appell, der das menschliche Fragen, den Menschen a l s Frage erweckt, der ihm die Antwort anträgt
und den Glauben fordert, indem er Glauben anbietet. Das Ende" - Bultmann vermeidet den Terminus 'Ziel' - "ist nicht eine theoretische Erkenntnis, sondern
es ist ein Akt der Entscheidung, ein Akt des Gehorsams." (94)

Aus der Dialektik von Lehre und Verkündigung (Kerygma), von Glauben und Verstehen, leitet Bultmann damit die Notwendigkeit eines Unterrichts in der christlichen Religion ab:

1. Dieser Unterricht ist ein hermeneutischer Prozeß der Klärung des Sinnes von
Existenz überhaupt und des christlichen Glaubens. (95) D. h., in seinem Vollzug
wird der Sinn der christlichen Rede "von Gott, von Sünde, von Gnade, wie der
christliche Glaube die Situation des Menschen in der Welt versteht", interpretiert. In existentialer Analyse wird der Ort der Glaubensentscheidung freigelegt,
die Bedingungen ihrer Möglichkeit im geschichtlichen Dasein aufgewiesen. (96)
Adäquate Medien, in denen die menschliche Existenz sachgemäß ausgelegt ist,
sind Texte aus Philosophie, Religion (Altes Testament) und Dichtung. (97) Ihre
Interpretation klärt das Vorverständnis bzw. aktualisiert die Existenzfrage nach
der Eigentlichkeit, die dem in existential-hermeneutischer Exegese des Neuen
Testaments erarbeiteten existentialen Sinn des Heilsgeschehens gegenüberge-
stellt wird.

Damit ist deutlich: Das Verhältnis zur 'Sache' der Bibel, zum Wort Gottes, "entzieht sich der methodischen Belehrung ... kann im Unterricht nur geweckt, aus-

gebildet, zur Klarheit gebracht werden. Und eben dieses geschieht in der methodischen wissenschaftlichen Arbeit". (98)

2. Bultmann bleibt nicht bei einem solchen 'hermeneutisch-deiktischen' (99) Verständnis von Unterricht stehen, der primär Verstehenshindernisse auszuräumen hätte. Das eigentliche Ende des Unterrichtes ist die Glaubensentscheidung, unter der er "nicht allgemeine Zustimmung zu einer Lehre", sondern einen existentiellen Akt versteht. (1oo) Ihn kann der Unterrichtende nicht durch zweckgerichtetes Tun im Schüler zustande bringen, denn Glaube ist keine 'verfügbare' Entscheidung für 'etwas' (z.B. eine allgemeine Wahrheit) und ist daher auch niemals 'intentionaler Zielpunkt' des Unterrichts. Bultmann spricht zwar von "dahin gelangen", "lernen", verwendet aber bezeichnenderweise das Wort 'Ende', nicht 'Ziel' und bringt damit bereits terminologisch die Unmöglichkeit einer kontinuierlichen Einwirkung auf ein 'Erziehungsziel' Glaube hin zum Ausdruck. (1o1)

Anders ausgedrückt: Der Unterricht in der christlichen Religion als Lehre mit dem Ziel Verstehen hat einen paradoxen, eigentlichen Sinn, die Glaubensentscheidung, die im Gegensatz zu erzieherischen Versuchen, das Wort Gottes verfügbar zu machen, unverfügbar bleibt. Denn "die Antwort, die der Glaube auf die Frage der ihm begegnenden Offenbarung gibt, weiß sich durch die Frage selbst gewirkt. Die Glaubensentscheidung versteht sich als g e s c h e n k t e". (1o2)

Der Unterricht ist in diesem eigentlichen Sinn direkter Appell, Verkündigung, und als solcher mit der Predigt identisch. (1o3) Auch seine Basis hat er "nicht in der Vernunft, sondern im Glauben und in der Liebe des Unterrichtenden, damit er im Hörer Glauben und Liebe erwecken kann. Liebe kann nicht gelehrt werden wie Mathematik, sondern kann nur erweckt werden durch Liebe" (1o4), die an das Verlangen der eigentlichen Existenz nach Liebe, an "die Frage nach der Eigentlichkeit des je eigenen Seins" anknüpft. Im Blick auf den Unterrichtsvollzug: "Die einzige 'Methode' des 'christlichen Unterrichts' - sofern man hier überhaupt von Methode reden will - ist Liebe." (1o5) Zugespitzt: Die wissenschaftliche Methode der Existentialhermeneutik ist dem Verstehen des Sachgebietes Theologie adäquat. (1o6) Liebe ist die 'evangeliumsgemäße Methode' (1o7), denn in ihr ist der Mensch durch das Wort der Vergebung von sich selbst zu reiner Hingabe an den anderen befreit und kann diesem Antwort auf die Existenzfrage geben. (1o8)

Diese knappen Äußerungen von 1959 haben kritische Anfragen provoziert, die sich vor allem gegen die existentialtheologische Kategorie der Entscheidung richten, die zum eigentlichen Unterrichtsprinzip wird. Weniger konstatierte bereits 1948, "daß wir nicht in einem Zeitalter des Glaubens, sondern des Unglaubens leben .... Das Wesentliche an diesem Zustand ist, ..., daß Entscheidungen nicht mehr getroffen werden" (1o9). Rund 1o Jahre später bestätigt ihn Wölbers Untersuchung 'Religion ohne Entscheidung. Volkskirche am Beispiel der jungen Generation' (11o) mit einer Fülle empirischen, religions- und jugendsoziologischen Materials. Diese sozialpsychologische Grundfrage nach Entscheidung wird als politische fortgeführt und entwicklungspsychologisch vertieft. (111) Ist ein Kind überhaupt entscheidungsfähig? Die Kritik spitzt sich zu in dem Vorwurf, Bultmann dränge "die unterrichtlichen Inhalte und erzieherischen Motive, um

die es des Menschen und der Sache wegen jeder Religionspädagogik gehen muß,
in den Hintergrund ... Die theologische Kategorie 'Entscheidung' bewirkt ...
in diesem Entwurf eine pädagogisch wie theologisch gefährliche Einengung des
Unterrichts". (112)

Diese Kritik wurde durch die Analyse des Aufsatzes bestätigt, die aufwies, daß
Überlegungen zu einer legitimen theologischen Funktion des Erziehungsbegriffs,
darüber hinaus didaktische und methodische Erwägungen völlig fehlen. Bultmann
geht von der systematischen Struktur des Glaubensbegriffs aus, dessen radikale
Unverfügbarkeit er theologisch reflektiert. Er beschränkt sich dabei auf eine
formale Bestimmung der Funktion der Vernunft ("eigene Begrenztheit erkennen
lassen", "den Grund des Glaubens freilegen helfen"). Sein Begriff von Verstehen
als Strukturmoment des Glaubens gestattet zwar keinen vorschnellen Übergang
von der natürlichen zur geistlichen Ebene der Schriftauslegung (113), die Formel
'in paradoxer Weise' läßt jedoch ungeklärt, wie sich die beiden Ebenen, kerygmatische Anrede und Lehre als Explikation des glaubenden Verstehens, wie sich
wissenschaftliches Sehen und glaubendes Hören des Schülers im konkreten Unterrichtsgeschehen zueinander verhalten. Anders ausgedrückt: Die von Bultmanns Denkansatz aus gesehen methodisch saubere fachtheologische Arbeit wird
an keiner Stelle unter pädagogischem Aspekt auf eine konkrete Unterrichtssituation hin durchdacht. Das Existential Verstehen als Strukturmoment des Glaubens
wird nicht in pädagogisch-didaktischer Hinsicht aufgeschlüsselt. (114) Eschato-
logischer Glaubensakt und innergeschichtliche Lernprozesse werden nicht vermittelt.

Diese Kritik der existentialen Theologie von einer beim Schülerhorizont ansetzenden Didaktik eines Unterrichts in der christlichen Religion aus bestätigt sich am
Problem des Vorverständnisses. Da für Bultmann nur der Mensch in seiner Existentialität (Existenzfrage nach Eigentlichkeit),als Hörer des Rufes Gottes,von
Interesse ist, wird der spezifische Verstehenshorizont des Schülers weder bedacht, noch didaktisch in Ansatz gebracht. (115) Durch die existential-hermeneutische Engführung wird das Unterrichtsgeschehen auf eine existentiale Frage-
Antwort-Struktur reduziert, die Bultmann ausschließlich theologisch als radikale
Infragestellung des Menschen durch das Wort Gottes interpretiert. (116) Die von
konkreten Umwelterfahrungen geprägten Glaubensfragen der Jugendlichen (117),
die eine pädagogische Verstehensanalyse mitbedenken muß, werden verdrängt.
Die Unterrichtskonzeption bleibt in existenztheologischer, theoretischer Allgemeinheit (118) stecken.

Die Analyse hat gezeigt: In Bultmanns existential-theologischem Denkmodell ist
der Unterricht analog der Predigt auf den Ruf zur Glaubensentscheidung reduziert
(119),der in seiner existentialen Abstraktheit die gegenwärtige Existenz in ihrem
gesellschaftlichen Kontext gerade nicht trifft. M. a. W. : Die Dialektik von Glauben
und Verstehen wird zwar in der theologischen Theorie, aber nicht bis in den praktischen Existenzvollzug hinein aufgeschlüsselt. - Die didaktisch-methodischen
Probleme, die sich aus der konkreten Durchführung eines Unterrichts in der
christlichen Religion ergeben, werden nicht gesehen. Das Verhältnis von existentialer Interpretation und existentiellem Appell, von Verstehen (Wissen) und

14o

Akt der Glaubensentscheidung im konkreten Unterrichtsvollzug bleibt ungeklärt
(12o). Der institutionelle Ort dieses Unterrichts, Kirche, Schule oder zwischen
Kirche und Schule (121), das Verhältnis zum Globalziel der Schule, die mit
Bultmanns eigenen Worten als humanistisch bestimmte sich niemals das Recht
wird nehmen lassen dürfen, den Religionsunterricht aus eigener Kraft zu erteilen (122), stehen nicht zur Diskussion. Im Gegensatz zur Stellungnahme von 1948
(s. o. ) bleibt Bultmann in diesen existential-theologisch begründeten Überlegungen
dem Verkündigungsansatz der Evangelischen Unterweisung verhaftet.


4. 3. 3. Einzelne Stellungnahmen zu Neuansätzen in religionspädagogischer Theorie
        und konkreter Unterrichtspraxis

Bisher wurde deutlich: Bultmann leitet die Notwendigkeit eines Unterrichts in
der christlichen Religion aus einer existential-theologischen Strukturanalyse
des Glaubens ab, verzichtet auf eine pädagogische Verstehensanalyse und entsprechend auf unterrichtspraktische Hinweise. Das Ergebnis bestätigt sich an
vereinzelten Arbeiten, in denen Bultmann zu religionspädagogischen Grundsatz-
erwägungen und konkreten Unterrichtsentwürfen Stellung nimmt.

1. ) Bultmann stimmte bei allem Vorbehalt gegen die konkrete Durchführung bereits 1954 einer Lehrprobe "Der Auferstandene" (123), die die Bibel nicht als
historischen Bericht, sondern als Glaubenszeugnis zu lesen versuchte, im grundsätzlichen zu. Die dreifache Aufgabenstellung für den Unterricht zeigt seinen
ausschließlich theologischen Denkansatz:

1. die Unterscheidung von Diesseits und Jenseits und der entsprechenden Wahr-
nehmungsmöglichkeiten (Beweis und Glaube, naives Denken der Jünger, eindi-
mensionales Wirklichkeitsverständnis der Moderne),

2. das Verstehen der paradoxen Einheit von Kreuz und Auferstehung,

3. die Einsicht in den existentialen Sinn des Auferstehungsbekenntnisses, d. h.
in die Einheit von Jesu Auferstehung und unserer Auferstehung.

2. ) In dem Sammelband von W. Kegley, The Theology of Rudolf Bultmann, ant-
wortet Bultmann auf Stallmanns religionspädagogisches Grundsatzreferat
"Contemporary Interpretation of the Gospels as a Challenge to Preaching and
Religious Education" (124). Stallmann zieht in Abgrenzung von der traditionellen
Praxis die unterrichtlichen Konsequenzen aus der Einsicht in den kerygmatischen
Charakter der Texte. "Wo ... als Ergebnis der historischen Forschung das
Kerygma als die formende Kraft und gestaltende Wirklichkeit der christlichen
Tradition erkannt wird, verliert der auf bildende Begegnung mit der Geschichte
zielende Unterricht an Gewicht. " (125) Er wird zum 'Sprachunterricht' mit der
Aufgabe, die Verkündigung verstehen zu lehren. Seinen  methodischen Weg
zeichnet nicht die neutestamentliche Forschung vor, obwohl er von der historisch-
kritischen Fragestellung nicht absehen kann, sondern er besteht in dem je neuen
liebenden Eingehen auf die Schülerfragen. Dazu Bultmann: "The pupils must be
given the opportunity to ask questions. Only in this way can they find the way to

an understanding of the text for themselves." (126) Bultmann begründet von seinem existential-hermeneutischen Ansatz aus: Die konkreten Fragen entspringen einer existentiellen Fragehaltung, der Existenzfrage nach eigentlichem Sein. In ihr ist ein Vorverständnis der biblischen Texte gegeben, das ein Verstehen des 'Pro me' des Textes ermöglicht. (127)

Im Blick auf den Unterrichtsvollzug stimmt Bultmann mit Stallmann grundsätzlich überein: "The exposition of the text must lead to an existential encounter with the text." (128) Dieses Ziel setzt die wissenschaftliche Methode der existentialen Interpretation voraus, die als Verstehensbemühung von der direkten Anrede der Predigt unterschieden ist. Bultmann relativiert jedoch Stallmanns schroffe Trennung: "Cannot the existentialist interpretation also be an i n d i - r e c t l y   o c c u r i n g   p r o c l a m a t i o n? For Stallmann correctly recognizes that through the presentation of an understanding of existenz in history, the possibility of one's own understanding of existence is called into question and occasions a decision." (129) Die beiden Ebenen existentiale Interpretation und existentielle Entscheidung zwischen Glaube und Unglaube sind auch in dieser Stellungnahme trotz 'indirectly occuring proclamation' unter pädagogisch-didaktischem Aspekt, nicht vermittelt.


3. In der Erwiderung auf Schultes Beitrag "The Old Testament and Its Significance for Religious Instruction" (13o) im oben erwähnten Sammelband führt Bultmann am Beispiel des Alten Testaments den Gedanken der Existenzklärung in der Begegnung mit einem geschichtlichen Text aus.

Er bejaht die grundsätzliche Bedeutung des Alten Testaments für die religiöse Erziehung (religious education), denn da es gegenwartsmächtige Tradition und Element unserer Vergangenheit ist, führt sein Studium zum Verstehen der eigenen Geschichte.

'The Instruction', die Bultmann in diesem für amerikanische Leser geschriebenen Text mit "method of religious education" gleichsetzt (131), sollte über die Geschichte Israels zu einem Verständnis des Alten Testaments als historischem Dokument bringen. "Instruction in this manner leads one to understand man as an historical being, that is, in the contradiction which is characteristic of all human existence as well as in the demands under which man stands as under the demands of God." (132) M. a. W. : Der Schüler soll sich als geschichtliche Existenz verstehen lernen, im Widerspruch zwischen Geschöpf-Gottes-Sein und Scheitern in der Sünde. (133) Er soll die Forderungen, unter denen er als geschichtliche Existenz steht, als die Gottes verstehen lernen, diese nicht nur auf den spezifisch kultisch-religiösen Bereich beschränkt wissen, sondern als den säkularen, natürlichen und sozialen Aufgabenbereich ('worldly task') betreffend. Methodisch kann dieses Existenzverständnis, Bultmann stimmt hier Schulte zu, an einem Vergleich des alttestamentlichen und griechischen Verständnisses der Existenz verdeutlicht werden. Auch im Blick auf das Verhältnis AT / NT weiß sich Bultmann im Grunde mit Schultes Interpretation einig: "On the whole, one may say that she shows the way by which religious education can make the Old Testament understandable as the preparation for the understanding of Christian existence." (134)

Zusammenfassend kann gesagt werden: Bultmann argumentiert in diesen Stellungnahmen streng theologisch. Den Sinn des Unterrichts leitet er aus der Dialektik der christlichen Existenz ab. Der Ansatz für einen Erziehungsbegriff wird nicht diskutiert. (135) Die geschichtliche Existenz in der Welt ist wesenhaft fragende Existenz, denn die Grundfrage nach der Eigentlichkeit des Daseins ist ihr nie eindeutig beantwortet. (136) D. h. Offenbarer und Offenbarung sind in der diesseitigen Welt zweideutig, das Wort Gottes hat den paradoxen Doppelcharakter von Verkündigung und Lehre, ist direkte und indirekte Anrede. Der Unterricht, der die Existenzfrage des Hörers klärt und im direkten Ruf zur Glaubensentscheidung je beantwortet, ist in seinem existentialen, eigentlichen Sinn ein Strukturmoment von Verkündigung. Nur in der eschatologischen Situation ist die Existenz eindeutig ausgelegt, ihre Fragen sind beantwortet, die Notwendigkeit eines Unterrichts in der christlichen Religion ist aufgehoben. "In der radikal eschatologischen Existenz verliert die theologische Didaktik Ansatz und Möglichkeit." (137) In dieser Welt ereignet sich der direkte Glaubensappell nur 'in paradoxer Weise', indem der existential-hermeneutisch ausgelegte Prozeß der Sinnklärung die Existenz je an ihre Grenze bringt, in die Entscheidung zwischen Glaube und Unglaube stellt. Ein Unterrichtskonzept bleibt notwendig, das bei einer 'Hermeneutik des Daseins' (138) ansetzt. Das traditionelle Stufenschema Texterklärung-Textanwendung ist zwar überwunden (139), aber jede didaktisch-methodische Überlegung, die theologische Theorie und konkrete Wirklichkeit des Jugendlichen vermittelt, bleibt im Unterrichtsansatz ausgeklammert.

Eine Kritik an Bultmanns Entwurf eines Unterrichts in der christlichen Religion wird die existential-theologische Anthropologie, die den Schüler nur in seiner Existentialität im Blick hat, von der spezifisch pädagogischen Verantwortung für die 'Realisierung von Mündigkeit' (14o) in der gesellschaftlichen Praxis her zu hinterfragen haben.

Schluß: <u>Ergebnis der Untersuchung</u>

Ziel der Untersuchung war, den Stellenwert und die Problematik bildungstheoretischer Aussagen und -praktischer Konsequenzen in Rudolf Bultmanns existentialer
Theologie aufzuzeigen.

Ausgeführt wurde, daß Bultmanns Denken trotz der in den Kategorien existentialer
Hermeneutik ausgeführten dialektisch-theologischen Wende vom "Geist der bürgerlichen Gesellschaft" (1), ihrem Interesse an Würde und Autonomie der Person,
dem eine radikale Anwendung der kritischen Methode entspricht, motiviert ist.
Zwar distanziert sich der dialektische Theologe scharf vom Immanentismus der
kulturprotestantischen, idealistisch-ethischen Bildungsreligion. - "Theologie
kann sich ihre Probleme und Begriffe nicht von einer allgemeinen Kultur- oder
Geisteswissenschaft geben lassen" (2). - Seine gesamte theologische Arbeit durchzieht jedoch die Frage nach dem eigentlichen Sinn der Kultur, der Kulturarbeit
(Erziehung und Bildung), den er nur in idealistischen Kategorien denken kann.

In der geistesgeschichtlich orientierten existentialen Hermeneutik will Bultmann
das Spannungsverhältnis der beiden Geistesmächte Christentum und Humanismus,
die das Abendland entscheidend prägten, klären. D.h., die Frage nach dem eigentlichen Sinn des idealistischen Daseinsverständnisses beantwortet er im hermeneutischen Zirkel der Geisteswissenschaften durch die Rückfrage nach dem Ursprung
im griechischen Idealismus, den er als ungeschichtliches Vernunftdenken typisiert
und dem geschichtlichen Existenzverständnis des Urchristentums konfrontiert.
Sein Ergebnis: In der Frage nach Sinn und Begründung der Existenz stehen sich in
Humanismus und Christentum zwei einander ausschließende grundsätzliche Existenzmöglichkeiten gegenüber: Leben durch die eigene Kraft des vernünftigen und
seiner selbst mächtigen Menschen oder aus dem unverfügbaren Geschenk der be-
freienden Gnade Gottes. (3) Dieses Entweder/Oder gibt der christlichen Existenz
ihren dialektischen Charakter, den Bultmann theologisch im Sinne der lutherischen
Dialektik von Gesetz und Evangelium interpretiert (4): Auch der Glaubende steht
in der Welt unter dem Gesetz, d.h. in der liebenden Verantwortung für die Welt.

Die Konsequenzen im Blick auf das Thema 'existentiale Theologie und Pädagogik':

1. Es gibt keine Erziehung zum Glauben. Erziehung und Bildung haben keine Funktion in dem existenztheologisch explizierten Glaubensbegriff. (5)

2. Erziehung und Bildung sind unter theologischem Aspekt weltliches Handeln
(Gesetz), für das der Glaube keine konkreten Ziele und Programme, kein Bildungsideal aufstellen kann. (6) Das humanistisch-idealistische Bildungsideal des Abendlandes ist das zur menschlichen Existenz gehörende 'vernünftige' und als solches
nicht hinterfragbar. Bildung ist "Kultur nach der Seite ihrer subjektiven Zueignung" (7), dem idealistischen Denkansatz entsprechend den Ideen des Wahren,
Guten, Schönen in den Bereichen von Wissenschaft, Recht und Kunst.

Damit ist deutlich: Bultmanns bildungstheoretische Äußerungen basieren nicht
auf existenztheologischen - z.B. dem Begegnungsbegriff -, sondern, wie auch
seine aktuellen Stellungnahmen zu Fragen humanistischer bzw. wissenschaftlicher Bildung bestätigen (8), auf idealistischen Voraussetzungen (9). Er bleibt

dabei in Theorie und Praxis dem bürgerlichen Bildungsbegriff verhaftet, dem
Vernunftoptimismus und der Dialektik von Orientierung an personaler Mündigkeit einerseits und weltlosem Individualismus andererseits. (1o) - Durch die
idealistische Einheit von Theorie und Praxis ist für ihn das Problem der Wissen-
schaftsdidaktik in der 'utopischen' Vorstellung des 'reinen' sachbezogenen Dialoges
grundsätzlich gelöst. Das Postulat der Personwürde des Individuums steht in der
Gefahr, zur basis- und praxislosen Leerformel zu werden, denn bedingende Verhältnisse und konkrete Ziele werden nicht reflektiert. - Kritisches Prinzip der
Idee der Wissenschaften und der Bildung ist die Theologie, die als vernünftige
Explikation des Glaubens, der durch Gott bestimmten 'Weise der Existenz', alle
Wissenschaften zur Besinnung auf Sinn und letzte Begründung im Verständnis
menschlicher Existenz zwingt. (11) Ihre kritische Intention kommt jedoch durch
die Orientierung an der existentialen Sphäre der Eigentlichkeit nicht zum Tragen.

3. Im Unterschied zu Erziehung und Bildung gehören Lehre und Unterricht zum
Glaubensvollzug in dieser Welt. Aus der existentialen Analytik seines Wesens
folgt Verstehen als Strukturmoment und damit die Notwendigkeit eines Unterrichts
in der christlichen Religion, der wie die christliche Existenz dialektischen Charakter hat, d. h. im Vollzug je an die Grenze, den Punkt der Krisis, vor die Glaubensentscheidung,führt. - Die kritische Distanz Bultmanns gegenüber der Verkündigungskonzeption der Evangelischen Unterweisung ist hier begründet. Sein
eigenes Konzept bleibt jedoch völlig in der theologischen Theorie und damit der
Problematik des existential-hermeneutischen Ansatzes verhaftet. Der Beitrag
seiner theologischen Lehre zur Emanzipation des Menschen innerhalb der Gesellschaft bleibt für uns heute unzureichend. Gerade an dieser Stelle gilt daher:
"Das Erbe eines so kritischen und freien Geistes wie Bultmann kann gar nicht
anders bewahrt werden als durch eine kritische Revision seiner eigenen Position."
(12)

Anmerkungen

Zur Zitationsweise vgl. das Literaturverzeichnis

1)  Mit Recht kommentiert Robinson, 13: "Ganz eindeutig war die erste
    Phase der deutschen Theologie nach dem zweiten Weltkrieg dadurch be-
    stimmt, daß die theologische Position Rudolf Bultmanns immer stärker
    in den Vordergrund der Diskussion trat." Einen umfassenden Literatur-
    bericht zum Problem der Entmythologisierung und Hermeneutik bis
    1962 gibt G. Bornkamm (abgedruckt Ges. Aufs. III, 173ff, mit ausführ-
    licher Literaturzusammenstellung). Eine weiterführende Auseinander-
    setzung mit Bultmanns Theologie versucht in neuester Zeit D. Sölle,
    Politische Theologie. 1971.

2)  z.B. Koch, Klärungen, EU 1953, 121; Ohly, Arbeitshilfe 1952, 82; Gloege,
    126 - besonders im Blick auf das Entmythologisierungsprogramm.

3)  Sandberger, Pädagogische Theologie. Friedrich Niebergalls Prakti-
    sche Theologie als Erziehungslehre. 1972, stellt Niebergalls pädagogi-
    scher Interpretation des christlichen Glaubens die existentiale bei Rudolf
    Bultmann gegenüber. Sein Ergebnis: Erziehung und Bildung erhalten bei
    Bultmann ausschließlich negative Funktion (3of; 1o1ff u.a. vgl. dazu Teil
    III dieser Arbeit). Nach Fangmeier, 259, ist bei Bultmann wie bei Barth
    das pädagogische Moment 'relativ wenig betont', im Unterschied zu Brun-
    ner und Gogarten.

4)  Marlé, 136 A 64.

5)  GuV I, 21f. In dem Aufsatz "Die liberale Theologie und die jüngste theo-
    logische Bewegung" rechnet Bultmann radikal mit seiner theologischen
    Herkunft ab (GuV I, 1-25; Erstveröffentlichung ThBl III, 1924, 73-86).
    Zur Beurteilung vgl. Sölle, a.a.O. 29f A 15.

6)  RGG[2] IV, Sp 1o2o, 1o29.

7)  GuV III, 158.

8)  GuV III, 191; BW 9 sieht er den entscheidenden Unterschied zu Karl Barth
    im 'Bildungserlebnis' (s.u. S. 35 u.ö.); vgl. Anf. 2, 18; 26.

9)  GuV I, 82.

1o) Datiert Frühjahr 195o; hier nach Ausgabe 1964, 7. - Mit der Frage nach
    der Quantität des Wissens und Qualität der theologischen Bildung in der
    wissenschaftlichen Ausbildung von Pfarramtskandidaten setzt sich Bult-
    mann verschiedentlich auseinander. Seine Leitfrage ist dabei: Inwieweit
    steht die wissenschaftlich-theologische Bildung im inneren Zusammen-
    hang mit der kirchlichen Praxis und ist damit unabdingbare Voraussetzung
    für eine angemessene Verwaltung des kirchlichen Amtes? Vgl. dazu unten
    S. 1ooff; auch die Anm. 14 Nr. 4 genannte Schrift.

11) Vgl. GuV III, 191.

12)     KuM I, 8.

13)     Dies versucht Bornkamm, Ges. Aufs. III, 173ff vorbildlich deutlich zu
        machen.

14)     In chronologischer Reihenfolge:
        1. Die Reform des theologischen Studiums und des kirchlichen Prüfungs-
        wesens. ChW 1926, 422-428.
        2. Denkschrift anläßlich des beabsichtigten Vertrages über die kirchliche
        Begutachtung von theologischen Lehrstühlen zwischen dem preußischen
        Staat und den evangelischen Landeskirchen vom 18.1.31, abgedruckt BW
        243ff nach der Durchschrift im StA Marburg A 3a/3o7$^a$, acc. 1962 / 12, Nr.
        19.
        3. Zur Frage der Reform des theologischen Studiums. Montag-Morgen-
        blatt der Frankfurter Zeitung vom 2.1.1933
        4. Zur Frage der wissenschaftlichen Ausbildung der Theologen. Studien-
        betreuung der Kriegsteilnehmer der Martin-Luther-Universität Halle.
        1944, 34ff.
        5. Das Verhältnis der Universität zu Antike und Christentum. Berichte
        des Planungs-Ausschusses der Philipps-Universität Marburg zur Neuge-
        staltung der deutschen Hochschulen. 1946, 2o-27.
        6. Einige Bemerkungen zu: Osterloh, Schwecke, Hollweg, Wawrzinek,
        datiert vom 7.5.1948. (Bisher unveröffentlichte Bemerkungen Bultmanns
        zu einer Auseinandersetzung um die sachgemäße Verhältnisbestimmung
        von Schule und Kirche - Streit um Religionsunterricht oder Christliche
        Unterweisung - in Oldenburg 1947/48. S. Anhang).
        7. Ist humanistische Bildung zeitgemäß? Die alte Schulglocke. Mitteilungs-
        blatt des Vereins ehemaliger Schüler des Mariengymnasiums zu Jever,
        Jahrgang 1954, Ostern 1954, Nr. 8.
        8. Ein Wort über Bildung. Strix, Schülerzeitung des Alten Gymnasiums in
        Oldenburg 196o Nr. 1, 4-6.

15)     In: Martin Heidegger zum 7o. Geburtstag. 1959, 175-179 (= GuV IV, 52-55).

16)     Religion und Kultur, ChW 192o, Sp. 417-421; 435-439; 45o-453 (= Anf. 2,
        11ff); Religion und Sozialismus. Sozialistische Monatshefte 28 / 1922, Bd. 1,
        442-447.

17)     Vgl. GuV II, 133ff; nach st gen I, 1948, 7o-77 und GuV III, 61ff, nach Hist.
        Zeitschrift, 1953, 1-15, ursprünglich in englischer Fassung "Humanism
        and Christianity" JR 1952, 77ff.

18)     GuV III, 194: Aufgabe der dialektischen Theologie ist die Auseinander-
        setzung mit der Tradition des Idealismus und Humanismus. "Die idealisti-
        sche Tradition wirkt ... im Menschenverständnis des christlichen Abend-
        landes nach, und es besteht ... die Aufgabe der kritischen Unterschei-
        dung. Aber nun ist ebenso vor der billigen Verurteilung des Idealismus
        zu warnen. ... Vielmehr ist eine echte kritische Auseinandersetzung zu
        fordern." Vgl. Stallmann, Biblische Geschichte, 37.

19) S. die A 17 angeführten Aufsätze und die unveröffentlichten Bemerkungen
zur Auseinandersetzung in Oldenburg (A 14 Nr. 6 ). Zur bildungstheoretischen Grundsatzdiskussion der damaligen Zeit vgl. die Bibliographie bei
Gloy, Religionsunterricht, 262f, E.

2o) Vgl. GuV II, 59; 76f; III, 61ff. 151.

21) ThLZ 193o, Sp. 169ff (Zitat Sp 17o).
Ähnlich programmatisch in: Die evg.-theol. Wissenschaft in der Gegen-
wart; Abendblatt der Ffm.-Ztg. vom 27.9.1926; vgl. Wenzel Lohff, 196;
Hummel, 48.

22) Vgl. Nipkow, ThP 1967, 34f. Nipkow fordert "die ausdrückliche Thema-
tisierung des Verhältnisses von Glaube und Bildung aus theologischer
Sicht" (34).

23) ThLZ 193o, Sp. 169.

24) Vgl. dazu aus pädagogischer Sicht K. Mollenhauer, Erziehung und Emanzipation 1968, bes. S. 65ff "Rationalität und Bildung". K.G. Fischer,
Emanzipation als Lernziel der Schule von morgen. inf. 3 + 4 197o, 7ff;
zur theologischen Diskussion die u. A 3o angeführten Untersuchungen
und Gremmels, Ev Evz 1971, 181ff.

25) Ebeling, WuG, 323.

26) Bultmanns hermeneutische Arbeit zielt auf eine kritische Auseinandersetzung mit dem idealistischen Geschichtsverständnis, vgl. dazu auch
Stallmann, Biblische Geschichte, 37 und 55ff.

27) Lorenzmeier, a.a.O., 6o.

28) Sölle, Theologie, 13f.

29) Sölle, Ev.Kom. 1971, 15.

3o) Sölle, a.a.O., 18ff; Theologie, 55ff; Tod Gottes, 7of. Ähnlich stellen
die Fragen Moltmann, Ev.Kom. 1968, 15f, Marquardt; 1ooff; Metz, 119
u.a.; Peukert, Diskussion (vor allem die Einleitung des Hgb.).

31) Mit Recht Stallmann, Biblische Geschichte, 38. Die Arbeit beschränkt
sich auf eine Diskussion des pädagogischen Feldes im Blick auf Erzie-
hungs-und Unterrichtspraxis. Zur Predigt vgl. Peerlinck, Rudolf Bultmann als Prediger. 197o (Hinweis auf ältere Literatur, 264f).

32) Bultmanns Theologie wirkt, wie Schulte mit Recht bemerkt, im Unterschied zu der Barths erst sehr spät auf die Religionspädagogik. (ThR
1965 / 66, 257: Sie fragt: "Ob das mehr kirchengeschichtliche, kirchen-
politische oder theologische Gründe hat?") Sein Einfluß ist deutlich bei
Stallmann, Christentum und Schule 1958; Otto, Schule - Religionsunterricht - Kirche 1961[1]; Stock, Studien zur Auslegung der synoptischen Evangelien im Unterricht. 1959 (Einbeziehung der historisch-kritischen Exegese in die Unterrichtsgestaltung).

zu 32) Der Diskussionsfortschritt spiegelt sich in drei charakteristischen Äußerungen der religionspädagogischen Vorbereitungsliteratur für den Lehrer:
Koch stellt EU 1952, 42 die - für ihn wohl 'düstere' - Prognose: "Es ist
sehr wohl möglich, daß sich die Gedanken, die heute auf dem Katheder
in Marburg gelehrt werden, in 2o Jahren auf den gesamten Religionsunterricht ausgewirkt haben." Volandt fragt ERB 1967, 43 zugespitzt: "Also
Bultmann auch im Kindergarten?" Schultze, ERB 1967, 189: "Es ist für
den Religionslehrer hilfreich und zur Klärung seines Unterrichts im
Gegenüber zur theologischen Wissenschaft notwendig, sich mit Bultmann
zu beschäftigen." Zur gegenwärtigen Kritik vgl. Otto, Religionsunterricht,
416; Neues Handbuch, 22. Vgl. unten S. 135.

Anmerkungen zu Teil I,1.

1)   Das deutsche Wort 'Bildung', lat. formatio, griech. $\pi\alpha\iota\delta\epsilon\acute{\iota}\alpha$   "ist
     ein mystisch pietistischer Begriff, der von der Gestaltung des geistigen
     Lebens eines Menschen erst seit der 2. Hälfte des 18. Jahrhunderts ge-
     braucht wird". (Bertram, ThW V, 597 A 5). Nach Reble (174) wird der
     Begriff 'Bildung' in der klassisch-idealistischen Epoche des ausgehenden
     18. Jahrhunderts 'eigentlich' geschaffen "und in der deutschen Sprache
     heimisch gemacht". Wir beschränken uns im Blick auf Bultmann (vgl.
     S. 52ff) auf die Komponente des Begriffes, die im griechischen Idealismus
     wurzelt. Dem 2. Ursprung im christlichen Gedanken der Gottesebenbild-
     lichkeit geht z. B. Stallmann, ZuG, 729ff nach; vgl. auch Gadamer, Wahr-
     heit S. 8.

2)   Vgl. das H ö h l e n g l e i c h n i s (Platon, Pol VII, 514ff).

3)   Deutlich am Gleichnis von der Blume, W. v. Humboldt, Ges. Schr. I,
     1o8f. Vgl. Goethes Symbolbegriff. Goethe, Gespräch mit Eckermann
     vom 2. 5. 1824 (Gespräche S. 74) bezeichnet die Sonne als den Spiegel
     der Unsterblichkeit. "Untergehend sogar ist's immer dieselbige Sonne."
     Der chorus mysticus am Ende von Faust II spricht: "Alles Vergängli-
     che ist nur ein Gleichnis." (S. 337). - Vgl. Gadamer a. a. O. , S. 8:
     Abbild und Vorbild erinnern an die mystische Tradition. Der Mensch
     trägt das Bild Gottes, nach dem er geschaffen ist, in seiner Seele und
     hat es in sich aufzubauen.

4)   Schaller / Schäfer, Kultur S. 9. Goethe, Faust I (S. 49): "Überall regt
     sich Bildung und Streben." Kleist schreibt in einem Brief, datiert März
     18o1 (Ges. W. IV, 197): "Ich hatte schon als Knabe ... mir den Gedanken
     angeeignet, daß die Vervollkommnung der Zweck der Schöpfung wäre. Ich
     glaubte, daß wir einst nach dem Tode von der Stufe der Vervollkommnung,
     die wir auf diesem Sterne erreichten, auf einem andern weiter fortschrei-
     ten würden .... Aus diesem Gedanken bildete sich ... das Bestreben, nie
     auf einen Augenblick hinieden still zu stehen, und immer unaufhörlich
     einem höhern Grade von Bildung entgegenzuschreiten, ward bald das ein-
     zige Prinzip meiner Tätigkeit, B i l d u n g schien mir das einzige Ziel,
     das des Bestrebens ... würdig ist."

5)   Marcuse, Neubestimmung S. 148. Quellentexte: vor allem J.G. Herder,
     "Auch eine Philosophie der Geschichte zur Bildung der Menschheit" 1776
     (Sämtl. Werke V, 475ff) und die vierteilige Geschichtsbetrachtung "Ideen
     zur Philosophie der Geschichte der Menschheit" 1784 - 1791 (Sämtl.
     Werke XIII und XIV). Vgl. auch Nipkow, Überlieferung, Seite 314ff.

6)   Auch hier die beiden Komponenten des Bildungsbegriffes Vorbild und Ab-
     bild. Sie drängen das ursprünglich parallel gebrauchte Wort 'Formung'
     zurück; vgl. Gadamer, a.a.O., S. 7ff und o.Anm. 5 (die Schriften Herders).

Anmerkungen zu Teil I,1.

7)      Adorno, Halbbildung S. 293. Vgl. Mollenhauer, Emanzipation S. 65.

8)      Den zweiten Untergliederungspunkt im Abschnitt über den Geist in der
        Phänomenologie überschreibt Hegel: Der sich entfremdete Geist. Die
        Bildung. (S. 347ff). Wir können uns im Rahmen dieser Arbeit mit Hegel
        nicht auseinandersetzen,vgl. aber Gadamer, a.a.O., S. 9. Er folgt vor al-
        lem Hegels Philosophischer Propädeutik § 41 - 45.

9)      Gadamer, a.a.O. S. 9

1o)     Markert, Dialektik S. 48. Auf eine Diskussion des Verhältnisses von
        Bildung und Erziehung können wir verzichten, denn uns geht es zunächst
        um die klassisch-idealistische Tradition, die Bildung eindeutig als um-
        fassenderen, die anthropologischen Grundlagen einschließenden Begriff
        verwendet (vgl. Jentsch, 2of; Froese, Erziehung, Päd. Lex. Sp. 236ff);
        auch Bultmann, der vom griechischen  $\pi\alpha\iota\delta\epsilon\acute{\iota}\alpha$ -Begriff aus urteilt,
        ordnet Bildung vor (vgl. u. S. 112ff.)

11)     Vgl. Heydorn, Bildung, 184.

12)     Vgl. Gadamer, a.a.O., 11.

13)     Zu Hegels Bedeutung für die deutschen Gymnasien vgl. Wilhelm S. 16 und
        Gadamer, a.a.O., 11; zu Humboldt vgl. Klafki, Studien, 33.

14)     Klafki, ebd..


<u>Anmerkungen zu Teil I,1.1.</u>

15)     Weniger, Persönlichkeit, 124.

16)     Stallmann, Schule, 52.

17)     Weniger, a.a.O., 131; Markert 48f; vgl. Heydorn, Erziehung, 194f;
        Adorno, Halbbildung,292ff; Marcuse, Charakter, bes. 61ff. Die Entwicklung
        spiegelt sich in Goethes, Wilhelm Meister. Lehrjahre, V,3, 149, schreibt
        Wilhelm an seinen Freund Werner: "... mich selbst, ganz wie ich da bin,
        auszubilden, das war dunkel von Jugend auf mein Wunsch und meine Ab-
        sicht". Weiter unten: "Ich weiß nicht, wie es in fremden Längern ist,
        aber in Deutschland ist nur dem Edelmann eine gewisse  allgemeine,
        wenn ich sagen darf, personelle Ausbildung möglich. Ein Bürger kann
        sich Verdienst erwerben und zur höchsten Not seinen Geist ausbilden,
        seine Persönlichkeit geht aber verloren, er mag sich stellen, wie er will."

18)     Goethe, Orphische Urworte, 'Dämon' (Werke, 41. Band, 1. Abt. S. 215):
        "So mußt du sein, dir kannst du nicht entfliehen ...
        Und keine Zeit und keine Macht zerstückelt
        Geprägte Form, die lebend sich entwickelt."
        Vgl. Adorno, Minima Moralia, S. 86ff.

19)     Adorno, Halbbildung, 296.

2o)     Vgl. Marcuse, Charakter, 71.

21)     Humboldt, Ges. Schr. I, 7o.

22)     Ges. Schr. I, 284. Lütgert, 122: "Für ihn war auch die große Welt nichts
        weiter als der Stoff seiner Selbstbildung. "

23)     Adorno, Halbbildung, 296.

24)     Humboldt, Ges. Schr. I, 283.
        Nipkow, Überlieferung S. 318, betont, daß dieser Ansatz bei Humboldt
        "eine 'Wechselwirkung zwischen Ich und Welt' nicht aus, sondern ein"-
        schloß. Vgl. auch Nipkow, ebd. S. 313. Nach Klafki, S. 33 A 23, ist die
        formale Bildungstheorie nur eine Komponente der gesamten Humboldt-
        schen Bildungsauffassung, die aber "in jener verkürzenden Interpretation
        ... in der Gymnasialtheorie wirksam geworden" ist.
        Vgl. Heydorn, Erziehung, 144.

25)     F. Paulsen, Ges. Päd. Schr. 1912, aus S. 134 - 139 (hier zitiert nach
        dem Abdruck in der von Schaller / Schäfer hgb. Quellensammlung, Bil-
        dung und Kultur, S. 1o1).

26)     ebd. 1oo.

27)     Tillich, Lage, 94ff.

28)     Spranger, Lehrerbildung, 6; vgl. Weniger, Persönlichkeit, 125.

29)     Niebergall, Religionsunterricht, 146.

3o)     Vgl. Nipkow a. a. O. , S. 313, 318 u. 322; als 4. Punkt seiner Kritik führt
        er den Gegensatz zwischen dem Normativ-Ideellen des Bildungsprozesses
        und dem Faktisch-Konkreten des Lebensprozesses an. Vgl. auch Weniger
        a. a. O. , S. 128.

31)     Wilhelm, S. 96.

32)     Weniger a. a. O. , S. 126; 137f, ähnlich A. Flitner, RGG[3] I, Sp. 1279f.
        Weniger versucht S. 127f eine geschichtliche Erklärung dieser Gleich-
        setzung: "Humboldt gelang wohl ... die wesenhafte Gestaltung der Per-
        sönlichkeit aus dem Material der Bildung. Nach seinem Vorbild und mit
        Hilfe seiner Gedankengänge wurde dann die Gestaltung der Persönlichkeit,
        die ihm ... als schöpferische Leistung ... gelungen war, zum Ideal der
        Bildung überhaupt ... Ein Sonderfall wurde zum Typus der Bildung ...
        genommen. "
        Naheliegend ist, das Verhältnis von Bildung und Persönlichkeit dem von
        existentialer Interpretation und existentiellem Vollzug zu parallelisieren.
        (Vgl. Weniger, Persönlichkeit S. 138 und Sandberger S. 64 (im Blick auf
        F. Niebergall).

Anmerkungen zu Teil I, 1. 1

33)     Markert, 46. Er leitet den Sammelband 'Erziehung in der Klassengesell-
        schaft' mit einem Aufsatz über die 'Dialektik des bürgerlichen Bildungs-
        begriffs' ein (S. 17ff), vgl. auch Marcuse, Charakter, 66f.

34)     Wilhelm, 53f; vgl. Mollenhauer, 66: "Die Praxis flüchtete in die Gebor-
        genheit der unpolitischen pädagogischen Provinz, die Theorie in eine
        Explikation des nun irrationalistischen Restbegriffs von Bildung."

35)     Vgl. Weniger, Persönlichkeit, S. 138. Mollenhauer, S. 55ff, die Skizze
        über 'Pädagogik und Rationalität'.

36)     Markert, 46f; s. u. S. 25f.


Anmerkungen zu Teil I, 1. 2.

37)     Stallmann, Schule, S. 51.

38)     Weniger, Persönlichkeit, S. 136.

39)     Gadamer, S. 9 u. 12. "Das Sein des Geistes ist mit der Idee der Bildung
        wesenhaft verknüpft." Vgl. Hegel, Phänomenologie des Geistes, 347ff.

4o)     Stern, Bildung, RGG[2] I, 111o. Stern verweist auf Diltheys Strukturpsy-
        chologie.

41)     Nipkow, Überlieferung, 314; vgl. Nipkow auch zum folgenden.

42)     Kerschensteiner, Grundaxiom, 1. Aufl. 1917, S. 27; - in der 9. Auflage
        heißt es: "... der jeweiligen Entwicklungsstufe der individuellen Lebens-
        form adäquat ist", München 1959, S. 71; (zit. nach dem Abdruck in der
        von Schaller / Schäfer hgb. Quellensammlung, Bildung und Kultur, 127).

43)     Humboldt, Ges. Schr. III, 19o, von Nipkow, a. a. O., S. 317, A 22 ge-
        sperrt gedruckt.

44)     Goehte, Hamburger Ausg. Bd. 12, S. 176.

45)     Vgl. Flügge, RGG[3] II, Sp. 1922; Hentig, Platonisches Lehren, I, 1off;
        Blättner, Gymnasium, 195ff.

46)     Nietzsche, Historie, S. 38.
        (Bultmann, Studium 1933, nimmt diese Kritik Nietzsches an der Bil-
        dungsauffassung des Historismus auf; s. u. S. 1o3f ). Nietzsches Kul-
        turkritik wird erst in der Krisenstimmung nach dem 1. Weltkrieg von
        Bedeutung. Für diesen jedoch ist bereits im ausgehenden 19. Jahrhundert
        "das Glück am Dasein ... nur möglich als Glück am Schein". Werke XIV,
        366.

47)     Vgl. dazu Dilthey, Ges. Schr. V, "Die Entstehung der Hermeneutik" und
        VII, "Der Aufbau der geschichtlichen Welt in den Geisteswissenschaften".

Anmerkungen zu Teil I,1.2

48)   Bultmann, GuE, 139.

49)   Bultmann, GuV II, 211f; vgl. auch Habermas, Erkenntnis und Interesse,
      S. 178ff.

5o)   Dilthey, Ges. Schr. VII, 214.

51)   Zur Problematik vgl. Groothoff, Kultur, Zivilisation, Päd. Lex. Sp.
      514f und Adorno, Halbbildung, 294.

52)   Groothoff, a.a.O., Sp. 515.

53)   Vgl. Wilhelm, S. 16o.

54)   ebd. S. 162.

55)   Bohne, Worte Gottes, S. 39f, setzt sich mit Richerts "Handbuch für den
      RU" auseinander, in dem dieser es als Aufgabe des RU bezeichnet, "der
      Religion im modernen Bildungsganzen die rechte Stellung zu geben". Reli-
      gion ist als "empirischer Bestandteil der Kultur Ausgangspunkt für die re-
      ligiöse Unterweisung" und damit Bohnes dialektisch-theologischem Offen-
      barungsansatz entgegengesetzt.

56)   Vgl. Nipkow, Bildungseinheit, S. 65f.

57)   Vgl. Adorno, Halbbildung, S. 296ff. Bezeichnend ist in diesem Zusam-
      menhang die Ablehnung des 'philosophischen Strukturalismus' bei Klaus /
      Buhr, II, 499f.

58)   Marcuse, Charakter, 71.

59)   Stallmann, Schule, 54.

6o)   Vgl. Wilhelm, 55ff; Adorno, a.a.O., 294 und 319ff, vor allem die entge-
      gengesetzte Position bei Mollenhauer, 66f: "Stimmt es nämlich, daß diese
      Gesellschaft kein bloßes Repetitionsphänomen ist, das heißt, daß die ge-
      sellschaftlichen Bedingungen in ihrem gegenwärtigen Zustand nicht nur
      zu erhalten und unter anderem auch durch die Erziehung zu reproduzieren
      seien, dann fällt der Pädagogik als Praxis wie als Theorie die Aufgabe zu,
      in der heranwachsenden Generation das Poten-
      tial gesellschaftlicher Veränderung hervor-
      zubringen."

Anmerkungen zu Teil I,1.3

61)   Nipkow, Theorien S. 71. Er bezieht sich auf Weniger, Theorie der Bil-
      dungsinhalte und des Lehrplanes. 1. Fassung 193o. Weniger will dort
      auch die Didaktik als notwendig geisteswissenschaftlich erweisen.

62)   Nipkow, Überlieferung, S. 323 u. 325. Vgl. Stallmann, Schule, S. 31.

63)   Der klassisch-idealistischen Verhältnisbestimmung von Bildung und Re-
      ligion werden wir uns im nächsten Abschnitt thematisch zuwenden.

64) An dieser Stelle setzt Bultmanns theologische Arbeit ein, in Anknüpfung an Heideggers Sein und Zeit (vgl. auch Gogarten). Zu den Konsequenzen dieses theologischen Ansatzes für die Religionspädagogik vgl. vor allem unten S. 5off und Teil III dieser Arbeit.

65) Mit Recht Weniger, Persönlichkeit, S. 331f.

66) Gadamer, Hermeneutik, Ph R 1961, S. 243.

67) Vgl. Adorno, Halbbildung, 319. Dieses Urteil ist eine Absage an die existenzphilosophisch begründete Pädagogik, die auf irrationale Begriffe wie Krise, Erweckung, Begegnung, Wagnis, Scheitern aufbaut (z.B. Bollnow, Existenzphilosophie und Pädagogik).

68) Vgl. unten S. 1o9 . Zu diesen Bemühungen, "auf dem Wege der Bildung einen früheren geschichtlichen Zustand ... wiederherzustellen" kritisch Weniger, Persönlichkeit, S. 138f und Glaube, S. 57.

69) Stallmann, Schule, S. 54.

7o) Stallmann, Schule, und Nipkow, Überlieferung, setzen mit Erwägungen zu diesem Faktum ein, das trotz der Ereignisse seit 1968 noch heute zutreffen dürfte. Vgl. dazu auch Litt, Das Bildungsideal der deutschen Klassik und die moderne Arbeitswelt. (als älteren Beitrag der geisteswissenschaftlichen Pädagogik der Dilthey-Schule). G. Picht, Grundprobleme der Schulreform. Neue Sammlung 2/1962, G. Picht, Der Bildungshorizont des 2o. Jahrhunderts. Neue Sammlung 4/1964 u.a.m. Die aktuelle Problematik analysiert der Band: "Erziehung in der Klassengesellschaft" mit Beiträgen von J. Beck, M. Clemens, F. Heinisch, E. Jouhy, W. Markert, H. Müller, A. Pressel. München 197o.

71) Vgl. dazu W. Flitner, Allgemeine Pädagogik, Stuttgart, o.J. S. 114, der von einem "reinen pädagogischen Bezug" spricht, und oben A 67.

72) Mit Recht Mollenhauer, S. 67 (gesp. gedr.), vgl. Markert, S. 17 u.ö.

73) Markert, ebd.

74) Markert, 51.

75) Vgl. Heydorn, Erziehung S. 144ff und Adorno, Halbbildung S. 32of.

76) Markert, 51.

77) Vgl. dazu vor allem Moser, Programmatik, S. 649ff und Mollenhauer, S. 66f.

78) Habermas, Erkenntnis, S. 221; vgl. Markert, S. 34ff; Moser, 639ff; Heydorn, Bildung, kommt über diese Dialektik zur Rechtfertigung der Aktualität der humanistischen Bildung. a.a.O., S. 189ff.

79) Habermas, Erkenntnis, 221.

Anmerkungen zu Teil I, 1. 3

80)     Vgl. Nipkow, Überlieferung, S. 33o; Picht, Bildungshorizont, S. 4o3ff.
        Auch Markert wird, wenn er einen Bildungsbegriff erarbeitet, "der seine
        Inhalte aus dem Zustand einer je konkreten Gesellschaft gewinnt", diese
        Gesellschaft in ihrem Gewordensein als ökonomischen und geschichtlichen
        Prozeß zu verstehen versuchen müssen (S. 41).

81)     Habermas, Interesse, 163: "Mündigkeit ist die einzige Idee, deren wir im
        Sinne der philosophischen Tradition mächtig sind. Vielleicht ist deshalb
        der Sprachgebrauch des deutschen Idealismus, demzufolge 'Vernunft' beide
        Momente: Willen u n d Bewußtsein enthält, doch nicht ganz obsolet. Ver-
        nunft meinte zugleich den Willen zur Vernunft." Mollenhauer, vor allem
        S. 67f, überträgt diese Erkenntnis in die Erziehungswissenschaft, vgl.
        auch Lempert, Bildungsforschung und Emanzipation. Neue Sammlung 1969,
        347ff.


Anmerkungen zu Teil I, 2.1

1)      Goethe, Werke, 5. Bd. 1. Abt. S. 134, vgl. den oben S. 151 Anm. 4
        auszugsweise zitierten Brief Kleists, in dem Bildung als "eine eigene Re-
        ligion" bezeichnet ist. Wir können im Rahmen dieser Arbeit nur die Grund-
        intention aufzeigen, eine Einzeldiskussion von Kant, Lessing, Herder,
        Goethe, Humboldt, Hegel u. a. würde zu weit führen; auch dem Verhältnis
        zur Aufklärung und ihrem Grundproblem, Vernunft und Offenbarung, kön-
        nen wir nicht nachgehen. Vgl. dazu Barth, Theologie, und Hirsch, IV, 2.

2)      Lütgert, 124, vor allem in Bezug auf Humboldt.

3)      Herder (Ideen ... 1. Teil 1784, Werke Bd. XIII). zu Herder vgl. Barth,
        Theologie, S. 293ff; Hirsch IV, 2, 2o9ff; Reble, 176ff.

4)      Vgl. Seeberg, 21of; auch Goethes spinozistischer Pantheismus gehört in
        diesen Zusammenhang.

5)      Lütgert, 119, zitiert Humboldt; im Blick auf Hölderlin, s. Hirsch IV, 2, 447.

6)      Sinn der 'Phänomenologie des Geistes' v. 18o7, vgl. dazu Hirsch IV, 2, 476ff.

7)      Paulus, RGG$^2$ I, Sp. 1116; vgl. Stallmann, Schule, 117ff.

8)      Nach Lütgert, 124. Humboldt weiß sich in seiner Tätigkeit als preußischer
        Kultusminister dazu verpflichtet.

9)      F. Schlegel an Schleiermacher (undatiert (1799)). Br. III, 125. Das ver-
        breitete, heute vielfach abschätzig verwandte Schlagwort 'Bildungsreligion
        der Intellektuellen' stammt aus dieser Zeit. (Zu ihrer Unkirchlichkeit vgl.
        Lütgert, S. 221ff). Die Arbeit wird zeigen, wie unsinnig seine Verwendung
        in der Polemik gegen Bultmann ist.

Anmerkungen zu Teil I, 2.1.

1o)     So mit Recht Reble, 173.


Anmerkungen zu Teil I, 2.2.1.

11)     Vgl. dazu Spiegel, 162.

12)     z.B. bei Jaspers, KuM III, 3o.

13)     Vgl. unten S. 31ff

14)     Stallmann, Religionspädagogik, (196o), S. 126 formuliert dies als Aufga-
        be. Vgl. Ebeling, Frömmigkeit, S. 1oo.

15)     Karl Barth, Nachwort zur Schleiermacher-Auswahl, 3o2. Wir wollen im
        folgenden jedoch keine Kontinuität im Sinne Löfflers, KuD 1956, 3o4ff auf-
        zeigen.

16)     Vgl. dazu das Schleiermacher-Kapitel in Barth, Die protestantische Theo-
        logie im 19. Jahrhundert, 379ff, bereits auch Römerbrief[1], 195-2o4; Rö-
        merbrief[2], z.B. 162ff; 249ff u. ä.; E. Brunner, Die Mystik und das Wort,
        1924 (1928[2]). Wobbermin, RGG[2] V Sp. 178 wendet sich gegen die grotesk-
        einseitige Polemik der dialektischen Theologen, die ihre besten Einsichten
        den Reformatoren und Schleiermacher verdanken. Zu Bultmann s. u. 44ff
        Der Wandel theologischen Denkens wird daran deutlich, daß Lohse, Luth.
        Monatsh. 1973, 423 den Vergleich Schleiermacher / Bultmann wiederum
        ohne Emotionen positiv ziehen kann.

17)     Religion und Kultur (192o); s.u. S. 44ff

18)     BW 12.

19)     GuV II, 133-148; GuV III, 61-75, s.u. S. 112ff


Anmerkungen zu Teil I, 2.2.2.

2o)     Ebeling, Frömmigkeit, S. 82ff stellt die entscheidenden Stellen zusammen.
        M 78, 19f; 79, 3; M 42, 8-17, zur Selbstbildung vgl. z.B. R, 9; M 41, 22;
        M 39, 7-15: "O möchten sie doch einmal mich in Ruhe lassen und begreifen,
        daß nicht anders meine Bestimmung ist, daß ich die Wissenschaft nicht bil-
        den darf, weil ich mich selbst zu bilden gesonnen bin!"

21)     Vgl. Markert, 48f, der neben Schleiermacher auf Rousseau und Pestalozzi
        verweist. Vgl. Mollenhauer, 58.

22)     Sittenlehre, Sämtliche Werke III, 5, S. 449. Vgl. Päd. Schr. I, S. 119f
        und Schuffenhauer, S. 89.

23)     Vgl. dazu Raiser, Identität und Sozialität. S. 17 A 4.

Anmerkungen zu Teil I, 2. 2. 2.

24)   Auf die Bedeutung dieses Verständnisses von Ethik für Schleiermachers
      Erziehungslehre wird in Schleiermacher-Interpretationen mit Nachdruck
      verwiesen, z. B. Eckey; 59ff; 73. Vgl. Ebeling, Frömmigkeit, S. 85,
      Spiegel, S. 21ff. Weniger, RGG[3] V, Sp. 1436. Reble, Päd. Lex. Sp. 1121ff.
      Die Einführung in den von Schaller / Schäfer hgb. Band "Bildung und Kultur"
      verweist auf Dolch, (Pädagogische Systembildungen ... ), nach dem Schleier-
      macher in der Geschichte des deutschen Bildungsbegriffs mit dem Versuch
      des Ausgleichs zwischen Individuum und Gemeinschaft in der Pädagogik
      eine Sonderrolle spielt. (1o). - Für die marxistische Schleiermacher-
      Interpretation bei Schuffenhauer ist dieser 'wissenschaftliche' Grundzug
      von besonderer Bedeutung, S. 86f, 1o6f. Sch. verweist auf Schleierma-
      chers Erziehungslehre (in W III, 9, S. 8ff: "Jeder einzelne bewirke jedes-
      mal mit seiner ganzen sittlichen Kraft das möglich Größte zur Lösung
      der sittlichen Gesamtaufgabe in der Gemeinschaft mit allen.") Vgl. M 38,
      1o-13; 22-24. (Keil dagegen geht auf das Verhältnis von Individuum und
      Gesellschaft nicht ein, 34ff). Das Entweder - Oder: Selbstbildung oder
      Fremdbildung läßt Schleiermacher dabei unentschieden.

25)   GL § 89; vgl. dazu Eckey, 9; 16 u. a.

26)   R, 114; vgl. Ebeling, a. a. O. , 86.

27)   R, 173.

28)   R, 56.

29)   R, 237.

3o)   Vgl. Ebeling, a. a. O. , 87f.

31)   R. 56.


Anmerkungen zu Teil I, 2. 2. 3.

32)   R, 42; typisch die Reaktion Goethes auf die Reden; vgl. Br. III, 125.

33)   R, 5o. Schleiermacher fährt fort: "Anschauen will sie das Universum."

34)   R (letzte Fassung, Werke I, 1), 185; vgl. R, 53: "Religion ist Sinn und
      Geschmack fürs Unendliche." Der entsprechende Gottesbegriff wird in
      der Tradition der dialektischen Theologie als "Setzung des seinen Grund
      reflektierenden menschlichen Selbstbewußtseins" abgewertet. (Eckey, 8,
      vgl. 74ff).

35)   R, 37 (Ende der 1. Rede 'Apologie').

36)   Bezeichnend ist die Interpretation Schuffenhauers, der dazu (S. 72)
      Lukacs zitiert, für den Schleiermachers Lehre ein Versuch ist, "der
      Wissenschaft alle Posten der Welterklärung, die sich nicht mehr ver-
      teidigen lassen, preiszugeben, um in der reinen Innerlichkeit ein Terrain
      zu finden, wo ihm die Religion philosophisch rettbar und wieder herstell-
      bar zu sein scheint." (Die Zerstörung der Vernunft, S. 121).

37)   R, 69; vgl. Ebeling, 93ff. Die Interpretation von Löffler (3o7f) geht daran
      vorbei.

38)   GL § 46,1 und § 47; vgl. Ebeling, S. 97.

39)   $Gl^2$ § 33; $Gl^1$ § 37.

4o)   R 133 Ende der 2. Rede "Über das Wesen der Religion" (R 38-133).

41)   Vgl. R, 24o; 248.

42)   R, 291ff; vgl. Päd. Schr. I, 2o; 116ff; vgl. auch Ebeling, a.a.O., 9o.
      Schuffenhauer, 72, weist fast mit Verwunderung auf die religiöse Toleranz
      eines Theologen hin. Sie ist von Bedeutung für die Frage des Religionsun-
      terrichts (s.u.).

43)   $Gl^2$ § 1o5 / 1: "Sein (Christi) ursprüngliches Wirken war rein geistig und
      nur ebenso durch seine leibhaftige Erscheinung vermittelt, wie auch jetzt
      noch seine geistige Gegenwart vermittelt ist durch das geschriebene Wort
      und das darin niedergelegte Bild seines Wesens und Wirkens." Vgl. Eckey,
      3off, Abschnitt III "Der urbildliche und unendlich bildende Christus";
      kritisch gegen Schleiermacher, ebd., z.B. 35 und 74ff.


<u>Anmerkungen zu Teil I, 2.2.4.</u>

44)   Vgl. dazu Ebeling, Frömmigkeit und Bildung (197o); Eckey, Der christli-
      che Glaube und die Bildung bei Friedrich Schleiermacher (1958); Wintsch,
      Religiosität und Bildung. Der anthropologische und bildungsphilosophische
      Ansatz in Schleiermachers Reden über die Religion (1967) und Wißmann,
      Religionspädagogik bei Schleiermacher (1934).

45)   Br. II, 341ff (an Jacobi).

46)   Ebeling, a.a.O., 81.

47)   S. Ebeling, a.a.O., 98.

48)   S. Ebeling, ebd.; Bultmann argumentiert parallel, vgl. dazu unten S. 122.

49)   Sendschreiben an Lücke (ed. Mulert), 37.

5o)   Päd. Schr. II, 141; vgl. I, 116ff.

Anmerkungen zu Teil I, 2.2.4.

51)    $Gl^2$ § 15.

52)    Gl § 16,3.

53)    Päd. Schr. I, 123; Werke I, 12, 199 u. ö.. Schleiermacher versteht sich
       zeit seines Lebens als "Herrenhuter ... nur von einer höhern Ordnung".
       Br. I, 3o8 (18o2 an Reimer).

54)    R, 139-14o; vgl. Gl § 2o: Die Mitteilung des Glaubens erfolgt "nicht auf
       wissenschaftliche Weise durch Unterricht und Demonstration".

55)    R, 5o.

56)    S. u. S. 69; 119ff

57)    $Gl^2$ § 3; die Glaubenslehre gebraucht statt Religion den Begriff Frömmig-
       keit; vgl. Ebeling, 69ff.

58)    Päd. Schr. II, 144; (vgl. zum folgenden, 143); Brief an August Twesten
       vom 22.2.1812 und 1. Entwurf zum Religionsunterricht. (181o).

59)    Werke I, 12, S. 394f.

6o)    Werke I, 12, 399f: "Die Kirche verläßt sich auf die Familie, der die Er-
       ziehung wesentlich obliegt, ... weit mehr als in Beziehung auf die Sitte,
       das Praktische, als auf die Sprache, das Theoretische; denn für das
       letztere gibt sie ihr ein rektifizierendes Institut zu Hilfe, so daß sie selbst
       die populäre Form der Sprache nicht der Familie allein überläßt." -
       Die Kirche (das unendlich offene 'Reich Gottes') ist dabei der geschicht-
       liche Ort der Selbstbildung im Glauben. (Eckey, 52 u. ö.) Schleiermacher
       kann sie (Werke I, 12, 389) in übertragenem Sinne Schule nennen, denn
       ihre Aufgabe ist Gesinnungs- und Talentbildung für ihren Bereich.

61)    Werke I, 7; 533: "Jetzt sind sie (die Schulen) nicht mehr kirchliche An-
       stalten; die Jugend wird als Bestandteil der Gemeinde betrachtet, und die
       Kirche nimmt ihr Interesse an der Jugend dadurch wahr, daß diese in der
       Familie an die Geistlichen der Gemeinen gewiesen wird. Es scheint ein
       Vorwurf der Unzulänglichkeit des Confirmandenunterrichts darin zu lie-
       gen, wenn man nicht nur einen vorbereitenden, sondern einen jenem pa-
       rallel laufenden und nachfolgenden U. in den öffentlichen Anstalten für
       notwendig hält. Der U. in Schulen wird seinen paränetischen Charakter
       verlieren, und namentlich in den Gymnasien wird die Katechese aufhören
       dies zu sein, und statt das religiöse Prinzip zu beleben und zu entwickeln,
       lehrt man dann eigentlich schon Theol.. So gewinnt der RU. ganz das An-
       sehen einer Vorübung für den künftigen Beruf: dann müßte er aber nur für
       Theologen sein und nicht ein allgemeiner. Die Erfahrung bestätigt nur,
       daß der Gymnasial-U. in der Religion nur wenig Gewinn bringt, und daß,
       wenn er nicht in das Theologische übergehen, sondern den katechetischen
       Charakter behalten will, etwas Trockenes und Totes, etwas Schwanken-
       des und Unsicheres hineinkommt." Zum Gebrauch der Bibel in der Schule
       vgl. S. 431f.

Anmerkungen zu Teil I, 2.2.4.

62)     ebd., 534.

63)     Den Begriff der 'Geistelite' für die bürgerliche Klasse zur Zeit Schleier-
        machers gegen ständische Ordnung gebraucht Spiegel, 163, in Anlehnung
        an Weil, Bildungsprinzip, 151.

64)     R, 122.


Anmerkungen zu Teil I, 2.3.

65)     Zur Problematik dieses Ausdruckes vgl. die 3. Rede Schleiermachers
        'Über die Bildung zur Religion' (Abschnitt 2.2.4 o. S. 29ff); Bultmann,
        Anf. 2, 17.

66)     R. Kabisch, Wie lehren wir Religion? 1910[1]; 4., stark überarbeitete
        Aufl., Hgb. H. Tögel, 1916. Die 7. Auflage von 1931 wird noch 1945
        unverändert nachgedruckt; (hier zit. n. d. 6. verbesserten Aufl. von
        1923). Der 1. grundlegende Teil fragt nach dem Wesen des religiösen
        Vorganges, seiner Lehrbarkeit und nach der Religion der kindlichen Seele.
        Diese Psychologisierung, die 'an die Stelle des realen Gotten' das reli-
        giöse Empfinden des Menschen setzt, ist Grund der überspitzten Ableh-
        nung Schleiermachers zu Beginn der dialektischen Theologie. Barths
        Antwort auf Harnacks 13. Frage an die Verächter der wissenschaftlichen
        Theologie unter den Theologen (ChW 37, 1923, S. 91) ist eine Gegenfrage:
        "Welche theologische Tradition ist es doch, die von der Apotheose des
        'Gefühls' ausgehend nun in dem schauerlichen Sumpf der Psychologie des
        Unbewußten glücklich gelandet ist?" Feigels (ZfevRU 1925, S. 173. 182)
        pathetisches 'niemals' in seiner Apologie der theologischen Tradition des
        deutschen Idealismus trifft daher gerade im religionspädagogischen Sektor
        nicht den ganzen Sachverhalt. Zu Kabisch / Tögel vgl. Uhsadel, RGG[3] V,
        Sp. 1003; Otto, Schule, Religionsunterricht, Kirche, 17f; Sandberger, 217ff.

67)     Kabisch-Tögel, S. 5, gesp. gedr. (im folgenden kurz K.-T.).

68)     K.-T., 18ff.

69)     K.-T., 19 u. ö.

7o)     K.-T., 7of, Otto, Schule, 17f.

71)     K.-T., 5 (7. Aufl.), vgl. dazu Otto, Schule[3], 18: "So wird anthropologisch
        verstandene Religion zum Mittel der Erziehung."

72)     Bultmann, GuV I, 7, vgl. auch den gesamten Aufsatz, 1ff.

73)     Der "Religionsunterricht des Staates muß immer kulturgemäß sein".
        (K.-T., 7. Aufl., 15).

74)     Wie wichtig K.-T. die Lehrbarkeit ist, zeigen Titel und Gliederung des
        Buches.

75)     Dieser psychologische Ausdruck ersetzt Schleiermachers Abhängigkeits-
        gefühl (K.-T., S. 13) "Ich kann nicht mehr mit Schleiermacher das Ab-
        hängigkeitsgefühl allein als ausreichend für die Beschreibung des religi-
        ösen Vorgangs ansehen. Es ist nur die unerläßliche erste Hälfte. Aber aus
        dem Abhängigkeitsgefühl muß durch die religiöse Verbindung mit der obern
        Welt das Erhebungsgefühl hervorgehen. Zum religiösen Erlebnis gehört
        beides, das Niederknien und das Wiederaufstehen." K.-T. führen Zitate
        von Bousset und Luther an.

76)     K.-T., 71f (6. Aufl.), Verweis auf Pestalozzi.

77)     K.-T., 72. Im Blick auf die theologisch-religionspädagogische Gesamt-
        beurteilung K.-T.'s interessant ist der Vergleich von Otto, Schule, 1961[1],
        1964[2], 15 und 1968[3], 18.

78)     K. Barth rezensiert O. Pfister, Religionspädagogisches Neuland. Eine
        Untersuchung über das Erlebnis- und Arbeitsprinzip im Religionsunter-
        richt. Zürich 19o9. ChW 1911, S. 4o5f.

79)     Vgl. zum folgenden die differenzierte Analyse von Niebergalls Theologie
        bei Sandberger, Pädagogische Theologie, 1972. Hier besonders S. 218ff.
        Sandbergers sorgfältige Arbeit führt über die pauschale Verurteilung der
        liberalen Religionspädagogen im Gefolge der dialektischen Theologie seit
        Bohne hinaus. Typisch dafür ist noch Uhsadels Artikel Religionspädagogik
        I. In ev. Sicht. RGG[3] V Sp. 1oo3f.
        Niebergall widmet NRU I dem Andenken seines Freundes R. Kabisch; vgl.
        auch das Vorwort der 2. Aufl..

8o)     Vgl. Sandberger, a.a.O., S. 36ff. Biblische Geschichte, Katechismus
        und Gesangbuch enthalten für Niebergall "jenen Niederschlag" einer Ent-
        wicklung von 3ooo Jahren, "durch den die Geschichte der Offenbarung,
        die die Erziehung der Menschheit durch ihren Herrn und Lenker ist, erst
        praktische Bedeutung für jedes Geschlecht erlangt". (PT II, 292). Zu
        Kaftan und Lessing vgl. Sandberger, S. 29; zu Niebergall und Lessing
        S. 42f.

81)     "Die Verbindung von Entwicklung und Offenbarung aber heißt: Erziehung."
        Niebergall, PAAT I,4.

82)     Zu dieser Unterscheidung vgl. Sandberger, S. 89, und in Gegenüberstel-
        lung mit Bultmann (GuV IV, 52-55), 1o1ff.

83)     Vorwort der 2. Aufl. NRU I.

84)     Niebergall, PT II, 268.

85)     Die 1. Auflage der PANT erschien 19o9 als 5. Band des Lietzmannschen
        Handbuches zum Neuen Testament. S. 44: "Das Buch ist ... nicht als
        Nachschlagewerk, sondern als M e t h o d e n l e h r e gedacht." Zur
        Polemik der dialektischen Theologen vgl. Bultmann Anf. 2,72 und unten,
        S. 39ff u. 85ff.

Anmerkungen zu Teil I, 2. 3.

86)     Vgl. dazu NRU I, 21-26 (§ 3 - Gegenstand des Religionsunterrichts).

87)     Vgl. Niebergalls Schrift "Der Schulreligions- und der Konfirmanden-
        unterricht" (1912, 24f) und Sandberger, 2o8ff.

88)     Vgl. dazu Sandberger, 2o7ff.

89)     Bultmann, GuV I, 5, von Bultmann gesperrt gedruckt.

9o)     Bultmann, ebd., 7.

91)     Harnack, 52; entscheidende These seiner Vorlesungen zur Jahrhundert-
        wende über "Das Wesen des Christentums".

92)     Bultmann, a.a.O., 15. Jesus, 85f: "Man verstand die Gottesherrschaft
        etwa als einen innerlichen, geistigen Besitz oder als die geschichtliche
        Gemeinschaft derer, die im Gehorsam gegen Gottes Willen in sittlichem
        Wirken Gottes Reich auf Erden bauen."
        Vgl. auch S. 23ff Jesu Verkündigung: Das Kommen der Gottesherrschaft.

93)     Tillich, Lage, 138.

94)     ZfevRU 1925, 187. Der Korreferent Feigel tritt (S. 172-187) "lebhaft für
        den deutschen Idealismus ein", (197), von Bultmanns Referat ist nur eine
        Skizze abgedruckt. (S. 17o-172). Vgl. unten S. 124ff, die Position
        Schweckes im Streit um das Verhältnis von Schule und Kirche 1947/48 in
        Oldenburg; die Argumentation ist analog der Feigels.


Anmerkungen zu Teil I, 2.4.1.

95)     Zu diesem Ausdruck z.B. Troeltsch, Religionsphilosophie, der 'kirch-
        liche Volksreligion' und 'Bildungsréligion' gegenüberstellt (486 u.a.):
        s.o. S.26f.

96)     Vgl. zu dem gesamten Abschnitt die autobiographischen Bemerkungen,
        die Bultmann am 28.1.1959 während eines Aufenthaltes an der Syracuse
        University in Syracuse, NY / USA schrieb, abgedruckt, Briefwechsel,
        313ff.

97)     Vgl. dazu Weniger, Persönlichkeit, 13o.

98)     Die Fächer sind aufgezählt in den Vorbemerkungen zum "Wort über Bil-
        dung" in Strix, Schülerzeitung des alten Gymnasiums in Oldenburg, 196o,
        S. 4. F. Blättner, Das Gymnasium, 97: "Noch um 19oo gab es Gymnasien,
        die außer dem Mathematiker nur klassische Philologen als Lehrer besaßen -
        auch für Deutsch, Erdkunde, Geschichte, Naturkunde." Eine Folge des
        Ideals der Allgemeinbildung; er verweist auf Humboldt, Süvern, J. Schulz;
        vgl. 148.

Anmerkungen zu Teil I, 2.4.1.

99)     BW 315.

1oo)    So die Charakteristik von Schwecke, vgl. Anm. 1o1.

1o1)    Das Referat ist abgedruckt im Oldenburgischen Schulblatt Nr. 5/1919.
        Diese Sätze zitiert noch 1947 der bereits pensionierte liberale Lehrer
        W. Schwecke in einer Kontroverse um das Verhältnis von Schule und
        Kirche, die Frage des RU. Vgl. W. Schwecke "Schule und Kirche".
        Einige Bemerkungen zu dem Aufsatz von Oberkirchenrat Osterloh, in:
        Gesetz und Verordnungsblatt für die evangelisch-lutherische Kirche in
        Oldenburg, Beiheft 1 / 1947; s.u. S. 123ff und Anhang S. 311f.

1o2)    Diesen Ausdruck gebraucht Fangmeier, S. 17.

1o3)    BW, 314; außerdem der Kirchenhistoriker K. Müller, der Alttestament-
        ler H. Gunkel. GuV IV; 142 erwähnt er den Dogmatiker J. Kaftan.


Anmerkungen zu Teil I. 2.4.2.

1o4)    GuV I, 2; bei seinem Lehrer W. Herrmann und dem "großen Aporetiker
        der liberalen Theologie", E. Troeltsch, weiß er jedoch Motive wirksam,
        "die zu ihrer eigenen Überwindung führten" (lf). Zum Stil dieser frühen
        Auseinandersetzung (1924) vgl. Sölle, Theologie, 29f A 15.

1o5)    Vgl. GuV I, 3ff, 87. Charakteristisch dafür ist die Arbeit von Troeltsch,
        der den Historismus u.a. durch eine Kultursynthese zu überwinden suchte
        (Kumazawa, 35).

1o6)    GuV I, 15.

1o7)    GuV I, 2 u. 4. Sölle, a.a.O., 19f, weist mit Recht darauf hin, daß es
        unmöglich ist, den Gegensatz zwischen Bultmann und Barth durch den auf
        beide formal zutreffenden Begriff einer Wort-Gottes-Theologie zu ver-
        schleiern, gegen Schmithals, Christuszeugnis, 16. Vgl. Sölle, Tod, 61f.

1o8)    BW 9.

1o9)    BW, 32o; ThNT, 598f charakterisiert er seine Darstellung: sie "steht einer-
        seits in der Tradition der historisch-kritischen und religionsgeschichtlichen
        Forschung und sucht andererseits deren Fehler zu vermeiden, der in der
        Zerreißung von Denk- und Lebensakt und daher in der Verkennung des Sin-
        nes theologischer Aussagen besteht". (s.u.) vgl. Marlé, 11ff.

11o)    Tillich, Lage, 95: das Große der bürgerlichen Bildungsarbeit ist die "Er-
        ziehung zur Sachlichkeit,Nüchternheit, Wahrhaftigkeit", kritisch Mar-
        quardt, 97f, 1o6; Sölle a.a.O., 22f; Blank, 39ff; Teil I dieser Arbeit und
        unten z.B. 47ff.

111)   Syn. Trad. , 4ff. Bultmanns Ansatz unterscheidet sich von Dibelius' Synthese und einem nur ästhetischen Begriff von 'Form'.

112)   Vgl. KuM I, 24ff.

113)   GuV I, 4 u. ö.

114)   BW 9f; er verweist auf W. v. Humboldt, den die 'Historie' bis zur Grenze
des Menschlichen führt, ähnlich wie der platonische Idealismus den Theologen Karl Barth. Kurz zuvor verweist Bultmann auf "Gundolfs Unterscheidung von 'Urerlebnissen' und 'Bildungserlebnissen'" und stellt sich
damit bereits an dieser Stelle in die Dilthey-Tradition. (vgl. dazu Paulus,
RGG$^2$, I, Sp. 1113f. ).

115)   KuM II, 182, s. u. S. 113ff;   Sandberger, 3of u. ö. stellt daher die These
auf, daß Bultmann die personaltheologische Linie im Denken seines Lehrers Kaftan in Anknüpfung und Widerspruch weiterführt.

116)   Bultmann, Geleitwort zu Harnack, Wesen, 7.

117)   Ebd., 8. Bultmann bezieht sich auf den Briefwechsel Lennert / Kittel,
"Über den Lehrer im Religionsunterricht", Sammlung 1948, 695ff, vgl.
Ebeling, WuG 9, 47f.

118)   Ebd., 13f.

119)   Anf. 2, 91 weiß Bultmann sich mit Peterson in dem Anliegen einig, nach
einem "Schutz gegen die direkte Identifizierung von Schrift und Offenbarung" zu suchen.

12o)   Für den Bereich der Hermeneutik herausgearbeitet bei Kumazawa, 46ff;
Lorenzmeier, Exegese; Marlé, 11ff; Sölle, Theologie, 19ff versucht, das
kritisch-emanzipatorische (liberale) Moment in Bultmanns Theologie kritisch herauszuarbeiten. Vgl. auch bereits Buri, Schw. Theol. Umschau,
1951, 19ff, der die Kontinuität von Harnack zu Bultmann im Begriff des
Selbstverständnisses darstellt (21). Kritisch ablehnend z. B. Fülling, Neuliberale Richtungen in der heutigen Theologie, EU 1961, 89ff. Barth, BW
118, spricht von 'liberalen Eierschalen' (1931). Vgl. Bonhoeffer; WE 183
und 22of.

121)   Vgl. Oldenburg, S. 4 und 6. Interessant ist die Parallelität zwischen dieser Formulierung und der von Karl Barth in KD I, 1, S. 51 (1. Aufl. 1932):
"Jugendunterricht als solcher hat zu belehren, nicht zu bekehren, ... nicht
zu verkündigen. "

Anmerkungen zu Teil II, 1. 1.

1)    Strohm, MP Th 1966, 1. Vgl. Käsemann, Freiheit (Vorwort); zum RU
vgl. Kaufmann, Bibel, 79ff u. a. m..

2)    Vgl. dazu Barth, Römerbrief, Vorwort zur zweiten Aufl. , 1922 (Anf.
1, 112f) und den Vortrag K. Barths, 'Das Wort Gottes als Aufgabe der
Theologie', 1922 (Anf. 1, 197ff). Die entscheidenden Sätze: "Wir sollen
als Theologen von Gott reden. Wir sind aber Menschen und können als
solche nicht von Gott reden. Wir sollen Beides, unser Sollen und unser
Nicht-Können, wissen und eben damit Gott die Ehre geben. " (199). Vgl.
Bultmann, Anf. 2, 72. Die dialektischen Theologen grenzen sich an dieser
Stelle von F. Niebergalls Versuch einer praktischen Auslegung des Neuen
Testaments scharf ab (vgl. oben S. 32f).

3)    Vgl. z. B. Klassen/Merkert, 27, und Bastian, EvTh 1968, 29. Sie werfen
der dialektischen Theologie vor, die didaktische Arbeit der Theologie, in
deren Blickfeld notwendig der empirische Mensch steht, blockiert zu haben.
Vgl. auch Kaufmann, Bibel, 79ff.


Anmerkungen zu Teil II, 1. 2.

4)    Vgl. Scholder, 514ff. Scholder bezieht sich auf Krockow, Entscheidung.
Vgl. Strohm, S. 6ff.

5)    Vgl. Scholder, 516.

6)    Vgl. Krockow, 2.

7)    Scholder, 516f: "Daß dieser 'Dezisionismus' bei Carl Schmitt und Martin
Heidegger in eine Verherrlichung der 'nationalen Revolution' von 1933
mündete, erscheint nur folgerichtig. "

8)    M. Heidegger, Sein und Zeit, 1. Hälfte, 1927[1]; vgl. Krockow, 81.

9)    Zu unterscheiden ist die ältere Generation der 'Bürgerlich-Liberalen'
wie Troeltsch, Meinecke, Preuß, Weber u. a. (vgl. Scholder, 516 und
Krockow, 145, 155. ).

1o)    S. o. S. 24

11)    Anf. 2, 119; vgl. bereits Barth, Römerbrief (1919), 1. Aufl. z. B. 214f,
die Aufsätze von Barth, Brunner, Gogarten, Thurneysen, die in 'Anfänge
der dialektischen Theologie', ThB 17, T 1 und 2 abgedruckt sind. Auch
Tillich, Lage, 1o4, spricht vom Gegensatz Religion und Kultur (Geist der
bürgerlichen Gesellschaft).

12)    "Mit ihm trat Martin Luther in den Festsaal der Wartburg und war wieder
der Junker Jörg, dem Teufel das Tintenfaß an den Kopf zu schmeißen. "
(Frankfurter Zeitung 192o, Nr. 786, zit. n. Strohm, a. a. O. , 6 A 15).
Vgl. die Charakterisierung der Wirkung Anf. 2, 94 (Moltmanns einleitende
Bemerkungen zu Gogarten).

Anmerkungen zu Teil II,1.2.

13)     Der Einfluß der Kulturkritik Nietzsches ist deutlich: "Nachdem der jasa-
        gende Teil meiner Aufgabe gelöst war, kam die neinsagende, n e i n-
        t u e n d e  Hälfte derselben an die Reihe: die Umwertung der bisherigen
        Werte selbst, der große Krieg - die Heraufbeschwörung eines Tages der
        Entscheidung." Ecce homo- Jenseits von Gut und Böse, 1141. K. Barth,
        Anf. 1, 68, kommt vom Neuen Testament her zu der Forderung "einer
        Umwertung aller praktischen Werte".

14)     Anf. 2,1o8.

15)     Anf. 2,12o.

16)     Anf. 2, 1oo, 'Zwischen den Zeiten' ist der Titel des Aufrufs,mit dem
        Gogarten 192o an die Öffentlichkeit trat.

17)     Anf. 2, 1o8. Gogarten schreibt rückblickend 1937 in 'Der Zerfall des Huma-
        nismus und die Gottesfrage': "Es war nicht nur eine andere Weise, in der
        man hier und dort nach Gott fragte, sondern es war ein anderer Gott, nach
        dem hier und dort gefragt wurde ... Der Gott, nach dem man hier in der
        überkommenen Theologie fragte, war der höchste Gedanke oder das höchste
        Gut, das das menschliche Leben zum runden Abschluß brachte. Der Gott,
        nach dem man dort in dem neuen theologischen Ansatz fragte, war eine
        unheimliche Wirklichkeit, von der die Frage, der Riß, der Widerspruch,
        die durch alles menschliche Leben und durch alles im menschlichen Le-
        ben gehen, bis zum Unerträglichen offen gehalten wurde".

18)     Scholder, 518; vgl. Anf. 2, 121.

19)     Vgl. Anf. 2, 118.

2o)     Anf. 1, 28.

21)     Anf. 1, 27.

22)     Theologische Existenz heute! 1933, 3: Für Barth ist entscheidend, "in
        leise erhöhtem Ton, aber ohne direkte Bezugnahme - Theologie und nur
        Theologie zu treiben."

23)     ThEx, NF 49, 1956, 91.

24)     Scholder, S. 522f, weist mit Recht darauf hin, daß diese Konzentration
        Barths unter der Faszination der Krise geschah, die "die Radikalität
        des Fragens provozierte, ohne ihrerseits in ihrer Fragwürdigkeit deutlich
        zu werden". (523). Sölle (Tod, 6o) bezeichnet diesen "Sprung aus dem
        Reich des Relativen ins Absolute" als "Flucht", während Scholders Urteil
        über Karl Barth sehr vorsichtig; vgl. dazu auch den Brief Barths an
        Thurneysen vom 5.2.1915, in dem er seinen Eintritt in die Sozialdemo-
        kratische Partei begründet (BW Thurneysen, 33). Wichtig heute vor allem
        die Untersuchung von Marquardt, Karl Barth und die Politik, 1972.

25)     "Wissenschaftliche Theologie oder Theologie der Offenbarung Gottes?"
        Ein Briefwechsel zwischen Karl Barth und Adolf von Harnack. ChW 37,
        1923; zit. n. Anf. 1,323ff.

26)     Troeltsch, Ein Apfel vom Baume Kierkegaards. ChW, 1921, zit. n.
        Anf., 2, 134ff.

27)     Vgl. Krockow, 152. "Der Dezisionismus ist gekennzeichnet durch seine
        radikale Vereinfachung und Vereinseitigung der Probleme, darum war
        hier die Herausarbeitung der dialektischen, zirkulären Strukturen not-
        wendig." (im Blick auf Jünger, Schmitt, Heidegger).

28)     Anf. 2, 138.

29)     Anf. 2, 135.

3o)     F. Overbeck: "Das Christentum unter den Begriff des Historischen stellen,
        also zugeben, daß es historisch geworden ist, heißt zugeben, daß das
        Christentum v o n  d i e s e r  W e l t  i s t  und in ihr, wie alles Leben,
        nur gelebt hat, um sich auszuleben." (Christentum und Kultur, 7).
        Troeltschs Kernproblem war das Verhältnis von historischer und dogma-
        tischer Methode in der Theologie. "Die historische Methode, einmal auf
        die biblische Wissenschaft und auf die Kirchengeschichte angewandt, ist
        ein Sauerteig, der alles verwandelt und schließlich die ganze bisherige
        Form theologischer Methoden zersprengt." (II, 73o).

31)     Anf. 2, 139.

32)     Vgl. Sölle, Tod, 59.

33)     Scholder, 523. "Krieg und Revolution haben Wirklichkeitstiefen eröffnet,
        denen der Idealismus nicht gewachsen ist." (Tillich, Lage, 41, vgl. S. 25).

34)     Vgl. dazu Scholder, 517ff; zu ähnlichen Folgerungen kommt Strohm, MPTh
        1966, 1ff, bzw. Theologie im Schatten politischer Romantik, 197o. Vgl.
        Rendtorff, Kirche, 175ff.
        Die 'kritischen' Bemerkungen von Göckeritz zu Scholder (EvTh, 1965,
        16off) übersehen die politische Dimension jeder theologischen Äußerung
        (z.B. S. 169), auf der Scholder in der knappen Entgegnung mit Recht in-
        sistiert (ebd. 169). Eine theologiegeschichtliche Rückfrage nach der dia-
        lektischen Theologie, die den Weltbezug des Wortes Gottes abblendet, wird
        notwendig unsachgemäß, auch z.B. Moltmanns 'offenbarungstheologisches'
        Urteil: "Die 'dialektische Theologie' stammt nicht aus der Krisenstimmung
        jener turbulenten Jahre. Sie war vielmehr selbst effektiv eine Kraft des
        Gerichtes über eine tote Vergangenheit und der Eröffnung einer neuen
        Zukunft" (Anf. 1, X). Gogarten selbst urteilt in der Streitschrift gegen
        Karl Barth "Gericht oder Skepsis" (1936) über die Umbruchszeit: "Dieses
        radikale Denken brachte uns in gefährliche Nähe zu der allgemeinen Krise,
        die durch Kriegs- und Nachkriegszeit das menschliche Leben bis in den
        Grund erschütterte, und zu der Stimmung der Ausweglosigkeit und des
        Am-Ende-Seins, die damals über viele Menschen gekommen war. Es ist
        kein Zweifel, daß diese allgemeine Krise nicht ohne Einfluß auf den Ra-
        dikalismus unseres Denkens gewesen ist." (Anf. 2, 337).

Anmerkungen zu Teil II, 1.2.

35)   Tillich, Lage, 152.

36)   Richert, Handbuch, 1911, 49. Bohne, Das Wort Gottes und der Unterricht
      (1929), der entscheidende religionspädagogische Neuentwurf auf der Basis
      der dialektischen Theologie, entwickelt seine Position in Auseinandersetzung
      mit der Richerts.

37)   Doerne, Bildungslehre, 64. Bohne, Wort, 9f und ZfevRU, 1932, 165, wirft
      den dialektischen Theologen daher Pädagogikfeindlichkeit vor (s.u. S. 5off),
      Eine frühe positive Äußerung zur dialektischen Theologie aus dem reli-
      gionspädagogischen Bereich ist E. Neuse, Die neuere Theologie und un-
      ser Religionsunterricht, SchuEv 1, 1926, 4ff; 28ff (vgl. dazu Dross, Ver-
      kündigung, 23ff).


Anmerkungen zu Teil II, 1.3.1.

38)   Diese Intention hatten bereits die Aufsätze "Das religiöse Moment in der
      ethischen Unterweisung des Epiktet und das Neue Testament" (ZNW 1912)
      und "Die Bedeutung der Eschatologie für die Religion des N.T." (ZThK 27,
      1917, S. 76-87), dann vor allem die Aufsätze von 192o und 1922, "Reli-
      gion und Kultur" (ChW 192o), "Karl Barths 'Römerbrief' in zweiter Auf-
      lage" (ChW 36, 1922), "Religion und Sozialismus" (Soz. Monatsh. I/1922).

39)   Anf. 2,41 und oben S. 34ff. Trotzdem versteht er sich als dialektischer
      Theologe, den Gogarten und Barth beeinflußt haben. Vgl. bereits die posi-
      tive Besprechung der 2. Aufl. des Römerbriefkommentars von Karl Barth.
      Anf. 1, 119ff und ZThK 193o, 354.

4o)   Auf die Eigenständigkeit Bultmanns wurde bereits wiederholt hingewiesen.
      Z.B. Marlé, S. 11ff; Ebeling, WuG, S. 324ff; Lorenzmeier, S. 22, vgl.
      oben S. 34ff.

41)   Vgl. Bultmanns Brief an E. Förster von 1926, abgedruckt, Schmithals, S. 9f;
      auch Jesus, 147 u.a.m.

42)   GuV III, 193. Dafür bezeichnend auch die frühe Auseinandersetzung mit
      der liberalen Theologie, GuV I, 1ff, in der Bultmann mit deren Theologie,
      Anthropologie und Geschichtspantheismus abrechnet, aber an ihrer kriti-
      schen Intention festhält; (2; 4) vgl. oben S. 35.   - Auch Gogarten, Anf.
      2, 96, ist sich bewußt, daß sein geistiges Werkzeug aus der Schule der
      liberalen Theologie stammt.

43)   Gogarten, Zwischen den Zeiten, ChW 192o, Sp. 374-378. (Gogartens
      Wartburgvortrag 'Die Krisis unserer Kultur' erscheint ChW 192o, Sp. 77off).
      Bultmann, Religion und Kultur, ChW 192o, Sp. 417-421; 435-439; 45o-453;
      abgedruckt Anf. 2, 11ff; vgl. zu diesem Ziel S. 11 u. 17.

44)   Bultmann und Barth sind Schüler W. Herrmanns, wobei Bultmann als der
      treuere Schüler Herrmanns beurteilt wird. Schmithals, S. 11. Zu Bult-
      manns Verhältnis zu W. Herrmann vgl. z.B. Ott, 14f.

170

Anmerkungen zu Teil II, 1.3.1.

45)    Vgl. GuV I, 1f.


<u>Anmerkungen zu Teil II, 1.3.2.</u>

46)    Bultmann hatte 191o bei W. Heitmüller über das Thema "Der Stil der pau-
       linischen Predigt und die kynisch-stoische Diatribe" promoviert.

47)    ZNW 1912; 97ff; 177ff.Bultmann führt an dieser Stelle eine Debatte mit
       A. Bonhöffer über 'Epiktet und das NT' (ZNW 1912, S. 281ff), die sich je-
       doch darauf beschränkt, einzelne Epiktet-Stellen gegeneinander auszuspie-
       len (vgl. Nestle, S. 121). Die Gesamtinterpretation einer Diatribe fehlt.
       Zur späteren Epiktet-Interpretation vgl. GuV II, 274ff (bes. 277ff); Urchri-
       stentum, S. 145ff (Hellenismusdarstellung). Der Vergleich bietet sich für
       Bultmann aufgrund zeitlicher Parallelität an.

48)    ebd., 18o. Freiheit meint nicht freie Willensbetätigung, sondern Verzicht
       auf Willensbetätigung, charakteristisch sind die beiden Gebote $\dot{\alpha}\pi\acute{\epsilon}\chi\epsilon\sigma\vartheta\alpha\iota$
       und $\dot{\alpha}\nu\acute{\epsilon}\chi\epsilon\sigma\vartheta\alpha\iota$.

49)    Der für den späteren Bultmann typische Begriff 'Selbst-(Existenz-)verständ-
       nis' taucht an dieser Stelle noch nicht auf; vgl. aber z.B. Urchristentum;
       GuV II, 59ff; III, 151ff.

5o)    ebd., 183 und 1o2. Bonhöffer, S. 285, bestreitet den Mangel an positiven
       ethischen Forderungen, ähnlich Jentsch, 57, der Bultmanns Ansatz jedoch
       nicht zitiert. Nestle ist vorsichtiger, kommt jedoch auch zu dem Urteil:
       "Bultmanns Charakterisierung der stoischen Ethik als 'individualistisch'
       und 'negativ' ... trifft die Intention Epiktets in IV 1" (131 A 5o), der von
       Nestle interpretierten Diatribe ($\pi\epsilon\rho\grave{\iota}$ $\dot{\epsilon}\lambda\epsilon\upsilon\vartheta\epsilon\rho\acute{\iota}\alpha\varsigma$ Diss. IV, 1) nicht.

51)    ebd., 1o2.

52)    ebd., 178. Das Problem der Verbindung von Ethos und Religion bei Epiktet
       wird nur selten in dieser Schärfe gesehen. Jentsch, 57, sieht zwar die Proble-
       matik, ordnet sie aber dem Feld der Vorkritik zu, das auf seine religiöse
       Tiefe hin zu hinterfragen ist. S. 83 urteilt er über die Stoiker: "Der Gottes-
       begriff dieser Pädagogen ist manchmal eine fromme Hilfskonstruktion",
       nimmt aber Epiktet von diesem Urteil aus. Auch Nestle kommt in der Inter-
       pretation der Diatribe (Diss. IV, 1) zu einem anderen Urteil, indem er sich
       gegen Bultmanns rationalistische Interpretation wendet, eleutheria nicht als
       ethisches Ideal, sondern als sprachliche Freiheit zum Lobe Gottes interpre-
       tiert, vgl. bes. S. 131-135.

53)    Vgl. ZNW 1912, 182f.

54)    Vgl. auch Jentsch, 43.

55)    Nestle, 128 und A 33.

Anmerkungen zu Teil II, 1.3.2.

56)     ZNW 1912, 182 und 191.

57)     ebd., 181.

58)     ebd., 179.

59)     vgl. ebd., 181f.

6o)     ebd., 191.

61)     s. jedoch A. 49.


62)     Dieser Ansatz ist typisch für die Epiktet-Interpretation der modernen
        Theologie. Nestle, 12o, arbeitet die typischen Begriffspaare für Jonas,
        Bultmann und Braun heraus. Bei diesen Interpreten erscheint die Stoa als
        das Gegenteil dessen, "was von den Autoren für paulinisch gehalten wird".
        (12o).

63)     GuV I, 21f und 19.

64)     ZNW 1912, 186.

65)     Die Bedeutung der Eschatologie für die Religion des N.T., ZThK, 1917,
        S. 76-87.

66)     ebd., 81.


Anmerkungen zu Teil II, 1.3.3.

67)     ChW 192o, hier zitiert nach Anf. 2, 11ff. Im Begriff 'Erleben' orientiert
        sich Bultmann an seinem Lehrer W. Herrmann, in der Gedankenführung
        überhaupt an Schleiermachers Reden; er zitiert aus allen 5 Reden. Die Ar-
        gumentation in 'Religion und Sozialismus', Soz. Monatsh. 1922, 442-447,
        verläuft analog.

68)     ebd., 17.

69)     ebd.; vgl. Soz. Monatsh., 443f.

7o)     ebd., 17f.

71)     ebd., 18f.

72)     ebd., 18.

73)     Bultmann spricht das Thema Erziehung und Unterricht nicht systematisch
        an, sondern im Zusammenhang der Erarbeitung des Wesens von Religion
        in Aufnahme von Schleiermachers Reden taucht es wiederholt auf (18-22).
        Die folgenden drei Punkte versuchen zu systematisieren.

74)     Vgl. den betreffenden Abschnitt über Schleiermacher und u. S. 128 und
        Schuffenhauer, 133. Bultmann zitiert R 4, 223f.

Anmerkungen zu Teil II, 1.3.3.

75)   Anf, 2, 18, zitiert R 5, 273f. Schleiermacher lehnt in der Fortsetzung re-
      ligiöse Erziehung und Unterricht in Religion ab. Weder ihr Ausgangspunkt,
      noch ihr Ziel oder ihre Mitte ist eine lebendige Anschauung. Die Absolut-
      setzung legt den Verdacht einer Vermischung mit, wenn nicht gar Verwand-
      lung der natürlichen Religion in Philosophie und Moral nahe. Die Erziehungs-
      theologie des Kulturprotestantismus war damit bereits implizit abgelehnt.

76)   ebd., 19.

77)   ebd., 23.

78)   ebd., 22f. Bultmann parallelisiert Religion mit Vertrauen, Freundschaft,
      Liebe.

79)   ebd., 23.

8o)   ebd., 25. Die entsprechenden religiösen Begriffe sind Offenbarung, Gnade,
      Erwählung. Vgl. Soz. Monatsh. 1922, 444.

81)   ebd., 26. Vgl. Tillich, Lage, 34, "Darum ist der Kampf um das Ewige
      immer auch ein Kampf um den Geist."

82)   ebd., 27. Vgl. Soz. Monatsh. 1922, 447.

83)   Der konkrete politische Horizont taucht nur formelhaft auf, "... wir unsere
      Kräfte dem Neubau des Staates zu widmen haben" (29). Die letzten 2 Seiten
      machen deutlich, daß Bultmann allein die geistige Seite einer Bewegung,
      wie der dialektischen Theologie, im Rahmen der Kulturkritik nach dem
      1. Weltkrieg im Blick hat. Vgl. auch hier den Brief Bultmanns an E. Förster
      (1926, abgedruckt bei Schmithals, S. 9f), der den Einfluß des Krieges auf
      den theologischen Umbruch ausdrücklich verneint, ihn allein aus "der inne-
      ren Auseinandersetzung mit der geistigen Situation erklärt"  (1o).

84)   ebd., 28, vgl. Scholder, S. 514. Die konservative Revolution war "die eine,
      die bürgerlich-nationale Antwort auf die Krise ... der Kommunismus die
      andere".

85)   ebd., 29; vgl. Soz. Monatsh. 1922, 446f.

86)   Bultmann, Anfänge, 1, 119; vgl. GuV I, 7.

87)   Anf. 2, 26; vgl. Anf. 1, 133f.

88)   Anf. 2, 17; sehr deutlich Soz. Monatsh. 1922, 446. Die geisteswissenschaft-
      liche Tradition, in der Bultmann dabei steht, wird deutlich, wenn er - im
      Gegensatz zu Karl Barth - "Gundolfs Unterscheidung von 'Urerlebnissen'
      und 'Bildungserlebnissen'" (BW 9) zustimmt. Vgl. dazu F. Gundolf, Ro-
      mantiker, Berlin 193o, darin die Schleiermacher-Darstellung, 141ff, be-
      sonders die Analyse der Reden 172ff; R. Paulus, Bildung und Religion. RGG$^2$
      I, Sp. 1113f.

89)   S. Anf. 1, 12off, wo Bultmann in der Besprechung von Barths Römerbrief$^2$
      Glaube und 'Erlebnis' unterscheidet.

9o)    S. Anf. 2, 43. Vgl. auch die Polemik gegen den Begriff des Erlebens, den Lohmeyer in seinem Buch "Vom Begriff der religiösen Gemeinschaft" entwickelt. ThBl 1927, Sp. 66ff. Der wesentlich kritische Charakter des Wortes Gottes ist hier Grund der Anfrage an Lohmeyers Ausgangspunkt bei dem alten idealistisch-romantischen Ideal einer 'Wissenschaftslehre', eines 'Systems der Vernunft'. Lohmeyer kann daher Theologie nur als Religionsphilosophie im Blick haben. Dagegen Bultmann: "Bei der Interpretation des Verfassers ist vergessen, daß Glaube im urchristlichen Sinne immer Glaube an das kontingente Faktum Jesus Christus ist, also nie ein Moment in einem System, sei es der Kultur, sei es der Vernunft, sei es der 'Religion' sein kann." Sp. 68.


## Anmerkungen zu Teil II, 2.1.

1)    ThR 1954, 23 A 1. B. = Bultmann (auch im folgenden).

2)    Iwand, Werke I, 85, "Auf dieses Problem stieß er (Barth) nicht, weil er forschte, sondern weil er predigen mußte!"

3)    Anf. 1, 199 (gesp. gedr.). Zentrum des Vortrages "Das Wort Gottes als Aufgabe der Theologie" von 1922.

4)    Vgl. Anf. 1, 77.

5)    Sölle, Tod, 59.

6)    Bonhoeffer, WE 219ff. Ebeling, WuG, 91ff; Lorenzmeier,3of, vgl. Prenter, MW III, 36ff; kritisch zu dem Schlagwort, Sauter, Wissenschaft, 53 u. 64f: Barth argumentiert aus "der Positivität Gottes und seiner Transzendenz".

7)    Vor allem die verbreitete restaurative Ausführung von Barths Ansatz in unserer kirchlichen Praxis, die sich insbesondere auf die Kirchliche Dogmatik beruft, trifft das Bonhoefferwort. Vgl. auch den scharfen Angriff aus praktischer Sicht bei Bastian, EvTh 1968, 27f: "Der universale Anspruch der dogmatischen Lehre vom Wort duldete die Praktische Theologie nur als Paraphrase. An den homiletischen und katechetischen Entwürfen, die im Umkreis der Kirchlichen Dogmatik erarbeitet wurden, ließe sich leicht zeigen, wie schwer den Autoren die methodische Selbständigkeit ihrer Fragen und Antworten fiel .... Die Lehre vom Wort Gottes läßt die Kluft zwischen dem dogmatischen Anspruch der Verkündigung und ihrer schmerzlichen Wirklichkeit immer tiefer werden. Sie vergewissert einseitig den kirchlichen Redner, aber ignoriert weithin den kirchlichen Hörer, zumal dann, wenn er nicht mehr hören und 'kirchlich' sein kann oder will oder letztlich aus der Predigtkirche zu emigrieren entschlossen ist."

8)    Deutlich GuV I, 1ff; s.o. S. 34.

Anmerkungen zu Teil II, 2.1.

9)    ChW 1922, hier zit. n. Anf. 1, 119ff.

1o)   Sauter, Wissenschaft, S. 64.

11)   Vgl. GuV I, 289; III, 22f; ThNT, 599, u.a.m..

12)   Anf. 1, 124ff. Vgl. Gogarten, Anf. 2, 118: "Hier ist freilich alles Gnade, alles Wunder."

13)   Anf. 1,122, vgl. ChW 1928, 1o1o: Glaube ist "Sprung ins Dunkle".

14)   "Es ist klar: dieser Radikalismus, der die Paradoxie, ja den Schein des Blasphemischen nicht scheut, will immer nur wieder zum Ausdruck bringen, daß Glaube, daß Rechtfertigung ein schlechthinniges Wunder ist. Aber ist nicht d i e  P a r a d o x i e  ü b e r s p a n n t?" (ebd., 13o).

15)   ebd., 132.

16)   ebd., 13o.

17)   ebd., 131.

18)   ebd., 131f. 'Glaube und Bewußtsein' wird unter dem Einfluß der Existenzphilosophie Heideggers durch 'Glauben und Verstehen' ersetzt. (Vgl. den Titel der vier Aufsatzbände Bultmanns und unten S. 71f.

19)   BW, 9.

2o)   Vgl. BW, 11f; Anf. 2, 41.

21)   Vgl. Anf. 1, 142; Syn. Trad. 2f, Anf. 2, 41 und vor allem die Besprechung von Karl Barth, "Die Auferstehung der Toten" (1926), GuV I, 38ff.

22)   GuV I, 64.

23)   GuV I, 51.


<u>Anmerkungen zu Teil II, 2.2.</u>

24)   Lorenzmeier, S. 49: Bultmanns Jesus-Buch "ist in gewissem Sinne das klassische Werk der 'dialektischen Theologie' - wie Bultmann sie verstand!" Vgl. Bultmanns Antwort auf Barths Kritik BW, 63ff.

25)   Erwähnt wird Schleiermacher, 112.

26)   Jesus, 9 (Sperrung von mir). Vgl. die gesamte Einleitung "Die Art der Betrachtung", 7-15.

27)   ebd., 12; vgl. 148:"... daß das menschliche Leben dadurch charakterisiert ist, daß es durch Entscheidungen führt."

28)   ebd., 61; 66 u.a.

Anmerkungen zu Teil II, 2.2.

29) ebd., 6o, vgl. auch S. 72f; 32.

3o) ebd., 36f.

31) Vgl. ebd., 63; 1o9. Die Entscheidung ist jedoch kein "Würfelspiel"; "ihr
   Charakter ist vielmehr um so deutlicher, je klarer die Einsicht in die empirischen Möglichkeiten vorhanden ist." Zum klaren, verständlichen Sinn
   der Entscheidung vgl. vor allem S. 62ff; S. 91.

32) S. 38: "Vielmehr ist die Gottesherrschaft eine Macht, die die Gegenwart
   völlig bestimmt, obwohl sie ganz Zukunft ist. Sie bestimmt die Gegenwart
   dadurch, daß sie den Menschen in die Entscheidung zwingt; er ist so oder
   so, als Erwählter oder als Verworfener, in seiner ganzen gegenwärtigen
   Existenz durch sie bestimmt." Vgl. S. 28ff, 35ff, 91, 1o7, 134.

33) ebd., S. 67.

34) ebd., S. 143.

35) vgl. ebd., S. 36f; 39; 74ff.

36) vgl. ebd., S. 143, u. S. 148: "Durch das Wort, das als Anrede neu in die
   Situation des Menschen hineintritt, wird er vor die Entscheidung gestellt,
   und dadurch wird das Wort für ihn Ereignis."

37) Vgl. ebd., S. 13o.

38) Vgl. ebd., S. 72.

39) Vgl. GuV IV, S. 142. Nach Sandberger, S. 3off u.a.m., hat Bultmann die
   von Niebergall übernommene 'pädagogische Linie' im Denken Kaftans kritisiert, die 'personaltheologische' indirekt aufgegriffen und weitergeführt.

4o) Vgl. Hasenhüttl, 156ff.


Anmerkungen zu Teil II, 2.3.

41) 1. Aufl. Berlin 1929, nach ihr wird zitiert. $1932^2$.

42) Vgl. ebd., S. 9: "Barths scharfe Betonung des göttlichen Anspruchs und
   der Unmöglichkeit eines menschlichen Weges zu ihm, Gogartens Angriffe
   gegen die humanistisch-religiöse Bildung, ... (es folgen Brunner und
   Thurneysen) ..., Bultmanns klare Herausarbeitung der religiösen Entscheidung, treffen den Religionsunterricht an seiner wundesten Stelle, eben in
   seiner Verflechtung in die Kultur, und stellen ihn damit in seinen letzten
   Voraussetzungen auch grundsätzlich in Frage." D.h. hinter Bohnes Grundkonzeption steht die gesamte dialektische Theologie, nicht nur Barth (gegen
   Otto, S. 21; Schilling, S. 119), mit dem er sich auseinandersetzt. Vgl. KD I,
   1, 51f, Barths berühmtes Wort "Jugendunterricht ... hat zu belehren, nicht
   'in die Entscheidung zu stellen'" und Bohne, Z f ev RU 193o, S. 365. -


176

Anmerkungen zu Teil II, 2.3.

zu 42)  Vgl. zum Hintergrund Bohnes Bloth, S. 34 A 71, zur Bedeutung Bultmanns
vor allem Heßler, S. 355f. Vgl. auch Schilling, 118ff und Sturm, S. 21ff.
Dross, 47ff, beschränkt sich auf das Verhältnis Bohnes zu Barths dialektischem Verkündigungsbegriff.

43)  Bohne, Wort, S. 1o, auch S. 49, vgl. Heßler, S. 355.

44)  Vgl. ebd., S. 91; Dross, S. 48, stellt mit Recht fest, daß durch diesen
Spannungsbegriff der "gesamte Bereich der Bildung ... einen Eigenwert (er-
hält), der ihm von der Dialektischen Theologie gerade abgesprochen war."
Kritik am Spannungsbegriff (Dross, 58, A 88). "Einheit im Gegensatz"
(Bohne, S. 1o3).

45)  Bohne, Wort, S. 63.

46)  Vgl. ebd., S. 58, auch den gesamten Abschnitt 3,1.

47)  Vgl. ebd., S. 59.

48)  ebd., S. 136, vgl. S. 51.

49)  Vgl. dazu S. 51 und Kap. 7, 1, wo Bohne an Bultmann, Jesus, 1. Aufl.,
S. 28-54 (nach unserer Aufl., im folgenden in Klammer, 23-42) und 178-
181 (133f) explizit anknüpft. Bohne zitiert zustimmend Bultmanns Kritik
an der liberalen Leben-Jesu-Theologie: "Es liegt Jesus ganz fern, den
Menschen im humanistischen Sinne zu sehen, als trage er in seiner Anlage
oder durch seine Bestimmung zur Verwirklichung eines Ideals eine Gött-
lichkeit oder Gottverwandtschaft in sich." Bohne, S. 51, Jesus, 44 (35).
Leitmotiv ist der Satz Bultmanns: "Der Sinn der menschlichen Existenz ...
ist der: in der Entscheidung zu stehen vor Gott, vor die Forderung des
Willens Gottes gestellt zu sein, den es im konkreten Moment zu erfassen,
dem es zu gehorchen gilt." (Jesus$^2$, 72), aber vgl. dazu unten.

5o)  Bohne, Wort, 139f.

51)  Vgl. ebd., S. 58. Durch diese Aufgabenstellung sind Predigt, Konfirmandenunterricht und schulischer RU völlig gleichgestellt. Das Problem der
verfaßten Kirche spielt für Bohne keine Rolle (Vgl. Dross, S. 53f). Heßler,
S. 356: "Der Religionsunterricht übernimmt ..., um es zugespitzt zu sagen, die Aufgabe der Predigt Jesu."

52)  "Die Formel 'in der Entscheidung vor Gott stehen' wird so zu einer existentialen, d.h. auf die menschliche Existenz in ihrem Vollzug bezogenen Interpretation des Glaubens überhaupt." Dross, S. 52, vgl. S. 56. Vgl. die Analyse dieses Begriffs bei Faber, ThR 6, 1934, S. 1o8ff und Bloth, S. 34f
und unten Anm. 57 und 53.

53)   "Das Ziel eines evangelischen RUs, der mit Bewußtsein in der lebendigen
      Spannung zwischen der menschlichen und der göttlichen Wirklichkeit stehen
      will, kann es nur sein, daß er das ihm aufgetragene Wort Gottes dem jun-
      gen, werdenden Menschen in menschlicher Lebendigkeit und steter psycho-
      logischer Anknüpfung an seine Entwicklung sagt und ihn dadurch in die Ent-
      scheidung vor Gott stellt oder doch ruft." (ebd., 1o7f, gesp. gedr.). Vgl.
      Heßler, S. 356, Bloth, S. 35, der darauf hinweist, daß dieser Begriff in
      späteren Werken zum 'pädagogisch praktikablen Grundentscheid' wird.

54)   Bohne, Wort, S. 185 u. a. m..

55)   ebd., S. 266.

56)   ebd., Kap. 8 und 9, vgl. S. 194ff.

57)   Vgl. dazu außer dem Jesusbuch z. B. auch GuV I, 79f und 84, Bultmanns
      Auseinandersetzung mit Dibelius. Dagegen Bohne, 14o: "Damit stellt Jesus
      den Menschen hinein in die ewige Spannung Mensch-Gott, und indem er das
      tut, stellt er ihn in die Entscheidung." Jarausch kritisiert daher mit Recht
      die 'idealistische' Anthropologie, die sich hinter Bohnes Entscheidungsbe-
      griff verbirgt (Schu. Ev. 6, 1931 / 32, 46). Auch Sturm, 23, wirft Bohne
      Idealismus vor.

58)   Bohne, Wort, S. 186.

59)   Vgl. Grundlagen, I (1951) und II (1953).

6o)   Bohne, Wort, S. 261.

61)   ebd., S. 266.

62)   Vgl. Schu. Ev. 5, 193o/31, S. 187ff, S. 192: "Wir können nur sein Wort
      verkünden, einen Auftrag ausführen, ein Hinweis sein durch Wort und Tat!
      Aber mehr nicht!"

63)   Vgl. die Kritik bei Dross, S. 6of.

64)   Rang knüpft an Bohnes Ansatz an, kritisiert aber den Ausdruck "in die
      Entscheidung stellen" als nicht sachgemäß, denn in der Taufe ist über
      das Kind entschieden. Rang, I, 24. Wir werden die kirchliche Verkündi-
      gungskonzeption S. 124ff. noch einmal kurz aufgreifen, (auch S. 191f.)

65)   Bohne selbst weiß seine Gedanken in der Erfahrung des Krieges verwur-
      zelt; die dialektische Theologie, Bultmanns Entscheidungsbegriff, beur-
      teilt er als Hilfe zur begrifflichen Klarheit. (Zf ev RU 1932, S. 363).

<u>Anmerkungen zu Teil II, 3.1.</u>

1)     BW, 19o und GuV III, 192.

2)     Vgl. "Das Problem einer theologischen Exegese des Neuen Testaments, Anf. 2, S. 47ff. Das Problem der Hermeneutik, GuV II, S. 211ff. Ist voraussetzungslose Exegese möglich? GuV III, S. 142ff und unten S. 85ff.

3)     Heidegger lehrte von 1923-1928 in Marburg, vgl. BW 317; wir werden uns der existentialen Interpretation unten S. 88ff im Zusammenhang des neutestamentlichen Existenzverständnisses zuwenden. - Wichtige Sekundärliteratur: Y. Kumazawa, 156ff "Existenz als hermeneutisches Subjekt"; Luck, ZThK 1956, 23off; Ittel, KuD 1956, 9off; Haug, ZThK 1958, 2o1ff; Keil, 1958, 52ff; und Biehls Auseinandersetzung mit Ott, ZThK 1956, 349ff. Vgl. das Literaturverzeichnis.

4)     SuZ, 17.

5)     Auf ZNW 1912, S. 97ff, waren wir oben kurz eingegangen. ( 42ff ) Vgl. vor allem GuV II, S. 59ff: "Das Verständnis von Welt und Mensch im Neuen Testament und im Griechentum", GuV III, S. 151ff: "Der Mensch und seine Welt nach dem Urteil der Bibel". "Das Urchristentum im Rahmen der antiken Religionen", c 3 und 4. "Geschichte und Eschatologie", S. 1o2-1o6.

6)     GuV III, S. 152.

7)     Urchristentum, S. 7.

8)     Urchristentum, S. 8.

9)     Urchristentum, S. 8; vgl. zu Bultmanns Gegenüberstellung von griechischem Glauben und christlichem Denken (Philosophie und Theologie), W. Anz, Christlicher Glaube und griechisches Denken, ZuG, S. 531ff, der die systematischen Prämissen der existentialen Interpretation kritisch aufzeigt (z.B. S. 532).

1o)     Zu diesem Programm vgl. GuV III, 151f. Auch Bohne erklärt in "Grundlagen der Erziehung" Bd. I das Wesen der Selbsterkenntnis vor Gott durch eine Gegenüberstellung von Platon und Christus.

11)     S. Anm. 5.

12)     Anz, a.a.O., S. 533: "G r i e c h i s c h e s   D e n k e n   i s t   d i e   E i n h e i t   v o n   'W e l t a n s c h a u u n g'   u n d   'h u m a n i s t i s c h e r   B i l d u n g'."

13)     Vgl. Anz, a.a.O., 534. Zu Gnosis und Mysteriendenken vgl. GuV IV, 81. Beides bleibt hier ausgeklammert, denn in der Frage n. Griechentum und Christentum geht es um die Relevanz des platonisch-idealistischen und des christlichen Traditionsstromes für die abendländische Kultur. (s.u., 112ff zu Humanismus u. Christentum).

14)    Der 2. Traditionsstrang ist der biblische (alttestamentliche) Topos von
der Gottesebenbildlichkeit des Menschen, der über die mystisch-pietisti-
sche Tradition in das idealistische Bildungsdenken (Herder) eingeht. Vgl.
Stallmann, Gottesebenbildlichkeit, ZuG 729ff; Bertram, ThW V, 597,
Anm. 5.

15)    W. Jaeger, Paideia II, S. 3o3. Zum folgenden vgl. vor allem W. Jaeger,
Paideia I, II, III.

16)    W. Jaeger, Paideia I, S. 364.

17)    Platon, Politeia, Anfang des 7. Buches. Picht, ZEE, 1964, 321ff, inter-
pretiert das Höhlengleichnis an zentraler Stelle, ähnlich auch Ballauf,
Die Idee der Paideia, 1952, der das platonische Höhlengleichnis und den
Vor-Bild-Gedanken in den Parmenides-Fragmenten auslegt.

18)    Bertram, a.a.O., S. 597: Die Wortbedeutung von παιδεύω : sich mit
einem Kinde 'intensiv oder berufsmäßig beschäftigen' (vgl. 596, A 1).
Bertram verweist auf die Ergänzungsbegriffe μανϑάνω und διδάσκω.

19)    Erziehungsdenken, S. 31ff. Die Liste geht vom aristokratischen Erzie-
hungstyp Homers zum autoritären oder rechtlichen Roms.

2o)    Bertram, παιδεύω κτλ , ThW V, 6o1f: "Der antrhopozentrische und ...
individualistische Charakter des aufgeklärten griechischen Denkens ist in
dem bekannten Grundsatz des Protagoras: 'Jeder Mensch ist für sich das
Maß der Dinge, der Seienden, daß sie sind, der Nichtseienden, daß sie
nicht sind', zusammenfassend ausgesprochen" (Plat. Theat., 152a). Vgl.
Picht, ZEE, 1964, S. 326. Picht datiert den Ursprung des Bildungsden-
kens in die Zeit der Krise der griechischen Welt bei den Sophisten. "Von
Bildung im eigentlichen Sinne kann man erst von dem Zeitpunkt an reden,
wo die Erziehung so begriffen wird, daß es sinnvoll ist, sie im Gleichnis
des künstlerischen Bildens darzustellen." (Platon); s. auch Jentsch, Erziehungsdenken, S. 82 und das folgende.

21)    Jaeger, Paideia, I - III, ders., Humanismus, 7o.

22)    Bertram, a.a.O., 6o2.

23)    Bertram, a.a.O., 6o1 und 6o2.

24)    Vgl. Rengstorf, διδάσκω κτλ ThW II, S. 153. Die Aussage darf jedoch
nicht intellektualistisch mißverstanden werden. (Vgl. Schaller, Inf. u.
Kom., Einführung, S. 1o). Wegenast, Lehre, S. 852 u. S. 857, überspitzt
in seiner Polemik gegen den ethischen Rationalismus die Gegenseite. Mit
Recht Schaal, Kierkegaard, S. 1o8: "Wie für die Sophisten, so gilt auch
noch für ihn (Sokrates), daß Tugend im Wissen zu suchen ist, jedoch - und
darauf kommt es an - solches Tugendwissen läßt sich nicht positiv beibringen, da es sich gleichsam nur im und als Verhalten verwirklichen
kann." Vgl. auch Jentsch, S. 38: "Das Credo des Sokrates ... heißt:
'Tugend ist Wissen'."

25)  Διδαχή      bedeutet Unterricht, Lehre, Belehrung, durch Unterricht
vermittelte Lehre (Rengstorf a.a.O. , S. 166; Wegenast, a.a.O. , S. 859).
Διδασκαλία    bedeutet in der Profangräzität 'intellektuelle Lehre'
(Wegenast, a.a.O. , S. 859). "Der intellektuelle Charakter des Wortes ist
unverkennbar." (Rengstorf, a.a.O. , S. 163). Διδασκαλία und διδαχή
setzen also Vernunftgebrauch voraus.

26)  Vgl. Inf. u. Kom. , S. 1o, und Hübner, Ev. Th. 1966, S. 399f, F. Copei,
"Der fruchtbare Moment im Bildungsprozeß", der die Hebammenkunst des
Sokrates aktualisiert. Bultmann, unveröffentlichte Stellungnahme zu Streit-
fragen um Schule - RU - Kirche 1948 in Oldenburg, Manuskript S. 4, for-
muliert: "Als humanistisch bestimmte Schule weiß sie, daß Lehren und
Lernen sich in der Sphäre des Geistes bewegt, und daß echte Pädagogik
Maieutik ist, d.h. daß sie den Geist und damit das existentielle Fragen
der Schüler entbindet." (s.u. S. 127).

27)  Platon, Pol. VII; Sinn des Höhlengleichnisses.

28)  Vgl. Jaeger, Paideia III, 3oo.

29)  Jaeger, I, 5.

3o)  Bertram, a.a.O. , 6o3. Vgl. auch Jaeger, III, 32of, 333f. Belegstellen:
Platon, Pol. VII, 54oa; Nom. IV, 716c.

31)  Jaeger I, 19.


<u>Anmerkungen zu Teil II, 3.2.</u>

32)  GuV II, 69, vgl. 71.

33)  GuV II, 62f.

34)  GuE, 1o3. Diese Interpretation kritisiert Anz, 551: "Griechisches, plato-
nisches Denken gelangt zwar in ein verstehendes Sehen ( νοῦς   ), in dem
wir Einsicht ( φρόνησις   ) gewinnen; aber es ist nicht 'Weltanschauung':
es setzt Welt für sich nicht ins Bild. Es sucht, i n der Bewegtheit des
Fragens fortschreitend, in die Wahrheit des Seins selbst zu gelangen."
In Bultmanns existentialer Interpretation bleibt dieser Vorgang platonischen
Philosophierens verdeckt. Zum Recht der existentialen Interpretation vgl.
S. 553, zum Ganzen Kamlah, 69of.

35)  Die hier angesprochene Dialektik von Freiheit und Gesetz ist nach Bultmann
typisch für griechisches Denken überhaupt, d.h., sie kennzeichnet die Polis
mit ihren verschiedenen Lebensgebieten (athletischer Wettkampf und philo-
sophischer Dialog), die griechische Wissenschaft und Philosophie. Vgl. GuV
II, 152f mit der Kritik an Schliers ἐλευθερία -Artikel im ThW II, S. 484f;
GuE, 1o3, und den folgenden Abschnitt, der die Vernunftdialektik entfaltet.

Anmerkungen zu Teil II, 3.2.

36)   GuV II, 63; vgl. Urchristentum, 139, GuE, 1o3f. Das Weltgesetz ist das
      Gesetz der eigenen Existenz. Vgl. z.B. Jaeger I, 16. Müller-Freienfels
      (64) interpretiert: "Der Typus war alles, das Individuum nichts." Daher
      muß notwendig auch der geschichtliche Allos übersehen werden. (Jentsch,
      a.a.O., 84). Vgl. dazu unten S. 56f.

37)   Platon, Gorgias, 5o7 EF. Bultmann zitiert diese Stelle wiederholt. GuV II,
      63; Urchristentum, 138; vgl. ThW I, 691; Anz, 547.

38)   Urchristentum, 13o; vgl. 138f.

39)   GuV, 63.

4o)   Urchristentum, 139f.

41)   Urchristentum, 14o: "Die ethische Terminologie ist also aus der Kunst be-
      ziehungsweise dem Handwerk übernommen." "Die 'Tugend', die das Han-
      deln leiten soll, ist nichts anderes als die Tüchtigkeit zum 'Werk'." GuV II,
      63f, (gesp. gedr.).

42)   Vgl. GuV III, 154f.

43)   Urchristentum, 14o.

44)   Anz, 547, Die "ontologischen Strukturbegriffe" werden "zu Idealen ästhe-
      tisch-technischer Menschenformung".


Anmerkungen zu Teil II, 3.3.

45)   Urchristentum, 139.

46)   Vgl. Anz, a.a.O., 534 und 547.

47)   Den platonischen Gedanken der μετοχή bzw. μέθεξις spricht Bultmann
      an dieser Stelle an. Vgl. auch Hanse, ThW II, S. 83o.

48)   Vgl. Urchristentum, 139; GuE, 1o4.

49)   Vgl. GuV II, 63; III, 154; Urchristentum, 11; 129; und Jaeger, z.B. I, 3;
      6. Anders Delling, ThW I, 478: "Auch beim platonischen ἀρχή -Begriff
      steht der Zeitsinn im Vordergrund."

5o)   Damit der Kosmos als Einheit übersehbar ist, gilt er als räumlich be-
      grenzt, als abgeschlossen. Vgl. Urchristentum, 138.

51)   ἀλήθεια ThW I, 231f; vgl. γινώσκω ebd., 691.

52)   γινώσκω ThW I, 691.

53)   ebd.; vgl. GuE, 1o3.

54)   GuV III, 154.

Anmerkungen zu Teil II, 3.3.

55)     Vgl. GuV III, 152ff.

56)     Vgl. GuV II, 6o; GuE, 1o3.

57)     γινώσκω      ThW I, 692. Bultmann verweist in diesem Zusammenhang
        vor allem auf Aristoteles.

58)     Vgl. γινώσκω      ThW I, 69o.

59)     ebd., 691; vgl. ζάω ThW II, 833ff. Sowohl im klassischen Griechentum
        als auch in der Stoa wird "das Leben als u n t e r  d e r  F r a g e  n a c h
        s e i n e r  E i g e n t l i c h k e i t  stehend gesehen". (838f).

6o)     γινώσκω      ThW I, 691.

61)     Urchristentum, 196.


Anmerkungen zu Teil II, 3.4.

62)     Nach Gnomon, 195o, 344f, ist Personbildung das Hauptkennzeichen grie-
        chischen Denkens, s. aber GuV IV, 1o2; dazu u. S. 251, A 69.

63)     Urchristentum, 139.

64)     GuE, 1o4. B. verweist auf die ethische Terminologie, die dem Bereich des
        Kunsthandwerks entstammt. Vgl. Jaeger I, 11; 19.

65)     Vgl. GuV II, 64.

66)     GuV II, 73; vgl. 59; Urchristentum, 132, und Anz, a.a.O., 532.

67)     Urchristentum, 134f, 141, GuV II, 64; kritisch Anz, a.a.O., 551.

68)     Vgl. unten S. 6o und Picht, ZEE 1964, 342: "Die θεωρία ist zeitlose
        Gegenwart dessen, was in der menschlichen Seele das Göttliche ist; sie ist
        das Verweilen der Seele im göttlichen Geiste und damit in sich selbst und
        bei sich selbst - aber nicht bei sich selbst, dem menschlichen, sondern bei
        sich selbst, dem göttlichen νοῦς . Aus dieser zeitlosen Gegenwart kehrt
        dann der Philosoph zurück ins tätige Leben, um sich dem Werke zu widmen,
        das bei Platon ... mit der Kunst eines Malers verglichen wird, das heißt
        dem Werk der Politik und der Erziehung. So ist gerade die Theorie am Ende
        die höchste Praxis und zugleich der Ursprung jeder rechten Praxis."

69)     GuV III, 156f; II, 242; vgl. ähnlich Jentsch, 5o. Der Zögling hat eine "leicht
        reparable, gute Anlage"; Jentsch gibt Belege bei Musonius an (49). Zur
        Parallele im deutschen Idealismus vgl. Seeberg, ZKG 1932, 221: "Es gibt
        nach Goethe nichts absolut Böses, sondern stets nur weniger Gutes und noch
        nicht Gutes."

7o)     Vgl. Anz, 545.

Anmerkungen zu Teil II, 3. 4.

71)  GuV III, 155: Urchristentum, 141. Wie stark diese kompromißlose Tren-
     nung des 'Inneren' und 'Äußeren' über das klassische Bildungsideal W. v.
     Humboldts bis in die Gegenwart nachwirkt, können wir bei Litt, Bildungs-
     ideal, S. 58, nachlesen: "Nur in dieser Isolierung (von der Außenwelt) kann
     das 'Innere' zu dem Kunstwerk jener Totalität ausreifen, die in sich zu ver-
     wirklichen der homo humanus sich beauftragt glaubt. "

72)  GuV II, 242.

73)  GuV II, 65; Urchristentum, 147ff; ChW 1925, 41; Ex. , 43f.

74)  GuV II, 67; vgl. bereits ZNW 1912, 187, wo Bultmann betont, daß bei Epiktet
     die Motivierung der sozialen Forderung im natürlichen Egoismus liegt. Auch
     Jentsch, a. a. O. , S. 47, betont, daß die allgemeine Menschenliebe der Stoa
     im Dienst der Erfüllung des eigenen Selbst steht; er verweist auf Musonius,
     14ff; 39; 12f. Jentsch wertet im Gegensatz zu Bultmann die Stoa als "bloßes
     Epigonentum" stark ab (41): "Die Grenzen der Polis sind gesprengt. Man
     möchte an der internationalen Allgemeinbildung Anteil haben. " Er begrün-
     det mit der "blutlose(n) Vergesellschaftung der Bildung", die mit einem
     schlechteren Individualismus als dem urgriechischen, an echter Gemein-
     schaft gebundenen Bildungsideal der Aristokratie parallel geht. Vgl. dazu
     den nächsten Abschnitt.

75)  θάνατος   ThW III, 11. Bultmann zitiert wiederholt Epiktet, Diss. I, 9, 6f,
     und interpretiert: Damit ist auch das Problem des Todes gelöst, denn Ziel
     ist es ja, "sich selbst zum Kunstwerk auszugestalten und in die Einheit des
     Kosmos einzufügen; also zu existieren jenseits der Sphäre des Zeitlichen,
     Jeweiligen, in der Sphäre des Zeitlosen, Ewigen. Die Freiheit dazu ist vor-
     ausgesetzt, der Mensch ist ja Geist. " (GuV II, 64f).

76)  GuV III, 157.

77)  GuV II, 87.

78)  GuV II, 87; 71; Urchristentum, 196; vgl. auch 3. 2. und 3. 3. und Anz, a. a. O. ,
     54o.

79)  GuV III, 155, 157; GuE 1o6; Urchristentum, 142f; GuV II, 64f. Die Ge-
     schichte wird in Analogie zur Natur gesehen, vgl. Gnomon, 195o, 347.
     Bultmanns Rückfrage nach dem griechischen Daseinsverständnis zielt auf
     diese These, die ihm den Vorwurf Nestles einbringt (a. a. O. , 86ff), "letzt-
     lich Apologetik" zu treiben, die den griechischen Texten nicht gerecht wird.
     Jentsch, a. a. O. , 32 (vgl. 84) fällt - bereits über Homer - das Urteil un-
     geschichtlichen Denkens: "Der Allos bleibt letztlich das ungelöste Problem
     des ... Erziehungsdenkens." Vgl. auch Keil, 59f.

Anmerkungen zu Teil II, 3.4.

8o)     Wir können diese Vermutung im Rahmen dieser Arbeit nicht im einzelnen
diskutieren. Bultmanns apologetische Intention liegt auf der Hand. Vgl.
Nestle, 86ff und Kamlah, 688ff, der aber Bultmann ausgewogener beurteilt als Jaspers, Kerygma u. Mythos, III, S. 15: "So oft Bultmann philo-
sophiegeschichtliche Tatbestände bei seinen Forschungen berichtet, handelt es sich um Aussagen, die man referieren kann, um jenen Bestand
vordergründiger Richtigkeiten historischer Wiedergabe, nicht um die
Philosophie selber. Kein Hauch etwa kantischen oder platonischen Denkens
scheint ihn berührt zu haben. Seine ... Auffassung von Philosophie ist die
der wissenschaftlichen Philosophie im Sinne der Professorenphilosophie
des 19. Jahrhunderts oder der doxographischen Auffassung der hellenistischen Zeit."


<u>Anmerkungen zu Teil II, 3.5.</u>

81)     Vgl. Urchristentum, 48, 135. Bildung geschieht als musische, wissenschaftliche und philosophische.

82)     Urchristentum, 133, vgl. S. 111ff "Die griechische Polis"; auch GuV II, 199.

83)     Urchristentum, 141.

84)     Gnomon, 195o, 345: " ... daß das Eigensein der Person ... von vornherein
auf Gemeinschaft tendiert." a.a.O., 346: Gleichursprünglichkeit von Person und Gemeinschaft.

85)     Vgl. Anf. 2, 73. Auf das διαλέγεσθαι Platons als sachgemäße Methode
wissenschaftlicher Forschung und auf die sokratische Mäeutik als sachgemäße Form der Lehre weist Bultmann in aktuellen Äußerungen zur Frage
von Bildung und Erziehung und zum Erkenntnisprozeß wiederholt hin. Vgl.
Oldenburg, S. 3. Universität, S. 21: "Wissenschaftliche Arbeit ist stets
kritische Arbeit, ein ständiges διαλέγεσθαι ." Wandlung, 1949, 419ff;
Ausbildung, 1944, 36f; Wort über Bildung, 5.

86)     Vgl. Urchristentum, 48 und 141f.

87)     Gnomon, 195o, 346.

88)     Urchristentum, 142f; u.a..

89)     Vgl. Anf. 2, 82; 57ff u.a.m..

9o)     Vgl. vor allem Gnomon, 195o, 345 und GuV II, 242. Ballaufs Paideia-In-
terpretation trifft dagegen nicht den ganzen Sachverhalt. Vgl. besonders,
Paideia, 52: "Die Tragik der Paideia ... Bildung vereinzelt wie verein-
samt." Vgl. dazu Habermas, Erkenntnis, 154.

Anmerkungen zu Teil II, 3. 5.

91)    Diese demokratische Fundierung von wissenschaftlicher Bildung wird je-
       doch aufgrund des idealistischen Ansatzes zum reinen Postulat, denn die
       Vermittlung mit der gesellschaftlichen Wirklichkeit fehlt völlig. Vgl. Teil
       3 der Untersuchung, der die Stellungnahmen Bultmanns diskutiert, in denen
       er die Ergebnisse dieser Rückfrage in die aktuelle Diskussion um Bildungs-
       fragen einbringt. Habermas, Erkenntnis, 164, spricht von der "Fiktion,
       als sei der sokratische Dialog allgemein und jederzeit möglich".


<u>Anmerkungen zu Teil II, 3. 6.</u>

92)    Vgl. ThNT 334, u. a. m. , GuV IV, 43, auch Keil, 67.

93)    Gerade an dieser Stelle setzt die Hauptkritik an Bultmanns Interpretation
       des griechischen Denkens, die von der Stoa aus urteilt, ein. Nach Anz,
       a. a. O. , 551, wird in der existentialen Interpretation die Bewegtheit des
       Fragens auf die Wahrheit des Seins hin verdeckt. Kamlah, 69of: "Die an-
       tike Vernunft ist der Entartung zur selbstmächtigen Vernunft von ihrem
       Ursprung her ausgesetzt. Sollten wir sie aber darum nur auf diese Entar-
       tung hin ansehen und nicht lieber daraufhin, daß sie doch eigentlich ('im
       Grunde') vernehmen, das rettende Gute rein vernehmen will? Ist nicht
       auch der jüdische Gehorsam der Entartung (zum Moralismus) ausgesetzt?
       Sollte die bewahrende Interpretation in bonam partem, die wir an der Bibel
       vollziehen, indem wir 'alles zum Besten kehren', den Griechen gegenüber
       nicht gleichfalls vollziehbar und dann auch geboten sein?" Nestle, 86ff,
       wirft Bultmann Apologetik vor und kritisiert S. 9o, A 1oo, daß Bultmann
       Platon anthropologisch, nicht theologisch interpretiert.

94)    Vgl. zu diesem Vorwurf Klafki, Studien, 33f; Blankertz 39ff; Stallmann,
       Schule, 53f.

95)    ἀλήθεια       ThW I, 24o u. a. m. .

96)    ebd. .

97)    Vgl. dazu vor allem die erkenntnistheoretischen Überlegungen von Haber-
       mas in Erkenntnis und Interesse (Aufsatz, 1965 und Buch, 1968) und Mollen-
       hauer, Erziehung und Emanzipation, 1968[1], 1971[5].

98)    Habermas, Erkenntnis, 147; vgl. Picht, ZEE, 1964, 342; Bultmann, Ur-
       christentum, 135f.

99)    Blankertz, 46.

1oo)   Vgl. Blankertz, 4o, der von der didaktischen Unergiebigkeit der Theorie
       der formalen Bildung spricht. Mollenhauer, a. a. O. , vor allem die 2. und
       3. Skizze, 36ff und 55ff. Dieser Ansatz wirkt bis in die gegenwärtige Gym-
       nasiallehrer-Ausbildung nach. Eine Weiterführung versucht H. v. Hentig in:
       Platonisches Lehren. Probleme der Didaktik dargestellt am Modell des alt-
       sprachlichen Unterrichts, I, 1966.

Anmerkungen zu Teil II, 3. 6.

1o1)   Bultmann bekommt daher, wie wir unten sehen werden (S. 116ff), die
       Problematik in ihrer Tiefe nicht in den Blick.


Anmerkungen zu Teil II, 4.1.1.

1)   Vgl. Campenhausen, st gen 1949, 182ff, dessen Untersuchung aber im Ge-
     gensatz zu Bultmann von einem sehr allgemeinen, unspezifischen Bildungs-
     begriff ausgeht (183) und daher jede Art von Erkenntnisstreben, auch das
     gnostische, einbeziehen kann.

2)   Für Jentsch, a.a.O., steht Eph. 6,4 im Mittelpunkt der Untersuchung, in
     der er das 'kyriozentrische Erziehungsdenken' des NT nachweisen will.
     Er deutet den Genitiv $\kappa\upsilon\rho\acute{\iota}o\upsilon$ in der betreffenden Wortverbindung
     $\acute{\epsilon}\nu\ \pi\alpha\iota\delta\epsilon\acute{\iota}\alpha\ \varkappa\alpha\grave{\iota}\ \nu o\upsilon\vartheta\epsilon\sigma\acute{\iota}\alpha\ \varkappa\upsilon\rho\acute{\iota}o\upsilon$   als gen. qual. (gen. lim.) (S. 193).
     Paulus hat als erster "die Erziehung unzweideutig unter den Anspruch des
     Kyrios angesetzt". (196).
     Vgl. Eckey, 8of, der von der im Herrn gründenden paideia" spricht, und
     Fürst, 295: "Auch das Gebiet der Erziehung ist für den Glaubenden unter
     die Herrschaft Jesu gestellt." Die Deutung von Jentsch ist umstritten.
     Ausgeschlossen ist durch den Kontext ein gen. auct., "Erziehung des
     Herrn", aber nicht ein gen. obj., "Erziehung zum Herrn" und damit "Er-
     ziehung zum Glauben" (Bohne, Fankhauser).
     Vgl. Hammelsbeck, Menschenbild, 32, der als gen. subj. deutet: "Der
     evg. Erzieher tritt im Glauben von der Hybris eines zielstrebigen und
     idealen Erziehungswillens zurück. Er tritt zurück vor der paideia kai
     nouthesia kyriou, vor der 'Erziehung und Vernunfthilfe des Herrn'. Got-
     tes Heilswille muß anerkannt sein vor unserem christlichen Erziehungs-
     willen und dem Erziehungswillen der gesellschaftlichen Mächte. In dieser
     Anerkennung wurzelt unsere mögliche erzieherische Verantwortung ...
     Anders gesagt: Diese erzieherische Verantwortung entspringt einzig und
     allein in der Rechtfertigung Gottes in Christus."

     Bultmann bezieht sich, soweit mir bekannt, an keiner Stelle auf Eph. 6,4.

3)   Campenhausen, a.a.O., 183; vgl. Hammelsbeck, Lehre, 1o6.

4)   Bertram, ThW V, 6o3 (gesp. gedr.).

5)   ebd., 6o4.

6)   ebd., 6o3 (gesp. gedr.), vgl. Zimmerli, PL, Sp. 241f; Jentsch, a.a.O.,
     85ff.

7)   Bertram, ebd., 6o3; Zimmerli, PL, 242, Erziehung ist "Zucht".

Anmerkungen zu Teil II, 4.1.2.

8)   GuV III, 159, Urchristentum, 196.

9)   Jesus, S. 16; vgl. GuV III, 159.

1o)  Urchristentum, 196. Vgl. a.a.O., 48; GuE, 1o7; GuV III, 159; GuV II, 69.

11)  Urchristentum, 195.

12)  ebd..


Anmerkungen zu Teil II, 4.2.

13)  Urchristentum, 196; vgl. GuV II, 45; III, 159f; ThNT 224; 333.

14)  Vgl. dazu den Aufsatz "Der Mensch zwischen den Zeiten nach dem Neuen
     Testament", GuV III, 35ff.

15)  ebd., 36; vgl. GuV I, 167: Paulus verwendet den Mysteriengedanken nicht
     aus pädagogischen Gründen, sondern er denkt realistisch und damit mytho-
     logisch wie jeder antike Mensch.

16)  GuV III, 39. Vgl. auch Jesus, 41f, wo der Entmythologisierungsansatz
     sachlich bereits vorhanden ist.

17)  Vgl. dazu GuV III, 194 u. KuM II, 189. Heidegger formuliert in der Einlei-
     tung zu 'Sein und Zeit' seine Intention: "In der Absicht auf eine mögliche
     Anthropologie bzw. deren ontologische Fundamentierung gibt die folgende
     Interpretation nur einige wenige, wenngleich nicht unwesentliche 'Stücke'."
     (S. 17). Vgl. den Band "Heidegger und die Theologie" (Hg. Noller), der
     auch Bultmanns Aufsatz 'Die Geschichtl. d. Daseins u. der Glaube', urspr.
     ZThK 193o, 339ff, abdruckt: "der Elementarunterricht über die existentiale
     Interpretation" (Noller, Einl. 18).

18)  Sein und Zeit, 12. Vgl. 42 und 143ff.

19)  GuV I, 114-133.

2o)  GuV I, 118. Nach Sölle, Ev. Kom. 1971, 19, und Theologie, 15f, hat Bult-
     mann das Verständnis der Existenz noch über Heidegger hinaus formali-
     siert, denn mit Recht urteilt z.B. Gadamer, Selbstverständnis, 76, über
     Heidegger: "Schon in 'Sein und Zeit' war die eigentliche Frage nicht, auf
     welche Weise 'Sein' verstanden werden kann, sondern in welcher Weise
     Verstehen Sein ist." Bultmann dagegen verwendet die Daseinsanalyse
     nur in einem formalen und neutralen Sinn; vgl. dazu das folgende und
     neuerdings Hummel, Anthropologie, 39ff.

21)  ZThK, 193o, 354.

22)  GuV II, 73, von Bultmann gesp. gedruckt.

23)  GuV II, 69.

24)   GuV III, 159f und Urchristentum, 196. Jesus, 37: "Nicht die Sinnlichkeit
      des Menschen ist das Schlechte in ihm, sondern der ganze Mensch ist
      schlecht, wenn sein Wille schlecht ist." Zum Problem des Willens in Bult-
      manns theologischer Anthropologie vgl. Hasenhüttl, 52f (A 91); 21o (A 149).

25)   GuV I, 295f.

26)   Vgl. KuM II, 191ff; Ansatz seiner Erwägungen zum Problem der Herme-
      neutik, s.u. S. 85ff.

27)   GuV I, 297.

28)   GuV II, 74, vgl. den Kontext. Bultmann beschränkt sich also nicht auf eine
      formale Analyse des menschlichen Seins.

29)   ZThK, 193o, 339.

3o)   ebd., 361.

31)   ebd.

32)   Vgl. ebd., 343.

33)   Aufgrund der echt geschichtlichen Sicht des menschlichen Seins in der jü-
      disch-christlichen Geschichte "hat die Zeit zwischen der Auferstehung
      Christi und seiner erwarteten Parusie nicht nur einen chronologischen,
      sondern einen sachlichen Sinn, der dem christlichen Leben einen spezifisch
      christlichen Charakter gibt". (GuV III, 1o4). Nach Ott, 1o8, hat Bultmann
      das spezifisch christliche Seinsverständnis in den Kategorien Heidegger-
      scher Existenzanalyse nicht sachgemäß zum Ausdruck gebracht. Auch
      M. Barth, ThZ 1955, 27, sprach von der Heideggerschen 'Zwangsjacke',
      während Sölle, wie sie in ihrem Buch Politische Theologie (1971) bewies,
      davon ausging, "daß die konkreten Füllungen dieser formalen Prinzipien,
      die tatsächlich in der kulturkritischen Stimmung der zwanziger Jahre ver-
      wurzelt sind, revidierbar sind". Ev. Kom. 1971, 19; s.o. S. 39ff.

34)   ThNT, 191f; RGG$^2$ IV, Sp. 1o31. "D i e  p a u l i n i s c h e  T h e o l o g i e
      (i s t)  z u g l e i c h  A n t h r o p o l o g i e" (ThNT 192). GuE, 47ff. Vgl.
      Kumazawa, 2o8ff; Luck, ZThK, 1956, 241ff, Neugebauer, KuD, 1959, 289ff.

35)   ThNT, 196; vgl. § 17 und Biehl, ZThK, 1956, 357f/A9. Kritisch Neugebauer,
      a.a.O., 293ff.

36)   ThNT § 22, vgl. Kumazawa, 21o und GuV I, 131.

37)   ThNT, 2o7ff und § 38; vgl. GuV I, 131.

38)   Vgl. vor allem A 34 u. die Interpretation der johanneischen Schriften in
      ThNT und JK.

39)   Vgl. GuV II, 164 und GuV I, 3o.

4o)   GuV I, 36; Anf. 2, 87; 92.

Anmerkungen zu Teil II, 4.2.

41)  Anf. 2, 92.

42)  Daher die Gliederung der Theologie des Paulus ThNT, 191ff, und des
     2. Abschnittes des Entmythologisierungsaufsatzes KuM I, 27ff.

43)  ThLZ, 1927, Sp. 35. Vgl. Kumazawa, 187f.


Anmerkungen zu Teil II, 4.3.

44.  ThNT, 26o-27o. Wir legen diese Überlegungen im folgenden zugrunde.
     Vgl. auch RGG$^2$ IV, Sp. 1o36ff. (zu Paulus).

45)  ThNT, 26o.

46)  ebd., 26of, GuV III, 16o.

47)  Vgl. GuV III, 16of. Im Alten Testament sind die kultisch-rituellen und die
     ethischen Forderungen gleichgeordnet. Nach Rm. 13, 8-1o und Gal. 5, 14
     ist in der Auslegung Bultmanns "im Glauben ein unreflektiert wirksames
     Prinzip der Kritik" an den kultisch-rituellen Geboten gegeben. In der Pre-
     digt Jesu und bei Paulus stehen daher die ethischen Forderungen im Vor-
     dergrund. (ThNT, 261).

48)  Jesus, 49.

49)  ThNT, 261, Urchristentum, 198ff. ThNT, 334 stellt Bultmann das stoisch-
     idealistische "Werde, der du bist!" und das christliche Ergreifen der
     δικαιοσύνη gegenüber. "Das Werden dessen, was der Gläubige schon
     ist, besteht deshalb in einem ständigen glaubenden Ergreifen der χάρις
     und d.h. zugleich in der konkreten, nunmehr möglichen ὑπακοή im
     περιπατεῖν."

5o)  GuV II, 7o.

51)  Vgl. GuV III, 161; Jesus, 72. Mit Biehl (S. 368 A2) und Hasenhüttl (S. 52
     A 91 und 21o A 149) ist diese Entscheidung in Bultmanns Interpretation
     nicht als Wahl des liberum arbitrium zwischen Vergangenheit und Zukunft
     zu verstehen, sondern ist existentieller Vollzug; "im Hören habe ich mich
     immer schon entschieden, wie ich höre". (GuV I, 1o8); gegen Ott, 121 und
     137f.

52)  GuV II, 7o.

53)  GuV III, 158f und 165: "Weil für die Bibel G o t t  d e r  G o t t  d e r  G e -
     s c h i c h t e  und damit d e r  i m m e r  k o m m e n d e  G o t t  ist,
     ist die Welt des Menschen als die geschichtliche Welt verstanden und der
     Mensch ist i n  s e i n e r  G e s c h i c h t l i c h k e i t  verstanden."
     Zum Gemeinschaftsgedanken vgl. GuV III, 16o.

54)  Jesus, 67.

Anmerkungen zu Teil II, 4. 3.

55)    Vgl. GuV II, 71. Die griechische νόμος/ ἐλευθερία -Dialektik des
       vernunftgemäßen Handelns wird zwar von Paulus terminologisch über-
       nommen, aber vergeschichtlicht. "Freiheit ist Leben aus der Zukunft ...
       das Gegenteil von dem, was der Stoiker unter Freiheit versteht, nämlich
       nicht die Abgeschlossenheit seiner Innerlichkeit, die mir scheinbar zur
       Verfügung steht, sondern die Offenheit für die Begegnung im Jetzt, für
       die Zukunft, die mich wandeln wird. "

56)    Vgl. GuV II, 7o. Urchristentum, 198ff.

57)    GuV III, 162.

58)    Vgl. ThNT 265; ThW III, 648ff. Ex. 43; vgl. ThLZ,´1927, Sp. 36; vgl. 2.
       Kor. 11,18; Phil. 3.4.

59)    GuV III, 42. Die Juden als κατεχούμενοι ἐκ τοῦ νόμου   haben
       gegenüber den Heiden keinen Vorzug (Rm. 2,17ff); Ex, 199f. GuV II, 38
       beschreibt Bultmann dieses 'Geltungsbedürfnis' als 'jedem Menschen
       eigen', sie alle suchen Ruhm vor Gott.

6o)    ThBl, 1933, Sp. 163.


<u>Anmerkungen zu 4. 4. 1.</u>

61)    ThNT, 319f; ThW VI, 218; 224.

62)    C. Palmer, der als erster das neutestamentliche Erziehungsdenken syste-
       matisch darstellte, verstand das NT als Botschaft von der Heilspädagogik
       Gottes. "Pädagogik des N. T. " 1883$^2$, 695ff, und "Evangelische Pädagogik"
       1862$^3$. Zur Beurteilung Palmers vgl. Jentsch, 13. Vgl. auch Kraus, Ev.
       Th. 1948/49, 515ff, der in der Nachfolge Calvins paedagogia als den theo-
       logischen Geschichtsbegriff auffaßt, der "Einheit und Verschiedenheit der
       beiden Testamente" umfaßt (518) (gesp. gedr.) und Kraus, Geschichte,
       272f u. a..

63)    Z. B. bei Kraus, Ev Th 1948/49, 523, er entgeht trotz seiner theozentri-
       schen Abgrenzung von Lessing nicht dem Evolutionsgedanken (vgl. auch
       Geschichte, 272f), vor allem die älteren Kommentare zu Gal. 3 und 4 den-
       ken griechisch; vgl. Wörner, Auslegung z. St. - Typisch bereits die Dis-
       position der einschlägigen Untersuchungen. Jentsch,a. a. O. , unterschei-
       det "Gott als Erzieher" (155ff), "Der Mensch als Erzieher" (188ff). Bert-
       ram, ThW V, gliedert "Die Erziehung durch Gott" (62off), "Christliche
       Zucht im NT" (623ff). Jentsch widerspricht damit in gewissem Sinne sei-
       ner Einleitung: "Erziehung ist Sache des M e n s c h e n und Angelegenheit
       zwischen Menschen. " (S. 22).
       Stallmann, PL, 245f, gibt diese Unterscheidung auf. In der 2. und 3. Auf-
       lage der RGG fehlen Abschnitte über Erziehung im NT.

Anmerkungen zu Teil II, 4.4.1.

64)     Wörner, Kom. zur Stelle, ähnlich auch Schleiermacher; vgl. dazu Eckey,
        26.

65)     Vgl. Bultmann, ThNT, 188; ders. RGG$^2$ IV, 1o2o.

66)     Vgl. Bertram, a.a.O., 618f.

67)     Kraus, Ev Th 1948/49, führt Gal. 4, 1-7 als 'wichtigste Stelle' an (519).
        Seine Folgerung: "Der Begriff der paedagogia wird somit vom Neuen Testa-
        ment, von Gal. 4, 1-7, als ein das ganze alttestamentliche Heilsgeschehen
        umfassender Gesichtspunkt empfohlen." (52o). Für Bultmann (ThNT, 341)
        ist der Abschnitt Gal. 3, 23-4, 7 eine Einheit, seine Interpretation ist je-
        doch völlig anders angesetzt, s.u. S. 68.

68)     Koch, EU, 1953, 125. In Auseinandersetzung mit Bultmanns Entmythologi-
        sierungsansatz.

69)     z.B. Fürst, 295, Jentsch, 178f.
        Jentschs Argumentation:
        Auch "die Paideia" tritt im NT "in das Kraftfeld dieses Kyrios".
        "Welcher Art das Verhältnis zwischen Kyrios und Paideia aber ist, das
        gerade ist ja die Hauptfrage unserer Untersuchung." (192). Auf der näch-
        sten Seite formuliert er seine These: "Die Paideia Kyriu wäre dann die
        Erziehung, mit der der Kyrios den Menschen erzieht und die er deshalb
        gleichzeitig zwischen den Menschen geübt haben will." Das spezifisch-
        neutestamentliche,"kyrio- oder christozentrische Erziehungsdenken" (197)
        steht im Gegensatz zu der bloß anthropozentrischen Paideia. "Das N.T.
        hat zwar keine evangelische Pädagogik entwickelt, aber das Thema einer
        'evangelischen' Erziehung", einer "E r z i e h u n g   i m   G l a u b e n
        a n   d a s   E v a n g e l i u m", "bewußt gestellt" (2o2).
        Von einem Mißverständnis seiner Untersuchung im Sinne der Erarbeitung
        einer göttlichen Heilspädagogik grenzt er sich jedoch scharf ab. "Das
        Christus-Evangelium, nicht die Paideia, beherrscht die Aussagen des N.T."
        (189).
        Vgl. auch K. Barth, KDIII, 4. Er setzt bei der göttlichen paideia an, "die
        in der der menschlichen Väter ihr Abbild hat und von dieser her erläutert
        wird. Dabei ist es nun allerdings deutlich, daß das Wort nicht nur die gött-
        liche und die menschlich-väterliche Erziehung und Zucht bezeichnet, son-
        dern hier wie dort auch in den Begriff der Züchtigung hinüberspielt." (315ff).
        Barth legt Hebr. 12, 4-11 zugrunde. Vgl. auch Niederstrasser, Kerygma
        und Paideia, 1967.

7o)     ThNT, 266; zu Gal. 3,24f vgl. ThNT 341; GuV III, 1oof, 159.

71)     Vgl. GuV III, 159 und, zur alttestamentlichen Tradition Urchristentum,
        33ff. Diese Exegese auch bei Schlier, Kom. z. St. und Beyer/Althaus, NTD
        z. St..
        Jentsch dagegen weist in der tabellarischen Übersicht S. 151 Gal. 3,24f der
        griechischen Tradition zu. Er begründet mit dem griechischen Ursprung
        des Pädagogenbildes, das seiner Meinung nach "besonders geeignet war,
        das genuin alttestamentliche Erziehungsverständnis plastisch zu erläu-
        tern" (169). Vgl. die rabbinischen Parallelstellen und die Belege für den
        griechischen Pädagogenbegriff S. 17off.. Jentsch fällt kein eindeutiges
        Urteil, s.o. A. 69.

72)     Vgl. GuV III, 159. Zum zeitlich verstandenen        s. Phil. 1,1o; 2,16;
        außerhalb des corpus paulinum Apg. 4,3; 1. Petrus 1,5. Conzelmann,
        Theologie, 25o, schließt sich Bultmann an und polemisiert Anm. 1o gegen
        das zielorientierte "auf Christus hin" der 'Barthianer'. Dagegen aber
        Barth selbst KD II,2, 655; vgl. dazu Kraus,Geschichte, 273 A 68 und Luz,
        Geschichtsverständnis, 153 A 72.

73)     ThNT, 267. Ex., 2oo parallelisiert Bultmann mit Rm. 5,2of; ähnlich inter-
        pretiert Conzelmann, a.a.O., 25o. Die exegetischen Probleme dieses Tex-
        tes werden ausführlich diskutiert bei U. Luz, Geschichtsverständnis, 146ff
        (bes. 153f); vor allem die Alternative Universal- oder Individualgeschichte
        (= 'geschichtliche' oder 'existentiale' Deutung von Rm 1o,4 vgl. S. 145 u.
        156). Aufgrund der systematischen Zielsetzung dieser Untersuchung kann
        ich auf Luz nicht näher eingehen.

74)     'Heilspädagogik' wird nach Jentsch S. 168 in der einschlägigen Literatur
        als "andauernder Prozeß" oder "als abgeschlossenes geschichtliches Fak-
        tum" verstanden. Jentsch schließt sich der letzten Möglichkeit an und kom-
        mentiert S. 168: "Paulus versteht ... hier das Gesetz vom Erzieherischen
        aus." Im Sinne Bultmanns kommentiert Schlier (z.St. 126): "Freilich ist
        solche Tätigkeit des Gesetzes nicht ohne Sinn und Ziel in der Vorsehung
        Gottes. Doch wird das, was Gott als Sinn und Ziel im Auge hat, nicht durch
        das Gesetz hervorgerufen." Der Inhalt des ἵνα -Satzes (Rechtfertigung
        aus dem Glauben) erscheint als Sinn und Ziel der Tätigkeit des Gesetzes,
        ist aber "in keinem Sinn durch das Gesetz bewirkt oder vorbereitet". (126).

75)     Jentsch kommt durch den Kontext der paulinischen Nomologie zu einem
        vergleichbaren Ergebnis, 175, ist aber nicht eindeutig.

76)     Vgl. GuV III, 1oo; Kümmel, Bild, 33ff, steht dagegen in der Gefahr zu
        psychologisieren. Auch Jentsch, 168, fordert, die Stelle im Kontext der
        paulinischen Theologie zu interpretieren.

77)     Nach Bultmann gilt daher die Befreiungstat Gottes in Christus der Befrei-
        ung von Sünde, Gesetz und Tod. ThNT, 297, 332ff.

Anmerkungen zu Teil II, 4.4.2.

78)   Schlier, z.St. (126) kommentiert mit diesem Satz im Sinne Bultmanns.

79)   Vgl. ThNT, 269.

8o)   Vgl. RGG$^2$ IV Sp. 1o22: "Denn nie wurde ihm (Paulus) zweifelhaft, daß
      der Weg des Gesetzes bis zur Zeit der "Erfüllung von Gott geboten und
      sinnvoll war."

81)   GuV II, "Weissagung und Erfüllung", 162ff; bes. 184ff. Während Bultmann
      die alttestamentliche Geschichte existential interpretiert, behält Luz,
      a.a.O., 153f auch in der Interpretation von Gal. 3,23f die weltgeschicht-
      liche Wende (Äonenwende) im Auge.

82)   ThNT, 265ff.


Anmerkung zu Teil II, 4.5.

83)   GuV I, 267.


Anmerkungen zu Teil II, 4.5.1.

84)   GuV IV, 66.

85)   GuV III, 27.

86)   GuV II, 74.

87)   GuV II, 57. Der Aufsatz trägt den Titel "Christus des Gesetzes Ende"
      (S. 32-58). Vgl. auch Bultmanns Übersetzung von Röm. 1o,4, ThNT, 264.
      Biehl, 368, charakterisiert sachgemäß diesen 'Augenblick eigentlicher
      Zeitlichkeit', der dem Entweltlichten eine offene Zukunft erschließt.

88)   GuV III, 42f.

89)   Auch die paulinische $\sigma\acute{\alpha}\rho\xi/$ $\pi\nu\epsilon\tilde{\upsilon}\mu\alpha$  Dialektik hat in der Interpre-
      tation Bultmanns diesen existentialen Sinn. (Galaterbrief!), GuV II, 46,
      vgl. GuV III, 9o; 1o3; ThNT 323, 325 u.a..

9o)   Ein anthropologischer Dualismus ist daher dem NT fremd; vgl. RGG$^2$ IV,
      1o33, auch Kümmel, 32ff.

91)   Übersetzung nach Bultmann, Urchristentum, 2o1. Vgl. GuV II, 11, 56.
      Bultmann geht von V 12-14 aus.

92)   Vgl. JK, 147: "Im eschatologischen Geschehen gibt es nicht Vorbereitung
      und Entwicklung; es gibt nur das entscheidende Jetzt, kein Dann, kein
      Später."

93)   ThNT, 27o.

<u>A</u>nmerkungen zu Teil II, 4. 5. 1.

94)     Urchristentum, 196 u. a.

95)     Vgl. GuV II, 184.

96)     z. B. GuV I, 297f, GuV IV, 54, zu dieser Struktur kritisch Adorno, Eigentlichkeit, 27 (Polemik gegen die ex. Hermeneutik).

97)     JK, 449, 45o: Die "Existenz ist ... durchsichtig geworden". S. dazu das
folgende und unten S. 143.

98)     GuV I, 311; ZThK, 193o, 343.


<u>Anmerkungen zu Teil II, 4. 5. 2.</u>

99)     Vgl. ThNT 318ff, GuV I, 167. ThNT, 315ff sind als Strukturmomente der
πίστις: ὑπακοή, ὁμολογία, ἐλπίς, φόβος, πεποίθησις
aufgezählt. Das alttestamentliche Moment der ἐλπίς , des vertrauenden
Hoffens, tritt nach Bultmann bei Paulus, der sich auf die geschehene Heilstat zurückbezieht, zurück. (ThW VI, 2o9). Zur Kritik der systematischen
Konsequenzen dieses Ansatzes vgl. Sölle, Ev. Kom. , 1971, 2o, aber auch
die differenzierte Analyse des Bezuges der Existenz zur Zukunft bei Moltmann, Ev. Kom. , 1968, 15f. Zu Glaube als Bekenntnis und Bewußtsein vgl.
bereits Bultmanns Besprechung der 2. Auflage des Römerbriefes von Karl
Barth von 1922 (Anf. 1, 119ff). Zu Glaube als Vertrauen vgl. ThNT 323;
GuV I, 1o1f; II, 155.

1oo)    ThBl, 1927, Sp. 68; Abendblatt der Frankfurter Zeitung vom 27. 9. 26,
S. 4b; GuV I, 256ff, (III. Der Glaube an Jesus Christus). ThW VI, 218; 2o9f.
An dieser Stelle sieht er den entscheidenden Unterschied zwischen seiner
Theologie und Schleiermachers 'Bewußtseinstheologie', die den intentiona-
len Sinn von Bewußtsein nicht verstand. Vgl. KuMI, 221 (A3); 224 und
Thielickes Kritik ebd. , besonders S. 165f.
Mit Recht Kuhlmann, ZThK, 1929, 34f: "Es hängt alles an dem Begriffe
der Intentionalität", den Bultmann von Heidegger übernahm.

1o1)    a. a. O. , 212.

1o2)    GuV I, 23; "Umkehr seiner bisherigen Willensrichtung" (ThNT, 316).

1o3)    ThNT, 315; Urchristentum, 251; GuV I, 168; II, 15o. Hasenhüttl, 189f,
verweist mit Recht auf die Synonymie von Gehorsam und Hingabe.

1o4)    GuV I, 311.

1o5)    ThW VI, 226.

1o6)    GuV II, 75.

1o7)    Vgl. den Aufsatz zu diesem Titel, GuV II, 149ff.

1o8)    ThNT, 317f; GuV III, 3o; 72.

1o9)    ThNT, 319.

11o)    ThNT, 318f; vgl. JK 333; GuV I, 178; 2o3.

111)    GuV II, 235; III, 2o7; KuM I, 17, gegen den Glaubensbegriff der Ortho-
        doxie; GuV I, 86.

112)    ThW VI, 212.

113)    ThNT 375; GuV I, 112.

114)    ThW I, 7o6ff.

115)    ThW VI, 219.

116)    ThNT, 3oo; 313; 328; 332. GuV I, 2o6 u.a.

117)    ThNT, 328; JK 32; RGG$^2$ IV Sp. 1o26; 1o4o.

118)    z.B. Ex., 194.

119)    ThNT, 326.

12o)    ThNT, 328; 426: "Wie alles Erkennen nur ein glaubendes sein kann, so
        kommt im Erkennen der Glaube gleichsam zu sich selbst."

121)    ThNT, 327.

122)    ThW I, 7o7. Zum Verhältnis von $\pi\acute{\iota}\sigma\tau\iota\varsigma$  und $\acute{\alpha}\gamma\acute{\alpha}\pi\eta$ vgl. den folgenden
        Abschnitt.

123)    ThNT 342; Paulus selbst "hat dieses Problem nicht entwickelt". Bei Bult-
        mann läuft die Frage der Sachkritik auf das Entmythologisierungsproblem
        zu (s.u. S. 88f);    vgl. BW, 9ff; Anf. 2, 7of u.a., wo Bultmann bereits
        auf die Notwendigkeit der Sachkritik hinweist.

124)    Vgl. Rm 11, 25; 1. Kor. 2, 7; 15, 51.

125)    ThW I, 7o7.

126)    ThNT, 328.

127)    ThW I, 7o7. Bereits bei Paulus ist Glaube fides qua und fides quae, Gal.
        3, 2.5.

128)    ThW VI, 229.

129)    Vgl. ThW I, 711; ThNT, 426.

13o)    ThW I, 713; VI, 229; GuV I, 152. ThNT, 426; 481; JK 333.

131)    Hier setzt die Kritik von Ott an. Er sieht in dem " 'Sprung'charakter des
        Verstehens", dem unvermittelten Übergang von der wissenschaftlich-
        theologischen Explikation zum existentiellen Verstehen, "eine Einschrän-

Anmerkungen zu Teil II, 4.5.2.

zu 131) kung des die existentielle Begegnung auslegenden Denkens und damit letzten Endes ... die Grenze der Bultmannschen Hermeneutik" (1o5ff). Ott
will eine spezifisch theologische Ontologie erarbeiten. Zur Kritik vgl.
vor allem Biehl, ZThK, 1956, 349ff und s.u. S. 78ff.

132)    RGG$^2$ IV, Sp. 1o26.


Anmerkungen zu Teil II, 4.5.3.

133)    GuE, 181: "Die Paradoxie der christlichen Existenz ist die, daß der Glaubende der Welt entnommen ist, als gleichsam Entweltlichter existiert, und
daß er zugleich innerhalb der Welt, innerhalb seiner Geschichtlichkeit
bleibt." Vgl. ThNT 332; ThR 1934, 235.

134)    aus Bultmanns Übersetzung von 2. Kor. 5, 17-19 GuV II, 75, vgl. GuV
IV, 9o.

135)    Dieses Glaubensereignis darf nicht mit zeitlichem Aktualismus verwechselt werden. ThNT, 343; vgl. Hasenhüttl, 169 A 22.

136)    Vgl. GuV IV, 48ff und II, 277f.

137)    GuV II, 75.

138)    ThNT, 33o.

139)    GuV IV, 87.

14o)    Vgl. Bultmanns Behandlung des paulinischen und johanneischen $\kappa\acute{o}\sigma\mu o\varsigma$-
Begriffes. ThNT, 254ff und 367ff; GuV I, 129; GuV II, 72f; IV, 83ff; RGG$^2$
IV, Sp. 1o32.

141)    GuV III, 26; II, 75.

142)    GuV II, 72; B. meint damit keine Schöpfungsordnungstheologie (ThBl. 1933,
Sp. 356ff), hat aber, wie wir unten sehen werden (Teil III), das Problem
von Welt nicht gesehen (vgl. Sölle, Theologie, 91ff).

143)    Vgl. ThNT, 257f.

144)    GuV IV, 87, ThNT, 367ff.

145)    GuV IV, 88, ThNT, 256.

146)    Übersetzung GuV II, 75. Das 'als ob nicht' ( $\acute{\omega}\varsigma$ $\mu\acute{\eta}$ ) taucht in Bultmanns
Argumentation immer wieder auf. Vgl. z.B. auch GuV II, 161, 98; 116;
III, 47f, 128; IV 9o; ThBl 1933 Sp. 163; MP 6off. Predigt über Röm. 8,
18-27; RGG$^2$ IV, 1o32; GuV II, 2o5 als typisch protestantisch hervorgehoben.

147)    KuM I, 31.

Anmerkungen zu Teil II, 4.5.3.

148)  ThNT 343; RGG[2] IV, 1o43; KuM I, 29; "in die Indifferenz des an sich Be-
      deutungslosen".

149)  GuV II, 53; II, 97.

15o)  ThNT 343; Bibelstellen: 1. Kor. 6,12; 8,1ff; 1o,23.

151)  Vgl. den paulinischen  πνεῦμα  -Begriff als die Bestimmtheit des neuen
      Lebens (ThNT, 335ff).

152)  Gal. 5,6. Der parallele Satz Gal. 6,15 macht das δι' ἀγάπης ἐνεργουμένη
      zu einem 'Wesens'merkmal der  καινὴ κτίσις  . Für Bultmann ist
      die ἀγάπη  die Konkretion des frei zu, die aber nicht im Sinne der Wahl-
      freiheit mißverstanden werden darf. Auch Freiheit ist wie κόσμος
      im Gegensatz zum griechischen Vernunftbegriff ein geschichtlicher Begriff.
      Vgl. GuV III, 161; ThW VI, 22o; Jesus, 77ff.

153)  GuV III, 47f; 79; II, 53; 132; 146; ThNT 342.

154)  Vgl. Rm. 13, 8-1o.

155)  Das  πάντα μοι ἔξεστιν, ἀλλ' οὐ πάντα συμφέρει
      1. Kor. 6, 12, vgl. 1. Kor. 9,19 entfaltet Bultmann verschiedentlich;
      z.B. ThNT, 342ff; GuV III, 47f; Ex., 216 spricht Bultmann von dem
      "mehr" der Liebesforderung als der des Gesetzes; vgl. Hasenhüttl, 276.

156)  Vgl. ThNT, 345; GuE, 181; GuV II, 95; 98.

157)  Vgl. JK 4o6; 473; 486; mit Recht auch Hasenhüttl, 261. Bultmann bestimmt
      das Verhältnis GuV I, 15o: "Der Glaubende nimmt im Glauben gewisserma-
      ßen die konkreten einzelnen Liebensentscheidungen der Zukunft voraus;
      aber nicht idealiter; vielmehr darin, daß nur jeweils in den einzelnen kon-
      kreten Fällen eine echte Entscheidung der Liebe stattfindet, erweist sich
      allein, ob jene zeitlich vorangegangene Glaubensentscheidung echt war."
      Wenn Bultmann in diesem Zusammenhang sagt: "Diese Entscheidung der
      Liebe ist aber nicht eine zweite neben der des Glaubens (gesp. gedr.),
      sondern ist eben diese", versteht Sölle mit Recht ihren Entwurf einer "Po-
      litischen Theologie" als Weiterführung der Bultmannschen Theologie (vgl.
      S. 1o und S. 91ff), in dem sie versucht, das individualistische Interpreta-
      tionsprinzip der Existentialanalyse durch den Entwurf einer Politischen
      Theologie zu korrigieren. (Vgl. auch Sölle, Ev. Kom. 1971, 19; Metz,
      Welt, 99f u. ö.).

158)  Jesus, 174; vgl. 1o1f.

159)  GuV I, 231.

16o)  Jesus, 61; GuV II, 18; 161; III, 28. Vgl. auch den Aufsatz "Das christliche
      Gebot der Nächstenliebe", GuV I, 229ff. Jesus, 67, stellt Bultmann dem
      "Was" das "Daß man es tun soll" gegenüber. Vgl. Hasenhüttl, 273; Schmit-
      hals, 292ff.

Anmerkungen zu Teil II, 4. 5. 3.

161)   Jesus, 75.

162)   Vgl. dazu vor allem JK zu Joh. 3,16 u. a.; JB zu 1.J. 4, 6; GuV I, 243.

163)   JK 82; GuV II, 7o: "Wer mein Nächster ist, und was ich für ihn zu tun
       habe, das muß ich jeweils selbst erkennen, und ich kann es erkennen in der
       Liebe. Die Liebe entdeckt mit scharfem und sicherem Auge, was es zu tun
       gilt ... ist nicht blind, so daß sie nicht gewissenhaft gegebenenfalls alle
       Möglichkeiten und Konsequenzen des Handelns erwägen müßte. Aber was
       angesichts dieser Möglichkeiten und Konsequenzen jeweils zu tun gefor-
       dert ist, das sagt keine Theorie, sondern das entdeckt die Liebe." GuV II,
       116; ThNT 339: Das πνεῦμα ergreift den ganzen Menschen (συνείδησις,
       καρδία).

164)   GuV III, 79. In einem Beitrag zu "Weihnachten" in der Neuen Zürcher Zei-
       tung vom 25. 12. 53; vgl. auch GuV IV, 5of.

165)   Jesus, 63, und GuV II, 76: "Ich kann nicht handeln, ohne die Bedingungen,
       die Mittel und Konsequenzen des Handelns zu kennen."
       Die kritische Haltung des Christen praktiziert Bultmann selbst aus aktuel-
       lem Anlaß in der Einleitung seiner Vorlesung SS 1933 (ThBl 1933, Sp. 161ff).
       Er argumentiert: Gott ist der Schöpfer der Welt, aber ihr nicht immanent,
       d. h. "nichts, was uns als Erscheinung dieser Welt begegnet ist d i r e k t
       göttlich" (162). Daraus erwächst die kritische Kraft des christlichen Glau-
       bens, die Bultmann an den drei Beispielen der 'Vorschußlorbeeren', des
       'Denunziantentums' und der 'Diffamierung' durchführt. (165f). Vgl. unten
       S. 1o6f.

166)   Marburger Predigten, 1o5, in einer Predigt über Joh. 8,12; 9,39; 12,35f
       am 14. 12. 1939.


Anmerkungen zu Teil II, 4. 6.

167)   Die παιδεία κυρίου von Eph. 6, 4, die Jentsch zum Zentralbegriff seiner
       Darstellung des 'Urchristlichen Erziehungsdenkens' erhebt (a. a. O., 189ff),
       hat in Bultmanns theologischen Überlegungen keine Bedeutung, vgl. den Ab-
       schnitt über den Kolosser- und Epheserbrief ThNT, 526ff. Wir werfen im
       folgenden daher nur einen kurzen Blick auf die Weiterentwicklung der 'christ-
       lichen Lehre' in den Pastoralbriefen, in denen das Kerygma auf das pädago-
       gische Denken der hellenistischen Kultur stößt. (ThNT, 533ff).

168)   ThNT, 53o. Gleiche Intention wie in Kol. und Eph., ebd., 533.

169)   RGG$^2$ IV, Sp. 995.

17o)   ThNT, 536; vgl. RGG$^2$ Sp. 996.

171)   ebd., kritischer GuV III, 53f.

Anmerkungen zu Teil II, 4. 6.

172)   ThNT, 519.

173)   Vgl. ebd., 517ff. Karl Barth geht dagegen in KD III, 4, S. 315ff in der Aus-
       legung des biblischen παιδεία -Begriffs gerade von Hebr. 12, 4-11 aus.


Anmerkungen zu Teil II, 5.

1)     GuV III, 165. So endet "Der Mensch und seine Welt nach dem Urteil der
       Bibel"; sachlich parallel schließt GuV II "Das Verständnis von Welt und
       Mensch im Neuen Testament und im Griechentum", S. 76ff.

2)     GuV II, 73.

3)     GuV II, 2o1.

4)     GuV II, 73 und 116.

5)     GuV II, 72; ThNT 37off: JK 468f; zu ἀλήθεια   im griechischen und ur-
       christlichen Verständnis vgl. ThW I, 239ff.

6)     GuV II, 73.

7)     GuV II, 2o1.

8)     GuV II, 278.

9)     Vgl. GuV II, 2o2f, GuV IV, 65f; 1o1f.

1o)    GuV II, 243.

11)    GuV II, 242, vgl. oben und GuV I, 229ff; II, 263: "Echte menschliche Ge-
       meinschaft ist ... die zwischen Mensch und Mensch." Der Denkansatz ist
       das Individuum. ThW VI, 22o: Paulus "deutet den ganzen Bereich dessen,
       worin sich die πίστις im individuellen Leben zu aktualisieren hat, an
       durch die Formulierung: πίστις δι' ἀγάπης ἐνεργουμένη   ".
       ThNT 325: Diese Realisierung "in den individuellen Verhaltungen" ist
       nur dem "Grade" und "der Art nach" zu differenzieren.

12)    GuV II, 243, auch zum folgenden.

13)    Vgl. Hummel, Anthropologie, bes. 53f und 67f, der eine nicht bewältigte
       Spannung zwischen Heideggerscher Daseinsanalytik und neutestamentlicher
       Verkündigung in Bultmanns Theologie konstatiert. Zu seiner Forderung
       einer verkündigungs-spezifischen 'Ontologie' vgl. bereits Biehls Kritik
       an Ott (ZThK 1956, 349ff). Zum theologischen Ansatz Bultmanns vgl. GuV II,
       71: "Aus der Zukunft leben, das h i e ß e (v. mir gesperrt) aus Gott leben."

14)    GuV II, 287f; IV, 5of. Die griechische Welt ist für Bultmann Ur-
       sprung der abendländischen Kultur, der Wissenschaft und des Bildungs-
       strebens, dazu unten S. 112ff. Vgl. auch z.B. Hammelsbeck, Men-
       schenbild, S. 24.

Anmerkungen zu Teil II, 5.

15)     ThNT, 345.

16)     GuV II, 78; 116: Wir können fortsetzen, in dem auch unwichtige Weltphä-
        nomene ihren zweideutigen Charakter enthüllen und wichtig werden können.
        "Die Entscheidung für die göttliche Welt realisiert sich ja jeweils als kon-
        krete Entscheidung gegenüber einer bestimmten, innerweltlichen Frage,
        für ein bestimmtes, innerweltliches Verhalten." Urchristentum, 227:
        "In der Liebe, die im Glauben gründet (Gal. 5, 6), wird das Umweltliche
        in actu weltlich gegenwärtig und bleibt doch in der Hoffnung ständig Zu-
        kunft." Vgl. GuV III, 165.

17)     GuV II, 77.

18)     ebd.. Diese Interpretation wird bestätigt durch Bultmanns Auslegung von
        Joh. 12,2o. Die ῞Ελληνες , sind "als Repräsentanten der griechischen
        Welt aufgefaßt". Der Sinn der Szene nach Bultmann: "Der griechischen
        Welt wird der Zugang zu Jesus durch die Apostel vermittelt." (JK, 323f).

19)     GuE, 51. Exemplarisch wird dieser individualistische Ansatz in der kurz-
        gefaßten Interpretation der paulinischen und johanneischen Eschatologie
        in GuE, 46ff, deutlich: "D i e   V o r s t e l l u n g   v o m   H e i l   i s t
        a m   I n d i v i d u u m   o r i e n t i e r t." (S. 48). Röm. 14,17 ist die
        biblische Belegstelle. In systematischem Kontext: "Allein der durch die
        Frage nach seiner eigenen Existenz Bewegte vermag den Anspruch der
        Geschichte zu hören." (GuV III, 115). Mit Recht die Kritik bei Sölle, Theo-
        logie, 46ff und Ev. Kom. 1971, 19f; Moltmann, Ev. Kom. 1968, 15f.
        Metz, Welt, 99f. S. o.  A 11.

2o)     Zur Formulierung s. Sölle, Theologie, bes. S. 91ff. Hummel, 72ff weist
        zwar die Problematik des existential-ontologischen Ansatzes auf, wird
        aber der Grundproblematik 'Vernunft und Glaube' bei Bultmann nicht ge-
        recht. (z. B. S. 77 A 2o3).


Anmerkungen zu Teil II, 6.1.

1)      ThW VI,219; vgl. oben S. 71ff. ThNT 319; 326ff. JK 333 (A6). Wir ziehen
        im folgenden vorwiegend Bultmanns Auslegung der paulinischen Briefe
        heran. Zu Glauben und Erkennen bei Johannes schreibt Bultmann ThW VI,
        229: "Johannes kann nicht etwa das πιστεύειν  dem  γινώσκειν
        in der Weise gegenüberstellen, wie Paulus die πίστις den ἔργα νόμου
        gegenüberstellt ...; denn das γινώσκειν  ist nicht ein den ἔργα
        analoger und deshalb mit dem πιστεύειν  konkurrierender Heilsweg:
        sein Verhältnis zum πιστεύειν  ist komplizierter."

2)      ThW I, 7o9. Zur Herkunft aus dem griechischen Sprachgebrauch vgl. 7o6ff.

Anmerkungen zu Teil II, 6.1.

3)  Ex. , 194. Vgl. ThW I, 7o7. "Der charakteristischen, stark durch das AT
    bestimmten christlichen Auffassung von der christlichen Erkenntnis, in
    der ein gehorsames und dankbares Anerkennen des Tuns und des Forderns
    Gottes verbunden ist mit dem Wissen um Gott und um das, was er getan
    hat und fordert, entspricht es, daß diese christliche Erkenntnis kein ruhen-
    der Besitz ist, sondern sich im Leben des Christen als dauerndes Gehor-
    chen wie als dauerndes Nachdenken entfaltet." Vgl. KuM I, 221.

4)  Gegen Harnack, der in der "legitimen Polemik" gegen die orthodoxe Dog-
    matik "nicht über den legitimen Sinn von Lehre in der christlichen Kirche
    reflektiert", fragt Bultmann: "Muß nicht aus der Analyse des Glaubens Not-
    wendigkeit und Sinn der Dogmatik, der 'rechten Lehre', entwickelt werden,
    die dann freilich nicht den Sinn hätte, den d i e kirchliche Dogmatik hatte,
    der die Polemik Harnacks gilt?" (Wesen, 14).
    Vgl. JK 333. Der Glaube ist ein verstehender, "sobald er sich seinem Ge-
    genstand öffnet, und ... nicht das blinde Akzeptieren eines Dogmas."

5)  Kirche und Lehre im Neuen Testament. ZdZ 1929, 9-43 (GuV I, 153-187).
    Bultmann selbst verweist in späteren Schriften verschiedentlich auf diesen
    Aufsatz; z.B. ZThK 193o, 349 und BW, 19o. Zu 'Lehre' vgl. auch GuV I,
    245.

6)  Vor allem 'Der Begriff der Offenbarung im Neuen Testament', Sammlung
    gemeinverständlicher Vorträge Bd. 135, 1929, S. 1-48. (GuV III, 1-34).
    'Der Begriff des Wortes Gottes im Neuen Testament', GuV I, 268-293,
    Erstveröffentlichung 1933, in dem auch ThW I erschien mit Bultmanns Bei-
    trag γινώσκω κτλ, 688-719, dazu außerdem auch "Das Problem des Ver-
    hältnisses von Theologie und Verkündigung im Neuen Testament", 195o
    (Goguel-Festschrift). Diese Arbeit entspricht den Epilegomena der ThNT
    (585ff) und "Allgemeine Wahrheiten und christliche Verkündigung", 1957,
    (GuV III, 166-177). Der Kirchenbegriff wird zwar im Zusammenhang mit
    Kerygma geklärt, steht als solcher jedoch im folgenden nicht im Vorder-
    grund.


Anmerkungen zu Teil II, 6.2.

7)  GuV I, 154.

8)  Auch das geläufige Verständnis von Offenbarung ist "Wissensmitteilung
    durch das Wort, Belehrung, durch welche bisher Unbekanntes bekannt
    gemacht wird, so daß es nunmehr gewußt wird. In diesem Sinn kann z.B.
    Unterricht Offenbarung vermitteln." GuV III, 1.

9)  GuV III, 17o. "Das gilt normalerweise auch für Schulkinder, die die zehn
    Gebote auswendig lernen." (GuV III, 122).

Anmerkungen zu Teil II, 6.2.

1o)     GuV I, 155.

11)     Vgl. GuV III, 1o7ff; GuV I, 155 nennt B. neben Mathematik und Naturwis-
        senschaft, Logik, Geschichtsphilosophie und systematische Ethik.

12)     S. o. S. 59. GuV I, 245; III, 118f; nach ThW I, 24o kann $\dot{\alpha}\lambda\dot{\eta}\vartheta\epsilon\iota\alpha$
        den Sinn von 'rechte Lehre' annehmen. Vgl. JK, 332, 469 u. a. Vgl. auch
        Diem, Verkündigung, 7: "Der Lehrer wendet sich an Intellekt und Wille.
        Seine L e h r e ist Wahrheit als richtige Einsicht, die das entsprechende
        Verhalten verlangt. Sein  L e h r e n  besteht im Argumentieren und Über-
        zeugenwollen. Ein  a u t o r i t a t i v e s  Moment kann es dabei letztlich
        nicht geben, da die Evidenz der Wahrheit selbst zur Einsicht zwingen muß. "

Anmerkungen zu Teil II, 6. 3.

13)     GuV I, 283; vgl. auch GuV III, 17off.

14)     GuV I, 159; vgl. GuV III, 1o9ff (118f).

15)     GuV I, 16o.

16)     GuV I, 154 wird der Anredecharakter als Charakteristikum kirchlicher
        Lehre angeführt, vgl. GuV III, 32f; 118ff und Loch, Verkündigung, 29.
        Bultmann sieht auch die Gnosis, in der "die Mitteilung der Lehre ... nicht
        einfach orientierende Aufklärung ist", in diesem Zusammenhang. "Sie ist
        auch  A n r e d e , die, indem sie den Nachvollzug des vorgetragenen Da-
        seinsverständnisses verlangt, den Hörer vor die Entscheidung stellt, und
        mit der Lehre kann sich die Bußpredigt verbinden. Indem aber das in dieser
        Lehre geforderte Daseinsverständnis spekulativ entwickelt wird, wird es
        als ein grundsätzlich überall mögliches und zugängliches verstanden und
        die Begegnung mit dem Lehrer ist nur  A n l a ß  zur Besinnung auf die
        Situation des Menschen. " (JK 42f).

17)     Vgl. GuV I, 26; die Wahrheitsfrage wird daher nicht in der Allgemeinheit
        des Seins, sondern existentiell beantwortet. GuV II, 73.

18)     GuV I, 161f; vgl. III, 119 u. 116; das neutestamentliche Verständnis von
        Lehre wurde in diesem Abschnitt bereits strukturell mitbehandelt; vgl.
        aber das folgende.

Anmerkungen zu Teil II, 6.4.

19)     ThNT, 3o8; 9o.

2o)     GuV I, 271. "Nicht in der θεωρία , sondern im Hören gewinnt der Mensch
        das Verständnis seiner selbst; Gottes Wort lehrt ihn je, sein Jetzt zu ver-
        stehen." Vgl. ThNT, 3o8.

21)     Bultmann weist wiederholt auf die terminologische Unterscheidung des NT
        zwischen κηρύσσειν    (Mark. 1,14. 38f; Mat. 4,17; 9,35; 11,1 u.a. )
        und διδάσκειν   (Mark. 2,13; 6,6; 1o,1 vgl. die par bei Luk. und Mat.)
        hin. Rm. 2,21 werden beide parallel gebraucht, an anderer Stelle ist von
        Jesu διδαχή     , von ihm als διδάσκαλος  die Rede. Paulus unterschei-
        det grundsätzlich Apostel und Lehrer: "Die Apostel berufen und gründen die
        Gemeinde; die Lehrer wirken in ihr zur Explikation der christlichen Er-
        kenntnis (1. Kor. 12,28f)." GuV I, 175 A 1; vgl. 186f A 2.
        Vgl. auch Karl Barth, KD IV,2, 1955, 217ff, der sich auf die Konvergenz
        der Begriffe beruft; Flender, EvTh 1965, 7o7 A 16a und Loch, Verkündi-
        gung, 55ff.

22)     GuV I, 172. Vgl. GuV III, 12o.

23)     GuV I, 173. Bultmann verweist auf die Gleichnisse und auf Jesu Diskussion
        mit Vertretern der jüdischen Gesetzlichkeit.

24)     Vgl. JK 57. Angemessen ist daher weder die Frage nach der historischen
        Echtheit der Jesus-Überlieferung, noch die nach Jesus als Vorbild. (Vgl.
        die Einleitung zum Jesus-Buch; GuV I, 146.144).

25)     Vgl. GuV I, 176.

26)     GuV I, 286ff. "Die echte Form der Vergegenwärtigung des geschichtlichen
        Faktums Jesus ist also nicht die historische Erinnerung und Rekonstruktion,
        sondern die Verkündigung." (GuV I, 146, z. T. gesperrt).

27)     ebd., 177.

28)     Vgl. ebd., 178 und GuV III, 3o. "Die Offenbarung vermittelt kein weltan-
        schauliches Wissen, sondern s i e  r e d e t  a n." Vgl. auch GuV I, 18o.
        "Das Kerygma, die Anrede, ist also Lehre, sofern es ein bestimmtes Ver-
        stehen impliziert." (gesp. gedr.).

29)     GuV I, 18o, vgl. KuM I, 225: "Da das Sagen oder Gesagtwerden jeweils
        Ereignis ist, konkrete Anrede in der konkreten Situation, nicht sokratisch-
        maieutische Rede oder Mitteilung einer zeitlosen Wahrheit, für deren Gel-
        tung das Gesagtwerden gleichgültig ist, sondern da das Sagen oder Gesagt-
        werden gerade die Wahrheit des Gesagten konstituiert (Vergebung wird nur
        im zugesprochenen Wort wahr), so ist der Logos, indem er durch sein
        S a g e n  ist, zugleich durch sein  G e s c h e h e n."
        Vgl. GuV III, 127: "Echte christliche Verkündigung ... ist die Mitteilung
        einer historischen Tatsache, die zugleich etwas mehr, etwas anderes ist
        als eine historische Tatsache, so daß auch die Mitteilung etwas anderes
        ist als bloße Mitteilung." Vgl. GuV III, 166f.

Anmerkungen zu Teil II, 6.4.

3o)     GuV III, 168; 129.

31)     GuV I, 18o, und zwar im Vollzug der Predigt.

32)     JK, 469.

33)     ThNT, 588f und KuM I, 126.

34)     GuV III, 29, vgl. I, 292 und JK 333f.

35)     ThNT, 48of, vgl. KuM I, 224.

36)     JK 469, Anm.. Bultmann bezieht sich hier auf das 1. Kap. des 2. Buches
        von "Wilhelm Meisters Wanderjahren" (Goethe, Päd.Ideen, 11ff).

37)     JK, 469, vgl. GuV III, 33.

38)     JK, 468f.

39)     Vgl. GuV I, 2o6.

4o)     Vgl. GuV III, 125: "Echte Verkündigung hat also dem Menschen zu zeigen,
        daß er der Vergebung bedarf und ihre Paradoxie kommt darin zutage, daß
        sie als Menschenwort die Vergebung Gottes zuspricht."

41)     ThNT 588.

42)     GuV I, 173; vgl. Jentsch, 259.

43)     Vgl. ThNT 48off, § 55.

44)     GuV I, 182ff entwickelt Bultmann das Wesen von Theologie an der paulini-
        schen, indem er ihre Auseinandersetzung mit Judaismus und Gnosis dar-
        stellt.

45)     Vgl. GuV I, 186.

46)     JK 2o6: "Der Glaube hat die Verheißung, daß sich ihm der Gegenstand er-
        schließt."

47)     Vgl. ThNT 586, Theologie, 32ff; GuV I, 183.

48)     GuV I, 181f; vgl. die Überlegungen zu dem in der Offenbarung gegebenen
        Wissen. GuV III, 31f, den Aufsatz in der Goguel-Festschrift "Das Problem
        des Verhältnisses von Theologie und Verkündigung im Neuen Testament"
        (32ff) und die Epilegomena der ThNT, 585ff.

49)     Vgl. GuV III, 115; den gleichen hermeneutischen Weg geht die Geschichts-
        wissenschaft; vgl. auch unten S. 84.

5o)     GuV I, 186 (z. T. gesp.)

51)     S. u. S. 88; so definiert Sauter, Methodenstreit, 46, mit Recht Bult-
        manns Ausgangspunkt im Blick auf die Entmythologisierung.

52)   GuV I, 18o, vgl. Kumazawa, 187f.

53)   ThNT, 589, vgl. GuV I, 2o3: "Ohne Verstehen gibt es keinen Gehorsam",
      aber "solches Verstehen, solches Sich-Verstehen, ist Sache des Entschlus-
      ses, der Entscheidung, nichts anderes. (Vgl. Phil. 3, 7f)." GuV I, 283:
      "Um so klarer muß gemacht werden, daß dieser Glaube wirklich ein Ver-
      stehen ist." (z. T. gesp. gedr.). Vgl. Kumazawa, 185; zur Kritik an diesem
      'nur existentiellen' Verstehensbegriff vgl. Lorenzmeier, Exegese, 48ff.

54)   GuV III, 32; Bultmann weiß sich an dieser Stelle in der Tradition Schleier-
      machers, GuV I, 87.

55)   S. unten S. 89ff, KuM II, 191ff, Kumazawa, 184ff, weist mit Recht dar-
      auf hin, daß diese Unterscheidung in den frühen dialektisch-theologischen
      Aufsätzen Bultmanns fehlt; s. auch Fuchs, A, 65ff.

56)   Abendblatt der Ffm.-Zeitung vom 27.9.1926, S. 4.

57)   Anf. 2, 72-92, erstmalig ZZ 1926, 4o-59. "Die Frage der 'dialektischen'
      Theologie".

58)   Anf. 2, 92. Bultmann knüpft hier an Gogarten an: "Wenn ich sagte, daß die
      Theologie die kritische, methodische Besinnung des Theologen sei darüber,
      was er tut, wenn er auf Grund der Offenbarung von Gott redet, so wollte
      ich also nicht sagen, daß die Theologie dieses Reden von irgendeinem Kri-
      terium aus, das sie als Wissenschaft in sich trage, rechtfertigen solle,
      sondern ich wollte sagen, daß die Theologie dieses Reden nicht ihm selbst
      überlassen dürfe, das heißt: nicht dem sündigen Menschen, der es immer
      wieder vergißt, daß er sündig ist, sondern daß sie es immer wieder kri-
      tisch auf die Offenbarung beziehen müsse." Herrigel/Gogarten, Vom skep-
      tischen und gläubigen Denken. ZZ 3/25, S. 62-88; S. 78f.
      Barth verkürzt diese Umschreibung: "T h e o l o g i e ist der in einem be-
      stimmten Jetzt und Hier in den Formen begrifflichen Denkens sich vollzie-
      hende Dienst bestimmter Menschen an Gottes O f f e n b a r u n g." (ChD
      1927, 226).

59)   Konsequenz dieser Radikalisierung der Erkenntnisfrage sind Bultmanns
      und Gogartens Grundsatzüberlegungen zur Frage des Verstehens und ihre
      Zuwendung zum Selbstverständnis im existentialontologischen Sinne Hei-
      deggers. (Vgl. G. Kuhlmanns Anfragen an Bultmann, ZThK 1929, 28ff und
      Bultmanns Antwort "Die Geschichtlichkeit des Daseins und der Glaube",
      ZThK 193o, 339ff. Vgl. dazu auch Sauter, Wissenschaft, 64).

6o)   Bultmann definiert die theologische Wissenschaft nach Gegenstand (gläubi-
      ges Dasein) und Methode (Schriftexegese). Nach Sauter, Wissenschaft, 59,
      wirkt hier "mißverstandener" Neukantianismus nach. Vgl. ZThK 193o, 343.

61)   Vgl. unten S. 1ooff; zu dieser Frage bei Barth s. Sauter, Wissenschaft 58.

Anmerkungen zu Teil II, 6. 5.

62)     Vgl. dazu unten S. 137, dies der normale methodische Weg, auch Diem
        in Verkündigung, 7ff, fragt nach der Bedeutung des Moments des Lehrens
        innerhalb der Verkündigung und von da aus nach dem Lehren im Religions-
        unterricht (S. 9ff).

63)     GuV III, 126.

64)     ebd.

65)     Abendblatt, a.a.O., Abgrenzung von der kulturprotestantischen Schleier-
        macherrezeption.

66)     Oldenburg, 6.

67)     K.H. Deschner (Hg.), Was halten Sie vom Christentum? 18 Antworten
        auf eine Umfrage. München 1957.
        18 prominente Schriftsteller verschiedenster Provenienz nehmen in diesem
        Buch Stellung. Zur Entstehungsgeschichte seit Sommer 1956 vgl. das Vor-
        wort des Hrsgb.

68)     GuV III, 197.

69)     GuV II, 247 fordert Bultmann eine Übersetzung des Wortes "Heiland" für
        den Schul- und Konfirmandenunterricht.

7o)     GuV I, 295; 298; 3o4.


Anmerkungen zu Teil II, 7.1.

1)      Anf. 2, 47ff. Die Untersuchung erschien erstmalig in ZZ 3, 1925, 334-357.

2)      Anf. 2, 54.

3)      Grundsätzlich: G. Otto 'Einführung in die Bibel angesichts der neueren
        Theologie' 1965. Die Unterrichtsentwürfe zu Wundertexten in den 6oer
        Jahren setzen sich entweder positiv (Stock, Otto, Wegenast u.a.) oder
        kritisch bis ablehnend mit dieser Problemstellung als Frage nach dem
        Verhältnis von Sprache und Wirklichkeit auseinander (vgl. z.B. Brief-
        wechsel Grosch / Wegenast / Hartmann, EU 1966, 38ff).

4)      S.o. S. 61ff. Vgl. GuV II, 242ff.

5)      Anf. 2, 5o; auch die idealistische Geschichtsauffassung betrachtet Ge-
        schichte aus der Distanz, indem sie die Anwesenheit des göttlichen Gei-
        stes in geschichtlichen Dokumenten zu konstatieren versucht (Stallmann,
        Geschichte, 37).

6)      a.a.O., 51f.

7)      Vgl. mit Recht Marquardt, 1oof.

Anmerkungen zu Teil II, 7.1.

8)    Anf. 2, 54. "Die mit der Sachexegese geforderte Sachkritik kann ihren
      Maßstab nur aus der durch den Text erschlossenen Sache, über die sie
      nicht vorher verfügt, gewinnen. Die in solcher Sachkritik sich vollziehende
      'Stellungnahme' hat also nichts mit 'Werturteilen' zu tun, die nachträglich
      über den geschichtlichen Befund gefällt würden. Die Sachexegese steht daher
      in einer eigentümlich zweideutigen oder widerspruchsvollen Situation, daß
      sie zum Gemeinten nur durch das Gesagte kommt und das Gesagte doch am
      Gemeinten mißt. Das bedeutet aber, daß sie nie zu allgemeingültigen Sätzen
      als 'Ergebnissen' kommt, sondern stets in lebendiger Bewegung ist." Vgl.
      S. 57f und Kumazawa, 156ff, der die "Sachexegese als das formale Prin-
      zip der Hermeneutik" bezeichnet im Unterschied zur existentialen Inter-
      pretation als materialem Prinzip.

9)    ebd., 54.

1o)   ebd., 53.

11)   ebd., 55.

12)   ebd., 56.

13)   ebd., 57f; 63. Lorenzmeier, 46, weist mit Recht darauf hin, daß Bult-
      mann "die Bedeutung des Existenzverständnisses des Interpreten für die
      Exegese" klar erkannt hat, trotz aller Gewaltsamkeiten dieses Ansatzes,
      z.B. der oben erwähnten Schematisierung der traditionellen Exegese.

14)   Anf. 2, 62f. "Wir treten ... dem Text gegenüber ähnlich wie den Menschen,
      mit denen wir in den Beziehungen des Lebens stehen, in denen wir über-
      haupt erst eine Existenz gewinnen, nämlich in den Beziehungen von Ich
      und Du", in denen sich "unsere eigentliche Existenz" abspielt.
      "Und wie diese Beziehungen für uns zeitliche Ereignisse sind und zwar
      solche, die den Charakter der Entscheidung tragen, so vollzöge sich die
      existentielle Begegnung der Geschichte in zeitlichen Momenten, die unsere
      Entscheidung fordern." ZThK 193o, 359 will Bultmann Gogartens "theolo-
      gische Behauptung, daß Dasein echt geschichtlich nur im Glauben und in
      der Liebe ist", in diesem Sinne schärfer profilieren. Vgl. auch oben
      S.  62ff  zur eigentlichen Struktur des urchristlichen Daseinsverständnisses.

15)   ebd., 64.

16)   ebd..

17)   ebd., 67 (vgl. 66).

18)   ebd., 67.

19)   ebd., 72.

2o)   ebd., 67.

Anmerkungen zu Teil II, 7.1.

21)     Der Aufsatz muß im Grunde von hinten (S. 66ff) gelesen werden. Vgl.
        auch GuV II, 16o. Luck, ZThK 1956, 25o, spricht vom "theologischen
        Ausgangspunkt dieser Hermeneutik".

22)     ebd., 58.

23)     Anf. 2, 57f sieht Bultmann zunächst noch den sozialen Aspekt des Ver-
        stehensprozesses, zielt aber auf dessen Überwindung. Vgl. dazu die Kri-
        tik bei Marquardt, 1oof.

24)     S. bereits oben S. 62ff und unten S. 89f.

25)     ebd., 67, vgl. ZThK 193o, 348. "Theologie kann nur eine Bewegung des
        Glaubens selbst sein." Vgl. GuV I, 173, 186.

26)     Anf. 2, 68: "Weil nun die Textauslegung nicht von der Selbstauslegung zu
        trennen ist und diese in der Exegese des Neuen Testaments gerade expli-
        zit wird, und weil andererseits die Selbstauslegung des Menschen als ge-
        schichtlichen Individuums sich nur in der Auslegung der Geschichte voll-
        ziehen kann, so fallen im Grunde Theologie und Exegese oder systematische
        und historische Theologie zusammen." (z. T. gesp. gedr.).

27)     ebd., 69; bereits oben S. 82f

28)     ebd., 7o.

29)     ebd..


Anmerkungen zu Teil II, 7.2.1.

3o)     Sauter, Methodenstreit, 45; vgl. Schumann, DtPfrBl 1951, 121ff, bes. 123.
        Entmythologisierung hat daher eine theologische Funktion, ist nicht nur
        "eine Frage der praktischen Exegese" (gegen Gadamer, Selbstverständnis,
        79).

31)     Der Sache nach 'entmythologisiert' Bultmann bereits in den frühen Arbei-
        ten. Soz. Mon. 1922, 443: "Und sie (die Eschatologie) ist in der Tat nur
        das Gewand für eine tiefere Idee, aber für eine religiöse Idee." Jesus, 41:
        Bultmann "betont ..., daß die eschatologische Botschaft Jesu ... nur ver-
        standen werden kann, wenn man sich besinnt, welche Auffassung vom Men-
        schen ihr letztlich zugrunde liegt ... Es versteht sich dann von selbst, daß
        man den Blick nicht auf die zeitgeschichtliche Mythologie richten darf, in
        der das, was eigentlich in Jesu Verkündigung gemeint ist, seinen äußeren
        Ausdruck findet." Bultmann entwickelt explizit das Programm der Ent-
        mythologisierung in 'Neues Testament und Mythologie' (1941), KuM I, 15ff.

32)     KuM II, 184; vgl. KuM I, 23.

33)     KuM I, 16f.

Anmerkungen zu Teil II, 7.2.1.

34)      KuM II, 184; vgl. KuM I, 22 "Der Mythos will nicht kosmologisch, son-
         dern anthropologisch - besser existential interpretiert werden." Zum
         Selbstverständnis des modernen Menschen als Person vgl. KuM I, 23;
         II, 181f u. a. m. Blochs Kategorie eines 'rebellischen' und 'eschatologi-
         schen' Mythos steht jenseits von Bultmanns Horizont. (Atheismus, 7o).

35)      KuM I, 25. Zum Streit um dieses Entmythologisierungsprogramm vgl.
         die von H. W. Bartsch herausgegebenen Bände Kerygma und Mythos, Iff,
         in denen sich Bultmann wiederholt gegen seine Kritiker verteidigt (I, 122ff;
         221ff; II, 179ff; III, 47ff). Bornkamm, Ges. Aufs. III, 173ff gibt einen
         gut informierenden Literaturbericht zu dieser Frage (erstmalig ThR
         1963, 33ff).

36)      Sauter, Methodenstreit, 46. Dazu kritisch Jaspers, KuM III, 11ff, der
         aber Bultmann nicht gerecht wird, denn dieser will gerade keinen quan-
         titativ meßbaren Rest retten (41); auf der Grundlage von Jaspers' Philo-
         sophie will Buri die Entmythologisierung in einer Entkerygmatisierung
         weiterführen. Zu diesen theologischen Unternehmungen vgl. die Kritik
         des Neopositivisten Albert, Traktat, 1o8ff: "Die Entmythologisierung
         des neuen Testaments ist nämlich keineswegs ... ein kritisches, son-
         dern in erster Linie ein hermeneutisches Unternehmen, das darauf ab-
         zielt, den Kern des christlichen Glaubens durch eine mit dem heutigen
         Weltbild harmonisierende Interpretation zu retten, also genaugenommen:
         e i n  h e r m e n e u t i s c h e s  U n t e r n e h m e n  i n  a p o l o -
         g e t i s c h e r  A b s i c h t" (1o9), nach Albert suspendiert Bultmann
         am entscheidenden Punkt das kritische Denken (11o, 113); zu Alberts
         Vernunftbegriff s. Sölle, Theologie, 42.

37)      Dazu Luck, ZThK 1956, 236ff; s. u. S.  89f. Zu Bultmanns Hermeneu-
         tik vgl. neuerdings die kritische Darstellung Ricoeurs, Ev Th 1973, 457ff,
         der hier nicht mehr einbezogen werden konnte.


<u>Anmerkungen zu Teil II, 7.2.2.</u>

38)      Protokoll bei Stock, Beiträge, 362ff. Stock bietet einen Gesamtbericht
         über die Tagung, die unter dem Thema 'Glaube und Erziehung' vom
         6.-9.8. 1948 in Hermannsburg stattfand; vgl. dazu unten S. 132ff.

39)      ZThK 195o, 47-69; zit. im folgenden n. GuV II, 211-235.

4o)      GuV I, 133, Aufsatztitel: "Die Bedeutung der 'dialektischen Theologie'
         für die neutestamentliche Wissenschaft" (1928).

41)      GuV II, 231 (gesp. gedr.); vgl. III, 148, Aufsatztitel: "Ist voraussetzungs-
         lose Exegese möglich?", aber auch bereits Anf. 2, 66.

42)      Vgl. zum folgenden GuV II, 231; III, 143f.

43)  Diese formgeschichtliche Frage ist also eine soziologische, d.h. sie
     schließt die nach den soziokulturellen Voraussetzungen der Textent-
     stehung ein. (Vgl. Syn. Trad., 4f).

44)  Vgl. dazu GuV III, 143 und kritisch Marquardt, 1oof.

45)  GuV II, 214. Aus dieser Tradition argumentiert Bultmann bereits 1922
     gegen Karl Barth, wenn er Gundolf zustimmt, der "Urerlebnisse" und
     "Bildungserlebnisse" unterscheidet (BW 9) und kurz danach schreibt:
     "das Treueverhältnis zum Autor kann sich gerade darin bewähren, daß
     ich aus der Sache heraus, in die ich durch ihn geführt bin, unter Um-
     ständen ihn korrigieren muß. Das Kriterium ist die Sache und nicht die
     zeitgeschichtliche Analogie." Vgl. dazu das folgende.

46)  GuV II, 227.

47)  GuV III, 147.

48)  Vgl. GuV I, 3o3; Karl Barth, Versuch, 37ff, mißversteht das Vorver-
     ständnis im Sinne eines zeitlichen  V o r.

49)  GuV III, 115; vgl. Marquardt, 1o2.

5o)  GuV II, 227. Vgl. GuV III, 147: "Die Geschichte zu verstehen, ist nur
     dem möglich, der ihr nicht als ein neutraler, unbeteiligter Zuschauer
     gegenübersteht, sondern der selbst in der Geschichte steht und an der
     Verantwortung für sie teilnimmt." Zur Unterscheidung von Vorver-
     ständnis und Vorurteil vgl. BW, 189f. Vorverständnis fordert im Ge-
     gensatz zur 'Borniertheit' des begrenzten Vorurteils gerade "die größte
     jeweils mögliche Offenheit", (189). Die historisch-kritische Exegese
     s.o. widerspricht ihr dabei nicht.

51)  ebd., 228, vgl. GuV I, 296, wo Bultmann grundsätzlich definiert: "Ist
     im Glauben ein alles frühere Verstehen verwerfendes und es ersetzen-
     des Verstehen gegeben, so enthält eben jenes frühere Verstehen ein
     Vorverständnis." (s. GuV III, 149).

52)  Vgl. das Referat von Stock, Beiträge, 364. Bultmann bedient sich hier,
     wie bereits oben entfaltet wurde (s.o. S. 62ff) der Philosophie Hei-
     deggers, die für ihn insofern 'richtig' ist, als sie "das mit der mensch-
     lichen Existenz gegebene Existenzverständnis in angemessener Begriff-
     lichkeit" entwickelt und von Bultmann als neutrales Forschungsergebnis
     rein formal in der theologischen Arbeit verwendet werden kann (KuM
     II, 192ff). Das Problem 'Heidegger und die Theologie' wird in den Auf-
     sätzen des v.H. Noller hrsg. Sammelbandes dieses Titels diskutiert.
     Vgl. auch Haug, ZThK 1958, bes. das Ergebnis, 252f, dagegen zurecht
     Luck, ZThK 1956, 249, der darauf hinweist, daß Heideggers philoso-
     phische Frage nach dem Sein und Bultmanns existential interpretieren-
     de Theologie je einen völlig anderen Horizont haben; vgl. auch Fuchs,
     Hermeneutik, 47ff; 55ff.

Anmerkungen zu Teil II, 7.2.2.

53)     GuV II, 232. Dieses Vorverständnis ist jedoch, wie der Glaube selbst,
        ein Modus geschichtlichen Existierens und kein materialer Anknüpfungs-
        punkt für die Offenbarung. GuV I, 296f, KuM II, 192f.

54)     KuM I, 125f; vgl. GuV I, 284; 311.

55)     vgl. GuV I, 124.

56)     KuM II, 184 A 1, KuM I, 126. Vgl. auch den ausführlichen Brief an
        Barth, datiert vom 11.-15.11.1952, in dem er sich mit dessen Schrift
        "Rudolf Bultmann, Ein Versuch, ihn zu verstehen" auseinandersetzt
        (BW, 169ff).

57)     BW, 174 u. a. KuM II, 192; ThNT, 589; GuV III, 149: der Glaube ist nie-
        mals als verfügbares Erkenntnismittel voraussetzbar.

58)     ThNT, 589; vgl. GuV I, 284, II, 232, 213 A 4. KuM III, 54 verweist
        Bultmann auf Jaspers, der die Existenzerhellung zur Lehre objektivie-
        ren muß und auf Heidegger, dessen phänomenologische Analyse "auch
        demjenigen, den sie als 'Lehre' überzeugt, nicht das Wagnis der Exi-
        stenz abnimmt.

59)     Hasenhüttl, 2o9.


<u>Anmerkungen zu Teil II, 7.3.</u>

6o)     Vgl. dazu die Aufgliederung der Wissenschaften bei Habermas, Erkennt-
        nis, 155ff.

61)     WuG, 48; vgl. Fuchs, Hermeneutik, 48; zum Begriff des Interesses bei
        Bultmann vgl. u. A 7o.

62)     Mit Recht Sauter, Methodenstreit, 44 A 54, und Gadamer, Selbstver-
        ständnis, 78.

63)     Sölle, Theologie, 39; sie bezeichnet Kerygma zutreffend als 'Grenzbe-
        griff'.

64)     Anf. 2, 71. Das von Bultmann in diesem Zusammenhang geforderte Lexi-
        kon, das über die Wortgeschichte informiert, soll "kein Nachschlage-
        wörterbuch für Schüler sein". Es wurde wohl im ThW realisiert.

65)     Vgl. Sauter, a.a.O., 45ff und Sölle, Theologie, 19ff.

66)     GuV I, 124 A 1.

67)     Vgl. GuV III, 147.

68)     S.o. und vor allem BW, 188ff.

69)     Vgl. Kumazawa, 222f.

7o)    Vgl. die Kritik an der fehlenden "Reflexion des gesellschaftlichen Verstehens" bei Marquardt, 1ooff (1o1) und Sölle, Theologie, 23ff. - Bei Bultmann ist das Erkenntnisinteresse eine existential-ontologische Kategorie (GuV II, 217), bei Habermas eine vor allem soziologische, s. dazu Lempert, Neue Sammlung 1969, 349f.

71)    Peukert, Einleitung in den Band 'Politische Theologie', VIII; vgl. Sölle, Theologie, 24 und Adorno, Eigentlichkeit, 66f. In der profanen Hermeneutik führt bereits Gadamer (Wahrheit und Methode) über diesen Ansatz hinaus (vgl. ebd., 25off: Grundzüge einer Theorie der hermeneutischen Erfahrung). Aber auch Gadamers Ansatz bleibt im Grunde konservativ, denn er kommt immer schon von einer Sinnganzheit Geschichte her. "Das Verstehen ist ... nicht so sehr als eine Handlung der Subjektivität zu denken, sondern als Einrücken in ein Überlieferungsgeschehen, in dem sich Vergangenheit und Gegenwart beständig vermitteln." (274f). Erst Habermas reflektiert "hermeneutisches Verstehen" als Garant 'handlungsorientierenden Selbstverständnisses und reziproken Fremdverständnisses' (Interesse, 221) und definiert das erkenntnisleitende Interesse der Geisteswissenschaft als 'praktisch' (ebd., 222). Die Theologie mußte daher notwendig über Bultmanns hermeneutischen Ansatz hinausführen. (Vgl. Sölle, Politische Theologie; Sauter, Methodenstreit, Marquardt, Theologie und Sozialismus; Gremmels, WPG 1972, 4ff).

72)    Zur Wirkungsgeschichte vgl. Gadamer, Wahrheit und Methode, 284ff. Stallmann, Vorverständnis, 254f versucht, sie als didaktisches Problem zu bedenken.

73)    Sölle, a.a.O., 23: "Der emanzipatorische Sinn der historisch-kritischen Methode geht nämlich dort verloren, wo man den hermeneutischen Zirkel außer acht läßt, und zwar die vergangenen Texte historisch-kritischer Betrachtung unterwirft, nicht aber die eigene Gegenwart und ihre Fragestellung historisch in ihrem Gewordensein, in ihrer Abhängigkeit von sozialen und psychosozialen Faktoren reflektiert."

74)    Charakteristisch die Argumentation GuV III, 117f: "Keine historische oder soziologische Analyse der Situation kann mir die Antwort geben, was hier und jetzt von mir gefordert ist." Bultmann räumt zwar unter Umständen eine solche Analyse ein, "damit ich die Möglichkeiten für meine konkrete Entscheidung übersehe" (ebd.), im Blick auf die eigentliche personale Entscheidung und ihre personale Verantwortung hat sie jedoch höchstens sekundären Rang (118); ähnlich auch GuV II, 14, wo Bultmann die christliche Liebe Programmen, Institutionen und Organisationen gegenüberstellt. Die profanen Lebensbereiche sind damit faktisch der Eigengesetzlichkeit überlassen. Dagegen Metz, 117ff: "Gerade um die Existenz zu treffen, kann heute nicht rein existentiell gesprochen werden." (119). S. A 75.

75)     Vgl. Sölle, a.a.O., 23f, Marquardt, 1ooff, Sauter, a.a.O., 47ff;
        Peukert, Einleitung und 82ff.
        Marquardt, S. 1o5, spitzt die Kritik zu: "Eine Existentialontologie, die
        die gesellschaftlich-transzendentalen Zusammenhänge bei der Bestim-
        mung des Verstehenden abblendet, entflieht diesen Zusammenhängen
        nicht, sondern bestimmt sich in ihnen nur in der speziellen bürgerlich-
        individualistischen Begrenzung des 'verstehenden', 'lebendigen' Indivi-
        duums." Vgl. die Kritik an Bultmanns Unterschrift unter das 'Marbur-
        ger Manifest' (FAZ vom 17.4.1968) auf S. 1o1 und Jaspers' scharfes
        Urteil KuM III, 15. Vgl. auch Bloch, Atheismus, 69ff: Er spricht von
        Bultmanns "guter religiöser Stube, 'moderner Mensch'". "Es ist der
        private Strohhalm dieses Je-meinigen und seines biblischen Angespro-
        chenseins, angeblich eines rein individualistischen (ohne soziales 'Man',
        ohne welthaft 'Seiendes'), was dem Restchristen dieser Art übrig bleibt."
        (69). Sölle, Politische Theologie, versucht eine Interpretationsalterna-
        tive gegenüber dieser abwertenden Klassifizierung Bultmanns als 'bür-
        gerlich-konservativ' aufzuzeigen, die die existential-hermeneutische Aus-
        führung der Theologie durch das Konzept einer politischen Theologie als
        Hermeneutik weiterführt.

76)     Vgl. Sandberger, 175. Bultmann steht damit ganz in der Tradition der
        historisch-hermeneutischen Wissenschaften: Vgl. Heidegger, SuZ 393:
        "Und weil das Dasein u n d  n u r es ursprünglich geschichtlich ist,
        muß das, was die historische Thematisierung als möglichen Gegenstand
        der Forschung vorgibt, die Seinsart von d a g e w e s e n e m  D a s e i n
        haben." Krockow, 14o A 18 weist mit Recht darauf hin, daß der Marx'
        sche Denkansatz, der primär die sozioökonomische Wirklichkeit verän-
        dern will und im Willen zum Verändern die Bedingungen des Verstehens
        sieht, in dieser geisteswissenschaftlichen Tradition keine Rolle spielt.

77)     Vgl. dazu GuV II, 117-123.

78)     ebd., 119.

79)     GuV III, 181f.

8o)     GuV I, 133.

81)     GuV II, 12o.

82)     GuV II, ebd..

83)     ebd.; vgl. S. 82; 85; und vor allem 1oof.

84)     GuV II, 121.

85)     GuV II, 122: "Wir sind nicht Gott und haben nicht Wunder zu tun, son-
        dern wir sind Menschen und haben verantwortungsbewußt und gewissen-
        haft nach den Möglichkeiten zu fragen, die unserer Arbeit Raum geben."

Anmerkungen zu Teil II, 7.3.

86)    ebd., 1o8.

87)    Vgl. GuV III, 173f.

88)    GuV III, 124.

89)    Marquardts Kritik trifft zu: "Eine Überlegung, welcher Mensch eigent-
       lich in diesem Sinne ein 'Lebensverhältnis' zur Geschichte hat, unter
       welchen Bedingungen einer nicht 'unbeteiligter Zuschauer', sondern
       Teilnehmer an der 'Verantwortung' für die Geschichte ist, wird nicht
       angestellt, geschweige denn, daß Verhältnisse erwogen würden, in denen
       ein solches Lebensverhältnis überhaupt nicht bestehen k a n n." (1o2)

9o)    MfPTh, 1964, 341.

91)    Diese Frage stellt bereits Nipkow, Grundfragen, 29ff, vor allem 47ff,
       als Postulat auch bei Kaufmann, Bibel, 8of (These 3). Grundsätzlich
       diskutiert bei Gloy, Ansprechbarkeit, vgl. S. 18ff.

92)    Vgl. Anf. 2, 64. Das Attribut 'existential' erscheint an dieser Stelle
       noch nicht, obwohl die Sache bereits vorhanden ist.

93)    Stallmann, der sich theologisch Bultmann anschließt, hat diese Gefahr
       noch nicht überwunden (Vorverständnis, 257). Er sucht nach der "Mög-
       lichkeit einer didaktisch verstandenen Anknüpfung". Entscheidend ist
       dabei jedoch "nicht, was das Bewußtsein der Schüler, sondern was ihre
       Existenz bewegt". Die Unterrichtspraxis beschränkt sich weitgehend
       auf 'Sprachunterricht'. (Geschichte, 54, 149 u.a.); vgl. auch die Dis-
       kussion um das Vorverständnis im Anschluß an Bultmanns Referat über
       'Das Problem der Hermeneutik' (Stock, Beiträge, 367f).

94)    Vgl. dagegen GuV III, 175; 124: Echte Verkündigung, die für Bultmann
       ein paradoxes Ineinander von Kerygma und Lehre ist (s.o. S. 83f)
       wird charakterisiert, "daß sie als wirkliche Anrede den Hörer in seiner
       konkreten Situation trifft, so daß er sich gefragt,gefordert, getröstet
       weiß, daß er nicht ausweichen kann." Wir haben versucht aufzuzeigen,
       daß Bultmann diese Einsicht aufgrund des existential-hermeneutischen
       Ansatzes nicht in ihren Konsequenzen durchdenken kann.


<u>Anmerkungen zu Teil II, 8.</u>

1)     Vgl. dazu Teil I der Untersuchung und Nipkow, ThP 1967, 34f.

2)     Vgl. auch die Definition Stallmanns: "Unterrichten meint ein verstärk-
       tes Lehren, das auf ein" verstehendes "Lernen zielt". (Geschichte, 127)
       und Schwager, PL, 977ff.

3)     Vgl. Teil II, 1; Bultmann, Wissenschaft, 1. Teil, und Faber, ThR 1934,
       189.

Anmerkungen zu Teil II, 8.

4)        Wissenschaft, 1. Teil (Abendblatt der Ffm.-Zeitung vom 27.9.27).

5)        Vgl. Wissenschaft, 2. Teil. (Abendblatt vom 11.1o.27).

6)        GuE, 178, vgl. Urchristentum, 2o5 u.ö.

7)        GuE, 178, bes. Gnosis und Stoa.

8)        GuE, 181.

9)        GuV III, 17off.

1o)       ThNT, 191, im Blick auf Paulus; vgl. auch die Erwägungen zu Glauben
          und Verstehen, S. 71f.

11)       GuV III, 128.

12)       Vgl. GuV III, 175. "Die 'christliche' Freiheit geht zwar über die 'huma-
          ne' Freiheit dadurch hinaus, daß sie den Menschen von seiner - stets
          seine gegenwärtigen Entscheidungen bestimmenden - Vergangenheit be-
          freit, aber so, daß er eben damit in seine 'humane' Freiheit verwiesen
          wird, um in ihr seine 'eschatologische' Freiheit zu bewähren." GuV
          IV, 5of. Das Verhältnis dieses Freiheitsbegriffes zur pädagogischen
          Kategorie der Emanzipation kann im folgenden Teil III (S. 129f)
          nur sehr allgemein problematisiert werden. (Vgl. dazu aber Gremmels,
          EvEvz 1971, 181ff). Albert, 11o, wirft Bultmann gerade im Gegensatz
          dazu "radikal autoritäre Denkweise", "Irrationalismus" in der Nach-
          folge Kierkegaards vor.
          Die erziehungswissenschaftliche Problematik diskutieren z.B. Mollen-
          hauer, Erziehung und Emanzipation (S. 55ff 'Pädagogik und Rationali-
          tät') und Lempert, Bildungsforschung und Emanzipation, Neue Samm-
          lung 1969, 347ff. Religionspädagogische Konsequenzen zieht Vierzig,
          vgl. vor allem den neuesten Beitrag: "Das Normproblem in der Reli-
          gionspädagogik. Zur Frage der Legitimierung religionspädagogischer
          Entwürfe im Rahmen der wissenschaftstheoretischen Diskussion."
          In: inf 1973 H 1, 1ff. Sein theologischer Ansatz geht über Bultmann in
          unserem Sinne hinaus (4ff).

13)       GuV III, 33.

14)       Vgl. GuV II, 247.

15)       Vgl. GuV I, 295, 298, 3o4; GuV III, 182.

16)       Vgl. GuV III, 17off und unten S. 129f zum Streit um den Religionsunter-
          richt in Oldenburg 1947/48; Reply Stallmann in Kegley, 286f und GuV
          IV, 54f.

17)       GuV II, 14; vgl. dazu Metz, 117f.

18)       Mollenhauer, Emanzipation, 69: "Die Verantwortung des
          Wissenschaftlers als Verantwortung für die
          Realisierung von Mündigkeit schließt die
          Verantwortung für die Praxis ein."
          Ähnlich Lempert, Neue Sammlung 1969, 347.

Anmerkungen zu Teil III, 2.1.

1)      R. Bultmann, Die Reform des theologischen Studiums und des kirchli-
        chen Prüfungswesens. ChW 1926, 422-428. Bultmann bespricht "Die
        Reform des theologischen Studiums und des kirchlichen Prüfungswe-
        sens". Denkschrift der Theologischen Fakultät der Universität Greifs-
        wald. Leipzig und Erlangen, Deichert, 1925.

2)      Vgl. zu Anlaß und Verlauf der Auseinandersetzung im einzelnen BW,
        116ff (Lit.); 24off. Bultmanns Denkschrift vom 18.1.1931 ist BW 242-
        248 abgedruckt. Bultmann schließt mit der Ankündigung, bei Zustande-
        kommen dieses Vertrages aus der Landeskirche auszutreten und das
        theologische Lehramt niederzulegen; vgl. dazu den Brief von K. Barth,
        BW, 116f.

3)      "Zur Frage der Reform des theologischen Studiums". Montag-Morgen-
        blatt der Frankfurter Zeitung vom 2. Jan. 1933, Nr. 4, S. 6.

4)      ThBl 1931, Sp. 297f "Thesen zur Reform des theologischen Studiums.
        Aufgestellt von einer Arbeitsgemeinschaft der Evangelisch-Theologi-
        schen Fachschaft Marburg".

5)      "Zur Frage der wissenschaftlichen Ausbildung der Theologen", Studien-
        betreuung der Kriegsteilnehmer der Martin-Luther-Universität Halle.
        Halle, November 1944.

6)      Abgedruckt in: Berichte des Planungs-Ausschusses der Philipps-Uni-
        versität Marburg zur Neugestaltung der deutschen Hochschulen, S. 2o-27;
        wir analysieren diesen Beitrag erst im folgenden Hauptteil, s.u. S. 111f,
        da er Bultmanns Nachkriegsbesinnung auf das Wesen von Humanismus
        und Christentum einleitet.


Anmerkungen zu Teil III, 2.2.

7)      Vgl. Schrey, Reform, RGG³ VI, Sp. 838f. Schrey nennt Literatur von
        192o bis 1956, Bultmanns Äußerungen fehlen (s.u.); vgl. auch G. Krause,
        Probleme, 418ff.

8)      Bultmann, ChW 1926, Sp. 423. Als Konsequenz wurde eine Erhöhung der
        Studiendauer von 6 auf 8 Semester und der Fortfall des Hebräischen als
        obligatorischem Prüfungsfach gefordert. Schrey, 838; Bultmann, a.a.O.,
        425f; erwogen in den Thesen der Marburger Theologischen Fachschaft,
        ThBl 1931, Sp. 297.

9)      Vgl. vor allem H. Schlier, Die kirchliche Verantwortung des Theologie-
        studenten, 1936. S. 5 bezeichnet er es als die 'Grundverantwortung' des
        Theologen, das "Wort ... kennen und erkennen zu lernen". Schrey,
        a.a.O., 838f. Aus diesem Interesse entstammt noch das dreibändige
        Werk von H. Diem, Theologie als kirchliche Wissenschaft, 1955/63;
        vgl. auch: G. Merz, Die Verantwortung der Kirche für die Ausbildung
        ihrer Pfarrer, München 1948, u.a.m.


218

Anmerkungen zu Teil III, 2.2.

1o)       ChW 1926, 423.

11)       ebd., 422. In Anmerkungen zeigt sich Bultmann über die kirchliche
          Diskussion um dieses Thema informiert.

12)       Vgl. ebd., 423, sachlich vergleichbar die Spannung zwischen Schleier-
          machers Definition von Theologie als "eine positive Wissenschaft"
          (Kurze Darstellung § 1) und die transzendental-dialektische Begründung
          im Gefühl schlechthinniger Abhängigkeit (ebd. § 21 und in der zweiten
          Rede über Religion).

13)       In einem Artikel über "Die evangelisch-theologische Wissenschaft in
          der Gegenwart" im Abendblatt der Frankfurter Zeitung vom 27.9.26
          sieht Bultmann "als Aufgabe der Kirche allein die Predigt des Wortes
          an". (S. 4).

14)       ChW 1926, 425.

15)       ebd., 424.

16)       ebd., 424. D.h. zugleich: "Die Fakultäten dürfen ihre Staatlichkeit und
          Eigenständigkeit nicht in kirchliche Uninteressiertheit umschlagen las-
          sen." (423). Vgl. neuerdings Weth, S. 57: "Theologie muß sich die
          Frage nach ihrer wohlverstandenen 'Kirchlichkeit' gefallen lassen."

17)       ThBl 1931, Sp. 297f.

18)       ChW 1926, 423.

19)       ebd., 426. Schlier, a.a.O., 8f, sieht die kirchliche Verantwor-
          tung als Eifer zur Theorie.

2o)       ebd., 424.

21)       ebd., 427 und Wissenschaft, 2. Teil, im Abendblatt der Frankfurter
          Zeitung vom 11.1o.1926, S. 4, Sp. 1 (typisch auch These III, 3 der
          Marburger Fachschaft, die die Homiletik der Lehre von der Kirche und
          damit der systematischen Theologie zuweist). Die systematische Theo-
          logie wird zweigeteilt, Ethik wird der praktischen Theologie zugeord-
          net, bzw. mit W. Herrmann "die Möglichkeit einer selbständigen Theo-
          logischen Ethik überhaupt in Abrede gestellt". (ChW 1926, 427).

22)       ebd., 427.

23)       Wissenschaft, 1. Teil (27.9.26). Bultmann unterscheidet davon "die
          grundsätzliche Diskussion über die Stellung des Christentums", die er
          selbstverständlich zur "eigentlich theologischen Aufgabe" zählt.

24)       Wir zitieren im folgenden die entscheidenden Abschnitte der Marburger
          Thesen von 1931 (ThBl 1931, Sp. 297f).

Anmerkungen zu Teil III, 2. 2.

25)      These II, 2 macht das Hebräische zur obligatorischen Vorbedingung,
         während IV, 2A1  die Möglichkeit des Wegfalls im 1. Examen erwogen
         wird. Bultmann, ChW 1926, 425f, möchte Hebräisch überhaupt fakulta-
         tiv werden lassen.

26)      Vgl. oben zu 1.4. Eine seit Schleiermacher 'Kurze Darstellung', umstrit-
         tene Frage, diskutiert bei Jannasch, RGG[3] V, 5o4ff, Krause, 438f, von
         Fendt, 313f, bedauert, zu Bultmann vgl. unten S. 1o3ff.

27)      Vgl. ChW 1926, Sp. 426.


Anmerkungen zu Teil III, 2. 3.

28)      Vgl. zum folgenden BW 243-248, Barths Reaktion, BW, 116ff; die An-
         merkungen von Jaspert, 119ff.

29)      Die theologische Wissenschaft setzt den Glauben voraus, der jedoch nie-
         mals als Besitz verstanden werden darf.

3o)      BW, 244.

31)      ebd., 246.

32)      Mollenhauer, 46, 49ff.

33)      Vgl. BW, 247.

34)      Ähnlich Wolf, Peregrinatio II, 1965, 178.

35)      BW, 245: "Die  e i n z i g e   Kontrollinstanz" für die Theologie ist
         "das faktische kirchliche Leben", dessen Grund die Offenbarung Gottes
         ist, so daß es nie von der theologischen Wissenschaft abhängig wird.

36)      ebd., 247.

37)      ebd., 246.


Anmerkungen zu Teil III, 2. 4. 1.

38)      Vgl. o. S. 218 A 3 (zit. Reform).

39)      Bultmann zitiert aus einem Brief des Grafen Yorck von Wartenburg an
         Dilthey von 1884, vgl. Briefwechsel Dilthey, 42. Krause, 439 druckt
         ein Zitat aus Humboldts Akademiereden ab, das die gleiche Intention
         ausdrückt; s. auch Schelsky, 65ff und Mollenhauer, 38ff; Habermas,
         Erkenntnis, 146ff.

4o)      Reform, Sp. 1; vgl. Nietzsche, Historie, 38.

41)      ebd., Sp. 1.

Anmerkungen zu Teil III, 2.4.1.

42)       Vgl. Habermas, Erkenntnis, 151, und Mollenhauer, 41.

43)       Reform, Sp. 2.

44)       ebd., vgl. Bultmann, Ausbildung, 4o, im Blick auf die Arbeit des Pfar-
          rers.

45)       ebd., Sp. 1.

46)       Vgl. Mollenhauer, 46.

47)       Vgl. Mollenhauer, 38.

48)       Reform, Sp. 1 (z. T. gesp. gedr.).

49)       ebd., Sp. 2, seine Arbeit geschieht jedoch nicht unbedingt nur auf der
          Kanzel; vgl. auch GuV III, 129.

5o)       ebd., Sp. 1.

51)       ebd., Sp. 2, vgl. dagegen K. Barth, KD I,1, 5ff.

52)       ebd., dick gedruckt.

53)       ebd., Sp. 3.

54)       ebd., Sp. 3, vgl. ChW 1926, Sp. 425ff. Die praktische Theologie "als
          theoretische Lehre von der Praxis der Kirche" und damit "ordentlichem
          Lehrfach" an der Universität hat in diesem Studienkonzept keinen Raum,
          in der Intention gleich ThBl 1931, Sp. 297f (These III, 3), von Fendt,
          313f kritisiert.

55)       Reform, Sp. 1 u. 3.

56)       ebd., Sp. 2, ähnlich die Warnung bei E. Wolf, Peregrinatio II, 178:
          "Die legitime Sorge der Kirche für die Ausbildung des Nachwuchses
          für ihr kirchliches Amt läuft, indem sie bemüht ist, 'den kirchlichen
          Charakter der theologischen Ausbildung an den staatlichen Fakultäten
          sicherzustellen' und durch kirchliche Hochschulen zu normieren, Ge-
          fahr, den künftigen Amtsträger kirchlich zu prägen, ehe er in selbstän-
          diger und verantwortlicher Entscheidung die wissenschaftlichen Voraus-
          setzungen für die Gewinnung und Pflege des besonderen seiner theologi-
          schen Existenz im Dienste des Amts sich zureichend geklärt und er-
          worben hat."

57)       ebd., Sp. 2. Damit intendiert Bultmann eine Erneuerung der humani-
          stischen Bildung, der humanistischen Gymnasien. Vgl. u. S. 116ff.

58)       ebd..

59)       Habermas, Erkenntnis, 149.

6o)       ebd., 148.

Anmerkungen zu Teil III, 2.4.1.

61)     Vgl. auch den existential-hermeneutischen Begriff des Vorverständnisses (= Lebensverhältnis zur Sache) z. B. GuV II, 218f.

62)     Dinkler, KidZ, 1959, 259, zitiert dieses in den Akten Hans von Sodens
aufgefundene Schreiben.

63)     ebd..

64)     ThBl 12, 1933, 161-166. Er faßt zusammen: "Wir wollten uns angesichts der großen Möglichkeiten, die uns gerade jetzt erschlossen sind,
unsere Verantwortung klarmachen, so wie sie uns aus der kritischen
Kraft des christlichen Glaubens deutlich wird." (165). Er kann, wie die
Konkretionen zeigen (165f), die Machtergreifung des Führers von Anfang an nicht naiv bejubeln, kann aber, da aus dem Glauben als personalem Akt nur jeweils personale Verantwortung resultiert, niemals
von verbaler Kritik bis zu organisiertem Widerstand gegen die tatsächlichen Machtverhältnisse in Staat und Gesellschaft kommen. Die Marburger Liberalen um H. v. Soden und R. Bultmann bleiben nur für ihre
Person gegenüber dem Nationalsozialismus reserviert.

65)     ebd., 359-37o.

66)     Karl Barth zum Kirchenkampf. ThEx 1956; vgl. Strohm, Romantik,
156ff, auch zu Bultmanns Haltung.

67)     FAZ vom 5. Juli 1968, S. 42.

68)     Mollenhauer, 53, vgl. Teil I der Arbeit.


<u>Anmerkungen zu Teil III, 2.4.2.</u>

69)     Vgl. o. S. 218 A 5 (zit. Ausbildung).

7o)     Vgl. Ausbildung, 35.

71)     ebd.. An dieser Stelle legt sich ein Blick auf K. Barth, KD I,1, 5ff nahe:
Die Frage nach dem Wissenschaftscharakter von Theologie wird dort
nicht als 'Lebensfrage für die Theologie' beurteilt. "Sie hat methodisch
nichts bei ihnen (den anderen Wissenschaften) zu lernen ... kann ...
keinerlei Verpflichtung übernehmen, sich an dem für andere Wissenschaften gültigen Maßstab messen zu lassen." Barth denkt ausschließlich von der Autonomie der Theologie, des Wortes Gottes, aus, während Bultmann Theologie auch dialektisch dem System der Wissenschaften zuordnen kann.

72)     Ausbildung, 36.

73)     Auch Wandlung 1949, 419 u. ö. geht Bultmann davon aus, daß sich in der
echten, freien Diskussion die Wahrheit stets durchsetzen wird, fordert

zu 73)    daher Offenheit für rational-sachliche Diskussion; dazu s. oben S. 58f
und die Kritik bei Habermas, Erkenntnis 164.

74)    ebd., 36f. Vgl. Mollenhauer, 69: Die Verantwortung des Wissenschaft-
lers schließt die Praxis ein.

75)    Vgl. Dinkler, a.a.O., 259.

76)    ebd.: "Als in dem letzten Kriege der Religionsunterricht an den Höheren
Schulen Marburgs 'wegen Mangels an Lehrkräften' eingestellt wurde,
übernahm er selbst diesen Unterricht und hielt ihn im Gemeindehaus
ab, bis auch dieser nach einem Jahr vom Naziregiment verboten wurde."
- Es war mit nicht möglich, über Ziele, Stoffe und didaktisch-methodische Form dieses Unterrichtes nähere Einzelheiten zu erfahren. Schmithals Theologie, 21, spricht allgemein von "Unterricht in den Fragen des
christlichen Glaubens"; Peerlink, 23 von "Katechismusunterricht".

77)    Ausbildung, 37f. Bultmann führt die Notwendigkeit selbständiger Über-
setzungen an 3 Punkten aus:
1. "Die ästhetische Freude am Klang" der Lutherbibel "läßt mitunter
die Kraft und das Erregende des Gesagten nicht voll zur Geltung kommen."
2. Übersetzung bedeutet langsames Lesen, und dies ist die Voraussetzung
von Auslegung. 3. "Der Student lernt, daß die Übersetzung in manchen
Fällen unsicher ist", daß die Bibel kein Gesetzbuch ist und über den
Sinn eines Textwortes oft nur im hermeneutischen Zirkel "auf Grund
der Erfassung des Geistes des Ganzen" entschieden werden kann.

78)    ebd.,

79)    ebd., 39.

8o)    ebd..

81)    ebd..

82)    ebd..

83)    ebd., 4o.

84)    ebd., 39.

85)    ebd., 4o.

86)    ebd., 4o; Bultmann kann daher die praxisbezogene Ausgangsfrage in
diesen theoretisch-wissenschaftlichen Überlegungen "aufheben".

<u>Anmerkungen zu Teil III, 3.1.</u>

1)      G. Krüger, ThR 195o, 173. Krüger rezensiert Heideggers Brief über den Humanismus (1947), vgl. Sartre, L'Existentialisme est un Humanisme (1946). Im 1. Jg. der Zeitschrift Studium generale v. 1948 nehmen Philosphen (Ebbinghaus), Geschichtswissenschaftler und klassische Philologen (Patzer, Müller), katholische und protestantische Theologen (v. Balthasar, Bultmann) zum Problem des Humanismus Stellung. Vgl. auch H. Weinstock, Die Tragödie des Humanismus. 1953; ders., Realer Humanismus. 1955.

2)      Vgl. dazu vor allem J. Maritain, L'Humanisme intégral. 1936, deutsch: Christlicher Humanismus (195o); L. Lenhart, Das Problem des Humanismus in der neuzeitlichen katholischen Theologie (1947); v. Balthasar, Christlicher Humanismus (1948), Söhngen, Humanität und Christentum (1946); auch bereits Rüssel, Gestalt eines christlichen Humanismus (194o). Kritisch Hammelsbeck, EvTh 1951/52, 462; ders. Menschenbild, 1o; Bastian, EvTh 1963, 449.

3)      Weniger widersprach bereits Ende der 4oer Jahre dem Versuch der Restauration dieser Synthese auf dem Bildungssektor. In seinen Erwägungen zum Problem der Bildung bestreitet er, daß man durch "Bildung einen früheren geschichtlichen Zustand, etwa die christliche Humanität des Abendlandes" wiederherstellen kann. (Glaube, 57; Persönlichkeit, 138f, ähnlich Weinstock, Realer Humanismus, 15f).

4)      Christlicher Humanismus, st gen 1948, 63-69.

5)      ebd., 65.

6)      S. Anm. 2.

7)      Söhngen, 71, vgl. Maritain, 5 und Lenhart, 7: "Erst die aus der Begegnung von humanitas und christianitas herausgewachsene Synthese führte zur Integralität und Transzendentalität des christlichen Menschenbildes, das Grundlage eines christlichen Humanismus ist." Hammelsbeck, EvTh 1951/2, 462: "Im christlichen Humanismus katholischer Prägung ist der antike Idealismus umfaßt, gebunden oder aufgehalten."

8)      GuV II, 76; III, 151.

9)      Hammelsbeck, EvTh 1951/2, 462.

1o)     Vgl. Bultmann, GuV III, 63f. Exemplarisch ist Hammelsbeck, Menschenbild, 11, 26: "Aller Humanismus wird zur Entmenschlichung (Dehumanisierung), wo er sich der ihn umgreifenden christlichen Freiheit entwindet." Vgl. auch J. Wilhelmsmeyer, Evangelische Unterweisung und humanistische Pädagogik (1948), Hammelsbeck, Erziehung im evangelischen und humanistischen Verständnis, EvTh 1951/2, 46off.

Anmerkungen zu Teil III, 3.1.

11)      Bultmann, Universität, 25; GuV II, 76, aber auch bereits Arierpara-
         graph, Sp. 367.

12)      Vgl. oben S. 39ff und GuV III, 63, 194. Nach Bultmanns Meinung betraf
         der Angriff der 2oer Jahre nur den 'Kultur'-Protestantismus, also
         den Humanismus innerhalb der Theologie, erst nach dem 2. Weltkrieg
         steht der Humanismus grundsätzlich in Frage. Zur Diskussion im Bil-
         dungssektor vgl. das Referat bei Nipkow, ThP 1967, 34ff und Schilling,
         Grundlagen, 115ff; aus jener Zeit: Bohne, Das Wort Gottes und der Un-
         terricht (1929), Merz, Kirchliche Verkündigung und moderne Bildung
         (1931) und Doerne, Bildungslehre evangelischer Theologie (1933).

13)      Patzschke, Sammlung, 1947, 165.

14)      Z.B. die Diskussion zwischen Pädagogen und Theologen in den 5oer
         Jahren um die Grundlagen der Erziehung. Die Begründung der Pädagogik
         insgesamt aus der Offenbarung garantiert nach Bohne, Hammelsbeck,
         Uhsadel u.a. 'echte Weltlichkeit', grundsätzliche Ideologiefreiheit. Vgl.
         dazu unten S. 131f und Gloy, Religionsunterricht, 14f.

15)      F. Müller, Paideutischer Humanismus, 4o2ff versucht, durch Rückgriff
         auf Jaegers Humanismusdefinition ("Humanismus ist überall zugegen,
         wo die Antike als lebendige Größe empfunden und als erzieherische
         Kraft gegenwärtig ist." Nach W. Jaeger, Humanismus und Jugendbil-
         dung, 43; Müller, 397) die Paideia Platons zu aktualisieren. In der
         Bultmannfestschrift von 1964 "Zeit und Geschichte" setzt er die Konzep-
         tion eines 'paideutischen Humanismus' in Relation zur dialektischen
         Theologie ("Kerygma und Paideia", 615ff). "Wie die Klassische Philolo-
         gie in der Paideia, hat so die Theologie im Kerygma ihren eigentlichen
         Sinn wieder gewonnen." (ebd. 619). Vgl. dazu unten S. 119ff, Bult-
         manns Frage nach dem Wesen von Humanismus und Christentum.


Anmerkungen zu Teil III, 3.2.1.

16)      "Das Verhältnis der Universität zu Antike und Christentum". In: Be-
         richte des Planungs-Ausschusses der Philipps-Universität Marburg
         zur Neugestaltung der deutschen Hochschulen, S. 2o-27.

17)      K. Jaspers/K. Rossmann, Die Idee der Universität. 1946, 37; vgl. S. 13,
         überhaupt den gesamten Einleitungsabschnitt "Das Bild der Universität"
         (S. 3-4o).

18)      ebd., S. 78-87; vgl. S. 2. Bultmann bezieht sich in seinen Bemerkungen
         zum Streit über das Verhältnis von Schule und Kirche 1947/48 in Olden-
         burg explizit auf dieses Buch. Wir gehen daher etwas genauer darauf ein.
         H. Roth, Stimmen die deutschen Lehrpläne noch? Die Deutsche Schule,
         1968, 69ff, greift zur Konkretisierung der These, die Wissenschaft sei aus-

Anmerkungen zu Teil III, 3.2.1.

zu 18)     schlaggebender Faktor der Lehrplanreform, auf Jaspers zurück, über-
           sieht aber dessen Weltanschauungselement (vgl. Blankertz, 127).

19)        ebd. , 79f.

2o)        ebd. , 8o.

21)        ebd. , 81-83.

22)        ebd. , 85-87.


<u>Anmerkungen zu Teil III, 3. 2. 2.</u>

23)        ebd. , 2of. Zur Einheit der Wissenschaften vgl. bei Jaspers, a. a. O. ,
           94ff.

24)        Zur humanistischen Bildung bei Bultmann s. u. S. 116ff.

25)        Vgl. Sauter, Wissenschaft, 24ff.

26)        Vgl. S. 21-23; Abschnitt II und III. "Die bildende Wirkung der wissen-
           schaftlichen Ausbildung ... liegt einzig in den Regeln, die das wissen-
           schaftliche Verfahren definieren." (Mollenhauer, 44). Im Gegensatz
           zu Jaspers wird bei Bultmann zumindest der Intention nach der Bil-
           dungswert der Geisteswissenschaften, vor allem das Studium der Antike,
           gegenüber dem der Mathematik bevorzugt. (S. 22).

27)        ebd. , 23f.

28)        ebd. , 24f.

29)        ebd. , 25-27. Jaspers hat diese Spannung nicht im Blick. Vgl. S. 94ff.
           Die Freiheit der Universität, ihre Autonomie (eingeschlossen die Theo-
           logische Fakultät) bedeutet äußere und innere Freiheit, während für die
           kirchliche Lehre nur die äußere Freiheit gewährleistet werden kann
           (S. 28), über das Verhältnis Theologie/kirchliche Lehre reflektiert
           Jaspers nicht.

3o)        GuV III, 61.

31)        ebd. , 64. Diese Frage z. B. auch bei Iwand, Evg. Erz. 1951, H4, 7,
           und Blättner, ebd. 5/6, 11ff. Blättner argumentiert gegen den 'barba-
           rischen Naturalismus'.

32)        In Abschnitt VI des Beitrages zur Universitätsgestaltung bringt Bult-
           mann bereits die Momente, die er in den beiden Aufsätzen zum Thema
           "Humanismus und Christentum" breit entfaltet. (studium generale 1/
           1948, 7off und Historische Zeitschrift, 176, 1953, S. 1-15, die deutsche
           Fassung von "Humanism and Christianity. Journal of Religion, 32, 1952,
           Nr. 2, S. 77-86). Abschnitt VII zieht praktische Folgerungen für den


226

Anmerkungen zu Teil III, 3.2.2.

zu 32)    Bereich der Universität und Schule (Gymnasium). Wir werden u. S. 113ff.
          Bultmanns Position in der ganzen Breite unter thematischen Gesichts-
          punkten analysieren.

33)       Vgl. GuV III, 151.

34)       Zur liberalen Lehrerschaft vgl. den Streit in Oldenburg, unten S. 123ff.
          Osterloh, II, 3: "Ich habe aber den Eindruck, daß die weitaus größte
          Zahl der Lehrer gegenwärtig in den " 'Bemerkungen' von Wilhelm
          Schwecke", und damit in der liberalen Position, "ihr Wort zur Sache sieht".
          Vgl. Ramsauer, West. Päd. Beitr. 1962, 242, zu Kabisch-Tögel: "Und
          1945, als der Religionsunterricht wieder aufgenommen wurde in den Schu-
          len, war dieses Buch in dieser unveränderten Auflage noch da, wurde
          gelegentlich empfohlen und mehr gelesen, als jüngere Fachkollegen an
          den Hochschulen annahmen."

35)       Vgl. Universität, 25; GuV III, 151; 61ff.

36)       Vgl. Universität, 25; GuV III, 64.


Anmerkungen zu Teil III, 3.3.1.

37)       Vgl. S. 52ff, Bultmanns Rückfrage nach dem Griechentum.

38)       Vgl. GuV II, S. 134, III, 152.

39)       GuE, 111, Bultmann führt aus (S. 111f): " 'Erziehung gibt dem Menschen'
          nach Lessing 'nichts, was er nicht auch aus sich selbst haben könnte'.
          Und ebenso kann wie in der Antike die Charakterbildung nach Analogie
          des künstlerischen Schaffens aufgefaßt werden ... Während z.B. nach
          Platon der Unterricht in der Mathematik im Dienst der Erziehung steht,
          ist bei Schiller die ästhetische Bildung das vornehmste Erziehungsmittel.
          In beiden Fällen aber ist der Gedanke der, daß die Bildung nach dem Ge-
          setz des Maßes, der Ordnung, erfolgt, das zur Harmonie der Gestalt
          führt." Zu Erziehung und Bildung im Idealismus vgl. oben Teil 1.
          ThLZ, 1930, Sp. 169 stimmt Bultmann Jaeger zu: "Wohl ist es richtig,
          daß in den Werken der Antike die Möglichkeiten des Menschlichen, die
          auch die unseren sind, klassische Gestalt gewonnen haben." Vgl. Söhngen,
          71 und vor allem Jaeger I, 13f.

4o)       Vgl. GuE, 113. Vgl. Habermas, Erkenntnis, 163f. Der deutsche Idea-
          lismus ist daher "in gewisser Weise" eine Synthese. GuV III, 151.

41)       GuV II, 142; Vgl. Universität, 25 und 26. Gnomon, 1950, S. 344 und
          347 u.a.

Anmerkungen zu Teil III, 3. 3. 1.

42)       Vgl. dazu oben S.   75ff , auch an dieser Stelle der existential-hermeneutische Interpretationsansatz.

43)       Vgl. S. 226f A 32.

<u>Anmerkungen zu Teil III, 3. 3. 2.</u>

44)       GuV II, 133.

45)       GuV III, 65.

46)       GuV III, 61. Der Einfluß W. Jaegers ist hier deutlich, der definiert:
"Humanismus ist überall zugegen, wo die Antike als lebendige Größe
empfunden und als erzieherische Kraft gegenwärtig ist." W. Jaeger,
Humanismus und Jugendbildung, 43. Vgl. auch Bultmanns Besprechung
von W. Jaeger, Die geistige Gegenwart der Antike, ThLZ 193o, Sp. 169-
171. Müller, st gen 1948, 4o3, beurteilt diesen Sachbegriff, der im folgenden entfaltet wird, als eng, gibt aber keine Begründung. - Mit Heideggers Humanismusbegriff setzt sich Bultmann an keiner Stelle auseinander (vgl. Krüger, ThR, 195o, 148ff), seine Kritik der idealistischen
Tradition des Abendlandes (s. GuV III, 194) ist gegenüber Heidegger
selbständig.

47)       GuV II, 133f. 'Persönlichkeit' nur selten, III, 66, im gleichen Kontext
'Person'.

48)       GuV III, 152: Die Fragestellungen, unter denen Bultmann nach dem
griechischen Verständnis von Mensch und Welt fragt, sind durch das
biblische dirigiert.

49)       GuV II, 242, Bultmann verweist auf E. Frank, Philosophical Understanding and Religious Truth, 1945, 157ff (deutsch 'Philosophische
Erkenntnis und religiöse Wahrheit' 1949).

5o)       Vgl. GuV II, 2o2f; Urchristentum, 27of; Arierparagraph, 363 u. a. m..
Nach Adorno, Minima Moralia, 88, begründet die christliche Lehre
von Tod und Unsterblichkeit den radikal individualistischen Ansatz der
abendländischen Geistesgeschichte; zu Bultmanns Position vgl. das
folgende und vor allem GuV II, 2o1ff.

51)       GuV II, 133.

52)       ebd., 134. Hum. Bildung, Sp. 1; GuV II, 147; III, 68.

53)       Zum Begriff der inneren Freiheit s. GuV IV, 42ff, bes. 51.

54)       GuV II, 134; 145; 275; III, 68: "Der Mensch, der sein Leben nach den
Gesetzen der Welt des Geistes gestaltet, wird zur Person." Vgl.
III. 7o.

55)       GuV III, 73; II, 134: "D i e  I d e e  d e s  G u t e n  erzieht den Willen
zur Selbstbeherrschung." Vgl. II, 139f.

56)       GuV III, 65, 7o; II, 138.

228

Anmerkungen zu Teil III, 3.3.2.

57)     GuV II, 147.

58)     GuV III, 143, auf die gesellschaftlichen Implikationen verweist gerade
        in der Diskussion dieser Stelle mit Recht Marquardt, 1o2f.

59)     GuV II, 134.

6o)     Vgl. GuV III, 69; u. II, 134.

61)     GuV II, 134.

62)     GuV II, 264.

63)     Vgl. GuV II, 134.

64)     Dazu Pannenberg, RGG[3] V, Sp. 23off u. Marcuse, Kultur, 93. Die
        Beurteilung stützt sich, dem Ziel dieses Abschnittes entsprechend, vor
        allem auf die beiden Aufsätze zum Thema "Humanismus und Christen-
        tum" von 1948 und 1952 und weitere Veröffentlichungen der ersten Nach-
        kriegsjahre (GuV II, 187ff; 236ff); zu den späteren "Reflexionen zum
        Thema Geschichte und Tradition" (1961) in GuV IV, 56ff und den Über-
        legungen zum "Verständnis der Geschichte im Griechentum und Christen-
        tum" (1962) GuV IV, 91ff s. u. S. 251   A 69 . Hummels Analyse von
        Bultmanns Personbegriff beschränkt sich auf die Äußerungen in GuV IV
        und kommt von daher zu dem im Blick auf die frühe Nachkriegsdiskus-
        sion, aber auch GuV IV, 5of undifferenzierten Urteil: "Streng verwirft
        er (Bultmann) jede Spur eines idealistischen Personbegriffs." (Hum-
        mel, 51).

65)     GuV III, 68; MP, 192: "das aber macht den Menschen erst zum Menschen,
        daß er an der Welt des Geistes teilhat."

66)     GuV II, 133f; vgl. die Gegenüberstellung der beiden Welten, MP, 19off
        und Pannenberg, RGG[3] V, Sp. 23of.

67)     GuV III, 68f.

68)     GuV II, 147.

69)     Vgl. auch oben S.   19ff, die Bemerkungen in Teil I zum Bildungsbegriff
        unserer abendländischen Tradition.

7o)     Buhr/Klaus, II, 'Kultur', S. 629.

71)     Adorno, Halbbildung, 293, er verweist auf Schleiermacher und Hum-
        boldt, vgl. auch ebd., 3o5; zum folgenden 294.

72)     Vgl. Pannenberg, RGG[3] V, Sp. 23off; ideengeschichtlich wirkt die an-
        tike Identifizierung von Person und geistiger Individualität über Auf-
        klärung, Humanismus und Idealismus bis in die Neuzeit nach.

73)     Vgl. Herders Briefe zur Beförderung der Humanität und die Ideen zur
        Philosophie der Geschichte der Menschheit 1784-1791; (Werke, Bd.XIII
        und XIV).

Anmerkungen zu Teil III, 3.3.2.

74)       Vgl. Marcuse, Kultur, 64f.

75)       Vgl. Adorno, a.a.O., 296. Zu Individuum und Gesellschaft vgl. auch
          Minima Moralia 47 'Monade', 86ff.

76)       Marcuse, a.a.O., 63. Adorno, Halbbild., 295, vgl. bereits Tillichs
          Analyse des Geistes der bürgerlichen Gesellschaft, (Lage, 9o u. 145).

77)       "Als Personen, in ihrer seelischen Freiheit und Würde haben alle Men-
          schen den gleichen Wert; hoch über den faktischen Gegensätzen liegt
          das Reich der kulturellen Solidarität." Marcuse, Kultur, 93.

78)       Marcuse, Neubestimmung, S. 151.

79)       Adorno, a.a.O., 293 und 297.

8o)       Marcuse, Kultur, 63, zur Ambivalenz vgl. Adorno, Halbbildung, 3o5.

81)       Vgl. GuV III, 65, MP, 192.

82)       GuV II, 147; III, 68.

83)       Marcuse, Kultur, 97.

84)       Vgl. GuV III, 68.

85)       Hum. Bildung, Sp. 2; GuV II, 147f; III, 63.
          Vgl. Marcuse, Kultur, 92. In der kritischen Beurteilung der Gegenwart
          stimmen Marcuse und Bultmann überraschend überein; unterschiedlich
          ist der materialistische (Marcuse, 98), bzw. idealistische Ansatz (Bult-
          mann), um das humanistische Ziel, die klassischen Ideale des umfassen-
          den Glücks (Marcuse, 1o1; GuV III, 68; II, 147 u.a.), freie Entfaltung
          der Individualität und vollkommene Humanität zu erreichen.

86)       GuV II, 147f. III, 68. Hum. Bildung, Sp. 2.

87)       Human. Bildung, Sp. 2. Auch Plessner, Nation, 147, spricht von der
          fehlenden "Revolte des Herzens gegen die seelenlos und sinnlos werden-
          de Zivilisation, welche eine ungebrochene menschliche Existenz unmög-
          lich gemacht hat."

88)       GuV III, 69.

89)       Marcuse, Kultur, 71.

9o)       Vgl. den Aufsatz 'Über den affirmativen Charakter von Kultur', Kultur,
          I, 56ff. Markert, Dialektik des bürgerlichen Bildungsbegriffs, Adorno,
          Halbbildung, 32of.

91)       Vgl. Marcuse, a.a.O., 92, im Blick auf das Spätbürgertum: "Die Per-
          son ist nun nicht mehr ein Sprungbrett für den Angriff auf die Welt, son-
          dern eine geschützte Rückzugslinie hinter der Front." Den entscheiden-
          den Kommentar gibt Adorno, Minima Moralia, 88f: "Innerhalb der re-

Anmerkungen zu Teil III, 3. 3.2.

zu 91)  pressiven Gesellschaft kommt die Emanzipation des Individuums diesem
nicht bloß zugute, sondern tut ihm Eintrag. Freiheit von der Gesellschaft
beraubt es der Kraft zur Freiheit. Denn so real es in seiner Beziehung
zu andern sein mag, es ist, als Absolutes betrachtet, eine bloße Abstraktion .... Wenn heute die Spur des Menschlichen einzig am Individuum als dem Untergehenden zu haften scheint, so mahnt sie, jener
Fatalität ein Ende zu machen, welche die Menschen individuiert, einzig,
um sie in ihrer Vereinzelung vollkommen brechen zu können. "
Bei Bultmann kommt an dieser Stelle selbstverständlich der christliche
Denkansatz ins Spiel, s. u. S. 119ff.


<u>Anmerkungen zu Teil III, 3. 3. 3.</u>

92)  Oldenburg, 2. In der englischen Erstveröffentlichung von Humanismus
und Christentum (GuV III, 61ff) in JR 1952, 77ff, wird eutlich, daß
Bultmann damit in der deutschen idealistischen Bildungstradition steht.
Παιδεία = Bildung, hat keine angelsächsische Entsprechung. S. 78:
humanistic education, S. 82: humanistic training, S. 83: culture;
spiritual development, vgl. Jaeger I, 12.

93)  Universität, 25.

94)  GuVIII, 133; 147 und Universität, 27, in den ersten praktischen Folgerungen für die Aufgaben der Universität bezeichnet er die Antike als
pädagogisch wertvolle Denkschulung und inhaltlich bildend. Er gliedert
auf: Antike Kunst und Literatur lehren e i n z i g a r t i g an allgemeingültigen Beispielen die menschlichen Probleme und die Möglichkeiten ihrer Bewältigung. Die Antike weckt den Sinn für philosophische
Fragen, für Geschichte und Geschichtsschreibung, Staat und Recht.

95)  Oldenburg, 3, vgl. Universität, 24.

96)  Hum. Bild. Sp. 1.

97)  Universität, 27.

98)  z.B. GuV II, 146f, 287; III, 68f. Ein Wort über Bildung, 4. Das Problem der Synthese klingt Hum. Bildung Sp. 1. an.

99)  GuV II, 287, vgl. 146, vgl. auch Plessner, 146ff. Adorno, Eingriffe,
54, spricht von der Divergenz zwischen Bildung (="geistige Erfahrung")
und "fachlicher Schulung".

1oo)  GuV II, 146f; III, 68, analog auch MP 195.

1o1)  "Ist humanistische Bildung zeitgemäß?" Unter dieser Fragestellung
äußert sich Bultmann "zugunsten der humanistischen Bildung" im Mitteilungsblatt des Vereins ehemaliger Schüler des Mariengymnasiums
Jever,"Die alte Schulglocke" 1954, Nr. 8.

Anmerkungen zu Teil III, 3. 3. 3.

1o2)     Hum. Bild. Sp. 2; GuV II, 146-148. GuV III, 63: Für alle totalitären
         Systeme ist der Kampf gegen die humanistische Bildung typisch.

1o3)     Universität, 21. GuV II, 134 u. a. m.

1o4)     S. die Einführung S.13f und oben S. 1o7ff.

1o5)     Urchristentum, 132; vgl. Oldenburg, 4 und GuV IV, S. 52ff. Bultmann
         verwendet wiederholt Verben wie "(er)wecken", "entbinden". Kritisch
         dazu Habermas, Erkenntnis; 164, vgl. oben S. 1o7f u. 229 A 73.

1o6)     Vgl. das oben diskutierte Theorie-Praxis-Problem der Universitäts-
         bildung, S. 1o3ff, Mollenhauer, 36ff, 55ff, 69, Klafki, Studien, 3off
         und Blankertz, 39-41. Dessen Kritik an der formalen Bildungstheorie
         trifft auf Bultmann zu, denn auch bei ihm steht die Struktur der Inhalte
         nicht zur Diskussion, sondern sind als klassische eo ipso vorgegeben.
         Bildung ist ein - in der Antike ästhetisch-technischer - Prozeß der For-
         mung der Person.

1o7)     Hum. Bildung, Sp. 1. Ähnlich die Abwertung der Praktischen Theologie, vgl.
         oben, S. 1o1 u. a.. In den beiden Beiträgen zu Zeitungen humanistischer
         Gymnasien (1954 und 196o "Ein Wort über Bildung", s. u. S. 136f)
         wird zwar der Wert humanistischer Bildung bzw. Bildung überhaupt im
         Gegensatz zur bloßen Ausbildung entwickelt, Aussagen über das 'Wie'
         der Pflege der antiken Tradition, über den Umfang der Beschäftigung
         (Sprachen) fehlen völlig. In den Stellungnahmen Ende der 4oer Jahre
         zur Universitätsreform, zum Religionsunterricht und in dem Aufsatz
         "Humanismus und Christentum" von 1948, GuV II, 133, 146f, ist die
         Pflege der antiken Tradition (Platon) selbstverständlich.

1o8)     Vgl. dazu Blankertz, 117 und 133.

1o9)     GuV III, 68f. s. o. S. 116.

11o)     Oldenburg, 2, wo Bultmann feststellt, "daß die konkrete Gestaltung
         der humanistischen Bildung heute besonderer Besinnung unterworfen
         werden muß angesichts der Bedeutung der Technik".

111)     Jaspers, a. a. O., 1o8ff, 11o: "Die Idee der Universität würde nur noch
         Fiktion und bloße Vergangenheit sein, wenn sie die technische Welt,
         eine Welt des Erkennens und Könnens, die Welt der Lebenspraxis in
         diesem neuen Zeitalter nicht zu durchdringen vermöchte. Und der Gang
         des technischen Zeitalters würde in der Selbstzerstörung enden, wenn
         diese Durchdringung nicht gelingen würde." Jaspers sieht das Problem
         und formuliert die Aufgabe. Aus diesem Problembewußtsein entstand sein
         Buch, vgl. 3ff "Die Situation heute", während es z. B. von Iwand, Ev. Erz.
         1951 H 4, 3, unterbewertet wird. "Die Überschätzung des Technischen ist
         ein Versagen des Menschen vor der Geschichte."

112)     GuV III, 68. Adorno, Eingriffe, 42: "Bildung ist eben das, wofür es keine
         richtigen Bräuche gibt; sie ist zu erwerben nur durch spontane Anstren-

Anmerkungen zu Teil III, 3. 3. 3.

zu 112)   gung und Interesse, nicht garantiert allein durch Kurse, und wären es
          auch solche vom Typus des Studium generale. "

113)      Deutlich mit abwertender Tendenz GuV III, 68; II, 287.

114)      Vgl. dazu GuV III, 68. "Geistige Aristokratie" ist dabei primär keine
          "soziologische Aristokratie", wird aber trotz der Intention Gleichheit
          aller Menschen qua Person durch fehlende sozialwissenschaftliche Re-
          flexion zur Verschleierung faktischer Ungleichheit. Vgl. auch Jaspers,
          a. a. O. , 115f und Weinstock, Humanismus, 78f: "Demokratische Elite-
          bildung durch Bildung".

115)      Vgl. z. B. GuV II, 219.

116)      Vgl. oben S. 19ff (25) und S. 115. Der privatistisch-aristokratische
          Zug in der Bildungsvorstellung des Bürgertums des 19. Jahrhunderts
          schlägt hier durch. Vgl. auch Bloch, Atheismus, 69ff.

117)      Adorno, Halbbildung, 321; Mollenhauer, 69. Blankertz, 51; vgl. Marcuse,
          Kultur, 93 und 1ol.


<u>Anmerkungen zu Teil III, 3. 3. 4.</u>

118)      Universität, 25. Wir haben Griechentum durch Humanismus ersetzt,
          im letzten Abschnitt wurde die Äquivalenz deutlich. Zum Christentum
          vgl. Teil II, der Untersuchung; wir beschränken uns im folgenden auf
          die Grundintention.

119)      GuV II, 137.

12o)      ThNT, 337. Wir gebrauchen hier den Begriff Pneuma im Unterschied
          zum humanistischen Geistbegriff. Pneuma ist wie der christliche Gott
          und das "eigentliche Leben des Menschen" schlechthin jenseitig. (GuV
          II, 135; III, 69). Vgl. die Zitate aus Luthers Römerbriefvorlesung.
          GuV II, 138f; III, 7of.

121)      ThNT, 336; vgl. Urchristentum, 2o5ff. GuV II, 244.

122)      GuV III, 7o.

123)      Explizit GuV III, 69ff; aber auch GuV II, 135ff, wo Bultmann die Frage
          diskutiert, "welchen Sinn die Ideen des Wahren, des Guten, des Schö-
          nen im Christentum annehmen".

124)      GuV III, 7o.

125)      GuV II, 139.

126)      GuV II, 277f.

127)      ThBl 1933, Sp. 163.

128)    GuV I, 292.

129)    Vgl. ThNT, 337; Wandlung 1949, 417ff, konkretisiert Bultmann diese
        Freiheit im Blick auf die aktuelle kirchenpolitische Lage. Vgl. auch
        GuV II, 274ff, 149ff, IV, 5of.

13o)    GuV II, 137; (Sperrung von mir); vgl. III, 72.

131)    Vgl. GuV II, 237.

132)    ebd. , 136.

133)    GuV II, 138.

134)    GuV IV, 52ff. Bultmann steht damit den "Konzeptionen einer weltlichen
        Erziehung" nahe. Hammelsbeck, Lehre, 49: "Es gibt keine evangelische
        Erziehung". "Dagegen ist es möglich zu sagen, daß man evangelische
        erziehen kann", d. h. sich im weltlichen Geschäft der Erziehung "per-
        sonal, nicht institutionell so umfangreich wie möglich vom Evangelium
        bestimmt" wissen, um in Freiheit erziehen zu können (vgl. EvTh 1951/
        52, S. 462). Er lehnt daher Konfessionsschulen ab.
        In Ottos Dissertation zum Thema "Verkündigung und Erziehung" von
        1957, S. 69 heißt es im Abschnitt "Erziehung und Glaube": "Es gibt
        keine 'christliche Erziehung', es gibt nur Christen, die erziehen, wie
        es Christen gibt, die schreiben, mauern, ackern oder unterrichten.
        Das Christsein in actu ... ist entscheidend." Auch Weniger, Glaube, 52,
        der aber von verbindlichen, aus dem Christentum stammenden Forderun-
        gen an Ethik und Politik spricht. Vgl. auch bereits die Konzeption des
        frühen Gogartenkreises (M. v. Tiling); ihre Darstellung bei Sturm S. 51ff;
        Schilling, 256ff.

135)    GuV III, 64; 69ff; II, 142; 77. Aus dieser Intention erwuchs bereits 1933
        Bultmanns Kritik an Wobbermins Vorstellung von der "Einheitlichkeit
        des deutschen Geisteslebens", mit der jener die Berechtigung des Arier-
        Paragraphen im Raum der Kirche bestätigte. Schlechthin als einzelner
        vor Gott und unter Gottes Anspruch stehen, ist von dem Stehen unter
        dem Staatsgesetz radikal unterschieden. Vgl. Arierparagraph, 363.
        Entsprechend ThBl 1933; 166: Entweder Verfälschung des Glaubens
        durch völkische Religiosität oder "Verfälschung des völkischen Glau-
        bens durch christlichen Aufputz". Auch ChW 1925, Sp. 41ff (Rezension
        von W. Otto, Der Geist der Antike und die christliche Welt) argumen-
        tiert Bultmann aus dem Bewußtsein dieser Alternative. Er lehnt radikal
        ab,"dieses Nein, das der Glaube über die Welt gesprochen hört, vom
        Menschen aus zu vollziehen, ... was nur als göttliche Tat, als Wunder
        möglich ist, als menschliche Möglichkeit zu realisieren". Vgl. Ex. 39f.

136)    GuV II, 142ff; Universität 25ff. GuV II, 76ff, 2o2f: "Wer aber wollte be-
        streiten, daß es allgemein menschliche Möglichkeiten sind, die hier
        (im Christentum) aktiviert worden sind?" Bultmann verweist auf die

Anmerkungen zu Teil III, 3. 3. 4.

zu 136)    von ihm in keiner Weise problematisierte Säkularisierung der christli-
           chen Religion (Vgl. jedoch die Säkularisierungsdebatte im Anschluß an
           H. Lübbe, Säkularisierung, Geschichte eines ideenpolitischen Begriffs.
           Freiburg, München 1965).

137)       GuV III, 74.

138)       GuV II, 145; III, 75, auch Aufgabe der Epoche; Universität 25f. Ver-
           gleichbar ist das Ergebnis der Tagung zu diesem Thema in Bossey
           (EvErz Mai 1949, 23): Die Beziehung von Humanismus und Christen-
           tum "muß eine 'dialektische' sein".

139)       Vgl. GuV III, 75.

14o)       GuV II, 144. Der Terminus "Störung" ist typisch für Bultmanns Herkunft
           aus der dialektischen Theologie. Z. B. Bohne, Wort, 56 und 1o4: Religion
           ist die "Störung der Bildung von Gott her".

141)       GuV II, 144f; vgl. ChW 1925, Sp. 42: Das Christentum sieht die Frag-
           würdigkeit menschlicher Wirklichkeit radikal im Gegensatz zur naiven
           Weltlichkeit, z. B. Homers. Anf. 2, 24ff steht an dieser Stelle die
           Religion als "die Kraft des Erlebens". Diese Erfahrungstiefe hat das
           abendländische Geistesleben entscheidend befruchtet. Geistesgeschicht-
           lich wurzelt der moderne Individualismus und Subjektivismus im Chri-
           stentum, ThLZ 193o, Sp. 17of; GuV II, 2o2f, 242f, GuV IV, 1o2f, auch
           Adorno, Minima Moralia, 88; Marcuse, Ideen, 168: "Der Begriff des
           Individuums geht in seiner neuen geschichtlichen Funktion aus der pro-
           testantischen Reformation hervor."

142)       GuV II, 146; vgl. 28of.

143)       Bei Hammelsbeck, Menschenbild, 9ff, fehlt diese Unterscheidung zwi-
           schen dem ursprünglichen griechischen Idealismus und der sophistischen
           Vereinseitigung. Für ihn ist Intention der idealistischen Pädagogik die
           Vergöttlichung des Menschen (1of), sie wurde in der Persönlichkeits-
           kultur säkularisiert (Aristokratie der Gebildeten). "Wir Zeitgenossen
           aber haben erfahren, daß der säkularisierte Humanismus in den Tota-
           litarismus umschlägt." (11).

144)       GuV II, 146, vgl. GuV III, 67; 74f: als Frage III, 194; MP 192. Gal. 3,
           24 trifft auf Judentum und Idealismus zu - nach GuV III, 174 auf das
           Menschsein überhaupt.

145)       Vgl. GuV III, 67.

146)       ebd..

147)       ebd., 75.

148)       GuV III, 75.

Anmerkungen zu Teil III, 3. 3. 4.

149)     Dieser Konsequenz aus Bultmann widerspricht z. B. Frör, Gesetz, 97ff
(1o5), Jentsch, 2o1, für den das NT zum Verhältnis "des Kyrios zur
Paideia mehr als einen dialektischen Bezug aussagen will". Christus
ist der Erfüller der Erziehung - formal und inhaltlich. Vgl. auch Koch,
EU, 1953, 125 (s. o. S. 67).

15o)     GuV II, 76f, 142, III, 75; vgl. oben S. 29ff  zu Schleiermacher (Sendschreiben an Lücke!). Er distanziert sich damit wie dieser von der
Trennung zweier sozialer Schichten in der Klassik, der griechisch
'Gebildeten' und der christlich-gläubig 'Ungebildeten' (s. o. S. 26
und Blättner, EvErz 2, 195o/1951 H 5/6, S. 1of).

151)     GuV II, 142f.

152)     GuV II, 143.

153)     GuV II, 186; III, 174 (17o).

154)     Vgl. GuV III, 194.

155)     KuM II, 182, GuV III, 75, vgl. die Interpretation des paulinischen $\sigma\widetilde{\omega}\mu\alpha$-
Begriffs, ThNT, 193ff;  $\sigma\widetilde{\omega}\mu\alpha$  bezeichnet "d i e  P e r s o n  a l s
g a n z e"; GuV III, 159. Gegen Hummel, 51.

156)     Universität, 27. 4. praktische Folgerung.

157)     ebd., vgl. Iwand, Ev. Erz. 1951, H 4, S. 8.

158)     ebd., 5. praktische Folgerung.

159)     Universität, 26. Diese "geschichtlich gewiesene Aufgabe der Universität" gilt auch für den RU.


Anmerkungen zu Teil III, 3. 4. 1.

16o)     Das Urteil von Sturm, 75, ist zu pauschal, differenzierter Gloy, Religionsunterricht, 9ff und 36ff.

161)     Vgl. die Diskussion zwischen Schwecke und Osterloh im folgenden.
Osterloh, II, 3: "Ich habe aber den Eindruck, daß die weitaus größte
Zahl der Lehrer gegenwärtig in den "'Bemerkungen' von Wilhelm
Schwecke", und damit in der liberalen Position, "ihr Wort zur Sache
sieht". Vgl. Ramsauer, West. Päd. Beitr. 1962, 242 zur 7. Auflage
von Kabisch/Tögel, Wie lehren wir Religion? (1931). "Und 1945, als
der Religionsunterricht wieder aufgenommen wurde in den Schulen, war
dieses Buch in dieser unveränderten Auflage noch da, wurde gelegentlich
empfohlen und mehr gelesen, als jüngere Fachkollegen an den Hochschulen annahmen." Vgl. auch Weniger, Glaube, 45.


236

Anmerkungen zu Teil III, 3.4.1.

162)    Vgl. im folgenden die Argumentation von Osterloh und Hollweg und das
        Urteil bei Froese, Sammlung, 1959, 148, s.u. S. 131f.

163)    Deutlich an dem zweiten Votum von Schwecke, Osterlohs Kontrahent.
        Dagegen Marx, Ev. Erz. Nov./Dez. 1949: "Ich behauptet auch aus ge-
        nauester Kenntnis der inneren Haltung der liberal-individualistischen
        Lehrerkreise, daß auch da die Dinge nicht hoffnungslos stehen." (16)

164)    Die Stellungnahmen:
        E. Osterloh, Schule und Kirche. Gesetz- und Verordnungsblatt für die
        Evg.-Luth. Kirche in Oldenburg. Beiheft 1/1947. (zit. Osterloh I).
        ders., Schule und Kirche II. Antwort auf 'Einige Bemerkungen ... von
        Wilhelm Schwecke'. Ges.- u. Verordnungsblatt ... Beih. 4/1947,
        (zit. Osterloh II).
        W. Schwecke, Einige Bemerkungen zu dem Aufsatz von Oberkirchenrat
        Osterloh 'Schule und Kirche'. Oldenburg 1947. (zit. Schwecke I).
        ders., Noch einmal 'Schule und Kirche'. Eine Entgegnung auf die Ant-
        wort des Herrn Oberkirchenrats Osterloh. Oldenburg 1947. (zit. Schwek-
        ke II).
        K. E. Hollweg, Brief zur Sache an W. Schwecke, datiert am 1o.11.1947.
        Ges.- u. Verordnungsblatt ... Beil. zu Beih. 4/1947. (zit. Hollweg).
        Der Abdruck dieser Texte im Anhang der Arbeit wurde mir vom Ev.-
        Luth. Oberkirchenrat in Oldenburg freundlicherweise gestattet.
        R. Bultmann, Einige Bemerkungen zu Osterloh ..., datiert am 7.5.1948.
        (zit. Oldenburg).
        Diese bisher unveröffentlichten Bemerkungen werden mit freundlicher
        Genehmigung von Herrn Prof. Bultmann im Anhang dieser Arbeit abge-
        druckt. - Bultmann bezieht sich außer auf die oben angeführten Texte
        auf einen Zeitungsausschnitt von K. Wawrzinek über Schule und Kirche,
        der mir leider nicht zugänglich war.

165)    Wilhelm Schwecke ist pensionierter Rektor und Vorsitzender des Lan-
        deslehrervereines in Oldenburg (Schwecke I, 8).

166)    Typisch dafür ist Schweckes Bezugnahme auf Harnack und auf die Leh-
        rergeneration zu Beginn des 2o. Jahrhunderts, auf deren Forderung der
        Trennung von Staat und Kirche (vgl. das Ende von I). Für Kittels Position
        hat Schw. dagegen nur Kopfschütteln übrig (Ende von II).

167)    Osterloh, II, 3.

168)    In dem oben (A 164) erwähnten Brief.

169)    Vgl. Schwecke, II, 3. "Vergeßt nicht, daß frühere Lehrergeschlechter
        ein Jahrhundert lang gerungen und gekämpft haben, um die Schule aus
        der Abhängigkeit von der Kirche zu lösen, und hütet Euch, daß nicht
        spätere Lehrergeschlechter Euch den Vorwurf machen müssen, Ihr hättet
        in einer kritischen Zeit Eure Pflicht versäumt und zugelassen, daß die
        Schule in ein neues Abhängigkeitsverhältnis hineingeraten sei!" (dick ge-
        druckt).

Anmerkungen zu Teil III, 3.4.1.

17o)     Prof. D. Stallmann begründete mir in privater Korrespondenz 1971:
         "Einer Veröffentlichung wollte s. Z. Osterloh nicht zustimmen, jeden-
         falls nicht ohne daß er selbst eine Stellungnahme beitrüge. Aber zu der
         fand er damals keine Zeit."

171)     Ausführlich Lennert, Immer noch: Der evangelische Religionsunterricht
         in der Schule. In: Die Sammlung, 6, 1951, S. 249-254, daselbst S. 253f.
         Prof. Dr. Lennert schrieb mir dazu: "Für Ihr Thema ist er (der Bei-
         trag Bultmanns) eigentlich unentbehrlich, und wenn Bultmann ihn mir
         damals anvertraut hat, als er noch 'heiße Ware' war (ich habe es ihm
         damals etwas verdacht, daß er ihn nicht veröffentlicht hatte), wird er
         das ganz sicher auch jetzt erlauben, wo so etwas ja inzwischen "ganz
         harmlos" geworden ist."
         Auf Lennert berufen sich Dross, Verkündigung, 122; Stock, Jenseits
         von Konfessionalismus und Neutralismus, Beiträge, 145f; Stallmann,
         Biblische Geschichte, 243f A 67.


Anmerkungen zu Teil III, 3.4.2.

172)     Vgl. Osterloh I, 2f. Im Widerspruch zu dieser Kritik am Erziehungs-
         ideal steht Osterlohs Befürwortung der "Arbeit an der Charakterbildung"
         über die Entwicklung technischer Fähigkeiten hinaus. Dazu fragt Bult-
         mann (S. 2): "Muß dann nicht gerade ein "Ziel", ein "Maßstab" der Bil-
         dung, ein "Erziehungsideal" die Richtung weisen?"
         Zur Kritik am idealistischen Bildungsideal vgl. Kittel, EvU, 25ff; zur
         Diskussion überhaupt Gloy, a.a.O., 16ff.

173)     Vgl. vor allem S. 2f.

174)     Vgl. Oldenburg, S. 5 und GuV II, 284ff.

175)     Vgl. Schwecke I, 1 und II, 1.

176)     Vgl. Schwecke, I, 2.

177)     Hollweg, S. 1 u. 3.

178)     Bultmann, Oldenburg, 5.

179)     Osterloh, I, 3f. Gottgläubigkeit in allen Arten ist "eine Übergangsform
         zu atheistischer Glaubenslosigkeit" (I, S. 4; vgl. Hollweg, 4).

18o)     Vgl. I, 2 und Bultmann, Oldenburg, 1f.

181)     Dick gedruckt als Abschluß seiner 2. Entgegnung (II, 3).

182)     I, 4-6; im Interview mit der 'Ev. Welt' (Gloy, RU, 35) weist Osterloh
         ausdrücklich auf die Notwendigkeit der kirchlichen "Bevollmächtigung
         zur Erteilung der Evangelischen Unterweisung" hin.

Anmerkungen zu Teil III, 3. 4. 2.

183)      I, 5.

184)      I, 6, vgl. Bohne, Grundlagen II, S. 8off, 85f und S. 54ff: Die Offenba-
          rung gibt eine neue Ordnung der Werte, und sie allein ermöglicht die
          Erziehung zum Guten.
          Dagegen mit Recht Schwecke II, 2, der von humanistisch-idealistischem
          Standpunkt aus argumentiert; Bultmann, Oldenburg, 3, verweist auf die
          Stoa und die chinesische Moral; vgl. bereits Anf. 2, 16.

185)      I, 3.

186)      ebd.; der RU läßt die Seele in der geistigen Welt gegenüber der Welt
          der Technik Entspannung und Erholung finden. II, 1f.

187)      I, 2 gesp. gedr.

188)      I, letzte Seite; diese Einordnung wird von Osterloh (II, 2f) und Hollweg,
          3 positiv aufgenommen.

189)      Schwecke, I, 4f.

19o)      II, 4-6.

191)      I, 4f, ähnlich Hollweg, 3: "Darum ist es weniger wichtig, ob in unseren
          Schulen mit den Kindern soviel ü b e r Gott gesprochen wird, wenn
          wir nur mit ihnen  z u  Gott und  m i t  Gott reden." Vgl. Osterloh, In-
          terview (in Gloy, RU, 34).

192)      Bultmann, Oldenburg, 6f; vgl. seine Einleitung zu Harnack, Wesen,
          und oben S. 31ff.

193)      II, 7.

194)      I, 6f, Schwecke I, 5, kann hier nur katholisierende Mystik vermuten,
          worin ihm Bultmann S. 6 zustimmt. Bultmann kritisiert in seinem
          3. Hauptpunkt die "für den Laien notwendiger Weise unverständliche
          Sprache" Osterlohs.

195)      Osterloh, II, 6f.

196)      Hollweg, 4. Daher kann man Relig. ja auch nicht 'lehren', sondern
          eigentlich nur 'bezeugen'.

197)      Osterloh I, 8.

198)      Osterloh I, 8. Osterloh verbindet mit diesem Rekurs auf die Liebe
          Glaube und Erziehung. Blättner schließt seine Geschichte der Pädago-
          gik 1951 (1953$^2$) mit einem Appell an die Liebe des Erziehers, die mit
          Pestalozzi "allein wahre Menschenweisheit ist", angesichts der Not
          der Gegenwart diese "zu wenden ... die Herzen aufzurichten, Mut und
          Glauben zu geben vermag". (S. 248). Ähnlich auch Bultmann, GuV IV,
          55; s. u. S. 139.

Anmerkungen zu Teil II, 3.4.2.

199)    Osterloh II, 8. Vgl. Kittel, EvU, 25ff.

2oo)    Vgl. oben S.  121; Bultmann steht in seinem Ansatz Schwecke nahe;
        der Unterschied liegt in der theologischen Begründung.


Anmerkungen zu Teil III, 3.4.3.

2o1)    Oldenburg, 1f; wir werden im folgenden, da der Text unveröffentlicht
        ist, ausführlich zitieren (vgl. den Anhang).

2o2)    Vgl. z.B. GuV I, 172. Die Kirche ist als eschatologische Größe un-
        sichtbar, "sichtbar ist sie nur für den Glauben, d.h. für den Gehor-
        sam, der die neue geschichtliche Möglichkeit ergreift". Vgl. auch
        Bultmanns Reply to Hans Bolewski "The Role of the Church in the
        Theology of Rudolf Bultmann" (Kegley, 276ff). "Church as an historical
        entity ... must stand in the service of the proclamation of the Word."
        (277).

2o3)    Bultmann verweist auf den Katholizismus. Vgl. Rang, Handbuch I, 1o5ff,
        der mit dieser kirchlichen 'Lehrautorität' begründet: "D e r  R e l i g i -
        o n s u n t e r r i c h t  i s t  K i r c h e  i n  d e r  S c h u l e." (1o6).
        Ähnlich Bultmann argumentiert Schwecke, (I und II). Nach Sandberger,
        216f, entsprang bereits die schulische Begründung des RUs bei F. Nie-
        bergall und R. Kabisch dieser Intention.

2o4)    Vgl. GuV I, 179, II, 123, III, 17.

2o5)    Vgl. oben S. 8off, Ebeling, WuG, 348: "Hermeneutisches Prinzip
        ist  d e r  M e n s c h  a l s  G e w i s s e n." Fuchs, Hermeneutik,
        27o, nennt "die Wahrhaftigkeit", den "sittlichen Ernst des Auslegers",
        als einzige "konkrete Verständnisbedingung", vgl. 147f.

2o6)    Rang I, 1o7.

2o7)    Hammelsbeck, Bevollmächtigung, Ev. Erz. 1951 H 5/6, S. 22:
        "Um die Notwendigkeit für eine solche kirchliche Bevollmächtigung zu
        verstehen, müssen wir das Problem, aus dem sie folgt, richtig er-
        kennen. Eine Seite davon haben wir schon aufgezeigt, den Schwund an
        innerer Vollmacht durch die Liberalisierung in der Vergangenheit, die
        Willkür im Umgang mit dem biblischen "Stoff" aufgrund unbiblischer
        Voraussetzungen. Der gemeindefremde Lehrer mißbraucht die Bibel
        in privater Auswahl und endet bestenfalls bei moralischen und lebens-
        kundlichen Anwendungen. Wer sich nicht selber dem Ärgernis des Wor-
        tes vom Kreuz stellt, kann auch die Frohbotschaft nicht weitersagen.
        Der Schullehrer steht in der humanistischen Tradition der Schule. Wir
        müssen das verstehen und bejahen. Sonst könnte er nicht Lehrer in der
        Schule sein, die vom abendländischen Kulturgut lebt und ihm dient. Die


240

Anmerkungen zu Teil III, 3.4.3.

zu 2o7)   humanistische Tradition möchte auch immer wieder die Religion in sich
          einbeziehen. Deshalb entsteht für uns alle immer wieder das Mißver-
          ständnis, das Evangelium als christliche Religion zu verfälschen. Statt
          polar zu unterscheiden, steht der Humanismus im Vorrang. Dann kann
          nicht mehr zwischen Schuld und Sünde, zwischen Religion und Evange-
          lium, zwischen Welt und Gemeinde, zwischen Mensch und Gott unter-
          schieden werden." Die kirchliche Bevollmächtigung wird daher als Aus-
          druck 'reformatorischer Wachsamkeit' und damit Schutz vor Säkulari-
          sierung (!) notwendig.
          Zur Diskussion um die Vokation vgl. Otto, Schule, 58ff.

2o8)      Ähnlich die Argumentation im Blick auf die Notwendigkeit praktisch
          theologischer Überlegungen während des Studiums (Reform 1933, vgl.
          oben S. 1o3ff).

2o9)      Bultmann nennt Deutsch (Literatur), Geschichte und für die höhere Schule
          philosophische Propädeutik (2).

21o)      Oldenburg, 2; zum folgenden vgl. oben S. 112 u. 116ff.

211)      ebd., 3.

212)      ebd., z.B. auch GuV II, 285, wo Bultmann die Notwendigkeit der durch-
          gehenden Organisation unserer modernen Welt, auch der "geistigen
          Kultur" (Schule, Universität, Theater, Konzert) als Verarmung des
          Lebens und damit als das eigentliche Problem der Gegenwart begreift.

213)      Oldenburg, S. 4; vgl. Lennert, Sammlung 1949, 187.

214)      Bultmann (4), verweist auf Osterloh, II, 7 und I, 8.

215)      Die "Frucht" dieses Unterrichts, die Glaubensfrage, ist altersmäßig
          nicht festlegbar (4).

216)      'Zeitgemäß' ist damit auch pragmatisch, in bezug auf die rhetorische
          Technik, gemeint, vgl. GuV III, 167.

217)      ebd., 4f.

218)      ebd., 5; vgl. Nipkow, Grundfragen, 36: sehr viel optimistischer im
          Blick auf die Erziehungskraft der Kirche ist Bohne, Grundlagen II:
          "Erziehung zum Glauben" vollzieht sich, wenn die drei "behüteten Räu-
          me" Familie, Schule und Kirche "zu dem einen behüteten Raum Gottes
          zusammenwachsen, in dem wir immer zu gleicher Zeit tragen und ge-
          tragen sind" (S. 196). Uhsadel dagegen hält die christliche Schule für
          erzieherisch bedeutsamer als die Familie: "Die Schule hat dank der
          pädagogischen Vorbildung und Erfahrung ihrer Mitarbeiter die Möglich-
          keit, die erzieherischen Kräfte, die die Gemeinde ausströmt, besser
          zu erkennen und auszuwerten, als die Familie es vermag." (Religiöse
          Erziehung, 33o).

Anmerkungen zu Teil III, 3. 4. 3.

219)     Oldenburg, 6; vgl. Karl Barth, KD I, 1, 51 und IV, 3, 999 (im Blick
         auf Konfirmandenunterricht). Stolle, Sammlung 1949, 448, der "die
         schlichte Darbietung und Behandlung der biblischen Geschichten" als
         Aufgabe der Lehrerschaft bezeichnet, daneben "die Behandlung der
         zehn Gebote und des Vaterunsers", unterscheidet davon aber die kirch-
         liche Aufgabe der christlichen Unterweisung (Kittels Konzeption) (S. 447).

22o)     Oldenburg, 6.

221)     Bultmann gebraucht beide Ausdrücke synonym. Im Blick auf die huma-
         nistisch bestimmte Schule haben sich die Ergebnisse von 3. 3. 3. bestä-
         tigt.

222)     Vgl. Bultmann in Keyley, 277f u. a.. Die Antithese ist im Begriff des
         Paradoxon vermittelt. Sturm, 44, bezeichnet mit Verweis auf Kittel,
         Erzieher, 119ff diese nur formale Antithese als "theologisch fraglich
         und pädagogisch unfruchtbar", zumindest ist an dieser Stelle ein Wei-
         terdenken unumgänglich.

223)     Vgl. Weniger, Glaube, 58; Stallmann, Christentum und Schule (1958)
         und Otto, Schule - Religionsunterricht - Kirche (1961).

224)     Kittel, EvU (1949$^2$), 35, lehnte dagegen gerade ein Verständnis von
         'Religion' als Kulturgut, "für deren Überlieferung bzw. Fortentwick-
         lung der Staat verantwortlich war", ab. Bultmanns Differenzierung
         zwischen dem Glauben und dessen geistesgeschichtlich faßbarer Kul-
         turgestalt hat er nicht im Blick.

225)     GuV II, 228. Die Unterrichts-Methode ist Mäeutik.

226)     Vgl. die Untersuchungen von Wölber, Religion ohne Entscheidung, 196o$^2$
         und H. Hunger, Evangelische Jugend und evangelische Kirche, 196o.
         Blankertz, 4o, weist mit Recht auf den entscheidenden Fehler der gei-
         steswissenschaftlichen Bildungstheorien hin, "Aussagen über empiri-
         sche Sachverhalte" nicht erfahrungswissenschaftlich abzusichern.
         Stock fragt im Briefwechsel mit Lennert (Beiträge, 81) gegenüber Bult-
         mann umgekehrt: "Geht nicht der Weg des Reifenden über das Persönliche
         zum Sachlichen? Ist nicht auch von da her der Lehrer aufgerufen,
         existentiell zu werden und existentiell zu unterweisen?"

227)     GuV III, 122. Bultmann spricht nicht vom 'Schüler', sondern vom
         'Leser oder Hörer'. 174f. Die Belehrung fällt unter den Begriff 'all-
         gemeine Wahrheit'.

228)     Vgl. die Untersuchung von H. Schaal, Erziehung bei Kierkegaard. Das
         'Aufmerksammachen auf das Religiöse' als pädagogische Kategorie.
         Heidelberg 1958.

229)     Schr. , 44.

Anmerkungen zu Teil III, 3. 4. 3.

23o)     Löstrup, Kierkegaard, 184, spitzt an dieser Stelle seine Kritik an
         Kierkegaard zu. "Die Verantwortung für die Wirkung einer Mitteilung
         auf sich zu nehmen ist aber gleichbedeutend damit, den andern Men-
         schen zur Annahme der Mitteilung zwingen zu wollen .... Der Mittei-
         lende überläßt es nicht dem Wort, daß es durch sich selbst wirke, son-
         dern will ihm mithilfe eines Kunstgriffs zu einer ganz bestimmten Wir-
         kung verhelfen." Sandberger, 31, vgl. 98f und 258 überträgt unter der
         Frage nach dem 'Übergang von der existentialen Interpretation zum
         existentiellen Vollzug' diese Kritik auf Bultmann.
         Vgl. auch Jaspers, KuM III, 41f. Bultmann selbst vermeidet in dieser
         Stellungnahme die Gegenüberstellung von existentialer Interpretation
         und existentiellem Vollzug.

231)     Wenn auch 'nur ( in säkularisierter Form, GuV II, 2o2f; vgl. Weniger,
         Glaube, 58.

232)     S. o. S. 112ff zum griechisch-idealistischen und zum humanistischen
         Bildungsideal, die entsprechende Kritik.

233)     Dazu vor allem H. Gloy, Die religiöse Ansprechbarkeit Jugendlicher
         als didaktisches Problem dargestellt am Beispiel des Religionsunter-
         richts an der Berufsschule. 1969; Kaufmann, Bibel, 8of These 3; als
         Frage der Wirkungsgeschichte auch bei Stallmann, Vorverständnis,
         251ff.

234)     Mollenhauer, 66f: ..., dann fällt der Pädagogik als Praxis wie als Theo-
         rie die Aufgabe zu, i n  d e r  h e r a n w a c h s e n d e n  G e n e r a -
         t i o n  d a s  P o t e n t i a l  g e s e l l s c h a f t l i c h e r  V e r ä n -
         d e r u n g  h e r v o r z u b r i n g e n", bei Mollenhauer nur möglich
         durch "den Willen zur Rationalität" (67).


Anmerkung zu Teil III, 4.

1)       Die Berechtigung steht an dieser Stelle nicht zur Diskussion, dazu
         Dross, Verkündigung; Schulte, ThR 1965/66, 257.


Anmerkungen zu Teil III, 4.1.

2)       ThSt 2, 1947$^2$, vgl. dazu Fangmeier, 491ff, Cillien, 7off, Koch, EvTh
         1953, 189ff, vgl. auch Barth, Humanismus (ThSt 28, 195o).

3)       Zu dieser christlichen Quelle des abendländischen Bildungsgedankens
         vgl. Stallmann, Die Gottesebenbildlichkeit als pädagogisches Motiv,
         ZuG 1964, 729ff.

Anmerkungen zu Teil III, 4.1.

4)      Barth, ebd., S. 9. In diesem Sinne kann er die Offenbarung Jesu Christi
        als "eine grundsätzliche Wende ... in der Geschichte der Pädagogik"
        verstehen. KD III, 4. 316.

5)      Leuenberger, Bildungskrise, 9, zeigt mit Recht die Gefahr dieses Miß-
        verständnisses.

6)      Vgl. Barth, ebd., VIII. These, 21.

7)      ebd., These VI, 18.

8)      H. J. Iwand, Erneuerung unserer Bildung aus dem Evangelium. Ev. Erz.
        1951, H 4, 2ff.

9)      ebd., 3.

1o)     ebd., 6.

11)     ebd., 4f.

12)     ebd., 8.

13)     ebd., 7f.

14)     Die Position von Osterloh (Hollweg) setzt sich durch. Hauschildt (Gloy,
        239): "Wir kamen her von einer Auslieferung des Religionsunterrichts
        an das Bildungsgefüge der säkularisierten Schule. Als wieder erkannt
        wurde, daß es im Religionsunterricht weniger um die Pflege von reli-
        giös-sittlichen Kräften und Persönlichkeiten ging als vielmehr darum,
        daß das Wort Gottes im Unterricht laut werde, konnte der Religionsun-
        terricht als 'kirchlicher Unterricht' bezeichnet werden ..., denn wo
        Menschen sich um das Wort Gottes sammeln, da ist Kirche Jesu Chri-
        sti." Die Konzeption knüpft an an Rang, Handbuch Bd. I, Berlin 1939,
        1o6; 27; zur Grundthese "Religionsunterricht ist Verkündigung", vgl.
        das 1. Kap., 17ff. Bohne, (Wort ... 1929) hatte das Aushalten der Span-
        nung zwischen Kultur und Religion gefordert. "Die Spannung mußte ge-
        löst werden, damit der Unterricht arbeitsfähig blieb." (Berg, 12). Dies
        geschah durch die kirchliche Konzeption des RU während der NS-Zeit,
        vgl. Otto, Schule, 24 und 26 und Dross, Verkündigung, 1o9; die Nach-
        kriegszeit knüpft hier an (zu Kittel, s. u.).

15)     Kittel, zitiert n. 2. Aufl. v. 1949, S. 1o. Zu Kittel vgl. Otto, Schule,
        21ff; Dross, Verkündigung, 11off; Sturm, 91ff.

16)     ebd..

17)     ebd., 1of.

18)     ebd., 11.

19)     ebd., 38ff; vgl. dazu Dross, a. a. O. 112f.

Anmerkungen zu Teil III, 4.1.

2o)      ebd., 28. vgl. Gloy, Religionsunterricht, 12.

21)      ebd., vgl. Kittel, Schule unter dem Evangelium 1948; und das Gutach-
         ten der Theologischen Fakultät Kiel 195o (auszugsweise Gloy, a.a.O.,
         61ff), aber auch Stock, Beiträge, 63. Ähnlich argumentiert Hammels-
         beck, Lehre, 1o3 (gesp. gedr.): "Evangelische Unterweisung statt Re-
         ligionsunterricht ist zu verstehen als Hilfe zum Glauben an das Evan-
         gelium von Jesus Christus, nicht als gewissenszwingende Lehre. Sie
         beschränkt sich darauf, hören zu lehren auf das Wort Gottes." Ihr
         Ziel ist niemals die religiös-sittliche Persönlichkeit, die "innerwelt-
         lichen Vorzeichen moralischer, humanistischer oder idealistischer
         Art" treffen auf sie nicht zu. (1o4).

22)      Vgl. Marx, Ev. Erz. Nov./Dez. 1949, 14; Kiel (Gloy, a.a.O., 64).

23)      Vgl. Kiel (Gloy, a.a.O., 67); dagegen Lennert 1951 (Gloy, a.a.O., 71).
         Weniger,Glaube, 6o beansprucht diese Intention für jeden verantwort-
         lichen Unterricht, lehnt daher die EU ab.


Anmerkungen zu Teil III, 4.2.

24)      Religionsunterricht in der Krise. Die Sammlung 1952, 314ff; Verkündi-
         gung durch Auslegung! (Brief an R. Lennert). ebd., 441ff; vgl. die Ak-
         tualisierung der Verkündigung in der Evangelischen Unterweisung. Vor-
         trag auf dem Treffen der Religionslehrer der Höheren Schulen West-
         falens 1952; abgedruckt EvTh 1953, 363ff. (Alle zitiert nach Beiträge,
         5off). Wir werden im folgenden nicht die einzelnen Diskussionsschritte
         entfalten (bes. im Blick auf Lennert und Stock. Vgl. dazu Dross, Ver-
         kündigung, 1o9ff), sondern summarisch die Punkte aufzuzeigen versu-
         chen, an denen Bultmanns theologische Arbeit eine kritische Distanz
         gegenüber der ausschließlich kirchlichen Position legitimiert.

25)      R. Lennert, u. H. Kittel, Über den Lehrer im Religionsunterricht. Die
         Sammlung 3, 1948, S. 695ff.
         R. Lennert, Ein Nachwort. Die Sammlung 4, 1949, 187f. (Nachwort zu H.
         Marx. Über den Volkslehrer als Religionslehrer.ebd., 181ff).
         -, Immer noch: Der evangelische Religionsunterricht in der Schule.
         Eine Entgegnung. Die Sammlung 6, 1951, 249ff (zit. n. Gloy, RU,
         69ff).
         -, 'Verkündigung' oder 'Auslegung'? Die Sammlung 7, 1952, 369ff.
         (z. n. Stock, Beiträge, 64ff).

26)      Lennert (1952), in Beiträge, 67.

27)      Sammlung, 1948, 698.

Anmerkungen zu Teil III, 4. 2.

28)     Weniger hielt das pädagogische Grundsatzreferat zum Thema 'Glaube, Un-
        glaube und Erziehung', Bultmann das neutestamentlich-hermeneutische
        (s. o. S. 89 ). Vgl. den Tagungsbericht, abgedruckt in Stock, Beiträge,
        361 ff. Stock spricht (361) vom 'Modellcharakter' der Tagung als erstem
        Nachkriegsversuch, "die Grundlagenfrage kritisch zu erörtern und nicht
        einfach leere Räume und frei gewordene Positionen religionspädagogisch-
        kirchlich zu besetzen." Wenigers Referat ist abgedruckt in Ev. Erz., Mai
        1949, 15-28 und in E. Weniger, Die Eigenständigkeit der Erziehung in Theo-
        rie und Praxis. Probleme der akademischen Lehrerbildung, 9ff, (hier zitiert
        nach Gloy, a. a. O. 42ff); vgl. ders., Zum Gespräch evangelischer Theolo-
        gie und Pädagogik. Sammlung 1954, 126ff.

29)     ebd., 56.

3o)     ebd., 58.

31)     Lennert 1951 in Gloy, a. a. O., 73f.

32)     ..., sondern "den erwachsenen Menschen" meint (Stock, Beiträge, 51f).
        Vgl. Bultmann, GuV II, 72ff.

33)     Vgl. Weniger, Glaube 44; 55; 57 (ChU bleibt "im Regelfall im Raum der Bil-
        dung"), ähnlich Stock in Beiträge, 52 und 6o, u. a. m..

34)     Vgl. Lennert (1952) in Beiträge, 64ff (bes. 67). Nach Dross, Verkündigung,
        124, überzieht Lennert dabei die 'existentielle' Interpretation.

35)     Beiträge, 63. Vgl. A 9. Stock verweist auf Phil. 4, 7f. Der Einfluß von
        Bultmanns theologischem Denken ist deutlich. Stock selbst nennt nur den
        Namen 'Flitner'. Weniger (43) verweist auf Bultmanns Aufsatz "Humanis-
        mus und Christentum" von 1948.

36)     Weniger verweist auf die methodische Regel W. Flitners: 'Jede Spontanei-
        tät muß aufgefaßt werden als methodischer Träger eines wirklichen zur
        Freiheit gelangenden Willens' (55).

37)     ebd., 51 u. 58f. Weniger hat den ausführlichen Diskussionsbeitrag Gogar-
        tens (vgl. Beiträge, 378ff) in die Veröffentlichung seines Referates einbezo-
        gen, seine Grundthese jedoch nicht geändert. (Vgl. in Gloy RU, 58ff).

38)     Vgl. KuM I, 224f. Thielicke, Die Frage der Entmythologisierung des Neuen
        Testaments, KuM I, 159ff. Rudolf Bultmann, Antwort an H. Thielicke, ebd.,
        221ff. Vgl. dazu oben S. 8off; 88f.

39)     Dross, Verkündigung, 124: "nur Modalitäten der Weitergabe" stehen im
        Interesse.

4o)     Weniger, 45f; 6o u. ö.; für Lennert ist dies das Hauptproblem in allen Bei-
        trägen.

41)     Weniger, 6o.

42)     GuV IV, 52ff, s. u. S. 137ff. Zu dieser Diskussion vgl. das 1. Kapitel
bei Sturm.

43)     Stock, Beiträge, 381.

44)     Zu diesem Vorwurf vgl. Otto ..., Neues Handbuch, 22.

45)     Stocks Diskussionsbericht in Beiträge (383) formuliert analog. Vgl. auch
F. Schmid, Vergegenwärtigung als theologisches und pädagogisches Problem (Ev. Th. 1951/52, 268ff, zit. n. Berg, Methodik, 152ff). "Was den
U n t e r r i c h t angeht, scheint mir das Problem noch wenig in Angriff
genommen zu sein. Und doch müßte gerade hier eingesetzt werden, wenn
man schon 'Religionsunterricht' überhaupt bejaht." (154). Schmid geht
es um eine methodische Bewältigung des Problems kerygmatische Anrede
und Lehre im Unterricht der Unterstufe. Sein Ausgangspunkt ist die Grundfrage der Entmythologisierungsdiskussion, die Frage um 'Glaube und Geschichte' (152ff), vgl. auch Stock, a. a. O., 91 und den Bericht über eine
Tagung zu diesem Thema von Köster, EU 1953, 22.

46)     Beiträge, 57, auch zum folgenden.

47)     "Es ist ... für evangelisches Verständnis grundsätzlich nicht möglich,
zum Glauben zu erziehen. Gleichwohl wirken die Glaubensentscheidungen
indirekt mit bis in den erzieherischen Akt hinein, und insofern gibt es kein
davon Absehenwollen. Auch das Erziehen geschieht im Glauben oder es
geschieht ohne Glauben" (Beiträge, 39).

48)     Beiträge, 62. Der Einfluß Bultmanns ist deutlich.
Vgl. u. S. 119ff und S. 138.

49)     Beiträge, 61.

5o)     ebd., 79f. Stock hat damit in der Antwort an Lennert die zunächst von ihm
geforderte Erwartungshaltung der radikalen Offenheit (= Glaube als Voraussetzung, vgl. ebd., 58) neu interpretiert; vgl. dazu Dross, Verkündigung, 125f.

51)     ebd., 81.

52)     Stocks Antwort an Lennert trägt den Titel "Verkündigung durch Auslegung!"
Vgl. auch Beiträge, 78. Stock selbst nennt das Verhältnis der beiden Grund-
worte "antinomisch", (8o). Vgl. dazu Bultmanns Verhältnisbestimmung von
direkter und indirekter Verkündigung, GuV III, 122ff; 166ff; Oldenburg, 4f.

53)     Die biblische Geschichte im Unterricht, ZThK 1954, 216ff, hier zit. nach
dem Wiederabdruck in: "Die biblische Geschichte im Unterricht", 55ff.

54)     ebd., 56. Vgl. auch 85, und Stock, Auslegung, 24.
In der EU wird diese Grundanfrage zunächst weitgehend nicht erkannt.
Typisch ist Bohnes Ablehnung: "Wenn heute von theologischer Seite der
Versuch gemacht wird, in einer "Entmythologisierung" der Bibel die Ele-

Anmerkungen zu Teil III, 4.2.

zu 54) mente eines früheren Weltbildes aus der biblischen Aussage zu beseitigen,
dann ist das vielleicht eine interessante begriffliche Aufgabe, führt aber
nicht zur Erkenntnis der biblischen Wahrheit", ist daher für die 'Wahrheitsfrage in der EU' bedeutunglos. (EU 1953, 1oo). Bohne schematisiert:
Gegen Bultmanns wissenschaftliche 'Sachwahrheit' stellt er die Wahrheit der
persönlichen Begegnung mit Jesus Christus (vgl. auch Ev. Erz. 1953, 176ff).
G. Koch versucht EU 1952, 41ff und 1953, 121ff eine Auseinandersetzung,
die bei aller Anerkennung des Anliegens "Erziehung zur Wahrhaftigkeit"
(1953, 121) zu dem ablehndenden Urteil: Gefährdung in theologischer und
pädagogischer Hinsicht kommt (1952, 45). "Der p e r s ö n l i c h e Herr,
der die Mitte aller Erziehung ist, wird uns also infolge des philosophischen
Denkschematismus bei Bultmann eher verdeckt, als gezeigt. Es kommt zu
keiner persönlichen Begegnung mit dem Auferstandenen im Geist, und so liegt
die Gefahr einer neutralistischen Christusmythe just bei der Theologie der
Entmythologisierung nahe". (1953, 124). Vgl. M. Berg, Schule und Leben,
1957, 248). - Positiv aufgenommen wird die Entmythologisierung von Ohly,
Arbeitshilfe 3/1952, 81ff = Ev. Erz. 1952, 297-3o1: "Wenn angeblich Hörer
durch B. im Glauben irregemacht worden sind, dann war der Glaube dieser
Hörer nicht viel wert." (297). Aber vgl. das Nachwort des Herausgebers
Ringshausen, Arbeitsh., 85, das den Ernst der Entmythologisierungsaufga-
be zu relativieren sucht. Jede praktische Bedeutung wird von Künneth abge-
lehnt. "Außer Zweifel steht, daß praktisch-kirchlich gesehen Bultmanns
Theologie zu unheilvollen Konsequenzen führen muß. Mit dieser theologi-
schen Erkenntnis kann man nicht predigen, nicht zur Jugend gehen, nicht an
Krankenbetten und an Gräber treten, kann man nicht Mission treiben!" (In:
Kinder (Hg.), Zur Entmythologisierung, 9o); vgl. dagegen Schumann, Dt
PfrBl 1951, 124 u.a.m..
Die Zitate zeigen, daß Bultmanns theologische Intention, die den wissen-
schaftlichen und den existentiellen Aspekt zusammen zu denken suchte,
zunächst weithin nicht erfaßt wurde.

55) Vgl. K.E. Nipkow, Auslegung und Verkündigung in: Grundfragen, 55ff, vor
allem im Briefwechsel Lennert/Stock geht es um diese Frage. (Die Sammlung 1952, 369ff und 441ff).

56) F. Schmid, Vergegenwärtigung als theologisches und pädagogisches Pro-
blem. EvTh 1951, 268ff.
H. Stock, Die Aktualisierung der Verkündigung in der Evangelischen Un-
terweisung. EvTh 1953, 363ff.
K. Hauschildt, Die Aktualisierung der biblischen Berichte, EU 1953, 131ff.
G. Koch, Die Vergegenwärtigung in der EU. EU 1956, 1o1ff. Vgl. Anm. 53.

57) H. Kempgen, Ev. Erz. 195o/1, H 1o, 16.
Positiv auch E. Sobottas Besprechung von KuM II in EU, 1952, 157. "Das
Ganze bringt erneut zum Ausdruck, daß diese Auseinandersetzung die
Grundlagen unseres Dienstes in Predigt und biblischem Unterricht berührt,

Anmerkungen zu Teil III, 4.2.

zu 57)  zugleich aber auch, daß sie sich von Anfang an auf dem Boden der Kirche
bewegt hat." - Letzteres der Hauptunterschied zum Liberalismus des
19. Jahrhunderts.

58)  Weniger, 56; Lennert, 1951 in Gloy, RU, 72; ders. 1952 in Beiträge, 7o,
68. Stock entfaltet die Notwendigkeit einer sachlich fundierten, methodisch
geleiteten Schriftauslegung (93); zur Nähe zum Deutschunterricht vgl. Beiträge, 126.

59)  Vgl. Weniger, 5o; Stock, 86.

6o)  Vgl. Wenigers Terminus deiktisch und vor allem Stock 62; 8o; 86 u. ö.

61)  Vgl. Stock, Beiträge, 54 und Delekat in Ev. Erz. Aug./Sept. 1949: "Es
sollte ... bekannt sein, ist aber offenbar in der Praxis vielen unbekannt,
daß man, um eine gute christliche Unterweisung geben zu können,auch
ein guter Theologe sein muß." (42).

62)  Vgl. Weniger, S. 6o; im Unterschied zu Weniger geht Schmid von der
sachlich-theologischen Relevanz der Entmythologisierungsdiskussion aus,
die er unterrichtsmethodisch fruchtbar zu machen fordert. (In Berg,
152ff).

63)  Wenigers Grundsatzreferat von 1948 über 'Glaube Unglaube und Erziehung'
bleibt, wie auch Bultmanns Verhältnisbestimmung von Humanismus und
Christentum, zunächst religionspädadogisch unbeachtet (s. Gloy, RU, 37f).

64)  Kittel weist noch 1957 im Vorwort zur 3., nur geringfügig geänderten Auflage der Programmschrift 'Vom Religionsunterricht zur Evangelischen Unterweisung' darauf hin, daß "die theologische Grundkonzeption seiner Arbeit keinen ihn überzeugenden Widerspruch gefunden habe." Eine erste
Wendung der offiziellen kirchlichen Schulpolitik nach 1945 bahnt sich in
dem Wort der EKiD zur Schulfrage 1958 an: "Die Kirche ist zu einem freien
Dienst an einer freien Schule bereit." (Gloy, RU, 76). Von Hauschildt
(Gloy, RU, 239) werden Stallmann, Christentum und Schule (1958) und
Otto, Schule - Religionsunterricht - Kirche (1961[1]) noch 1965 als übertrie-
ben gründlicher Gegenschlag (= Rückfall in die liberale Position) gewertet.

65)  Eine Analyse der ersten Bände der "Handbücherei für den Religionsunterricht" kann dieses Urteil bestätigen; Vgl. Jetter, Spur, 1967, 38ff. Entscheidende Kritik an der hermeneutischen Konzeption des Religionsunterrichts bringt Otto, Artikel: 'Religionsunterricht' in Prakt.-theol. Handbuch, 416; Neues Handbuch,22; äußeres Zeichen ist die Abmeldungswelle
in vielen Gegenden der BRD Ende der 6oer Jahre. Eine Auseinandersetzung
mit der umfangreichen Literatur zum biblischen Unterricht in Relation zu
Bultmanns Theologie würde eine besondere Untersuchung erforderlich
machen.

Anmerkungen zu Teil III, 4. 3.

66)    Vgl. BW 318; GuV IV, 52, Wort über Bildung, 5; zur 'Christian Education'
       in den USA vgl. W. Schmidt, Schule und Leben, 1949/5o, 129ff. Zur deut-
       schen Diskussion um 'Glaube und Erziehung' vgl. Sturm, 39ff (Frör) und
       57ff (Gogartenkreis), außerdem die Auswahlbibliographie bei Gloy, Reli-
       gionsunterricht, 262f.


Anmerkungen zu Teil III, 4. 3. 1.

67)    "Ein Wort über Bildung", Strix. Schülerzeitung des Alten Gymnasiums in
       Oldenburg. 196o, 4-6, vgl. oben S. 34.

68)    Zum Begegnungsbegriff vgl. GuV II, 138; 27o; III, 71; zur Kritik des
       existentialistischen Begegnungsbegriffs allgemein vgl. Adorno, Eigent-
       lichkeit, 14, der eine Rundfunkbesprechung von Bultmanns Jesus-Buch
       zugrundelegt, vgl. ebd., 66f.

69)    GuV IV, 65f. Hummels Interpretation von Bultmanns Personbegriff
       ("Streng verwirft er jede Spur eines idealistischen Personbegriffs" (51))
       wird den späten Aufsätzen gerecht. Vgl. bes. GuV IV, 65ff; 1o1f: Der
       Mensch "ist eine Individualität, eine freie Person." Für die Antike war
       "der Begriff der Person kein Thema der Reflexion" (Augustin). In der
       Diskussion um Humanismus und Christentum GuV II, 133ff; III, 61ff will
       Bultmann dagegen die Relevanz der idealistischen Tradition positiv bestim-
       men. Der Begriff Bildung taucht dagegen GuV IV höchstens am Rande auf.

7o)    Wort..., 4; vgl. Stallmann, Schule, 2o7: "Die Alternative zu der Be-
       gründung der Schule in der geschichtlichen Tradition ist ihre Funktiona-
       lisierung." Dazu Rammenzweig, ThP 1971, 328: "Antitechnologische
       Affekte, wie die generelle Verdammung der funktionalen, ausbildenden
       Schule, sind dabei weniger logische Konsequenzen aus seiner Grundthese
       als vielmehr politpädagogische Pflichtübungen gegen die 1958 noch ziem-
       lich einseitig in der Bundesrepublik bewerteten Versuche neuer Schulfor-
       men in der DDR." Vgl. auch Froese, Z.f. Päd. 1962, 126.

71)    Methodisch bedient sich Bultmann in der folgenden Zweiteilung einer für
       die deutsche Bildungstradition typischen Unterscheidung: "Auf gewisse
       Weise können wir dann aber doch dem Sprachgebrauch entgegenkommen,
       indem wir nämlich eine engere und weitere Bildung unterscheiden, denn
       so wollen wir lieber sagen als niedere und höhere, wie der Sprachgebrauch
       unterscheidet." "Wahre, rechtschaffene Bildung werden wir jedem zuschrei-
       ben, der die Fähigkeit gewonnen hat, sich von dem Punkt aus, auf den er
       durch Natur und Schicksal gestellt ist, in der Wirklichkeit zurechtzufinden
       und sich eine eigene, in sich zusammenstimmende geistige Welt zu bauen,
       sie mag groß oder klein sein. Nicht die Masse dessen, was er weiß oder
       gelernt hat, macht Bildung aus, sondern die Kraft und Eigentümlichkeit,
       womit er es sich angeeignet hat und zur Auffassung und Beurteilung des


250

Anmerkungen zu Teil III, 4.3.1.

zu 71)  ihm Vorliegenden zu verwenden versteht. " Der 'weiter' Gebildete unter-
        scheidet sich nur durch einen größeren Wirklichkeitshorizont, mit dem
        er auf Grund des Studiums in Berührung kommt. F. Paulsen, Art. Bil-
        dung, in Reins Enzyklopädie, zit. nach W. Flitner, Die Erziehung, 356,
        vgl. S. 354 und Sandberger, 69, der Paulsen und Niebergall parallelisiert.

72)     Vgl. Wort, 5.

73)     ebd., 6.

74)     ebd..

75)     Vgl. dazu Froese, a.a.O., 121ff, bes. 14off; Picht, Neue Sammlung, 1964,
        41o.

76)     GuV II, 221, s. 228: das 'Woraufhin' ist "die Frage nach dem menschlichen
        als dem eigenen Sein".

77)     GuV IV, 66: "Das bleibende Wesen des Menschen ist ... seine Geschicht-
        lichkeit. Dieses bleibende Wesen ist immer seine Möglichkeit, die immer
        erst ergriffen werden muß."

78)     GuV IV, 65 (f).

79)     Wort, 6.

8o)     Vgl. dazu als ältere Arbeit Picht, a.a.O.,4o3ff, vor allem aber oben
        S. 24ff.


<u>Anmerkungen zu Teil III, 4.3.2.</u>

81)     Martin Heidegger zum siebzigsten Geburtstag. Festschrift. 1959, 175-179.
        = GuV IV, 52-55.

82)     Bultmann sieht Erziehung im Zusammenhang mit der griechischen und
        im Gegenüber zur biblischen Ethik (52).

83)     ebd., 52.

84)     Erziehung gehört in den weltlichen Bereich, ist eine 'worldly task' (Reply
        Schulte, 285). Den Ausdruck der lutherischen Tradition 'weltliches Ge-
        schäft' (vgl. z.B. Loch, Verkündigung, 37) gebraucht Bultmann nicht.

85)     Vgl. dazu Ballauff, 'Gläubige Liebe'. Blättner, Pädagogik, 96: "Pestalozzis
        Humanismus der Liebe"; auch Adorno, Eingriffe 42f: Bildung bedarf der
        Liebe; Jentsch, 2o1f führt diese Korrektur auf das NT zurück. Das Ur-
        christentum fordert ein "neues Motiv für die Paideia, nämlich die Liebe",
        die den ganzen Menschen betrifft. Im Unterschied zu Bultmann versucht
        er daher eine Synthese von Kerygma und Paideia, vgl. S. 194ff. Zum Er-
        ziehungsbegriff s. Loch, Verkündigung, 32. u. 39. Die Unverfügbarkeit

Anmerkungen zu Teil III, 4. 3. 2.

zu 85)  dieses eigentlichen Erziehungsgeschehens betonen die existenzphiloso-
        phisch orientierten Pädagogen wie Bollnow, Döpp-Vorwald u. a..

86)     Nach Sandberger, 1o2, trifft dieser an der griechischen Ethik orientierte
        Erziehungsbegriff "allenfalls Lessing",nicht aber die pädadogische Theolo-
        gie des 19. Jahrhunderts (Kaftan, F. Niebergall).

87)     GuV IV, 53, wird die Aussage zweimal wiederholt.

88)     ebd. 54, vgl. auch zum folgenden.

89)     ebd.; vgl. auch die Auseinandersetzung mit Gadamer, GuV IV, 12of.

9o)     ebd., 53.

91)     Loch, Verkündigung, 3of, beurteilt dies mit Recht als Folge der dialek-
        tisch-theologischen Wende, s. Sandberger, 1ol.

92)     ebd., 54.

93)     ebd..

94)     ebd., 54f, vgl. die Charakteristik der Entscheidungssituation, MP 93
        (Predigt über Mat. 11, 2-6). Die anthropologische Paradoxie: Die christ-
        liche Existenz "ist nur, indem sie ständig an ihre Grenze vorstößt" (GuV
        II, 77) und damit in Entscheidung gestellt ist, steht im Hintergrund.

95)     Vgl. ebd., 55 A 1. Bultmann wendet sich daher gegen die "im kirchlichen
        Deutschland jetzt (1959) beliebte Ersetzung der Bezeichnung 'Unterricht'
        durch 'Unterweisung'",die das Vorurteil nahelegt, den christlichen Unter-
        richt als unvernünftig zu degradieren, 'Wissen' aus dem 'Glauben' zu eli-
        minieren.

96)     Vgl. GuV I, 3o9f, damit zugleich auch die des Unglaubens als möglicher
        Akt des geschichtlichen Daseins.

97)     Vgl. GuV II, 232 (228); "Ein Wort über Bildung", 5f, empfiehlt Bultmann
        daher den Schülern die Darstellung des menschlichen Lebens in großer
        Literatur.

98)     Ausbildung, 4o. Die Bibel ist als historisches Dokument Zeugnis der Of-
        fenbarung Gottes, zielt daher auf Lehre und Kerygma. Über ihre Mittel-
        punktstellung im Unterricht macht Bultmann jedoch keine Aussage (vgl.
        dazu Nipkow, Grundfragen, 29ff; kritisch Kaufmann, Bibel, 79ff).

99)     Vgl. Weniger, Glaube, 42ff.

1oo)    Die Kritik legt sich nahe: Die Entscheidung wird "als Existential des
        Glaubens zu Basis und Ziel des Unterrichts", (Bloth KuD 1963, 36). Bult-
        mann spricht dagegen jedoch von 'Ende' und nicht von (menschlich verfüg-
        barem) 'Ziel'. Vgl. KuM I, 126. JK 343 führt Bultmann an Joh. 6, 63-68
        die Glaubensentscheidung aus.

Anmerkungen zu Teil III, 4. 3. 2.

1o1)   Bloth, a. a. O. , 38, übersieht diese Differenzierung (4o), vgl. Sandberger,
       1o1f.

1o2)   ThNT 429; vgl. JK 343 und 131: "Die Offenbarung ist die Aufdeckung des
       menschlichen Seins. "

1o3)   Vgl. dazu Wegenast, DtPfrBl 1964, 4o3f.

1o4)   GuV IV, 55.

1o5)   ebd. , vgl. Blättner, Pädagogik, 248. Osterloh I, 8. Vgl. Stolle, Samm-
       lung 1949, 448, der mit Pestalozzis Wort von der pädagogischen Liebe
       Kittels Vermutung eines übersteigerten Sünderbewußtseins im Kinde zu-
       rückweist. Stallmann, Päd. Lex. , Sp. 255; Geschichte, 284: "Er (der
       Unterricht) darf ... nicht aufhören, didaktisch ein redlicher, fleißig um
       seine Sache und methodisch ein mit aller Liebe um die Schüler bemühter
       Unterricht zu sein. " Stallmanns Formulierung ist im Gegensatz zu Bult-
       mann Ergebnis einer 'theologischen Bestimmung des evangelischen Reli-
       gionsunterrichts', deren didaktische und methodische Konsequenzen er
       mitbedenken will.

1o6)   Vgl. dazu z. B. Universität, 2of.

1o7)   Natürlich nur unter dem Vorbehalt der von Bultmann selbst getroffenen
       Einschränkung. Ein Verständnis von 'Methode' im Sinne von E. Pfennigs-
       dorf, Wie lehren wir Evangelium?, liegt dem dialektischen Theologen
       Bultmann fern. Vgl. Dross, Methode, in Neukonzeption, 61ff. Bultmann will
       keine 'bessere' Methode als die wissenschaftlich-hermeneutische, sondern
       eine 'qualitativ andere', die Schüler zu Hörern des Anspruchs des Wortes
       Gottes werden läßt.

1o8)   Vgl. GuV III, 125f und 129f, wo Bultmann am Beispiel A. Schweitzers er-
       läutert: "Die Tat der Liebe öffnet dem, der sie empfängt, den Weg, von
       sich frei zu werden, indem er hineingezogen wird in das Reich des Waltens
       der Liebe und angeleitet wird, auch das von Menschenmund gesprochene
       Wort der Verkündigung als Gottes Wort zu verstehen. "

1o9)   Weniger, Glaube, 46f.

11o)   1959; 1960$^2$.

111)   Vgl. Bloth, a. a. O. , 39 und Bastian, Kind und Glaube 1964, bes. 19ff.
       Beide verweisen auf Bonhoeffer, Akt und Sein (136ff); Flender, EvTh 1965,
       7o1: "Wenn alles auf Entscheidung angelegt ist, - was soll man dann gegen-
       über Kindern machen, die sich noch nicht entscheiden können?"
       Fangmeier kommt zu dem Urteil: "Bultmann endet schließlich doch bei
       christlicher Erziehung. " Seine rhetorische Frage: "Was ist die Erweckung
       des im Menschen schlummernden Liebesverlangens anderes?" reicht je-
       doch als Begründung (263) nicht aus.

Anmerkungen zu Teil III, 4. 3. 2.

112)     Bloth, a. a. O. , 36f.

113)     Vgl. dagegen z. B. die "Grundsätze und Regeln der Schriftauslegung" bei
         Kittel, Evangelische Unterweisung, 1o3.

114)     Zu diesem Vorwurf Bastian, a. a. O. , 11. Auch bei Iwand, Ev. Erz. 1951/
         H 4/14 fehlt jede didaktische Überlegung. An seine bildungstheoretischen
         Erwägungen (s. o. S.    131)  schließt er drei inhaltliche Erkenntnisse der
         modernen Theologie an. Die Vermittlung überläßt er dem Lehrer.

115)     Vgl. die dritte These in Kaufmann, Bibel, 81f. Kaufmann verweist auf
         Stallmann. "Die Frage nach Gott", die Begegnung und Auseinandersetzung
         mit der christlichen Botschaft sind auch in der Lebensgeschichte jedes
         Menschen eingebettet in bestimmte kirchensoziologische, sozialkulturelle
         und individuell-biographische Bedingungen. Diese Voraussetzungen sind
         deshalb "didaktisch in Ansatz zu bringen" (Stallmann, Loc. Prot. 1966).
         Ähnlich auch bereits die 2. Studie in Nipkow, Grundfragen, 29ff, vor al-
         lem 47ff.

116)     Vgl. GuV I, 297f. "Die Offenbarung ... aktualisiert die Fragwürdigkeit,
         in der die menschliche Existenz mit ihrem natürlichen Selbstverständnis
         immer schon steht, eine Fragwürdigkeit, die ... als die Unheimlichkeit
         des Existierens in ihr lebendig ist," (III, 72). Loch bezeichnet es als
         "Ausweichen vor der tatsächlichen Problematik", "wenn man diese Glau-
         bensfragen der Jugend durch die theologische These verdrängt, daß es das
         Wort Gottes sei, das den Menschen in Frage stelle." (Verleugnung, 49).

117)     G. Otto, Sonntagsblatt Nr. 21/1962, z. n. Nordmann, DBF 1963, 15 (16):
         "Es darf keine Frage für den heranwachsenden jungen Menschen geben,
         die zu stellen ihm verboten ist. Die Gesamtatmosphäre des Unterrichts
         oder des Gesprächs muß so sein, daß sie nicht nur jede kritische oder skep-
         tische Frage erlaubt, sondern dazu ermutigt, mehr noch, dazu fähig macht.
         Denn solche Fragen sind Anfang und Motor auf dem Weg zur Einsicht. Ohne
         daß man sich in solchen Fragen vorfindet, in sie hineinbegibt und sie durch-
         lebt, kann man nicht über sie hinauskommen." Vgl. Flitner, Glaubensfra-
         gen im Jugendalter. 1961 (z. B. 25).

118)     Die existentialtheologische Anthropologie steht an dieser Stelle in der Tra-
         dition Kierkegaards, der das Christsein an die Reife des Erwachsenen bin-
         det, Probleme wie 'Kind (Schüler) und Glaube' abweist (Bastian, 8ff).
         Bultmann selbst kann vereinzelt durchaus zwischen den wissenschaftlichen
         Medien (Lexikon) und den unterrichtspraktischen (Nachschlagewörterbuch
         für Schüler) differenzieren (vgl. Anf. 2, 71f). Seine Unbekümmertheit ge-
         genüber den Fragen der pädagogischen Praxis trifft sich mit Diems (Ver-
         kündigung, 12) unübertreffbarem Optimismus, "daß das, was theologisch
         falsch, auch katechetisch unpraktisch ist".

119)     Vgl. Wegenast, DtPfrBl 1964, 4o3. W. nennt den Ruf 'monoton'.


254

Anmerkungen zu Teil III, 4. 3. 2.

12o)    Vgl. Lögstrup, Kierkegaard, 184f, der K. vorwirft, mit einem 'Kunst-
        griff' dem Wort Gottes nachhelfen zu wollen.

121)    GuV IV, 55 A 1 wird deutlich, daß Bultmann die Frage 'Institution' höch-
        stens ganz am Rande im Blick hat. Sein Begriff von Kirche als eschatolo-
        gischem Geschehen (GuV I, 162ff, Reply Bolewski, 276f) macht für ihn
        eine Stellungnahme zu diesem Streit der ausgehenden 5oer Jahre überflüs-
        sig. Vgl. dazu Gräßmann, Religionsunterricht zwischen Kirche und Schule.
        Kritik seiner Praxis. 1961.

122)    Vgl. Oldenburg, 4 und oben S. 127.


Anmerkungen zu Teil III, 4. 3. 3.

123)    Die Lehrprobe: G. Renneberg (I. Peters), Der Auferstandene. Evangeli-
        sche Unterweisung im 4. Schuljahr. Ev. Erz. 1954, H 1, 1-8; S. 98-1oo
        nimmt Bultmann Stellung, anschließend F. Delekat. Vgl. auch Bultmanns
        Brief an S. Cramer vom 1o. 12. 1956 (Bloth, EU 1959, 162), in dem er zu
        dessen Unterrichtsentwurf zu Joh. 3, 1-16 (EU 1956, 186ff) Stellung nimmt:
        "Ich habe die Lehrprobe mit großem Interesse und mit voller Zustimmung
        gelesen. Sie haben m. E. den Gedanken der Wiedergeburt für die Schüler
        des 8. Schuljahrs sehr verständlich gemacht, und ich freue mich, wenn
        der biblische Unterricht in der Volksschule im Sinne ihrer Interpretation
        erteilt wird."

124)    S. 236ff; Bultmanns Reply S. 286f. Wir zitieren nach dem deutschen Text,
        'Die neuere Evangelienauslegung als Frage an Predigt und Unterricht'.
        Geschichte, 38ff (Referat von 1961).

125)    Stallmann, a. a. O. , 53.

126)    Reply Stallmann, 287.

127)    Vgl. dazu vor allem Bultmanns briefliche Besprechung (Dezember 1963)
        von Stallmanns Buch 'Die biblische Geschichte im Unterricht', die mir
        dieser freundlicherweise zur Einsichtnahme zur Verfügung stellte. Bult-
        mann schreibt dort: "Ich wünschte, daß Sie das Thema des 'Vorverständ-
        nisses' ausdrücklich gestellt und behandelt hätten." Vgl. dazu Stallmann,
        Das 'Vorverständnis' und die Frage der 'Anknüpfung' in der Didaktik des
        Religionsunterrichts. (1965); ders. , Kommentar zu G. Stachel, Vorver-
        ständnis und Vorbesinnung, ThP 1968, 72f; s. o. S. 89f u. 137ff.

128)    Reply Stallmann, 286.

129)    a. a. O. , 287. (Sperrung von mir).

13o)    In Kegley, 221-235; Bultmanns Reply, 284-286.

Anmerkungen zu Teil III, 4.3.3.

131)   GuV IV, 52 (s.o.) bezeichnet Bultmann 'Christian Education' als 'Lieb-
       lingsthema' in den USA, für die das idealistische Erziehungs- und Bil-
       dungsdenken der deutschen Tradition fremd ist.

132)   a.a.O., 285.

133)   Auch GuV II, 185 entfaltet Bultmann "den Widerspruch, der der mensch-
       lichen Existenz als solcher eigen ist: auf Gott hin geschaffen zu sein, zu
       Gott gerufen zu sein und doch der weltlichen Geschichte verhaftet zu sein".

134)   ebd., 286. Vgl. dazu auch Weissagung und Erfüllung. GuV II, 162ff.

135)   Vgl. dagegen Stallmann, Erziehung und Religion, PL 254.

136)   s.o. S. 7o;   JK, 449f zu Joh. 16, 23f; GuV I, 297ff u.a..

137)   Bastian, Frage, 288.

138)   Vgl. Stallmann, Geschichte, 283.

139)   Auch in der Predigt, GuV III, 167.

14o)   Mollenhauer, 69.

<u>Anmerkungen zum Schluß</u>

1)   Tillich, Lage, 17ff.

2)   Abendblatt der Frankfurter Zeitung vom 27.9.1926.

3)   Vgl. GuV IV, 51; III, 74 u.a..

4)   Zu dieser Verbindung von Existenztheologie und reformatorischer Intention
     vgl. Abendblatt ebd., GuV II, 116.

5)   Konsequenz seines dialektisch-theologischen Ansatzes. (Vgl. aber auch
     Buber, der 1931 schreibt: "Wenn Glaube nicht eine bloße Überzeugung
     oder Gewißheit bedeutet, daß Etwas ist, sondern ein Sich-an-Etwas-Bin-
     den, einen Einsatz der eigenen Person, ein maßlos verbindliches Wagnis,
     dann gibt es keine Erziehung zum Glauben." M. Buber, Religiöse Erzie-
     hung. In: Esser I, 1o.).

6)   Vgl. dazu Abendblatt ebd.. auch hier wiederum die Tradition Luthers (vgl.
     Asheim, Glaube und Erziehung bei Luther.1961), wie Lohse neuerdings
     zu zeigen versuchte. (Luth. Monatsh. 1973, 422ff).

7)   Diese These von Adorno, Halbbildung, 293 trifft auf Bultmann zu.

8)   Humanistische Bildung als Ziel der humanistischen Gymnasien; wissen-
     schaftliche Bildung als Ziel des Universitätsstudiums.

9)   Bultmann will also nicht existenzphilosophisch begründete Versuche über
     "unstetige Formen der Erziehung" (Bollnow) theologisch fruchtbar machen,
     sondern argumentiert im Rahmen des Bildungsbegriffs, der im Umkreis
     idealistischer Philosophie in der Zeit der Klassik und des Neuhumanismus
     entstand.

1o)  Mollenhauer, 65 charakterisiert zutreffend das 'privative Moment': "daß die
     Rationalität sich auf das Subjekt beschränken dürfe, daß es hinreichend sei,
     auf die Verwirklichung der Individualität als des 'ursprünglichen Ich' zu
     dringen", den Vernunftoptimismus: "daß durch die Kultivierung der vielen
     einzelnen als Glieder eines Ganzen das Ganze auf die Dauer zu Vernünftig-
     keit umgeformt werde".

11)  Vgl. Universität, 27. Die entscheidenden Sätze: Die Theologische Fakultät
     "zwingt alle anderen Wissenschaften, sich immer wieder auf ihren Sinn
     und ihre letzte Begründung im Verständnis der menschlichen Existenz zu
     besinnen. Es gibt ihnen das Bewußtsein ihres eigenen Charakters und zu-
     gleich das Wissen um die existentielle Problematik, in der alle Wissen-
     schaft steht."

12)  Robinson, 16.

LITERATURVERZEICHNIS

1.)     Der Arbeit zugrundeliegende Primärliteratur

Zitierte Schriften Bultmanns - chronologisch geordnet
Eine ausführliche Bibliographie ist im Anhang an R. Bultmann, Exegetica. Tübingen 1967, 483ff abgedruckt.

Das religiöse Moment in der ethischen Unterweisung des Epiktet und das Neue Testament. ZNW 13 / 1912, 97-11o. 177-191.

Die Bedeutung der Eschatologie für die Religion des N. T. ZThK 27 / 1917, 76-87.

Religion und Kultur. ChW 34 / 192o, 417-421. 435-439. 45o-453. (zit. n. Anfänge der dialektischen Theologie. Teil 2 (= Anf. 2), 11-29).

Ethische und mystische Religion im Urchristentum. ChW 34 / 192o, 725-731. 738-743.

Die Geschichte der synoptischen Tradition. (FRLANT, NF 12).
Göttingen 1921. 1931[2]. (zit. n. 1964[6])

Karl Barths Römerbrief in zweiter Auflage. ChW 36 / 1922. 32o-323. 33of. 358-361. 369-373. (zit. n. Anf. 1, 119-142).

Religion und Sozialismus. Sozialistische Monatshefte. 28 / 1922, 58. Bd. I, 442-447 (= Anhang I).

Die liberale Theologie und die jüngste theologische Bewegung. ThBl 3 / 1924, 73-86. (zit. n. GuV I, 1-25).

Das Problem der Ethik bei Paulus. ZNW 23 / 1924, 123-14o (zit. n. Exegetica (= Ex.), 36-54).

Das Problem einer theologischen Exegese des N. T. ZZ 3 / 1925, 334-357. (zit. n. Anf. 2, 47-72).

Welchen Sinn hat es von Gott zu reden? ThBl 4 / 1925, 129-135. (zit. n. GuV I, 26-37).

Der christliche Sinn von Glaube, Liebe, Hoffnung (Skizze des am 11. 6. 1925 vor der 5o. Versammlung evangelischer Religionslehrer an den höheren Lehranstalten der Rheinprovinz gehaltenen Vortrages). ZfevRU 36 / 1925, 17o-172.

Besprechung von:
W. F. Otto, Der Geist der Antike und die christliche Welt. ChW 39 / 1925, 41-43.

Jesus. (Die Unsterblichen I.). Berlin 1926. (zit. n. sieb-tabu 17. München und Hamburg 1965[2]).

Geschichtliche und übergeschichtliche Religion im Christentum. (Über das gleichbetitelte Buch von M. Dibelius). ZZ 4 / 1926, 385-4o3. (zit. n. GuV I, 65-84).

Die evangelisch-theologische Wissenschaft in der Gegenwart. Abendblatt der Frankfurter Zeitung vom 27. Sept. und 11. Okt. 1926.

Die Reform des theologischen Studiums und des kirchlichen Prüfungswesens. (Über die betr. Denkschrift der Greifswalder Fakultät). ChW 4o / 1926, 422-428.

Karl Barth, Die Auferstehung der Toten. ThBl 5 / 1926, 1-14. (zit. n. GuV I, 38-64).

Zur Frage der Christologie. (Über E. Hirsch, Jesus Christus der Herr). ZZ 5 / 1927, 41-69. (zit. n. GuV I, 85-113).

Vom Begriff der religiösen Gemeinschaft. (Über das gleichbetitelte Buch von E. Lohmeyer). ThBl 6 / 1927, 66-73.

Besprechung von:
W. Schauf, Sarx. ThLZ 52 / 1927, 34-37.

Untersuchungen zum Johannesevangelium. A. ZNW 27 / 1928, 113-163. (Ex., 124-173).

Die Eschatologie des Johannesevangeliums. ZZ 6 / 1928, 4-22. (zit. n. GuV I, 134-152).

Die Bedeutung der dialektischen Theologie für die neutestamentliche Wissenschaft. ThBl 7 / 1928, 57-67. (zit. n. GuV I, 114-133).

Der Glaube als Wagnis. ChW 42 / 1928, 1oo8-1o1o.

Der Begriff der Offenbarung im N. T. (Sammlung gemeinverständlicher Vorträge 135). Tübingen 1929. (zit. n. GuV III, 1-34).

Kirche und Lehre im NT. ZZ 7 / 1929, 9-43. (zit. n. GuV I, 153-187).

Die Bedeutung des geschichtlichen Jesus für die Theologie des Paulus. ThBl 8 / 1929, 137-151. (zit. n. GuV I, 188-213).

Zur Geschichte der Paulus-Forschung. ThR NF 1 / 1929, 26-59.

Untersuchungen zum Johannesevangelium. B. ZNW 29 / 193o, 169-192. (zit. n. Ex., 174-197).

Aimer son prochain, commandement de Dieu. Revue d'Histoire et de Philosophie Religieuses 1o / 193o, 222-241. (zit. n. der deutschen Fassung: Das christliche Gebot der Nächstenliebe. GuV I, 229-244).

Die Geschichtlichkeit des Daseins und der Glaube. ZThK NF 11 / 193o, 329-364.

Besprechung von W. Jaeger, Die geistige Gegenwart der Antike. ThLZ 55 / 193o, 169-171.

Pastoralbriefe. RGG[2] IV, Tübingen 193o, Sp. 993-997.

Paulus. RGG[2] IV, Sp. 1o19-1o45.

Die Krisis des Glaubens. In: R. Bultmann, H. v. Soden, H. Frick, Krisis des Glaubens, Krisis der Kirche, Krisis der Religion. Drei Marburger Vorträge. 1931, 5-21. (zit. n. GuV II, 1-19.

Denkschrift anläßlich des vorgesehenen Vertrages über die kirchliche Begutachtung von theologischen Lehrstühlen zwischen dem preußischen Staat und den evangelischen Landeskirchen vom 18.1.1931. Durchschrift im STA Marburg A 3a/3o7[a]. acc. 1962/12, Nr. 19. (zit. n. Briefwechsel (= BW), 243-248).

Römer 7 und die Anthropologie des Paulus. Imago Dei (Festschrift für G. Krüger). 1932, 53-62. (zit. n. Ex., 198-2o9).

Zur Frage des Wunders, GuV I, 1933, 214-228.

Die Christologie des Neuen Testaments. GuV I, 1933, 245-267.

Der Begriff des Wortes Gottes im Neuen Testament. GuV I, 1933, 268-293.

Das Problem der natürlichen Theologie. GuV I, 1933, 294-312.

Die Bedeutung des Alten Testaments für den christlichen Glauben. GuV I, 1933, 313-336.

Zur Frage der Reform des theologischen Studiums. Montag-Morgenblatt der Frankfurter Zeitung vom 2. Jan. 1933.

Die Aufgabe der Theologie in der gegenwärtigen Situation. ThBl 12 / 1933, 161-166.

Der Arier-Paragraph im Raume der Kirche. ThBl 12 / 1933, 359-37o.

(mit G. Quell und G. Kittel), ἀλήθεια κτλ ThW I, Stuttgart 1933, 233-251.

Artikel γινώσκω, γνῶσις κτλ ThW I, Stuttgart 1933, 688-719.

Neueste Paulusforschung. ThR NF 6 / 1934, 229-246.

(Mit G. v. Rad und G. Bertram), Artikel ζάω, ζωή κτλ ThW II, Stuttgart 1935, 833-877.

Jesus und Paulus. In: Jesus Christus im Zeugnis der Heiligen Schrift und der Kirche (Beih. zur Evang. Theol. 2) 1936, 68-9o. (zit. n. Ex., 21o-229).

Neueste Paulusforschung. ThR NF 8 / 1936, 1-22.

Artikel θάνατος κτλ ThW III, Stuttgart 1938, 7-25.

Christus des Gesetzes Ende. (Zusammen mit H. Schlier; Beiträge zur Evang. Theol. 1). München 194o. (zit. n. GuV II, 32-58).

Das Verständnis von Welt und Mensch im Griechentum und im N. T. ThBl 19 / 194o, 1-14. (zit. n. GuV II, 59-78).

Das Evangelium des Johannes (= Jk). Krit.-ex. Kom. über das NT, begr. v. H. A. W. Meyer. Zweite Abt. - 1o. Aufl. Göttingen 1941. (zit. n. 18. Aufl. v. 1964 = unveränderter Nachdruck der 1o. Auflage von 1941).

Offenbarung und Heilsgeschehen:
I. Die Frage der natürlichen Offenbarung. (zit. n. GuV II, 79-1o4).
II. Neues Testament und Mythologie. (zit. n. KuM I, 15-53). Beitr. z. Ev. Th. 7). München 1941.

Besprechung von: W. Nestle, Vom Mythos zum Logos. ThLZ 67 / 1942, 146-148.

Antwort an H. Thielicke. Dt. Pfr. Bl. 47 / 1943, 3f (zit. n. KuM I, 196o[4], 221-226).

Zur Frage der wissenschaftlichen Ausbildung der Theologen. Studienbetreuung der Kriegsteilnehmer der Martin-Luther-Universität Halle, November 1944, 34-4o.

Adam, wo bist du? Über das Menschenbild der Bibel. Die Wandlung 1 / 1945, 22-33. (zit. n. GuV II, 1o5-116).

Anknüpfung und Widerspruch. ThZ 2 / 1946, 4o1-418. (zit. n. GuV II, 117-132).

Das Verhältnis der Universität zu Antike und Christentum. Berichte des Planungs-Ausschusses der Philipps-Universität Marburg zur Neugestaltung der deutschen Hochschulen, 1946, 2o-27.

Humanismus und Christentum. st gen 1 / 1948, 7o-77. (zit. n. GuV II, 133-148).

Gnade und Freiheit. In: Glaube und Geschichte. Festschr. f. F. Gogarten. 1948, 7-2o. (zit. n. GuV II, 149-161).

Zu J. Schniewinds Thesen, das Problem der Entmythologisierung betreffend. Kerygma und Mythos, 135-153. (zit. n. KuM I, 122-138).

Einige Bemerkungen zu:
Edo Osterloh, Schule und Kirche, Gesetz- u. Verordnungsblatt für die Evg.-Luth. Kirche in Oldenburg, Beih. 1 u. 4, 1947. Wilh. Schwecke, Schule u. Kirche und Noch einmal Schule und Kirche; Dr. Hollweg, Beilage zu Beih. 4 des Ges. u. Verordn. Bl.; Dr. Wawrzinek, Zeitungsausschnitt über Schule u. Kirche. Unveröffentlichte Stellungnahme zum Oldenburger Streit um kirchlich oder schulisch begründeten Religionsunterricht, datiert am 7.5.1948. (bisher unveröffentlicht; vgl. den Anhang).

Das Urchristentum im Rahmen der antiken Religionen. (Erasmus-Bibliothek). Zürich 1949.

Weissagung und Erfüllung. Studia Theologica (Lund) 2 / 1949, 1-24. (zit. n. GuV II, 162-186).

Das Christentum als orientalische und als abendländische Religion. Schriften der Wittheit zu Bremen D 18, 4. 1949. (zit. n. GuV II, 187-21o).

Für die christliche Freiheit. Die Wandlung 4 / 1949, 417-422.

Das Problem der Hermeneutik. ZThK 47 / 195o, 47-69. (zit. n. GuV II, 211-235).

Die Bedeutung der alttestamentlich-jüdischen Tradition für das christliche Abendland. Welt ohne Haß. Aufsätze und Ansprachen zum 1. Kongreß über bessere menschliche Beziehungen in München. Berlin 195o, 43-54. (zit. n. GuV II, 236-245).

Das Problem des Verhältnisses von Theologie und Verkündigung im Neuen Testament. Aux Sources de la Tradition Chrétienne (Festschrift für M. Goguel). Neuchâtel - Paris 195o, 32-42.

Geleitwort zu: Neuauflage von A. v. Harnack, Das Wesen des Christentums. 195o. (zit. n. sieb.-tabu 27, München und Hamburg 1964, 7-14).

Besprechung von: R. Harder, Eigenart der Griechen. Gnomon 22 / 195o, 343-348.

Das christologische Bekenntnis des Ökumenischen Rates. Schw. Theol. Umschau 21 / 1951, 25-36. (zit. n. GuV II, 246-261).

Theologie und Glaube. (Ein Brief). Unterwegs 5 / 1951, 273-274.

Formen menschlicher Gemeinschaft. GuV II, 1952, 262-273.

Die Bedeutung des Gedankens der Freiheit für die abendländische Kultur. GuV II,
1952, 274-293.

Humanism and Christianity, JR 32 / 1952, 77-86. Deutsche Fassung H Z 176 /
1953, 1-15. (zit. n. GuV III, 61-75).

Zum Problem der Entmythologisierung. KuM II, 1952, 177-2o8.

Der Mensch zwischen den Zeiten. Man in Gods Design (Studiorum Novi Testamenti
Societas). 1952, 39-59. (zit. n. GuV III, 35-54).

Theologie des Neuen Testaments. Tübingen 1953 (1. Lief. 1948; 2. Lief. 1951;
3. Lief. 1953; zit. n. 4. Aufl. 1961).

Weihnachten. Neue Zürcher Zeitung vom 25.12.1953, Blatt 1. (zit. n. GuV III,
76-8o).

Die christliche Hoffnung und das Problem der Entmythologisierung. Rundfunk-
Vortrag und Diskussion mit G. Bornkamm, F. K. Schumann. Stuttgart 1954.
(zit. n. GuV III, 81-9o).

Antwort an Karl Jaspers. ThZ 1o / 1954, 81-95. (zit. n. KuM III, 47-59).

Ist humanistische Bildung zeitgemäß? Die alte Schulglocke Nr. 8. Mitteilungsblatt
des Vereins ehemaliger Schüler des Mariengymnasiums zu Jever, Jahrgang 1954,
Ostern 1954.

History and Eschatology in the New Testament. NT Studies I, 1954, 5-16. (zit.
n. der deutschen Fassung: Geschichte und Eschatologie im Neuen Testament.
GuV III, 91-1o6).

Bemerkungen zur Lehrprobe 'Der Auferstandene'. Ev. Erz. 6 / 1954, 98-1oo.

(Mit A. Weiser) Artikel $\pi\iota\sigma\tau\epsilon\acute{u}\omega$, $\pi\acute{\iota}\sigma\tau\iota\varsigma$ $\kappa\tau\lambda$   ThW VI. Stuttgart o.J. (1959),
193-23o.

Wissenschaft und Existenz. Ehrfurcht vor dem Leben. Festschrift für Albert
Schweitzer zum 8o. Geburtstag. Bern 1955, 3o-43. (zit. n. GuV III, 1o7-121).

Echte und säkularisierte Verkündigung. Universitas 1o / 1955, 699-7o6. (zit.
n. GuV III, 122-13o).

The Transformation of the Idea of the Church in Early Christianity. Canadian
Journal of Theology I, 1955, 73-81. (zit. n. der deutschen Fassung: Die Wand-
lung des Selbstverständnisses der Kirche in der Geschichte des Urchristentums.
GuV III, 131-141).

Marburger Predigten. Tübingen 1956. (zit. n. 1968$^2$).

History and Eschatology. The Univ. Press. Edinburgh 1957. Deutsche Ausgabe:
Geschichte und Eschatologie. Tübingen 1958. (zit. n. 1964$^2$).

Der Mensch und seine Welt nach dem Urteil der Bibel. Dt. Pfr. Bl. 57 / 1957, 458-463. (zit. n. GuV III, 151-165).

Ist voraussetzungslose Exegese möglich? ThZ 13 / 1957, 4o9-417. (zit. n. GuV III, 142-15o).

Allgemeine Wahrheiten und christliche Verkündigung. ZThK 54 / 1957, 244-254. (zit. n. GuV III, 166-177).

In eigener Sache (Besprechung von R. Marlé. 'Bultmann et l'interpretation du NT'). ThLZ 82 / 1957, 241-25o. (zit. n. GuV III, 178-189).

Jesus Christ and Mythology. New York 1958. Deutsche Ausgabe: Jesus Christus und die Mythologie. Hamburg 1964. (zit. n. GuV IV, 141-189).

Theology for Freedom and Responsibility. Christian Century 75 / 1958, 967-969. (zit. n. der deutschen Fassung: Gedanken über die gegenwärtige theologische Situation. GuV III, 19o-196).

Das Befremdliche des christlichen Glaubens. ZThK 55 / 1958, 185-2oo. (zit. n. GuV III, 197-212).

Adam und Christus nach Römer 5. ZNW 5o / 1959, 145-165. (zit. n. Ex., 424-444).

Erziehung und christlicher Glaube. Martin Heidegger zum 7o. Geburtstag. Pfullingen 1959, 175-179. (zit. n. GuV IV, 52-55).

Der Gedanke der Freiheit nach antikem und christlichem Verständnis. Universitas 14 / 1959, 1129-1138. (zit. n. GuV IV, 42-51).

Das Verhältnis der urchristlichen Christusbotschaft zum historischen Jesus. Sitzungsbericht Heidelberger Akad. Wiss., Phil.-hist. Klasse, 3. Abhandlung 196o. (zit. n. Ex., 445-469).

Ein Wort über Bildung. Strix, Schülerzeitung des Alten Gymnasiums in Oldenburg. 196o, Nr. 1, 4-6.

Optimismus und Pessimismus in Antike und Christentum. Universitas 16 / 1961, 811-833. (zit. n. GuV IV, 69-9o).

Reflexionen zum Thema Geschichte und Tradition. In: Weltbewohner und Weimaraner. Festschrift für E. Beutler. Zürich 1961, 9-21. (zit. n. GuV IV, 56-68).

Das Verständnis der Geschichte im Griechentum und Christentum. In: Politische Ordnung und menschliche Existenz. Festschrift für E. Voegelin, München 1962, 59-7o. (zit. n. GuV IV, 91-1o3).

Der Gottesgedanke und der moderne Mensch. ZThK 6o / 1963, 335-348. (zit. n. GuV IV, 113-127).

'Reply' to: The Theology of Rudolf Bultmann, edited by Ch. W. Kegley. New York 1966, 157-187.

Die drei Johannesbriefe. Krit.-ex. Kom. über das NT, begr. v. H. A. W. Meyer. Vierzehnte Abt. - 7. Aufl. Göttingen 1967.

Die in Sammelbänden veröffentlichten Aufsätze werden nach Fundort und Seitenzahl zitiert:

Glauben und Verstehen. Gesammelte Aufsätze.
Erster Band. Tübingen 1964$^5$. (= GuV I).
Zweiter Band. Tübingen 1965$^4$. (= GuV II)
Dritter Band. Tübingen 1965$^3$. (= GuV III)
Vierter Band. Tübingen 1965. (= GuV IV)

Exegetica. Aufsätze zur Erforschung des Neuen Testaments, ausgewählt,
eingeleitet und hrsg. v. E. Dinkler. Tübingen 1967. (= Ex.)

Karl Barth - Rudolf Bultmann. Briefwechsel 1922-1966, hrsg. v. B. Jaspert
(Karl Barth. Gesamtausgabe V. Briefe Bd. 1). Zürich 1971. (= BW).

2.) Weitere Literatur

Th. W. Adorno, Minima Moralia. 2. Teil (1945). In: Th. W. Adorno, Eine Auswahl. Hg. R. Tiedemann. Stuttgart 1971, 14-97.

- Erziehung nach Auschwitz (1969). ebd., 322-339.

- Theorie der Halbbildung (1962). ebd., 292-321.

- Eingriffe. Neun kritische Modelle. Frankfurt 1963.

- Jargon der Eigentlichkeit. Zur deutschen Ideologie. Frankfurt 1964.

H. Albert, Traktat über kritische Vernunft. Tübingen 1968 ($1969^2$).

W. Anz, Christlicher Glaube und griechisches Denken. In: Zeit und Geschichte (= ZuG). Dankesgabe an Rudolf Bultmann zum 8o. Geburtstag. Hg. E. Dinkler. Tübingen 1964, 531-556.

- Karl Barth - Rudolf Bultmann. Briefwechsel 1922-1966. ThRNF 37 / 1972, 273-286.

Arbeitsgemeinschaft der Evangelisch-Theologischen Fachschaft Marburg, Thesen zur Reform des theologischen Studiums. ThBl 1o / 1931, Sp. 297f.

I. Asheim, Glaube und Erziehung bei Luther. Ein Beitrag zur Geschichte des Verhältnisses von Theologie und Pädagogik. Päd. Forsch. 17. Heidelberg 1961.

Th. Ballauf, Die Idee der Paideia. Meisenheim 1952.

- Vernünftiger Wille und gläubige Liebe. Interpretationen zu Kants und Pestalozzis Werk. Meisenheim 1957.

H. U. v. Balthasar, Christlicher Humanismus. Studium generale 1 / 1948, 63-69.

K. Barth, Rezension von O. Pfister, Religionspädagogisches Neuland. Eine Untersuchung über das Erlebnis- und Arbeitsprinzip im Religionsunterricht. Zürich 19o9. ChW 25 / 1911, 4o5f.

- Der Römerbrief. Bern 1919.

- Der Römerbrief. München $1922^2$. (zit. n. 1o. Abdruck, Zollikon - Zürich 1967).

- Der Christ in der Gesellschaft. Eine Tambacher Rede. Würzburg 192o. (zit. n. Anf. 1, 3-37).

- Biblische Fragen, Einsichten und Ausblicke (192o). (zit. n. Anf. 1, 49-76).

- Das Wort Gottes als Aufgabe der Theologie. ChW 36 / 1922, Sp. 858-873. (zit. n. Anf. 1, 197-218).

K. Barth/A. v. Harnack, Wissenschaftliche Theologie oder Theologie der Offenbarung Gottes? Ein Briefwechsel zwischen Karl Barth und Adolf von Harnack. ChW 37 / 1923, H 1/2; 5/6; 9/1o; 16/17; 2o/21. (zit. n. Anf. 1, 323ff).

K. Barth/E. Thurneysen, Ein Briefwechsel aus der Frühzeit der dialektischen
Theologie. Siebenstern Taschenbuch (= sieb-tabu) 71, München und
Hamburg 1966.

K. Barth, Die christliche Dogmatik im Entwurf. München 1927. (= ChD).

- Theologische Existenz heute! München 1933.

- Die Lehre vom Wort Gottes T1. Prolegomena zur Kirchlichen Dogmatik.
Zollikon-Zürich 1932. $1947^5$. $1955^7$. (= KD I, 1).

- Die Lehre von Gott T 2. Zollikon-Zürich. Nachdr. 1959 (= KD II, 2).

- Die Lehre von der Schöpfung T 4. Zollikon-Zürich 1951. $1957^2$. (= KD III, 4).

- Die Lehre von der Versöhnung T 2. Zollikon-Zürich 1955. (= KD IV, 2).
T 3. Zollikon-Zürich $1959^2$ (= KD IV, 3).

- Evangelium und Bildung. Theologische Studien (=ThSt) 2, 1938. Zollikon-
Zürich $1947^2$.

- Die protestantische Theologie im 19. Jahrhundert. Ihre Vorgeschichte und
ihre Geschichte. Zollikon-Zürich 1947.

- Humanismus. ThSt 28, Zollikon-Zürich 1950.

- Rudolf Bultmann. Ein Versuch ihn zu verstehen. ThSt 34. Zollikon-Zürich
1952. $1953^2$.

- Karl Barth zum Kirchenkampf. Beteiligung. Mahnung. Zuspruch. ThEx
NF 49. München 1956.

- Nachwort zu Schleiermacher Auswahl (Hg. H. Bolli). sieb-tabu 113/114.
München und Hamburg 1968.

M. Barth, Die Methode von Bultmanns "Theologie des Neuen Testaments". ThZ 11 /
1955, 1-27.

H. W. Bartsch (Hg. ), Kerygma und Mythos. Ein theologisches Gespräch.
I. Band 1948. Hamburg-Bergstedt $1960^4$. (= KuM I).
II. Band. Hamburg-Volksdorf 1952. (= KuM II).
III. Band. Das Gespräch mit der Philosophie. Hamburg-Bergstedt $1957^2$.
(= KuM III).

H. D. Bastian, Kirche und Schule. EvTh 23 / 1963, 449-465.

- Redlichkeit in der Lehre. In: Diskussion zu Bischof Robinsons "Gott ist
anders". Hg. H. W. Augustin. München 1964, 204-224.

H. D. Bastian / I. Röbbelen, Kind und Glaube. Päd. Forsch. 25. Heidelberg 1964.

H. D. Bastian, Vom Wort zu den Wörtern. EvTh 28 / 1968, 25-54.

- Zwischen Kirche und Schule. Versuch über den evangelischen Religionsunterricht. In: Abseits der Kanzel. Anfänge in Glauben und Verstehen.
theol. publ. 9. Olten und Freiburg 1968, 106-112.

- Theologie der Frage. Idden zur Grundlegung einer theologischen Didaktik
und zur Kommunikation der Kirche in der Gegenwart. München 1969.

J. Beck, u.a., Erziehung in der Klassengesellschaft. Einführung in die Soziologie der Erziehung. München 197o.

U. Becker / S. Wibbing, Wundergeschichten. Handbücherei für den RU, Heft 2. Gütersloh 1965. $1966^2$.

W. Bender, Schleiermachers Theologie mit ihren philosophischen Grundlagen. 2 Bde. Nördlingen 1876.

H.K. Berg, Die Methodik in der Evangelischen Unterweisung. Religionspädagogische Studienbücher Bd. 2. Berlin 1966.

M. Berg, Braucht die Jugend das christliche Dogma? Schule und Leben 8/ 1957, 241-249.

G. Bertram, παιδεύω κτλ    ThW V. Stuttgart o.J. (1954), 596ff.

H.W. Beyer (neubearbeitet von P. Althaus), Der Brief an die Galater. In: Die Apostelgeschichte. Die Briefe des Apostels Paulus. NTD 3. Bd. 7./9. Aufl. Göttingen 1959.

P. Biehl, Welchen Sinn hat es, von "theologischer Ontologie" zu reden? Antwort an H. Ott. ZThK 53 / 1956, 349-372.

F. Blättner, Antike und Christentum im Aufbau des Abendlandes. Ev. Erz. 1951. H. 5/6, 2ff.

-      Geschichte der Pädagogik. Heidelberg 1951, $1953^2$.

-      Das Problem des pädagogischen Humanismus. ZfPäd 5 / 1959, 1o5-122.

-      Das Gymnasium. Heidelberg 196o.

J. Blank, Das politische Element in der historisch-kritischen Methode. In: Die Funktion der Theologie in Kirche und Gesellschaft. Hg. P. Neuenzeit. München 1969, 39-6o.

H. Blankertz, Theorien und Modelle der Didaktik. Grundfragen der Erziehungswissenschaft Bd. 6. München $1969^2$.

E. Bloch, Atheismus im Christentum. Frankfurt 1968.

H.G. Bloth, Vom Hörsaal zur Schulstube. Bemerkungen zu einem Unterrichtswerk für den 8. Jahrgang der Volksschule. EU 14 / 1959, 159-162.

P.C. Bloth, Die theologische Kategorie Entscheidung in ihrer Bedeutung für die Religionspädagogik. KuD 9 / 1963, 18ff. (z. Bloth).

G. Bohne, Das Wort Gottes und der Unterricht. Zur Grundlegung einer evangelischen Pädagogik. Berlin 1929, $1932^2$.

-      Vom Sinn des Religionsunterrichts. ZfEvRU 4o / 1929, 161ff.

-      Religionsunterricht und religiöse Entscheidung. ZfEvRU 41 / 193o, 1ff; 49ff.

G. Bohne, Grundlagen der Erziehung.
> Bd. I: Die Wahrheit über den Menschen und die Erziehung. Hamburg 1951,
> $1958^2$.
> Bd. II: Aufgabe und Weg der Erziehung in der Verantwortung vor Gott.
> Hamburg 1953, $1960^2$.

- Die Wahrheitsfrage für den heutigen Religionslehrer. EU 8 / 1953, 97-1oo.

- Über den vergleichenden Gebrauch der Evangelien (durchgeführt am Beispiel Johannes des Täufers). Ev. Erz. 5 / 1953, 171-178.

- Verkündigung oder theologische Sicherung? EU 9 / 1954, 17-2o.

- Vom weltlichen Geschäft der Erziehung. EU 9 / 1954, 1ff.

- Vom Gespräch zwischen Pädagogik und Theologie. ZfPäd 1 / 1955, 229-247.

H. Bolewski, The Role of the Church in the Theology of Rudolf Bultmann. In:
> W. Kegley, The Theology of Rudolf Bultmann. New York (1966).

O. F. Bollnow, Existenzphilosophie und Pädagogik. Stuttgart. Berlin $1959^3$.

A. Bonhoeffer, Epiktet und das NT. ZNW 13 / 1912, 281-292.

D. Bonhoeffer, Akt und Sein (1931). ThB 5. München 1956.

- Widerstand und Ergebung. Briefe und Aufzeichnungen aus der Haft. Hg.
> E. Bethge. München 1962.

G. Bornkamm, Die Theologie Rudolf Bultmanns. In: Geschichte und Glaube. 1. Teil.
> Ges. Aufs. III. München 1968, 157-172.

- Die Theologie Bultmanns in der neueren Diskussion. Literaturbericht zum
> Problem der Entmythologisierung und Hermeneutik. ThR NF 29 / 1963,
> 33-141. (zit. n. Ges. Aufs. III, 173-275).

Bossey-Bericht (gekürzt), Christentum und Humanismus. Bericht der 2. Konferenz christlicher Erzieher vom 5. - 13.8.1948 in Bossey. Ev. Erz. 1949,
> H. Mai, 22ff; Aug. /Sept. 49ff.

E. Brunner, Die Mystik und das Wort. Tübingen 1924, $1928^2$.

M. Buber, Religiöse Erziehung (1931). In: W.G. Esser, Zum Religionsunterricht
> morgen Bd. I. München.Wuppertal 197o, 1o.

P.M. v. Buren, Christliche Erziehung post mortem Dei. ThP 1 / 1966, 152-161.

F. Buri, Entmythologisierung oder Entkerygmatisierung der Theologie? KuM II,
> 85-1o1.

- Von Harnack zu Bultmann und weiter. Schw. Theol. Umschau 21 / 1951,
> 19-22.


H. v. Campenhausen, Glaube und Bildung im Neuen Testament. Studium generale
> 2 / 1949, 182-194.

U. Cillien, Das Erziehungsverständnis in Pädagogik und evangelischer Theologie.
    Eine historisch-systematische Untersuchung zu den Lehren Sprangers,
    Litts, Nohls, Frörs, Hammelsbeck und Karl Barths. Düsseldorf 1961.

H. Conzelmann, Grundriss der Theologie des Neuen Testaments. München 1967.

F. Copei, Der fruchtbare Moment im Bildungsprozeß. Heidelberg 1955[3].

S. Cramer, Von der neuen Geburt. Joh. 3, 1-16. EU 11 / 1956, 186-189.

N.A. Dahl, Die Theologie des Neuen Testaments. ThR NF 22 / 1954, 21-49.

I. Dahmer, W. Klafki (Hg.), Geisteswissenschaftliche Pädagogik am Ausgang
    ihrer Epoche - Erich Weniger. Weinheim und Berlin 1968.

F. Delekat, Zur Didaktik der christlichen Unterweisung. Ev. Erz. 1949, Aug. /
    Sept., 4o-46.

-       Die Ostergeschichten im Unterricht. Ev. Erz. 6 / 1954, 1oo-1o6.

G. Delling, $\overset{\text{\'{}}}{\alpha}\rho\chi\omega$, $\overset{\text{\'{}}}{\alpha}\rho\chi\acute{\eta}$       ThW I, 476-488.

K.H. Deschner (Hg.), Was halten Sie vom Christentum? 18 Antworten auf eine
    Umfrage. München 1957.

H. Diem, Theologie als kirchliche Wissenschaft, 3 Bde. München 1955 / 63.

H. Diem / W. Loch, Erziehung durch Verkündigung. Heidelberg 1959.

W. Dignath / S. Wibbing, Taufe - Versuchung - Verklärung. Handbücherei für
    den RU H 3. Gütersloh 1966.

W. Dignath, Unterricht im Verstehen - Verstehen im Unterricht. In: Schule und
    Kirche vor den Aufgaben der Erziehung. Sonderheft für M. Stallmann.
    Hg. G. Otto. Hamburg 1968, 9o-95.

W. Dilthey, Gesammelte Schriften.
    Bd. V: Die geistige Welt. Einleitung in die Philosophie des Lebens. Teil 1.
    Stuttgart. Göttingen 1964[4].
    Bd. VI: Die geistige Welt. Einleitung in die Philosophie des Lebens. Teil 2.
    Stuttgart. Göttingen 1962[4].
    Bd. VII: Der Aufbau der geschichtlichen Welt in den Geisteswissenschaften.
    Stuttgart. Göttingen 1965[4].

-       Briefwechsel zwischen Wilhelm Dilthey und dem Grafen Paul Yorck von
    Wartenburg. 1877-1897. Hg. S. von der Schulenburg. Halle 1923.

E. Dinkler, Rudolf Bultmann als Lehrer und Mensch. KidZ 14 / 1959, 257-261.

-       Bibelautorität und Bibelkritik. ZThK 47 / 195o, 7o-93.

H. Döpp-Vorwald, Zum Erziehungsverständnis der Existenzphilosophie. Päd. Rd.
    23 / 1969, 37-5o.

M. Doerne, Bildungslehre der evangelischen Theologie. München und Berlin 1933.

J. Dolch, Pädagogische Systembildungen in der Weimarer Zeit. Versuch einer
Darstellung mit besonderer Berücksichtigung des Bildungsbegriffs (1928).
Nachdruck Darmstadt 1966.

R. Dross, Religionsunterricht und Verkündigung. Hamburg 1964.

-       Gibt es eine "evangeliumsgemäße Methode"? In: Zur Neukonzeption des
Religionsunterrichts. Gütersloh 197o, 61-73.

G. Ebeling, Die Bedeutung der historisch-kritischen Methode für die protestantische Theologie und Kirche. ZThK 47 / 195o, 1-46. (zit. n. WuG, 1-49).

-       Die "nicht-religiöse Interpretation biblischer Begriffe". ZThK 52 / 1955,
296-36o. (zit. n. WuG, 9o-16o).

-       Wort Gottes und Hermeneutik. ZThK 56 / 1959, 224-251. (zit. n. WuG,
319-348).

-       Wort und Glaube (= WuG). Tübingen $1962^2$.

-       Theologie und Verkündigung. Ein Gespräch mit Rudolf Bultmann. Tübingen
$1963^2$.

-       Das Wesen des christlichen Glaubens (1959). (zit. n. sieb.-tabu München
und Hamburg 1964).

-       Frömmigkeit und Bildung. In: Fides et communicatio. Festschrift für
M. Doerne zum 7o. Geburtstag. Göttingen 197o, 69-1oo.

W. Eckey, Der christliche Glaube und die Bildung bei Friedrich Schleiermacher.
Inaug. Diss. Münster 1958. Auszug: Münster 1959.

Epicteti Dissertationes ab Ariano digestae ad fidem codicis Bodleiani iterum
recensuit Henricus Schenkl. Ed. minor. Leipzig 1916. (Bibliotheca
scriptorum graecorum et romanorum).

W.G. Esser, Religionsunterricht = Traditionsunterricht? Daseinsunterricht in
Korrelation. In: Zum Religionsunterricht morgen Bd. I, München. Wuppertal 197o, 212ff.

H. Faber, Religionspädagogische Probleme. ThR NF 6 / 1934, 33ff; 96ff; 175ff.

J. Fangmeier, Erziehung in Zeugenschaft. Karl Barth und die Pädagogik. Zürich
1964.

W. Feigel, Die neueste Wendung der evangelischen Theologie (Karl Barth, Gogarten usw.). ZfevRU 36 / 1925, 172-187.

L. Fendt, Die Stellung der praktischen Theologie im System der theologischen
Wissenschaften. Auszüge in: Praktische Theologie. Texte zum Werden
und Selbstverständnis der praktischen Disziplin der evangelischen Theologie. Hg. G. Krause, Darmstadt 1972, 3o9-325.

K.G. Fischer, Emanzipation als Lernziel der Schule von morgen. informationen
zum religions-unterricht. H. 3 u. 4; 197o, 7-11.

H. Flender, Lehren und Verkündigung in den synoptischen Evangelien. EvTh 25 /
1965, 7o1-714.

A. Flitner, Die Kirche vor den Aufgaben der Erziehung. Päd. Forsch. 9.
Heidelberg 1959[2].

-   Glaubensfragen im Jugendalter. Die neueren Erhebungen zur religiösen
Lage der Jugend in pädagogischer Sicht. Päd. Forsch. 18. Heidelberg 1961.

-   Artikel Bildung. RGG[3] I, Sp. 1277-1281.

W. Flitner, Allgemeine Pädagogik. Stuttgart o.J. 2. umgearb. Aufl..

-   Die Erziehung, Bremen 1953.

-   Das Selbstverständnis der Erziehungswissenschaft in der Gegenwart. Heidelberg 1957.

J. Flügge, Artikel Gymnasium II, Modernes. RGG[3] II, Sp. 1921-1924.

H. Forsthoff, Das Ende der humanistischen Illusion. Berlin 1933.

E. Frank, Wissen Wollen Glauben. Zürich 1955.

K. Frör, Die theologische Lehre von Gesetz und Evangelium und ihre Bedeutung
für die Pädagogik. In: Glauben und Erziehen. Festschrift Bohne. Neumünster 196o, 97-1o6.

L. Froese, Das Prinzip der pädagogischen Autonomie in der evangelischen Unterweisung und politischen Bildung. Die Sammlung 14 / 1959, 144ff.

-   Zum Stand der religionspädagogischen Diskussion. Zeitschrift für Pädagogik 8 / 1962, 66ff.

-   Der Bedeutungswandel des Bildungsbegriffs. ZfPäd 8 / 1962, 121-142.

-   Erziehung. Pädagogisches Lexikon (= PL), 236-241.

E. Fuchs, Hermeneutik. Bad Cannstatt 1963[3].

-   Was ist existentiale Interpretation? A. In: Zum hermeneutischen Problem
in der Theologie. Ges. Aufs. I. Tübingen 1965[2], 65ff. (z.A)

-   Das Problem der theologischen Hermeneutik. ebd., 116-137.

E. Fülling, Neuliberale Richtungen in der heutigen Theologie. EU 16 / 1961, 89ff.

D. Fürst, Erziehung. In: Theologisches Begriffslexikon zum Neuen Testament I.
Wuppertal 1967, 292-295.

H.G. Gadamer, Wahrheit und Methode. Grundlage einer philosophischen Hermeneutik. Tübingen 1965[2]. (zit. Wahrheit).

-   Hermeneutik und Historismus. PhR 9 / 1961, 241-276.

-   Zur Problematik des Selbstverständnisses. Ein hermeneutischer Beitrag
zur Frage der Entmythologisierung. In: Einsichten. G. Krüger zum 6o.
Geburtstag. Frankfurt 1962, 71ff.

H. Gunkel/L. Zscharnack (Hg. ), Die Religion in Geschichte und Gegenwart.
Handwörterbuch für Theologie und Religionswissenschaft. Bd. I-V.
2. Aufl. Tübingen 1927ff. (= RGG$^2$).

K. Galling (Hg. ), Die Religion in Geschichte und Gegenwart... Bd. I - VI. 3. Aufl.
Tübingen 1957ff. (= RGG$^3$).

H. J. Gamm, Das Elend der spätbürgerlichen Pädagogik. Studien über den politischen Erkenntnisstand einer Sozialwissenschaft. München 1972.

F. v. Gebsattel, Christentum und Humanismus. Wege des menschlichen Selbstverständnisses. Stuttgart 1947.

G. Gloege, Mythologie und Luthertum. Recht und Grenze der Entmythologisierung. Göttingen 1963$^3$.

H. Gloy, Die religiöse Ansprechbarkeit Jugendlicher als didaktisches Problem
dargestellt am Beispiel des Religionsunterrichts in der Berufsschule.
Hamburg 1969.

H. Gloy (Hg. ), Evangelischer Religionsunterricht in einer säkularisierten Gesellschaft. Göttingen 1969. (zit. Religionsunterricht bzw. RU).

H. G. Göckeritz, Kritische Bemerkungen zu Klaus Scholders Aufsatz 'Neuere
deutsche Geschichte und protestantische Theologie. ' (EvTh 23 / 1963,
51o-563). EvTh 25 / 1965, 16o-169.

J. W. v. Goethe, Gedichte. In: Goethes Werke, hgb. im Auftrag der Großherzogin
Sophie von Sachsen. 5. Bd. Weimar 1893.

-       Faust. Eine Tragödie. Erster Teil. In: Goethes Werke ... 14. Bd. Weimar 1889.

-       Faust. Eine Tragödie. Zweiter Teil. In: Goethes Werke ... 15. Bd. Weimar 1888.

-       Wilhelm Meisters Lehrjahre. IV.-VI. Buch. In: Goethes Werke ... 22. Bd.
Weimar 1899.

-       Werke ... 41. Bd. / 1. Abt. Weimar 19o2.

-       Gespräche 1824-1828. In: Anhang an Goethes Werke. Abt. Für Gespräche.
5. Bd. Leipzig 189o.

-       Schriften zur Kunst. Schriften zur Literatur. Maximen und Reflexionen.
In: Goethes Werke Bd. XII (Hamburger Ausgabe). Hamburg 1956$^2$.

-       Pädagogische Ideen. Die pädagogische Provinz nebst verwandten Texten.
Hgb. u. erl. v. W. Flitner. Düsseldorf. München 1962$^2$.

F. Gogarten, Zwischen den Zeiten. ChW 34 / 192o, Sp. 374-378. (zit. n. Anf.
2, 95-1o1).

-       Die Krisis unserer Kultur. ChW 34 / 192o, Sp. 77o-777; 786-791. (zit.
n. Anf. 2, 1o1-121).

F. Gogarten, Gericht oder Skepsis. Eine Streitschrift gegen Karl Barth. Jena
      1937.

-       Der Zerfall des Humanismus und die Gottesfrage. Vom rechten Ansatz des
        theologischen Denkens. Stuttgart 1937.

-       Entmythologisierung und Kirche. Stuttgart 1953. $1954^2$.

F. Grässmann, Religionsunterricht zwischen Kirche und Schule. Kritik seiner
        Praxis. München 1961.

Ch. Gremmels, Emanzipation und Erlösung. Ev. Erz. 23 / 1971, 181-194.

-       Gott - durch sein Werk beschädigt. - Über ein gesellschaftsbezogenes
        Reden von Gott jenseits von verstehender Hermeneutik und  analytischem
        Kalkül. WPG 61 / 1972, 4-23.

H. H. Groothoff, und M. Stallmann (Hg. ), Pädagogisches Lexikon (= PL). Stutt-
        gart 1961.

H. H. Groothoff, Artikel, Kultur. Zivilisation. Päd. Lex. , Sp. 513-516.

H. H. Groothoff / A. Reble, Geschichte der Pädagogik. Pädagogisches Lexikon,
        Anhang, Sp. 1o6off.

H. Grosch, / K. Wegenast / W. Hartmann, Wundergeschichten der Bibel in der
        Grundschule. EU 21 / 1966, 38-46.

F. Gundolf, Romantiker. Berlin-Wilmersdorf 193o.

Gutachten der Theologischen Fakultät Kiel, Der evangelische Religionsunterricht
        in der Schule (195o). Die Sammlung  6 / 1951, 52-61. (zit. n. Ausz. b.
        Gloy, Religionsunterricht, 61-68).

U. Gutersohn, Evangelium und Bildung. St. Gallen. 1944.

J. Habermas, Pädagogischer 'Optimismus' vor Gericht einer pessimistischen
        Anthropolgie. Neue Sammlung 1 / 1961, 252-278.

-       Erkenntnis und Interesse (1965). In: Technik und Wissenschaft als Ideolo-
        gie. Frankfurt 1968, 148-168. (zit. Erkenntnis).

-       Erkenntnis und Interesse. Frankfurt 1968. (zit. Interesse).

F. Hahn, Evangelische Unterweisung zwischen Theologie und Politik. ThEx NF
        63. München 1958.

-       Die gegenwärtige Lage der Religionspädagogik. Ev. Erz. 16 /1965, 73ff.

O. Hammelsbeck, Evangelische Lehre von der Erziehung. München 195o. $1958^2$.

-       Warum und Wieso? Zur Frage der kirchlichen Bevollmächtigung des Re-
        ligionslehrers. Ev. Erz. 3 / 1951, H 5/6, 21ff.

-       Erziehung im evangelischen und humanistischen Verständnis. Ev Th 4 /
        1951/52, 46o-47o.

O. Hammelsbeck, Das Menschenbild und die Aufgabe der Erziehung. In: Erziehung
und Menschenbild. Zum Problem der christlichen Schule. Hg. O. Hammelsbeck u. a. ThEx NF 38. München 1953, 5-33. (zit. Menschenbild).

H. Hanse, ἔχω κτλ ThW II, 816-832.

G. Harbsmeier, Rudolf Bultmanns Bedeutung für die Praktische Theologie. MPTh
53/1964, 335-342.

A. v. Harnack, Das Wesen des Christentums (19oo). Siebenstern-Taschenbuch 27.
München und Hamburg 1964.

G. Hasenhüttl, Der Glaubensvollzug. Eine Begegnung mit Rudolf Bultmann aus
katholischem Glaubensverständnis. Koinonia Bd. 1. Essen 1963.

H. Haug, Offenbarungstheologie und philosophische Daseinsanalyse. ZThK 55 / 1958,
2o1ff.

K. Hauschildt, Einheit und Unterschied der schulischen und  kirchlichen Unterweisung. Ev. Erz. 3 / 1951, H3, 2ff.

-       Die Aktualisierung der biblischen Berichte. EU 8 / 1953, 131-133.

-       Der Anspruch der Kirche an die Evangelische Unterweisung. Die Spur 5 /
1965, 32-37. (zit. n. Gloy, Religionsunterricht, 235-246).

G. W. F. Hegel, Phänomenologie des Geistes. Philos. Bibl. Bd. 114. Hg. J. Hoff-
meister, Hamburg 1952[6].

M. Heidegger, Sein und Zeit. Tübingen 1926. 1949[6]. (= SuZ).

-       Brief über den Humanismus. Tübingen 1947.

H. v. Hentig. Platonisches Lehren. Probleme der Didaktik dargestellt am Modell des
altsprachlichen Unterrichts. Bd. I Unter- und Mittelstufe. Stuttgart 1966.

-       Philosophie und Wissenschaft in der Pädagogik. Neue Sammlung 4 / 1964,
1off.

J. G. Herder, Auch eine Philosophie der Geschichte zur Bildung der Menschheit.
1776. In: Herders sämtliche Werke. Hg. B. Suphon. Bd. V., Berlin 1877ff,
475-586.

-       Ideen zur Philosophie der Geschichte der Menschheit. 1784-1791. In: Herders sämtliche Werke ... Bd. XIII; XIV.

-       Briefe zur Beförderung der Humanität. Auswahl in J. G. Herder, Schriften.
Hg. K. O. Conrady. Hamburg 1968, 2o9ff.

H. Herrigel / F. Gogarten, Vom skeptischen und gläubigen Denken. ZZ 3 / 1925,
62-88.

E. Heßler, Die Auswirkung der hermeneutischen Problematik auf die Katechetik.
Christenlehre 18 / 1965, 354-374.

H. J. Heydorn. In: Praktisch-theologisches Handbuch. Hg. G. Otto. Hamburg 197o,
131ff.

H. J. Heydorn, Zur Aktualität der klassischen Bildung. In: Jenseits von Resignation und Illusion. Beiträge anläßlich des 45ojährigen Bestehens des Les-
sing-Gymnasiums. Frankfurt/M. 1971, 18o-193.

E. Hirsch, Geschichte der neueren evangelischen Theologie. Bd. IV, 2. Tübingen
1952.

K. E. Hollweg, Brief an W. Schwecke, datiert am 1o. 11. 1947. In: Gesetz- und
Verordnungsblatt für die Evangelisch-Lutherische Kirche in Oldenburg.
Beilage zu Beiheft 4 / 1947.

E. Hübner, Der Ort der evangelischen Theologie in der Pädagogischen Hochschule.
EvTh 26 / 1966, 393-4o9.

-       Von der Evangelischen Unterweisung zum Religionsunterricht? Eine Auseinandersetzung mit Gert Otto. EvTh 3o / 197o, 262-282.

W. v. Humboldt, Gesammelte Schriften. Hg. im Auftrag der Königlich Preußischen
Akademie der Wissenschaften. 1. Bd. Berlin 19o3.

-       Gesammelte Schriften ... 3. Bd. Berlin 19o4.

G. Hummel, Theologische Anthropologie und die Wirklichkeit der Psyche. Darmstadt 1972.

H. Hunger, Evangelische Jugend und evangelische Kirche. Gütersloh 196o.

G. W. Ittel, Der Einfluß der Philosophie Martin Heideggers auf die Theologie
Rudolf Bultmanns. KuD 2 / 1956, 9o-1o8.

H. J. Iwand, Erneuerung unserer Bildung aus dem Evangelium. Ev. Erz. 3 / 1951,
H 4, 2-14.

-       Nachgelassene Werke I.Hg. H. Gollwitzer. München 1962.

W. Jaeger, Paideia. Die Formung des griechischen Menschen.
        Bd. I Berlin 1934. $1954^3$ (= Paideia I).
        Bd. II. Berlin 1944. $1954^2$ (= Paideia II).
        Bd. III. Berlin 1947. $1955^2$ (= Paideia III).

-       Humanismus und Jugendbildung. In: Humanistische Reden und Vorträge.
Berlin 1937, 41ff.

-       Humanismus und Theologie. Heidelberg 196o.

-       Das frühe Christentum und die griechische Bildung. Berlin 1963.

W. Jannasch, Artikel Praktische Theologie ... $RGG^3$ V, Sp. 5o4-51o.

K. Jarausch / G. Bohne, Das Wort Gottes und der Unterricht. Schu. Ev. 6 / 1931/
1932, 16ff; 42ff.

K. Jaspers / K. Rossmann, Die Idee der Universität. Heidelberg 1946.

K. Jaspers, Wahrheit und Unheil der Bultmannschen Entmythologisierung. KuM
III, 9-46.

B. Jaspert (Hg.), Karl Barth - Rudolf Bultmann. Briefwechsel 1922 - 1966. Karl Barth Gesamtausgabe V. Briefe Bd. 1. Zürich 1971. (= BW).

W. Jentsch, Urchristliches Erziehungsdenken. Die Paideia Kyriu im Rahmen der hellenistisch-jüdischen Umwelt. Gütersloh 1951.

H. Jetter, Didaktische Überlegungen zum Thema 'Glauben und Verstehen'. Die Spur 7 / 1967, 38-45.

R. Kabisch, Wie lehren wir Religion? Göttingen 1910. 6. Aufl. 1923. (ab 4. Aufl. 1916 v. H. Tögel; 7. Aufl. 1931; unveränd. Nachdr. 1945).

E. Käsemann, Der Ruf der Freiheit. Tübingen 1968.

W. Kamlah, Die Theologie und das 'griechische Denken'. Studium generale 3 / 1950, 686-692.

H.B. Kaufmann, Muß die Bibel im Mittelpunkt des Religionsunterrichts stehen? In: Schule und Kirche vor den Aufgaben der Erziehung. Theologia Practica. Sonderheft für Martin Stallmann. Hg. G. Otto, H. Stock. Hamburg 1968, 79-83.

-      Die Ursprungssituation des Glaubens - theologisch und didaktisch interpretiert. In: Die Herausforderung der Schule durch die Wissenschaften. Weinheim 1966, 117-134.

W. Kegley (Hg.), The Theology of Rudolf Bultmann. New York 1966.

S. Keil, Die Anthropologie Friedrich Schleiermachers und Rudolf Bultmanns. Inaug. Diss. Kiel 1958.

H. Kempgen, Stellungnahme zur Entmythologisierung im Unterricht in der Spalte 'Der Junglehrer'. Ev. Erz. 2 / 1950, H 10, S. 16.

G. Kerschensteiner, Das Grundaxiom des Bildungsprozesses. München 1917. $1959^9$.

S. Kierkegaard, Schriften über sich selbst. In: Gesammelte Werke - Übersetzt v. E. Hirsch. 33. Abt. Diederichs-V. Düsseldorf 1951 (= Schr.).

U. Kirchhoff, Neukantianismus und Existenzialanalytik in der Theologie Rudolf Bultmanns. Inaug. Diss. Heidelberg 1959.

G. Kittel (Hg.), Theologisches Wörterbuch zum Neuen Testament. Bd. I - VIII Stuttgart 1933ff. (= ThW)

H. Kittel, Vom Religionsunterricht zur Evangelischen Unterweisung. Hannover 1947. $1949^2$. $1957^3$.

-      Schule unter dem Evangelium. Päd. Studien 2. Braunschweig 1948.

-      Offener Brief an Herrn Professor D. Schuster. Ev. Erz. 2 / 1950, H 9, 26-28.

-      Der Erzieher als Christ. Göttingen 1951. $1953^2$. $1961^3$.

H. Kittel, Lehrersein unter dem Evangelium. Ev. Erz. 3 / 1951, H 7, 21-24.

W. Klaas, Der moderne Mensch in der Theologie Rudolf Bultmanns. ThSt 24.
Zürich 1941.

W. Klafki, Studien zur Bildungstheorie und Didaktik. Weinheim 1964[3 u. 4].

Th. Klassen / R. Merkert, Religionspädagogik und Didaktik. Bildungstheoretische Erwägungen zur religiösen Unterweisung. Münster 1968.

G. Klaus / M. Buhr (Hg.), Marxistisch-leninistisches Wörterbuch der Philosophie. 3 Bde. Fotomechanischer Nachdruck der 7. berichtigten Original-
ausgabe. Hamburg 1972.

H. v. Kleist. Gesammelte Werke in vier Bänden. Hg. u. eingel. v. H. Deiters.
IV. Bd. Briefe. Berlin 1955.

G. Koch, Himmelfahrt - 'erledigt'? Ein Wort zu der angeblichen und zu der tatsächlichen Gefährdung der Evangelischen Unterweisung durch die Theologie Rudolf Bultmanns. EU 7 / 1952, 41-45.

-       Klärungen um Rudolf Bultmann. EU 8 / 1953, 121-13o.

-       Der Ertrag der Kirchlichen Dogmatik Karl Barths für die Pädagogik.
EvTh 13 / 1953, 189ff.

-       Die Vergegenwärtigung in der Evangelischen Unterweisung. EU 11 / 1956,
1o1ff.

H. Köster, Glaube und Verkündigung in der Evangelischen Unterweisung. EU 8 /
1953, 2o-23.

H. J. Kraus, Paedagogia Dei als theologischer Geschichtsbegriff. EvTh 8 / 1948/
49, 515-527.

-       Geschichte als Erziehung. In: Probleme biblischer Theologie. G. v. Rad
z. 7o. Geb. Hg. H.W. Wolff, München 1971, 258ff.

G. Krause, Probleme der Praktischen Theologie im Rahmen der Studienreform
(1967). In: G. Krause (Hg.), Praktische Theologie. Texte zu Werden und
Selbstverständnis der praktischen Disziplin der evangelischen Theologie.
Darmstadt 1972, 418-444.

Ch. Graf v. Krockow, Die Entscheidung. Eine Untersuchung über Ernst Jünger,
Carl Schmitt, Martin Heidegger. Göttinger Abhandlungen zur Soziologie.
3. Bd. Stuttgart 1958.

G. Krüger, Einsicht und Leidenschaft. Das Wesen des platonischen Denkens.
Frankfurt/M. 1939. 1963[3].

-       Martin Heidegger und der Humanismus. ThR NF 18 / 195o, 148ff.

Kühnel, Die fünfzigste Versammlung evangelischer Religionslehrer an den höheren Lehranstalten der Rheinprovinz. ZfeRU 36 / 1925, 195-199.

W.G. Kümmel, Das Bild des Menschen im Neuen Testament. Zürich 1948.

W. Künneth, Bultmanns Theologie oder Heilswirklichkeit? In: Zur Entmythologisierung. Ein Wort lutherischer Theologen. Hg. E. Kinder. München
1952, 61-99.

G. Kuhlmann, Zum theologischen Problem der Existenz. Fragen an Rudolf
Bultmann. ZThK NF 1o / 1929, 28-58.

Y. Kumazawa, Das Problem des Pro-me-Motivs in der Hermeneutik Rufolf
Bultmanns. Inaug. Diss. Heidelberg 1962.

W. Lempert, Bildungsforschung und Emanzipation. Neue Sammlung 9 / 1969,
347ff.

R. Lennert / H. Kittel, Über den Lehrer im Religionsunterricht. Die Sammlung 3 / 1948, 695ff.

-      Ein Nachwort zu H. Marx, Über den Volkslehrer als Religionslehrer.
Die Sammlung 4 / 1949, 187f.

R. Lennert, Immer noch: Der evangelische Religionsunterricht in der Schule.
Eine Entgegnung. Die Sammlung 6 / 1951, 249-254. (zit. n. Gloy, Religionsunterricht, 69-75).

-      'Verkündigung' oder 'Auslegung'? Die Sammlung 7 / 1952, 369ff. (zit.
n. Stock, Beiträge, 64-74).

L. Lenhart, Das Problem des Humanismus in der neuzeitlichen katholischen
Theologie. Mainzer Universitätsreden H 8/9, Mainz 1947.

R. Leuenberger, Die biblische Botschaft in der Bildungskrise der heutigen
Schule. Schriftenreihe der Päd. Studienkom. der Studiengem. der Ev.
Ak. H 4. Frankfurt. Berlin. Bonn o.J. (1956).

W. Link, 'Anknüpfung', 'Vorverständnis' und die Frage der 'Theologischen
Anthropologie ThR NF 7 / 1935, 2o5-254.

Th. Litt, Das Bildungsideal der deutschen Klassik und die moderne Arbeitswelt.
Bochum o.J. 4. Aufl.

W. Loch, Die Verkündigung in der Erziehung. In: H. Diem / W. Loch, Erziehung durch Verkündigung. Päd. Forsch. 12. Heidelberg 1959, 26ff.

-      Die Verleugnung des Kindes in der evangelischen Pädagogik. Essen 1964.

-      Lernen, Sprechen und Verstehen. Vorfrage zu einer pädagogischen Sprach-
theorie. In: Praxis ecclesiae. K. Frör zum 65. Geburtstag. München
197o, 27-41.

P. Löffler, Selbstbewußtsein und Selbstverständnis als theologische Prinzipien
bei Schleiermacher und Bultmann. KuD 2 / 1956, 3o4-315.

K.E. Lögstrup, Auseinandersetzung mit Kierkegaard. Kontroverse um Kierkegaard und Grundtvig II. München 1968.

W. Lohff, Theologie. In: Wege zur Pädagogischen Anthropologie. Hg. A. Flitner. Heidelberg 1967[2], 191-217.

E. Lohse, Im Dienst des Evangeliums. Rudolf Bultmann als lutherischer Theologe. Luth. Monatsh. 12 / 1973, 422-424.

Th. Lorenzmeier, Rudolf Bultmanns Bedeutung für die kirchliche Praxis. MPTh 53 / 1964, 343ff.

-      Exegese und Hermeneutik. Eine vergleichende Darstellung der Theologie Rudolf Bultmanns, Herbert Brauns und Gerhard Ebelings. Hamburg 1968. (zit. Lorenzmeier).

U. Luck, Heideggers Ausarbeitung der Frage nach dem Sein und die existential-analytische Begrifflichkeit in der evangelischen Theologie. Das Problem der ontologischen Konsequenzen der existentialen Interpretation. ZThK 53 / 1956, 23o-251.

W. Lütgert, Die Religion des deutschen Idealismus und ihr Ende. 1. T. Die religiöse Krisis des deutschen Idealismus. Gütersloh 1923.

G. Lukacs, Die Zerstörung der Vernunft. Berlin 1934.

Martin Luther, An die Ratsherren aller Städte Deutschen Landes, daß sie christliche Schulen aufrichten und halten sollen (1924). In: Martin Luther, Von weltlicher Obrigkeit. Schriften zur Bewährung des Christen in der Welt. Calwer Luther Ausg. Bd. 4. München. Hamburg 1965.

U. Luz, Das Geschichtsverständnis des Paulus. BzevTh 49. München 1968.

H. Marcuse, Über den affirmativen Charakter der Kultur. In: Kultur und Gesellschaft I. Frankfurt 1968[7], 56-1o1. (zit. Kultur).

-      Bemerkungen zu einer Neubestimmung der Kultur. In: Kultur und Gesellschaft II. Frankfurt 1968[6], 147-172. (zit. Neubestimmung).

-      Ideen zu einer kritischen Theorie der Gesellschaft. Frankfurt 1969.

J. Maritain, L'Humanisme intégral (1936). Deutsch: Christlicher Humanismus. Heidelberg 195o.

W. Markert, Dialektik des bürgerlichen Bildungsbegriffes. In: Erziehung in der Klassengesellschaft. Hamburg. München 197o, 17-51.

R. Marlé, Bultmann et l'Interpretation du Nouveau Testament. Paris 1956. Deutsch: Bultmann und die Interpretation des Neuen Testaments. Paderborn 1967[2].

F.W. Marquardt, Theologie und Sozialismus. Das Beispiel Karl Barths. München 1972.

H. Marx, Über den Volkslehrer als Religionslehrer. Die Sammlung 4 / 1949, 181-186.

-      Evangelische Unterweisung durch Schul-Lehrer oder Gemeinde-Katecheten? Ev. Erz. 1949, Nov. Dez., 11-19.

G. Merz, Kirchliche Verkündigung und moderne Bildung. München 1931.

- Die Verantwortung der Kirche für die Ausbildung ihrer Pfarrer. München 1948.

J.B. Metz, Zur Theologie der Welt. Mainz. München 1969[2].

K. Mollenhauer, Erziehung und Emanzipation. Polemische Skizzen. München 1971[5].

J. Moltmann, Existenzgeschichte und Weltgeschichte. Ev. Kom. 1 / 1968, 13-2o.

J. Moltmann (Hg.), Anfänge der dialektischen Theologie. Teil 1, Karl Barth, Heinrich Barth, Emil Brunner. ThB 17. München 1966[2]. (= Anf. 1).

- Anfänge der dialektischen Theologie. Teil 2. Rudolf Bultmann. Friedrich Gogarten. Eduard Thurneysen. ThB 17. München 1963. (= Anf. 2).

H. Moser, Programmatik einer kritischen Erziehungswissenschaft. ZfPäd 18 / 1972, 639-657.

F. Müller, Paideutischer Humanismus. Studium generale 1 / 1948, 397-4o6.

- Kerygma und Paideia. Zeit und Geschichte (Dankesgabe an Rudolf Bultmann). 1964, 615-621.

R. Müller-Freienfels, Bildungs- und Erziehungsgeschichte bis zum Ausgang der Antike. Leipzig 1933.

D. Nestle, Eleutheria. Teil I. Die Griechen. HuzTh 6, Tübingen 1967.

F. Neugebauer, Die hermeneutischen Voraussetzungen Rudolf Bultmanns in ihrem Verhältnis zur Paulinischen Theologie. KuD 5 / 1959, 289-3o5.

E. Neuse, Die neuere Theologie und unser Religionsunterricht. SchuEv 1 / 1926, 4ff u. 28ff.

F. Niebergall, Praktische Auslegung des Neuen Testaments. Handbuch zum Neuen Testament. Hg. H. Lietzmann. Bd. VI. Tübingen 19o9. 1913[2]. (= PANT).

- Praktische Auslegung des Alten Testaments. I. Weisheit und Lyrik. Göttingen 1912. (PAAT I).

- Der Schulreligions- und der Konfirmandenunterricht. Leipzig 1912.

- Praktische Theologie. II. Arbeitszweige. Tübingen 1919. (PT II).

- Der neue Religionsunterricht. I. Lehre vom Religionsunterricht. Langensalza 1922. 1926[2]. (= NRU I).

H. Niederstrasser, Kerygma und Paideia. Zum Problem der erziehenden Gnade. Stuttgart 1967.

F. Nietzsche, Werke. Großoktavausgabe Bd. XIV, 1917.

F. Nietzsche, Vom Nutzen und Nachteil der Historie für das Leben. In: Werke in
3 Bänden hgb. v. K. Schlechta. Bd. I. München 1969[6]. (zit. n. Reclam
Universal-Bibl. 7134/35. Stuttgart 197o).

- Ecce homo - Jenseits von Gut und Böse. In: Werke in 3 Bdn..., Bd. II,
Darmstadt 1963.

K. E. Nipkow, Die Individualität als pädagogisches Problem bei Pestalozzi,
Humboldt und Schleiermacher. Marburger pädagogische Studien Bd. 1.
Weinheim. Berlin 196o.

- Bildung und Überlieferung. ZfPäd 11 / 1965, 3o7-33o.

- Zum Begriff der Bildungseinheit. Sein Bedeutungswandel in der Gymna-
sialpädagogik seit 1945. Neue Sammlung 6 / 1966, 66-83.

- Anmerkungen zu Stand und Aufgabe religionspädagogischer Forschung
heute. ThP 2 / 1967, 31-57.

- Grundfragen des Religionsunterrichts in der Gegenwart. Päd. Forsch.
35. Heidelberg 1967. 1969[2].

- Allgemeindidaktische Theorien der Gegenwart. Gegenstandsfeld und
Theoriebegriff. ZfPäd 14 / 1968, 335-365. (zit. n. K. E. Nipkow, Schule
und Religionsunterricht im Wandel. Ausgewählte Studien zur Pädagogik
und Religionspädagogik. Düsseldorf 1971, 68-97).

G. Noller (Hg.), Heidegger und die Theologie. Beginn und Fortgang der Diskussion. ThB 38. München 1967.

W. Nordmann, Die Integration des Religionsunterrichts in der Berufsschule.
DBF 1 / 1963, 8ff.

Sch. M. Ogden, The Significance of Rudolf Bultmann for Contemporary Theology.
In: W. Kegley (Hg.), The Theology of Rudolf Bultmann. New York (1966),
1o4-126.

A. Ohly, Über Rudolf Bultmann und die Entmythologisierung. Arbeitshilfe 3 /
1952, 81-85. (= Ev. Erz. 4 / 1952, 297ff).

E. Osterloh, Schule und Kirche. Gesetz- und Verordnungsblatt für die Evg.-
Luth. Kirche in Oldenburg. Beiheft 1 / 1947.

- Schule und Kirche II. Antwort auf 'Einige Bemerkungen ... von Wilhelm
Schwecke'. Ges.- und Verordnungsblatt ... Beiheft 4 / 1947.

- Ein Wort zur Schulfrage. Interview der Ev. Welt mit Oberkirchenrat Edo
Osterloh (195o). (zit. n. Gloy, Religionsunterricht, 34f).

H. Ott, Geschichte und Heilsgeschichte in der Theologie Rudolf Bultmanns.
Tübingen 1955.

G. Otto, Verkündigung und Erziehung. Über das Verhältnis von Theologie und
Pädagogik. Göttingen 1957.

G. Otto/H. Scheuerl/I. Röbbelen, Neue Beiträge zum Thema Erziehung und Verkündigung. Päd. Forsch. 13, Heidelberg 196o

G. Otto, Schule - Religionsunterricht - Kirche. Göttingen 1961. 1968[3].

-		Der problematische Religionsunterricht. Radius 1964 H 4, 21-26.

-		Einführung in die Bibel angesichts der neueren Theologie. In: Wege zum
		Verstehen. Hamburger Arbeitshilfen H 8. Hamburg 1965, 62-68.

-		Religionsunterricht. In: Praktisch-theologisches Handbuch. Hamburg
		197o, 4o4ff.

G. Otto/H.-J. Dörger/J. Lott, Neues Handbuch des Religionsunterrichts. Ham-
		burg 1972. (4. Aufl. des vollständig überarb. und neu hrgb. 'Handbuch des
		Religionsunterrichts'. 1. Aufl. 1964).

F. Overbeck, Christentum und Kultur (1919). Neuaufl. Darmstadt 1963.

C. Palmer, Pädagogik des Neuen Testaments. In: K.A. Schmid, Enzyklopädie
		des gesamten Erziehungs- und Unterrichtswesens. V. 1883[2], 695ff.

-		Evangelische Pädagogik. Stuttgart 1862[3]. 1869[4].

W. Pannenberg, Person. RGG[3] V, 23off.

W. Patzschke, Pädagogik und reformatorischer Glaube. Die Sammlung 2 / 1946/
		47, 157-17o u. 297-3o4.

H. Patzer, Der Humanismus als Methodenproblem der klassischen Philologie.
		Studium generale 1 / 1948, 84-92.

F. Paulsen, Gesammelte pädagogische Schriften. Cotta 1912.

R. Paulus, Bildung II. Bildung und Religion. RGG[2] I, Sp. 1113-1117.

F. Peerlinck, Rudolf Bultmann als Prediger. Verkündigung als Vollzug seiner
Theologie. Hamburg-Bergstedt 197o.

E. Peterson, Was ist Theologie? Bonn 1925.

H. Peukert (Hg.), Diskussion zur politischen Theologie. Mainz. München 1969.

-		Zur formalen Systemtheorie und zur hermeneutischen Problematik einer
		'politischen Theologie'. In: Disk. z. polit. Theol., 82-95.

E. Pfennigsdorf, Wie lehren wir Evangelium? Leipzig 1921. 1955[2].

G. Picht, Grundprobleme der Schulreform. Neue Sammlung 2 / 1962, 219ff.

-		Der Bildungshorizont des 2o. Jahrhunderts. Neue Sammlung 4 / 1964,
		4o3-414.

-		Der Sinn der Unterscheidung von Theorie und Praxis in der griechischen
		Philosophie. ZEE 8 / 1964, 321ff.

Platonis opera. Scriptorum bibliotheca Oxoniensis, ed. Joh. Burnet. 5 Bde.
		Oxford 19ooff.

H. Plessner, Die verspätete Nation. Über die politische Verführbarkeit bürger-
		lichen Geistes. Stuttgart 1959.

R. Prenter, Dietrich Bonhoeffer und Karl Barths Offenbarungspositivismus.
Die mündige Welt III. Weißensee 1959. München 196o, 11-41. (= MW III).

A. de Quervain, Humanismus und evangelische Theologie. Mainzer Universitäts-
Reden H 1o. Mainz 1947.

K. Raiser, Identität und Sozialität. Gesellschaft und Theologie 4. München.
Mainz 1971.

G. v. Rammenzweig, Der Stellenwert von 'Traditionen' im Religionsunterricht.
ThP 6 / 1971, 325-337.

H. Ramsauer, Evangelische Unterweisung - Religionsunterricht. Westermanns
Pädagogische Beiträge 14 / 1962, 242-244.

M. Rang, Handbuch für den biblischen Unterricht. Theoretische Grundlegung
und praktische Handreichung für die christliche Unterweisung der evangelischen Jugend. Berlin 1939. Tübingen 1947[2].

I. Halbband. Grundlegung. Methode. Altes Testament. (= Rang I).
II. Halbbd. Neues Testament. (= Rang II).

A. Reble, Geschichte der Pädagogik. Stuttgart 1971[11]. (= Reble).

- Geschichte der Pädagogik. V-VII. PL, Sp. 1o91-1121.

T. Rendttorff, Kirche und Theologie. Die Funktion des Kirchenbegriffs in der
neueren Theologie. Gütersloh 1966.

K. H. Rengstorf, διδάσκω κτλ , ThW II, 138-168.

G. Renneberg / I. Peters (Nachwort), Der Auferstandene. Ev. Erz. 6 / 1954
H 1, S. 1*-8*.

H. Richert, Handbuch für den Religionsunterricht. Leipzig 1911.

P. Ricoeur, Die Hermeneutik Rudolf Bultmanns. EvTh 33 / 1973, 457-476.

K. Ringhausen, Nachwort zu A. Ohly, Über Rudolf Bultmann und die Entmythologisierung. Arbeitshilfe 3 / 1952, 81-85. S. 85.

J. M. Robinson, Kerygma und historischer Jesus. Zürich-Stuttgart 1967[2].

H. Roth, Stimmen die deutschen Lehrpläne noch? Die deutsche Schule 6o / 1968,
69ff.

W. Ruegg, Gymnasium althumanistisch. RGG[3] II, Sp. 192of.

- Humanismus, philosophisch. RGG[3] III, Sp. 479-482.

H. W. Rüssel, Gestalt eines christlichen Humanismus. Amsterdam 194o.

J. V. Sandberger, Pädagogische Theologie. Friedrich Niebergalls Theologie als
Erziehungslehre. Arbeiten zur Past. Theol. Bd. 1o. Göttingen 1972.

J. P. Sartre, L'Existentialisme est un Humanisme. Paris 1946.

G. Sauter, Vor einem neuen Methodenstreit in der Theologie? ThEx 164. München 197o.

- Theologie als Wissenschaft. Aufsätze und Thesen, hgb. u. eingel. v. G. Sauter. ThB 43. München 1971.

G. Sauter / W. Raddatz / H.G. Ulrich, Verstehen. In: Praktisch-theologisches Handbuch. Hg. G. Otto, Hamburg 197o, 483ff.

H. Schaal, Erziehung bei Kierkegaard. Päd. Forsch. 8. Heidelberg 1958.

K. Schaller, Die Krise der humanistischen Pädagogik und der kirchliche Unterricht. Eine pädagogische Skizze. Heidelberg 1961.

K. Schaller / K.H. Schäfer (Hg.), Bildungsmodelle und Geschichtlichkeit. Ein Repetitorium zur Geschichte der Pädagogik. Rep. Päd. 1. Hamburg 1967.

- Bildung und Kultur. Ein Repetitorium moderner Bildungstheorien I. Rep. Päd. 5. Hamburg 1968. (zit. Bildung und Kultur).

K. Schaller / G Wodraschke (Hg.), Information und Kommunikation. Ein Repetitorium zur Unterrichtslehre und Lerntheorie. Rep. Päd. 1o. Hamburg 1968. (zit. Inf. u. Kom.).

H. Schelsky, Einsamkeit und Freiheit. Idee und Gestalt der deutschen Universität und ihrer Reformen. Hamburg 1963.

H. Schilling, Grundlagen der Religionspädagogik. Zum Verhältnis von Theologie und Erziehungswissenschaft. Düsseldorf 197o.

F.D. Schleiermacher, Sämtliche Werke. Hg. v. L. Jonas, A. Schweizer, F. Lücke u.a. I.-III. Abt. Berlin 1836-64.

I. Zur Theologie. Eb. 1-13 (9 u. 1o fehlen) (= WI).

Bd. 12: Die christliche Sitte nach den Grundsätzen der evangelischen Kirche im Zusammenhang dargestellt. Aus Vorlesungen hgb. v. L. Jonas. Berlin 1884[2].

III. Zur Philosophie. Bd. 1-9 (= W III).
Bd. 5: Entwurf eines Systems der Sittenlehre. Aus Schleiermachers handschriftlichem Nachlasse hgb. v. A. Schweizer. Berlin 1835.

Bd. 9: Erziehungslehre. Hg. C. Platz. Berlin 1849.

- Der christliche Glaube. Krit. Ausg. unter Zugrundelegung des Textes der 2. Aufl. hgb. v. M. Redeker. 7. Aufl. Berlin 196o. (= GL).

- Sendschreiben über seine Glaubenslehre an Lücke. Hgb. H. Mulert. Leipzig 19o8.

- Über die Religion. Reden an die Gebildeten unter ihren Verächtern. 1. Ausg. Berlin 1799. (= R). (Hg. G. Otto, Göttingen 1967[6])

- Monologen. Kritische Ausgabe v. F.M. Schiele. Phil. Bibl. 84. Leipzig 19o2. (= M).

F. D. Schleiermacher, Kurze Darstellung des theologischen Studiums zum Behuf
einleitender Vorlesungen. Hgb. v. H. Scholz. Nachdruck der 3. krit. Ausg.
Leipzig 191o. 4. Aufl. Darmstadt 1961.

- Pädagogische Schriften. Hg. E. Weniger. Bd. I u. II. Düsseldorf. München 1957.

- Aus Schleiermachers Leben. In Briefen, hgb. v. W. Dilthey u. L. Jonas.
4 Bde. Bd. I-II 186o$^2$. Bd. III-IV 1861-63. (= Br I - IV).

H. Schlier, Die kirchliche Verantwortung des Theologiestudenten. ThEx 36. München 1936.

- ἐλεύθερος, ἐλευθερόω ThW II, 484-5oo.

- Der Brief an die Galater. Krit. ex. Kom. über das NT. Begr. v. H. a. W.
Meyer. 7. Abt. 11. Aufl. Göttingen 1952.

F. Schmid, Vergegenwärtigung als theologisches und pädagogisches Problem.
EvTh 1951, 268ff. (zit. n. H. K. Berg, Die Methodik in der Evangelischen
Unterweisung. Berlin 1966, 152-16o).

F. W. Schmidt, Von der christlichen Erziehung in den USA. Schule und Leben 1 /
1949 / 5o, 129-132.

G. R. Schmidt, Die theologische Propädeutik auf der gymnasialen Oberstufe.
Heidelberg 1969.

W. Schmithals, Die Theologie Rudolf Bultmanns. Eine Einführung. Tübingen 1966.
(zit. Schmithals).

- Das Christuszeugnis in der heutigen Gesellschaft. Hamburg 197o.

- Gesellschaftliches Engagement der Christen - aber wie? Die 'Theologie
des Wortes Gottes' und die 'politische Theologie'. Ev. Kom. 4 / 1971,
21-25.

O. Schnübbe, Der Existenzbegriff in der Theologie Rudolf Bultmanns. Göttingen
1959.

K. Scholder. Neuere deutsche Geschichte und protestantische Theologie. EvTh
23 / 1963, 51o-536.

H. H. Schrey, Reform des Theologiestudiums. RGG$^3$ VI, Sp. 838f.

H. Schuffenhauer, Der fortschrittliche Gehalt der Pädagogik Schlei ermachers.
Diskussionsbeitr. zu Fragen der Päd. 6. Berlin 1956.

H. Schulte, Was will Rudolf Bultmann? Stimme der Gemeinde 5 / 1953, 142-146.

- The Old Testament and Its Significance for Religious Instruction. In:
W. Kegley, The Theology of Rudolf Bultmann. New York (1966), 221-235.

- Christliche Erziehung? ThR NF 29 / 1961, 339f.

- Christliche Erziehung? ThR NF 33 / 1965/66, 254ff; 35off.

H. Schultze, Das Evangelium als Bildungsinhalt im Unterricht der heutigen
Schule. ERB 15 / 1967, 189-195.

F. K. Schumann, Verkündigung und Auslegung. Ein Wort zur Frage der Entmythologisierung. DtPfrBl 51 / 1951, 121-125.

K. H. Schwager, Unterricht, Unterrichtslehre. PL, Sp. 977-981.

W. Schwecke, Schule und Kirche. Einige Bemerkungen zu dem Aufsatz von
Oberkirchenrat Osterloh im Gesetz- und Verordnungsblatt für die Evgl. -
Luth. Kirche in Oldenburg. Beiheft 1 / 1947. Oldenburg 1947.

- Noch einmal Schule und Kirche. Eine Entgegnung auf die Antwort des
Herrn Oberkirchenrat Osterloh. Oldenburg 1947.

E. Seeberg, Goethes Stellung zur Religion. ZKG F. 3, II, 1932, 2o2-227.

E. Sobotta, Besprechung von Kerygma und Mythos II, EU 1952, 175.

G. Söhngen, Humanität und Christentum. Essen 1946.

D. Sölle, Theologie nach dem Tode Gottes. In: Atheistisch an Gott glauben.
Olten und Freiburg 1968, 52-76. (zit. Tod).

- Hoffnung verändert die Welt. Kritische Auseinandersetzung mit der Theologie Rudolf Bultmanns. Ev. Kom. 4 / 1971, 15-2o.

- Politische Theologie. Auseinandersetzung mit Rudolf Bultmann. Stuttgart.
Berlin 1971. (zit. Theologie).

Y. Spiegel, Theologie der bürgerlichen Gesellschaft. Sozialphilosophie und
Glaubenslehre bei Friedrich Schleiermacher. München 1968.

E. Spranger, Gedanken zur Lehrerbildung. Leipzig 192o.

G. Stachel, Vorverständnis und Vorbesinnung. ThP 3 / 1968, 67ff.

G. Stählin, Galaterbrief. RGG$^3$ II, Sp. 1187-1189.

M. Stallmann, Die biblische Geschichte im Unterricht: Mk. 5, 22-43. ZThK 51 /
1954, 216ff. (zit. n. Die biblische Geschichte im Unterricht. 1969$^2$, 55ff).

- Zwischen Konfessionalität und Liberalität. Der Glaube und die Freiheit
in der Lehrerbildung. Schr. d. Päd. Studien K. 2. Frankfurt/M. Berlin.
Bonn o. J. (1955).

- Christentum und Schule. Stuttgart 1958. (zit. Schule).

- Der Religionsunterricht als Frage an das Selbstverständnis der Schule.
Die Deutsche Schule 52 / 196o, 571ff.

- Das Problem der Religionspädagogik, In: Glaube und Erziehen. Festgabe
G. Bohne. Neumünster 196o, 115-127.

- Der zweite Artikel als katechetisches Problem 1962. In: Die biblische
Geschichte im Unterricht. 1969$^2$, 28-38.

M. Stallmann, Die neuere Evangelienauslegung als Frage an Predigt und Unterricht (1961). In: Die biblische Geschichte im Unterricht. $1969^2$, 38-55.

- Von der Exegese zur Katechese II. Lk. 15, 1-1o (1 961). ebd., 1o7-132.

- Die biblische Geschichte im Unterricht. Katechetische Beiträge I. Göttingen 1963. $1969^2$. (zit. Gesch.).

- Bibel. PL, 116-121.

- Erziehung in der Bibel B und C. Pl, 244-248.

- Erziehung und Religion. Pl, 252-257.

- Religionspädagogik. Pl, 776-78o.

- Schule. PL, 814-826.

- Theologie und Pädagogik. PL, 941-946.

- Überlieferung. Pl, 965-969.

- Zur hermeneutischen und didaktischen Problematik des biblischen Unterrichts. In: Die biblische Geschichte im Unterricht. 1963. $1969^2$, 2o3ff.

- Die Gottesebenbildlichkeit als pädagogisches Motiv. In: Zeit und Geschichte. (Festschrift Rudolf Bultmann. = ZuG). Tübingen 1964, 729-746.

- Das Problem einer theologischen Bestimmung des evangelischen Religionsunterrichts. In: Päd. Rundsch. 1. Beih. 1965, 43ff. (zit. n. Die bibl. Geschichte ... $1969^2$, 163ff.).

- Das 'Vorverständnis' und die Frage der 'Anknüpfung' in der Didaktik des Religionsunterrichts. In: Gottes Wort in der Evangelischen Unterweisung. (Festschrift für G. Bohne zu seinem 7o. Geburtstag. Berlin 1965, 251-259).

- Die Frage nach Gott und die didaktischen Möglichkeiten des Religionsunterrichts. Loccumer Protokolle. 1966, 15ff.

- Evangelischer Religionsunterricht. Düsseldorf 1968.

- Kommentar zu G. Stachel, Vorverständnis und Vorbesinnung. ThP 3 / 1968, 72f.

L. Steiger, Die Hermeneutik als dogmatisches Problem. Gütersloh 1961.

E. Stern, Bildung I. Pädagogisch. $RGG^2$ I, Sp. 11o8-1113.

H. Stock, Autonomie der Pädagogik und christlicher Glaube. Ev. Erz. 1949. H 1, 2-14. (zit. n. Beiträge zur Religionspädagogik. Gütersloh 1969).

- 'Glaube und Erziehung' - Bericht über eine religionspädagogische Tagung 1948 in Hermannsburg. In: Beiträge ..., 348.

- Religionsunterricht in der Krise. Die Sammlung 7 / 1952, 314-325. (zit. n. Beiträge ..., 5o-63).

H. Stock / R. Lennert, Verkündigung durch Auslegung! Die Sammlung 7 / 1952,
441-447. (zit. n. Beiträge ..., 75-82).

H. Stock, Die Aktualisierung der Verkündigung in der Evangelischen Unterweisung. EvTh 23, 1953, 363ff. (zit. n. Beiträge 83-99).

- Studien zur Auslegung der synoptischen Evangelien im Unterricht. Gütersloh 1959. 1960[2].

- Religionsunterricht I. Evangelischer Religionsunterricht in der Schule.
PL, 782-786.

- Jenseits von Konfessionalismus und Neutralismus - Bemerkungen zum
Streit um den Religionsunterricht in Bremen. In: Gottes Wort in der
Evangelischen Unterweisung. Festschrift G. Bohne. Berlin 1965, 260-
274. (zit. n. Beiträge ..., 135-147).

- Religionsunterricht in der 'Kritischen Schule'. Gütersloh 1968. (zit. n.
Beiträge ..., 178ff).

R. Stolle, Schule und Kirche im Leben. Die Sammlung 4 / 1949, 440-448.

Th. Strohm, Zwischen Apokalyptik und Liberalität. Zur Geisteslage des gegenwärtigen deutschen Protestantismus. MPTh 55 / 1966, 1-18.

- Theologie im Schatten politischer Romantik. Eine wissenschafts-soziolo-
gische Anfrage an die Theologie Friedrich Gogartens. Gesellschaft und
Theologie 2. München. Mainz 1970.

W. Sturm, Religionsunterricht - gestern - heute - morgen. Der Erziehungsauftrag der Kirche und der Religionsunterricht an öffentlichen Schulen.
Stuttgart 1971.

Synode der EKiD, Wort der Synode der Evangelischen Kirche in Deutschland
zur Schulfrage (1958). (zit. n. Gloy, Religionsunterricht, 75-78).

I. Taylor, Kultur, Aufklärung, Bildung, Humanität und verwandte Begriffe bei
Herder. Gießener Beiträge zur deutschen Philologie 62. Gießen 1938.

H. Tielicke, Die Frage der Entmythologisierung des Neuen Testaments (1942).
KuM I, 1960[4], 159-189.

P. Tillich, Die religiöse Lage der Gegenwart. Berlin 1926.

E. Troeltsch, Religionsphilosophie. In: Die Philosophie im Beginn des 20. Jahrhunderts. Festschrift für K. Fischer. Hg. W. Windelband. Heidelberg
1907[2], 423-486.

- Über historische und dogmatische Methode in der Theologie. In: Ges.
Schr. II. Bd. Tübingen 1913.

- Ein Apfel vom Baume Kierkegaards. ChW 35 / 1921, Sp. 186-189. (zit.
n. Anf. 2, 134-140).

W. Uhsadel, Religionspädagogik I. in evangelischer Sicht. RGG[3] V, Sp. 1oo1-1oo5.

- Religiöse Erziehung - evangelisch. In: Handbuch für Lehrer. Bd. 3 Gütersloh 1963[2], 319ff.

E. Volandt, Möglichkeiten der Ontologie Paul Tillichs für den Religionsunterricht an der Berufsschule. ERB 15 / 1967, 41ff.

S. Vierzig, Das Normproblem in der Religionspädagogik. inf. 5 / 1973, 1ff.

K. Wegenast, Die Krise der kirchlichen Verkündigung und die Theologie Rudolf Bultmanns. DtPfrBl 64 / 1964, 13off.

- Jesus und die Evangelien. Handbücherei für den Religionsunterricht H 1. Gütersloh 1965. 1969[4].

- Lehre. Theologisches Begriffslexikon zum Neuen Testament. Bd. II, 1. Wuppertal 1969, 852-861.

H. Weil, Die Entstehung des deutschen Bildungsprinzips. Schriften zur Philosophie und Soziologie Bd. IV. Bonn 193o.

H. Weinstock, Die Tragödie des Humanismus. Heidelberg 1953.

- Realer Humanismus. Heidelberg 1955. (zit. Humanismus).

E. Weniger, Die Theorie der Bildungsinhalte und des Lehrplans. Didaktik als Bildungslehre, Teil 1. Erste Fassung 193o. Weinheim 1952. 1956[2].

- Glaube, Unglaube und Erziehung (1948). Ev. Erz. Mai 1949, 15-28. (zit. n. Gloy, Religionsunterricht, 42-61).

- Bildung und Persönlichkeit (1951). In: Die Eigenständigkeit der Erziehung in Theorie und Praxis. Probleme der akademischen Lehrerbildung. Weinheim o.J. (1953), 123-14o.

- Zum Gespräch zwischen evangelischer Theologie und Pädagogik. Die Sammlung 9 / 1954, 126ff.

- Schleiermacher, Bedeutung als Pädagoge. RGG[3] V, Sp.1435f.

R. Weth, Ort und Funktion der Theologie als Wissenschaft. In: R. Weth / Ch. Gestrich / E.-L. Solte, Theologie an staatlichen Universitäten? Stuttgart 1972, 9-57.

Th. Wilhelm, Theorie der Schule, Hauptschule und Gymnasium im Zeitalter der Wissenschaften. Stuttgart 1969[2].

J. Wilhelmsmeyer, Evangelische Unterweisung und humanistische Pädagogik. Die Bibel in Schule und Leben. H 1. Gladbeck 1948.

H.U. Wintsch, Religiosität und Bildung. Der anthropologische und bildungsphilosophische Ansatz in Schleiermachers Reden über die Religion. Zürcher Beiträge zur Pädagogik. Bd. 6. Zürich 1967.

J. Wirsching, Wider die Abstraktion des Kerygmas. DtPfrBl 64 / 1964, 88-91.

E. Wißmann, Religionspädagogik bei Schleiermacher. Gießen 1934.

J. Wobbermin, Schleiermacher. RGG$^2$ V, Sp. 17o-179.

H. O. Wölber, Religion ohne Entscheidung. Volkskirche am Beispiel der jungen
Generation. Göttingen 1959. 196o$^2$.

E. Wörner, Auslegung des Briefes an die Galater. 1882.

E. Wolf, Das kirchliche Amt im Gericht der theologischen Existenz. Peregrinatio
II. München 1965$^2$, 161-178.

W. Zimmerli, Erziehung in der Bibel. A. Erziehung im Alten Testament. PL,
Sp. 241-243.

Zitationsweise:

Zu den Abkürzungen vgl. RGG$^3$.
Zitiert wird, sofern nicht anders vermerkt, nach Verfasser und Seitenzahl bzw.
bei mehreren Werken eines Verfassers zusätzlich nach einem charakteristischen
Stichwort des betr. Buch- bzw. Aufsatztitels.

Zeitschriftenaufsätze werden nach Verfasser, Erscheinungsjahr und Seitenzahl
der betr. Zeitschrift zitiert.

ANHANG: RELIGIONSUNTERRICHT ODER CHRISTLICHE UNTERWEISUNG?
DIE AUSEINANDERSETZUNG UM DIE SACHGEMÄSSE VERHÄLT-
NISBESTIMMUNG VON SCHULE UND KIRCHE IN DER EVAN-
GELISCH-LUTHERISCHEN KIRCHE IN OLDENBURG 1947/48.

I. E. Osterloh

## SCHULE UND KIRCHE

Die Schule ist heute eine Angelegenheit aller Menschen im Kulturgebiet des Abendlandes und weit darüber hinaus. Mit dieser Tatsache begründen die meisten Menschen ihre Meinung, daß dem Staat die Pflicht und das Recht zufallen müsse, über
die Aufgabe der Schule in der Gegenwart zu entscheiden. Besonders in Deutschland herrscht weitgehend die Ansicht, daß der Staat allein die oberste Instanz
für das gesamte kulturelle Leben sei. Dieser Aberglaube an die Allmacht des
Staates hat zu verhängnisvollen Verkrampfungen, Hemmungen und Verfälschun-
gen, gelegentlich auch zu katastrophalen Fehlentscheidungen geführt. In Zeiten,
in denen die Macht des Staates praktisch weitgehend für die Durchsetzung der
Herrschaftsansprüche einer Partei eingesetzt wird, bedeutet die uneingeschränkte
Abhängigkeit der Schule vom Staat die Abhängigkeit der Lehrer von der jeweils
regierenden Partei.

Tatsächlich trägt im deutschen Lebensraum der Staat heute weitgehend die Verantwortung für das Leben der Schule. Darum ist die Wirklichkeit der Schule fast
immer ein Gradmesser für das Leben des Staates, denn in der Schule verwirklicht sich ein großer Teil der Fürsorge des Staates für seine eigene Zukunft. Am
Schulwesen ist daher der Staat leicht zu demaskieren. Der Zustand der Schule
zeigt, ob es den im Staat entscheidenden Kräften um das Wohl des Volkes geht
oder um die Aufrechterhaltung ihrer Vormachtstellung.

Die Schule des dritten Reiches hatte die Aufgabe, die Jugend nach einem ganz
bestimmten vom Nationalsozialismus geprägten Menschentyp zu formen. Die
jungen Menschen wurden als das Rohmaterial angesehen und behandelt, aus dem
die Schule nach dem vom Staat vorgeschriebenen Idealbild den "neuen Menschen"
der Zukunft gestalten sollte.

Deutschland steht heute vor der Frage, ob seine zukünftige Schule grundsätzlich
genau so arbeiten soll, ob also das nationalsozialistische Erziehungsideal einfach durch ein anderes Ideal ersetzt wird, so, daß jedenfalls wieder die Erziehung zu einem bestimmten Typ das Ziel der Schule ist, oder ob die Schule
eine von Grund auf anders geartete Aufgabe erhält. Viele Erziehungswissenschaftler tun so, als ob die Kunst der Erziehung sich unbedingt nach einem möglichst eindeutig gezeichneten Bild vom Menschen ausrichten müßte,und als ob der
Wert einer Schule danach zu beurteilen wäre, wie weit es ihr gelingt, dieses
Bild ihren Schülern aufzuprägen. Umwälzungen im Schulwesen spiegeln bei einer
solchen Auffassung einfach die Tatsache wieder, daß ein bestimmtes Menschen-Ideal
von einem anderen verdrängt worden ist.

In Wahrheit vollzieht sich aber in der Gegenwart in Deutschland ein Wandel im
Geist der Zeit, der so tief greift, daß er in einem Austausch des Leitbildes für
die Erziehung nicht mehr den ihm gemäßen Ausdruck finden kann. Vielmehr hat
jedes Menschen-Ideal für den heute lebenden Deutschen seine umwandelnde Zau-

berkraft endgültig verloren. Das "Ideal" selbst ist unglaubwürdig geworden.
Eine einem "Ideal" dienende Schule wird von den Schülern nicht ernst genommen,
sie hat keine wirkliche Autorität. Bei vielen Menschen heute ist in der Tiefe
ihrer Seele wirklich gar nichts mehr übriggeblieben von echter Begeisterungs-
fähigkeit. Sie sind skeptische Nihilisten, auch wenn sie das häufig nicht zugeben.

Es gibt Pädagogen, die es als selbstverständlich voraussetzen, daß die Schule
gezwungen sei, sich nach einem bestimmten Menschen-Ideal auszurichten. Sie
gehen davon aus, daß die innere Autorität, ohne die keine wirkliche Erziehung
möglich ist, abhängig sei von der gemeinsamen Anerkennung gleicher Ideale
durch Lehrer und Schüler. Dabei ist man gewöhnlich blind gegenüber einer
grundsätzlich anderen Verankerung wahrer Autorität. Die Frage nach der für
keine Schule entbehrlichen inneren Autorität  stellt tatsächlich vor ein Problem,
das auf die Grenzen der Möglichkeiten menschlicher Erziehung und Bildung hin-
weist.

Die Aufgabe für die Schule in der Gegenwart entspringt der Not des praktischen
Lebens. Die Schule muß helfen, junge Menschen vorzubereiten und auszurüsten
für die Arbeiten, die getan werden müssen, wenn wir nicht untergehen wollen.
Die Schule dient den Notwendigkeiten des Lebens in dem schlichten Sinne, daß
sie Fähigkeiten und Charakter des Menschen weckt und entwickelt, die er einsetzen muß, um existieren zu können. Daß es bei der Erziehung nicht nur um die
Entwicklung technischer Fähigkeiten, sondern um mehr geht, zeigt sich in der
von allen echten Erziehern erkannten Notwendigkeit der Arbeit an der Charakterbildung. Diese höchst problematische Seite der Erziehung, die aber doch mit
ihrem innersten Kern zusammenhängt, macht wiederum deutlich, daß die Arbeit
der Schule mit Faktoren rechnen muß, über die sie nicht verfügen kann. Was
wir nämlich als Charakter bezeichnen, ist immer zugleich etwas Gegebenes und
etwas Werdendes, etwas Festliegendes und doch auch Veränderliches. Wenn die
Schule die Lebenserfahrung der erwachsenen Generation der heranwachsenden
Generation anbietet, um sie vorsorglich auf die auf sie wartenden Bewährungspro-
ben vorzubereiten, dann ist sie gezwungen, sich auch um das zu kümmern, was wir
Charakter nennen, was sich aber seinem Wesen nach gerade der erziehlichen
Beeinflussung weitgehend entzieht.

In Deutschland können wir uns heute keinen Kampf um das richtige Ideal leisten.
Wir sind gezwungen, miteinander zu leben und zusammen zu arbeiten, so wie
wir sind, ohne uns vorher einer nach dem Ideal des anderen umzumodeln. Und
unsere Jugend muß unter den schwersten Bedingungen existieren können. Das
will sie. Sie lehnt es aber instinktsicher ab, den Glauben an ein Menschen-Ideal
zu heucheln und dementsprechend irgendeinen Typ zu verwirklichen.

Für die geistige Existenz Deutschlands ist es entscheidend, daß diese Voraussetzung für das Leben der Schule in der Gegenwart zur Geltung kommt. Wenn
das nicht geschieht, dann sind wir auch geistig ein Spielball zwischen Ost und
West, dann wird noch einmal eine unserer inneren Haltung fremde und darum
unfruchtbare Entscheidung über unsere Schule verhängt werden. Wenn unsere
Schule aber von der Hörigkeit der Typenbildung befreit wird und als ein Mittel
der Vorbereitung für fruchtbare Arbeit im Leben zur Entfaltung kommt, dann

leistet sie einen erheblichen Beitrag für den Wiederaufbau Deutschlands und
für seine rechte Eingliederung in ein lebensfähiges Europa.

Erst die innerste Verankerung des Lebens der Schule in den tatsächlichen Notwendigkeiten der Gegenwart, erst die Bindung an wirkliche Lebensaufgaben ermöglicht es, sinnvoll in neuer Weise nach dem Verhältnis der Schule zur Kirche
zu fragen.

2.

Die Kirche vertritt zwar im entscheidenden Sinn die Sache aller Menschen, sie
wird aber nicht wie die Schule von allen Menschen als ihre eigene Angelegenheit
angesehen. Ihre Wirklichkeit ist nicht ohne weiteres mit dem natürlichen Leben
gegeben. Taufe und Glaube, Sakrament und Wort ziehen Grenzlinien innerhalb
des für die Schule verantwortlichen Staates. Die Lebenswirklichkeit der Kirche
ist ebensowenig allgemein  zugänglich wie die Wirklichkeit Gottes.

Die religiöse Schicksalsfrage für das Abendland lautet heute ganz einfach: "Ist
Gott wirklich da?" Die beiden einzigen Antworten, zwischen denen der moderne
Mensch sich entscheiden kann, werden vom Atheismus und vom christlichen
Glauben gegeben. Gegenüber dem christlichen Glauben wird jede andere Art
von scheinbarer "Gottgläubigkeit" als eine Übergangsform zu atheistischer Glaubenslosigkeit zu erkennen und zu demaskieren sein. Das Wesen der christlichen
Kirche aber besteht in der Verbundenheit Gottes mit ihren Gliedern. Die Entscheidung für oder gegen die Wirklichkeit Gottes ist die Entscheidung für oder
gegen die christliche Kirche. In Wirklichkeit handelt es sich dabei aber gar
nicht um die Entscheidung des Menschen, sondern um Gottes gegenwärtiges Wirken, das auch in menschlichen Entschlüssen für oder gegen die christliche Kirche
seinen Ausdruck findet. Die in der wirklichen christlichen Kirche zur Gemeinschaft vereinten Menschen sind die von Gottes Wirklichkeit berührten Menschen.

Daß es in der Kirche entscheidend um die Beziehung Gottes zum Menschen geht,
und daß alle einzelnen Äußerungen ihres Lebens: in ihrem Dogma, in ihren got-
tesdienstlichen Formen, ihren Predigten, Liedern, Gebeten und in ihrer Liebestätigkeit von dieser Beziehung aus verstanden werden müssen, ergibt sich eindeutig aus den wesentlichsten Selbstaussagen der Kirche. Ihre Bezeichnung als
Kirche  Jesu Christi behauptet, daß sie sich als eine Gemeinschaft von Menschen
versteht, denen Jesus Christus so begegnet ist, daß sie in dieser Begegnung
vor Gottes Wirklichkeit gestellt wurden. Die Wirklichkeit dieser Begegnung mit
Jesus Christus ist unabhängig von den subjektiven Erfahrungen der Glieder der
Kirche. Solche "persönlichen Erfahrungen" ereignen sich, weil die Kirche da
ist. Gottes Wirklichkeit erscheint in einem Menschen. Diese Erscheinung wird
von Menschen wahrgenommen und anderen Menschen bezeugt. Das Geheimnis,
daß Menschen Gott inmitten unserer Welt begegnen, teilt sich Menschen mit
und begründet selbst die Autorität und den Auftrag, diese Gottesbegegnung als
Wirklichkeit gelten zu lassen. Das ist nämlich das von Menschen wahrgenommene
Amt der Kirche, Gottes Wirklichkeit gelten zu lassen auf Grund der geschehenen
Begegnung mit ihr und in Spannung zu unserer "natürlichen", "gottlosen" Welt-
erfahrung.

Die Kirche schließt die "natürliche Gottlosigkeit" nicht aus, sondern erfaßt sie durch ihre Erfahrung wahrer Wirklichkeit des Ganzen als den im Menschen liegenden Hang zur Blindheit. Aber der christliche Glaube ist nicht eine Ergänzung des "natürlichen" Erlebens und Wissens, er ist auch keine Konkurrenz dazu, sondern er schließt alle Möglichkeiten der menschlichen Existenz überhaupt ein, indem er sie mit ihrem Urgrund verbindet und von daher trägt.

3.

Eine fruchtbare Zusammenarbeit von Kirche und Schule, bei der beide Seiten zu ihrem Recht kommen und keine in ein unwürdiges Abhängigkeitsverhältnis von der anderen gerät, ist von zwei Voraussetzungen abhängig:

a)  Die Schule muß sich offen halten für die Tatsache, daß die Kirche im Vollsinne des Wortes Wirklichkeit ist. Sie darf den prinzipiellen Atheismus nicht zu ihrem Dogma machen. Das geschieht aber praktisch nicht nur weitgehend im Osten, sondern das liegt auch im tiefsten Grunde überall da, wo der "Religionsunterricht" grundsätzlich vom "christlichen Glauben" auf der gleichen Ebene wie von anderen "Religionen" handelt und also davon ausgeht, daß es eine Offenbarung Gottes nicht gibt, sondern nur verschiedene religiöse Ansichten über Gott.

b)  Die Kirche darf von der Schule als solcher nicht die Erziehung zum christlichen Glauben verlangen. Die Kirche muß die Grenze sehen, die den Bildungsmöglichkeiten der Schule gezogen sind. Sie darf nicht den Aberglauben stärken, als könne die Schule durch Erziehung das Wesen des Menschen verwandeln. Die Kirche muß anerkennen, daß die moderne Staatsschule aus innerer Notwendigkeit heraus immer auch Ausdruck und mitwirkende Kraft der Verweltlichung der Gegenwart ist. - Wo die Konfessionsschule als Regelschule verlangt wird, da wird - wenigstens in vielen evangelischen Gebieten - die moderne Schule überfordert, da werden die Gewissen von Lehrern, Eltern und Schülern vergewaltigt.

Wo diese beiden Voraussetzungen anerkannt werden, da wird die Schule in ihrem normalen Betriebe einen Platz frei lassen für den Religionsunterricht als "Christliche Unterweisung". Im Gebäude der Schule und innerhalb ihres Stundenplans wird die Wirklichkeit der Kirche durch die Erteilung dieses "Unterrichtsfaches" respektiert. Der wirklichkeitsbesessene Zeitgeist fragt mit dieser Einrichtung die Kirche nach ihrem Beitrag zur Vorbereitung auf die Aufgaben des Lebens. Der Staat, der heute auf der Schule Religionsunterricht als "Christliche Unterweisung" erteilen läßt, fragt das Christentum, in welcher Weise und mit welchen Mitteln es den Menschen heute helfen will, die Zeit zu bestehen und die Not auszuhalten und zu überwinden.

In der geistigen Situation der Gegenwart können Staat und Schule nur diese F r a g e stellen. Staat und Schule aber können heute die Frage weder beantworten noch können sie die von der christlichen Kirche gegebene Antwort mit ihrer Autorität decken und ehrlich verantworten. Die Verweltlichung unserer Zeit ist eine Wirklichkeitsmacht, die Staat und Schule Lügen strafen würde, wenn sie so täten, als könnten sie innerlich die Anerkennung der "Christlichen Wirklichkeit" für jedermann verbindlich machen.

Aus dieser Lage entspringt als notwendige Folgerung, daß die christliche Kirche die inhaltliche Verantwortung für das übernehmen muß, was in der "Christlichen Unterweisung" geschieht und zugleich, daß die allgemeine Schulpflicht nicht für die Teilnahme an der christlichen Unterweisung gelten darf.

Der Staat entscheidet selbstverständlich über die allgemeinen und besonders über die pädagogischen Voraussetzungen für die Ausübung des Lehrerberufes an der Schule, die christliche Kirche allein aber kann beurteilen, wer außer diesen Voraussetzungen auch noch über die Möglichkeit verfügt, Kinder christlich zu unterweisen. Diese kirchliche Beurteilung hat mit Glaubensrichterei gar nichts zu tun, sondern entspricht einfach der heutigen Sachlage, in der die Wirklichkeit des christlichen Glaubens nicht mehr die selbstverständliche Grundlage des gesamten Volkslebens ist. Insbesondere stellt es für manchen heutigen "Religionslehrer" eine zu verhängnisvoller Unehrlichkeit zwingende oder wenigstens verführende Überforderung dar, zu verlangen, im kirchlichen Sinne christliche Unterweisung zu erteilen. Es kommt aber überhaupt zu keiner Zusammenarbeit zwischen Kirche und Schule, wenn eine solche "Christliche Unterweisung" keinen Platz in der Schule findet, sondern durch einen Religionsunterricht verdrängt wird, in dem es nicht um die Wirklichkeit Gottes geht, sondern lediglich um mehr oder weniger interessante Vorstellungen und Bilder und Begriffe, die andere Menschen zu anderen Zeiten sich von Gott gemacht haben, wobei die schlichte Wahrheitsfrage gewöhnlich grundsätzlich als diesem Gegenstande unangemessen abgewiesen wird. Ein Unterricht über Religionen anderer Menschen und Völker, der nicht klar und entschieden dem Aufweis der besonderen christlichen Wirklichkeit heute dient, der also keine Antwort auf die Frage des gegenwärtigen Atheismus bietet, ist im letzten Grunde wertlos sowohl für die Schule als auch für die Kirche. Er vermittelt museales Wissen, hilft aber nicht, mündig und reif zu werden für die Teilnahme am Weltanschauungskampf der Gegenwart. Er vermag weder eine klare Entscheidung für den Osten oder für den Westen noch die Behauptung einer geistig selbständigen Mitte zu fördern. Er bleibt unfruchtbar angesichts der äußeren und inneren Not, in die Deutschland heute hineingestellt ist. Darüber hinaus ist ein solcher Unterricht "über" "Religion" gefährlich und schädlich, weil er der Meinung Vorschub leistet, daß es sich bei allem "Glauben" um unverbindliche Meinungen und Vorstellungen handele.

Die christliche Kirche aber stellt mit ihrer Lebenswirklichkeit die Hilfe dar, die der Mensch heute nötig hat, um die Prüfung der Zeit zu bestehen.

Christliche Unterweisung im Raum der Schule kann nur den Sinn haben, junge Menschen mit dieser Lebenswirklichkeit der Kirche in Berührung zu bringen und diese Berührung beständig so zu verstärken, daß in der wachsenden Teilnahme am Leben der Kirche jene Früchte reifen, an deren Genuß auch das ganze Volk teilhat. Gerechtigkeit, Opfersinn, Wahrheit und Nächstenliebe im tatsächlichen Leben des Alltags sind auf dem Boden des christlichen Glaubens gewachsen und können nur auf diesem Boden wirklich gedeihen. Welche Mächte sich hinter diesen humanitären Idealen verbergen können, wenn sie von ihrer christlichen Wurzel

losgelöst als leere Schlagwörter oder als Symbole eines antichristlichen Fana-
tismus mißbraucht werden, das hat die jüngste Vergangenheit in abschreckender
Weise bewiesen.

So selbstverständlich es heute sein sollte, für die Erteilung der "Christlichen
Unterweisung" auch rechtlich die Kirche so verantwortlich zu machen,daß kein
Lehrer ohne ihre ausdrückliche Zustimmung dieses "Fach" unterrichten darf,
daß sie der Schule dafür eigene Kräfte anbieten kann, so entscheidend wichtig
ist es zugleich, daß auch auf diesem Gebiet alles in christlicher Freiheit ohne
falschen Zwang geschieht. Die "geistliche Schulaufsicht" muß endgültig zu den
verbannten Gespenstern der Vergangenheit gehören. Auf Eltern und Kinder darf
auch nicht in versteckter Weise ein Druck ausgeübt werden, an dieser "Christlichen Unterweisung" teilzunehmen. Andererseits darf aber auch keine geheime
Propaganda getrieben werden. Die "Religionsstunden" dürfen nicht die ungünstigste
Stelle des Stundenplanes füllen.

Die Einordnung der Stunden der "Christlichen Unterweisung" innerhalb des Stundenplanes bringt erst die Anerkennung oder Nicht-Anerkennung der Wirklichkeit
der christlichen Kirche zu ihrem für Lehrer und Schüler praktisch entscheidenden Ausdruck. An der Stellung des "Faches" im Gesamtplan wird deutlich, ob es
zu einer ehrlichen Begegnung gekommen ist, oder ob eine der beiden Seiten sich
um das Ernstnehmen der anderen betrügt.

Pfarrer und Lehrer müßten die Möglichkeit haben, einander in ungezwungener
Weise in der "Christlichen Unterweisung" so zu begegnen, daß sie voneinander
lernen, der Jugend zu helfen.


4.


Die Kirche muß der Schule und der "Welt" Auskunft geben über Grund und Wesen
ihrer Wirklichkeit und über die Maßstäbe, denen sie sich selbst unterstellt weiß.
Das ist erforderlich, damit die Kirche beim eigenen Wort genommen und an die
für sie gültige Autorität erinnert werden kann.

Die Kirche begegnet der Schule als eine Gemeinschaft von Menschen mit einer
bestimmten Verheißung und mit einem bestimmten Anspruch. Vor wem verantwortet sich diese Gemeinschaft und worin dokumentieren sich ihre Einheit und
ihre Lebensgesetze?

Häufig wird diese Frage mit dem Schlagwort "Bibel und Bekenntnis" beantwortet
in der Meinung, Schule und "Welt" könnten aus "Bibel und Bekenntnis" das Wesen
der christlichen Kirche ablesen. Das führt gewöhnlich zu einer Verwechslung
der Kirche mit einer Weltanschauungsgemeinschaft oder mit einem Verein treuer
Anhänger einer alten Lehre. Wenn "Bibel und Bekenntnis" als Grundlage und
Mittelpunkt der Kirche angesehen werden, dann verwechselt man das Geheimnis
ihres Lebens mit den Mitteln, durch die es sich auswirkt. Man gewinnt ein stati-
sches Bild von der Kirche und verschließt sich dem Blick für ihre Lebendigkeit.

Die Kirche wird nur dort erkannt, wo wenigstens geahnt wird, daß sie von der
v e r b o r g e n e n  aber  w i r k l i c h e n  Gegenwart ihres Herrn Jesus

Christus lebt. Kirche existiert nur, weil Jesus Christus persönlich gegenwärtig
ist unter denen, die sich in seinem Namen versammeln. Die Gegenwart Christi
in der Kirche ist das Geheimnis der Gegenwart Gottes in ihr.

Die Kirche verantwortet sich vor dem im Wort und im Sakrament, vor dem im
Gottesdienst, vor dem in der betenden Gemeinde gegenwärtigen Herrn. Er ist
ihre Autorität, und er gibt ihr die Gewißheit ihres Lebens, ihres Handelns und
ihres Redens. Vor ihm steht und fällt sie.

In einem letzten Sinn kann die Kirche also nur angeredet und zur Ordnung gerufen
werden, kann man mit ihr als Kirche überhaupt nur sprechen, wenn man selber
vor der Wirklichkeit des gegenwärtigen Christus steht. Die Kirche muß beständig
darauf aufmerksam machen, daß man es mit ihr in Wirklichkeit nur dann zu tun
hat, wenn man es zugleich mit dem gegenwärtigen Christus zu tun hat.

Damit hat die Kirche sich aber keineswegs auf den Subjektivismus der Gläubigen
oder auf einen selbstgenügsamen Monolog zurückgezogen, sondern sie gibt in
"Bibel und Bekenntis" Auskunft darüber, in welcher Weise sie mit ihrem Herrn
verbunden ist. "Bibel und Bekenntnis" sind die Richtschnur für das Verhalten der
Kirche. Die Kirche weiß sich durch "Bibel und Bekenntnis" an Christus gebunden.
Die Kirche läßt sich durch "Bibel und Bekenntnis" in die Verbundenheit mit ihrem
gegenwärtigen Herrn zurückrufen.

"Bibel und Bekenntnis" sind also nicht in erster Linie literarische Quellen für eine
irgendwie geartete Lehre, sondern sie sind das nur,sofern sie die Funktion haben,
den lebendigen Christus zu vergegenwärtigen. "Bibel und Bekenntnis" sind kein
papierener Papst, sondern die Bibel ist ein Mittel Christi, durch das er die Kirche
leitet, und das Bekenntnis ist der Ausdruck anbetenden Gehorsams und treuer Ge-
folgschaft der Kirche in Abwehr innerer und äußerer Anfechtungen.

5.

Die Begegnung zwischen Schule und Kirche verwirklicht sich im christlichen Religionsunterricht, in der "Christlichen Unterweisung". Welche Stelle hat die
Christliche Unterweisung im Leben der Kirche, wie verhält sie sich zum Sakrament und zur Verkündigung, und was muß sich nach dem Urteil der Kirche in der
Christlichen Unterweisung ereignen?

a)  Das S a k r a m e n t ist die eindeutigste Vergegenwärtigung der Tatsache,
    daß Christus einfach da ist, bevor wir fragen und diskutieren und zweifeln
    und glauben.

    Die V e r k ü n d i g u n g lebt davon, daß wir keinen stummen, sondern einen
    redenden Herrn haben. Christus spricht sich selber aus. Im Wort würdigt er
    uns der Anrede und begegnet uns von Person zu Person.

    Die C h r i s t l i c h e  U n t e r w e i s u n g ist in den Lehr- und Streit-
    gesprächen Jesu begründet. Christus diskutiert mit den Neutralen und den
    Gegnern. Er versteht auch den Unglauben und begegnet ihm auf seiner Ebene.

Christus ringt mit seinen Jüngern um die Reife des Glaubens und um die
Klarheit der Gotteserkenntnis und der Selbsterkenntnis.

Dabei ist deutlich, daß Sakrament, Verkündigung und Christliche Unterweisung von dem gleichen Geheimnis Christi leben und ihrem Wesen nach so
aufeinander bezogen sind, daß sie voneinander leben und darum nicht isoliert werden dürfen.

b)  Darum muß sich in der Christlichen Unterweisung eine Begegnung ereignen
zwischen Christus und den Unterwiesenen. Die Wirklichkeit Gottes und die
Wirklichkeit des Menschen ohne Gott müssen einander gegenübertreten, Bericht und Bild und Wort der Bibel müssen als fremde Elemente anerkannt
werden im Vergleich mit unserem Bewußtsein von unserm eigenen Erleben.
Aller Unglaube muß als "natürliche" Haltung des Menschen genau so deutlich
erkannt werden wie der Ruf zum Glauben.

c)  Christus muß in seiner Besonderheit gegenüber allen Religionsstiftern erkannt werden. Religionsgeschichte muß getrieben werden, um klar heraus-
zustellen, daß Christus nicht eine Religion neben anderen gestiftet hat, sondern daß er das Ende und die Erfüllung aller Religionen gebracht hat dadurch,
daß er uns vor Gott selbst und nicht vor eine Gottes v o r s t e l l u n g stellt.
Religiöse und philosphische Gottes-Ideen müssen behandelt werden, um
in Spannung dazu die Erkenntnis zu ermöglichen, daß Christus keine besondere
Gottes-Anschauung, sondern die Wirklichkeit Gottes bringt - oder gar nichts.
Religionen und religiöse Ideen müssen ihren Maßstab an dem Christus finden,
der alle "unchristliche" und "außerchristliche" Religion zugleich aufhebt und
in einem von ihr selbst nicht geahnten Sinn erfüllt.

d)  Diese Erkenntnis muß vertieft werden zum Wissen um die unausweichliche Entscheidung. Vor der Wirklichkeit Gottes gibt es keine Neutralität, sondern nur
Feindschaft oder Liebe. Hier ist keine Beobachtung aus unberührtem Abstan-
de möglich, hier ist Hingabe oder Ablehnung gefordert.

e)  Als Gottes Kreatur ist der Mensch Gottes Eigentum."Im Grunde" ist der Glaube
doch das "Natürliche". Das wird aber nur erfahren in der Entscheidung für
Gott, also in der Nachfolge Christi, und das heißt, im Leben der Kirche. Christliche Unterweisung übt die Teilnahme am Leben der Kirche ein. Gebet, Lied,
liturgisches Sprechen, Einübung und Darstellung der "Heiligen Geschichte"
(Krippenspiel, Laienspiel), Mitleben im Rhythmus des Kirchenjahres sind
nicht etwa nur brauchbare Zutaten, sondern Wesensbestandteile der Christlichen Unterweisung.

f)  Die Art, in der die Christliche Unterweisung erteilt wird, muß zum Ausdruck
bringen, daß hier nicht das Gesetz, sondern daß die Gnade am Werk ist. Der
Lehrer darf nicht den Eindruck erwecken, als habe er eine Garantie für den
"Erfolg" seines Unterrichtes. Keine Methode läßt Menschen über Gottes Gnade
verfügen. Darum hat der Ehrgeiz in der Christlichen Unterweisung ebenso
wenig Platz wie das Pharisäertum.

Als Motiv für die Christliche Unterweisung kann nur die Liebe gelten, die weiß,
daß nichts besser für den Menschen ist als die Begegnung mit Christus. Moralische Nebenabsichten machen den Unterricht unglaubwürdig und entspringen dem Mißtrauen gegenüber der Fruchtbarkeit des Glaubens. Die Liebe aber
läßt die Kindlein zu Jesus kommen und müht sich um die Saat des Glaubens.

In: Gesetz- und Verordnungsblatt für die Evangelisch-Lutherische Kirche in
Oldenburg. 1947. Beiheft 1, 1–8.

II. W. Schwecke

Einige Bemerkungen

zu dem Aufsatz von Oberkirchenrat Osterloh

"Schule und Kirche"

Okr. O. gliedert seine Arbeit in 5 Abschnitte. Ich folge mit meinen Bemerkungen den einzelnen Abschnitten.

I.

Okr. O. schreibt:

> "Die Schule ist heute eine Angelegenheit aller Menschen im Kulturgebiet
> des Abendlandes und weit darüber hinaus. Mit dieser Tatsache begründen
> die meisten Menschen ihre Meinung, daß dem Staate die Pflicht und das Recht
> zufallen müsse, über die Aufgabe der Schule in der Gegenwart zu entschei-
> den. Besonders in Deutschland herrscht weitgehend die Ansicht, daß der
> Staat allein die oberste Instanz auch für das gesamte kulturelle Leben sei.
> Dieser Aberglaube an die Allmacht des Staates" usw.

Sollte es sich hier wirklich um einen Aberglauben handeln? Sollte etwa die Kirche, ganz oder teilweise diese oberste Instanz bilden? Welche Kirche? Und die Sekten? und die freireligiösen Verbände? Nein, allein der Staat, der die Gesamtheit aller Staatsbürger umfaßt, kann hier in Frage kommen. Ich stimme Herr Okr. O. zu, wenn er meint, in Zeiten in denen die Macht des Staates praktisch weitgehend für die Durchsetzung der Herrschaftsansprüche einer Partei eingesetzt werde, be-deute die unbeschränkte Abhängigkeit der Schule vom Staat die Abhängigkeit der Lehrer von der jeweils regierenden Partei. Gewiß, der Fall kann eintreten, nämlich dann, wenn der Staat keine echte Demokratie ist, aber dann leidet nicht allein die Schule, und es liegt im Interesse aller Staatsbürger, dem Staate eine andere und bessere Verfassung zu geben.

Wie war es übrigens mit der Abhängigkeit der Schule von der Kirche? War es allein das Interesse für die Schule und die Sorge um das geistige und sittliche Wohl der Jugend, die damals das Handeln der Kirche bestimmt haben, oder spielte auch das Machtbedürfnis der Kirche eine Rolle? Das Bestreben nämlich, die Schule ihren Zwecken dienstbar zu machen und dadurch mittelbar zugleich Einfluß auf das Elternhaus zu gewinnen? Wir alten Lehrer, die wir noch im Kampfe um die Unabhängigkeit der Schule von der Kirche gestanden haben, wis-sen, wie sehr die Schule damals unter diesem Abhängigkeitsverhältnis gelitten hat, wie zähe die Kirche an ihrer bevorzugten Stellung in der Schulverwaltung und an der Ausübung der Schulaufsicht festhielt. Sie gab ihre Vormachtstellung in der Schule erst dann auf, als ihr kein anderer Weg mehr übrig blieb.

Okr. O. beschäftigt sich dann (St. 3) mit den Erziehungsidealen der Pädagogen. Er schreibt:

"Es gibt Pädagogen, die es als selbstverständlich voraussetzen, daß die
Schule gezwungen sei, sich nach einem bestimmten Menschenideal auszurichten" usw.

Haben diese Pädagogen recht? Ja und nein! Wenn es sich um ein Typenideal im
Sinne der Nazizeit handelt, dann: nein! Aber mir sind, wenn ich von der Nazi-
zeit absehe, keine namhaften deutschen Pädagogen bekannt, die einem solchen
Erziehungsideal huldigten. Denkt man jedoch dabei an ein über Raum und Zeit
erhabenes Humanitätsideal, dann sage ich: ja! Dies Humanitätsideal will die
vollendete Menschlichkeit im Sinne einer vollkommenen und harmonischen Entwicklung aller menschlichen Anlagen und Kräfte. Es schließt auch das Religiös-
sittliche ein. Herder kennt keine echte Humanität ohne Religion, und nach ihm
ist das Humanitätsideal in Jesus am reinsten in Jesus zum Ausdruck gelangt. Es
wird in der Erziehung niemals voll verwirklicht werden, und doch muß es aller
Erziehung stets voranleuchten. Es ist damit wie mit den Bitten im Vaterunser:
D e i n  Reich komme - D e i n  Wille geschehe. Auch s ie werden auf Erden nie
voll erfüllt werden, und doch wird für ihre  Erfüllung gebetet und gestrebt werden, so lange Menschen die Erde bewohnen.

2.

Dieser Abschnitt handelt von der Kirche. Ich habe ihn gelesen, einmal, zweimal
und nicht verstanden, um was es sich eigentlich handelt. Immer wieder stößt
man auf den Begriff der Wirklichkeit. Ich führe an: die Lebenswirklichkeit der
Kirche - die Wirklichkeit Gottes - die von Gottes Wirklichkeit berührten Menschen - die Wirklichkeit dieser Begegnung mit Jesus Christus - die wahre Wirklichkeit des Ganzen - usw. Ich habe mich damit getröstet: du bist zu alt, um
einen geraden Weg durch alle diese Wirklichkeiten zu finden.

3.

Im Abschnitt 3 spricht Okr. O. von einer "fruchtbaren Zusammenarbeit von Kirche und Schule, bei der beide Seiten zu ihrem Recht kommen und keine in ein unwürdiges Abhängigkeitsverhältnis von der anderen gerät" - und an einer anderen
Stelle (St. 6) schreibt er: "Die geistliche Schulaufsicht" muß endgültig zu den
verbannten Gespenstern der Vergangenheit gehören". Die Kirche will also die
Unabhängigkeit der Schule von der Kirche anerkennen; doch soll die Schule in
ihrem normalen Betriebe einen Platz freilassen für den Religionsunterricht als
"Christliche Unterweisung". Wohlgemerkt, es handelt sich hier um ein Unterrichtsfach im Raum und im Stundenplan der staatlichen Schule, für das die Kirche
die rechtliche Verantwortung beansprucht und das kein Lehrer ohne die ausdrückliche Zustimmung der Kirche unterrichten darf, also: u m  e i n e  k i r c h-
l i c h e  E n k l a v e  i n  d e r  s t a a t l i c h e n  S c h u l e. Wird der Staat
und die staatliche Schulverwaltung einer solchen Einrichtung zustimmen? Ganz
abgesehen davon, daß sie leicht zu neuen Reibungen zwischen Schule und Kirche
führen würde, muß sie meiner Meinung nach schon der Konsequenzen wegen abgelehnt werden. Was der Staat der evangelischen Kirche zugesteht, das darf er

doch den anderen Religionsgemeinschaften, der katholischen Kirche, den Sekten, den freireligiösen Verbänden, nicht verweigern und wohin würde das schließlich führen, wenn alle dieselbe Berücksichtigung verlangten? O. schreibt:

> "Im Gebäude der Schule und innerhalb ihres Stundenplans wird die Wirklichkeit der Kirche durch die Erteilung dieses 'Unterrichtsfaches' respektiert."

Würde die Wirklichkeit der Kirche weniger respektiert werden, wenn die Unterweisung im Konfirmandensaal der Pastorei stattfände? Doch weiter:

> "Der Staat entscheidet selbstverständlich über die allgemeinen und besonders über die pädagogischen Voraussetzungen für die Ausübung des Lehrerberufs an der Schule, die Kirche allein aber kann beurteilen, wer außer diesen Voraussetzungen auch noch über die Möglichkeit verfügt, Kinder christlich zu unterweisen."

Ich setze hinter das "allein" ein Fragezeichen; denn ich halte die staatliche Schulverwaltung und Schulaufsicht für fähig, das beurteilen zu können. Persönlich nehme ich den Standpunkt ein, daß die staatliche Schule nie auf den Religionsunterricht verzichten sollte. Unser kulturelles Leben und unser Kulturgut sind so sehr von christlich religiösen Begriffen und Gedankengängen getragen und durchwebt, daß mir Schulunterricht und Schulerziehung lückenhaft und ungenügend erscheinen würden, wenn die Schule auf den Religionsunterricht verzichten und ihn ganz der Kirche überlassen würde. Gerade für die Volksschule hat der Religionsunterricht eine besondere Bedeutung. Sie muß darauf verzichten, ihre Schüler in philosophische Gedankengänge hineinzuführen. Im Religionsunterricht aber besitzt sie neben den Schätzen aus unserer Literatur ein Mittel, den materiellen Strömungen im Geistesleben der Gegenwart entgegen zu wirken. Freilich denke ich dabei nicht an einen konfessionell gebundenen dogmatischen Religionsunterricht. Doch davon später.

Weiter heißt es bei O.

> "Es kommt aber überhaupt nicht zu einer Zusammenarbeit zwischen Kirche und Schule, wenn eine solche 'Christliche Unterweisung' keinen Platz in der Schule findet, sondern durch einen Religionsunterricht verdrängt wird, in dem es nicht um die Wirklichkeit Gottes geht, sondern lediglich um mehr oder weniger interessante Vorstellungen und Bilder und Begriffe, die andere Menschen zu andern Zeiten sich von Gott gemacht haben, wobei die schlichte Wahrheitsfrage gewöhnlich grundsätzlich als diesem Gegenstande unangemessen abgewiesen wird."

Ich frage, wo ist ein solcher Unterricht erteilt worden? In der oldenburgischen Schule sicher nicht und, soviel ich weiß, auch in anderen deutschen nicht. Ich bin auch davon überzeugt, daß die jetzige Lehrergeneration einen solchen Unterricht ablehnen würde.

Doch weiter:

> "Christliche Unterweisung im Raum der Schule kann nur den Sinn haben, junge Menschen mit dieser Lebenswirklichkeit der Kirche in Berührung

zu bringen und diese Berührung ständig so zu verstärken, daß in der wachsenden Teilnahme am Leben der Kirche jene Früchte reifen, an deren Genuß auch das ganze Volk teil hat."

Ich weiß nicht, wie die jetzige Lehrergeneration zu der Frage des Religionsunterrichts in der Schule steht, aber das weiß ich, zu meiner Zeit dachten die Lehrer über den Sinn des Religionsunterrichts ganz anders. Eingedenk des alten Wortes: "Schulmeister lasse dir die Krone des Unterrichts nicht rauben!" hielten sie fest am Religionsunterricht als einem selbständigen Unterrichtsfach der Schule, aber sie forderten eine Reform dieses Unterrichts. Den üblichen dogmatischen Religionsunterricht mit dem Katechismus im Mittelpunkt lehnten sie in ihrer großen Mehrheit ab, und ihr Streben richtete sich auf einen geschichtlichen Religionsunterricht an der Hand der Schulbibel, in dessen Mittelpunkt die Person und die Lehre Jesu steht. Dieser Unterricht aber sollte vom Kinde her orientiert und nicht durch Sonderinteressen der Kirche bedingt sein. Dieser Grundsatz sollte ganz besonders auch bei der Auswahl des religiösen Lehr- und Lernstoffes zur Geltung kommen und der Memorierstoff auf ein vernünftiges Maß beschränkt werden. Mit den Vertretern der Kirche einigte sich die evangelische Lehrerschaft aller Schulgattungen in dem damaligen "Verständigungsausschuß" dahin, daß sich die Lehrer bereit erklärten, einen evangelisch-christlichen Religionsunterricht zu erteilen, der in seiner Haltung durch das Gewissen und die wachsende Erfahrung und Erkenntnis des Lehrers bestimmt werde. Auf Antrag dieses Verständigungsausschusses wurde in § 24 der Landesverfassung bestimmt: "Für den evangelischen Religionsunterricht ist ein Zusammenwirken von Kirche und Schule durch einen Ausschuß sicherzustellen, an dem evangelische Geistliche beteiligt sind." In dem Gesetz für den Freistaat Oldenburg betreffend Bildung von Ausschüssen für den Religionsunterricht in den evangelischen öffentlichen Schulen heißt es in § 1:

> "Gemäß § 24 Satz 2 der Landesverfassung wird für jeden Landesteil ein Ausschuß gebildet, der ein gedeihliches Zusammenwirken von Schule und Kirche hinsichtlich des evangelischen Religionsunterrichtes an den öffentlichen Schulen sichern soll.
> Das dem Staate zustehende Aufsichtsrecht über den Religionsunterricht an den öffentlichen Schulen bleibt unberührt.
> In wichtigen, den Religionsunterricht betreffenden Fragen sollen die oberen Schulbehörden vor dem Erlaß von Verfügungen die Ausschüsse hören."

Durch das Naziregiment fand diese Entwicklung ein jähes Ende. Die jetzige Kirchenführung hat die damaligen Verhandlungen und Abmachungen zwischen Kirche und Schule außer acht gelassen. Sie geht ganz andere Wege. Sie verzichtet auf den Religionsunterricht in der staatlichen Schule und fordert an Stelle desselben eine unter kirchlicher Verantwortung stehende "Christliche Unterweisung". Davon an anderer Stelle.

Worin aber sahen die damaligen Lehrer den Sinn und das Ziel des Religionsunterricht? Sie lagen weit ab von der Blickrichtung Okr. O. s: Durch den Religionsunterricht der Schule sollten die Schüler, soweit das überhaupt möglich ist, zu Gott geführt werden. Er sollte sie mit dem Leben und der Lehre Jesu bekannt

machen, mit seinem Evangelium von der Vaterschaft Gottes und der Gotteskindschaft der Menschen, wie sie so schön im Vaterunser zum Ausdruck gelangen.
Er sollte sie bekannt machen mit Gottes Willen, wie ihn Jesus in der Bergpredigt und in seinen Gleichnissen verkündet hat, und endlich sollte er ihre Herzen
mit Ehrfurcht erfüllen, Ehrfurcht vor Gott und allem Göttlichen, ganz einerlei
in welcher Form es uns in Natur, Geschichte, Kunst und im Menschenleben entgegentritt. Im übrigen waren sich die Lehrer wohl bewußt, daß wahre Religiosität nicht lehrba r und nicht von der Zahl der wöchentlichen Unterrichtsstunden
abhängig ist.

4.

In Abschnitt 4 gibt Okr. O. Auskunft über Grund und Wesen der Wirklichkeit
der Kirche und über die Maßstäbe, denen sie sich selbst unterstellt weiß. Ich
zitiere daraus:

> "Die Kirche wird nur dort erkannt, wo wenigstens geahnt wir, daß sie von
> der v e r b o r g e n e n aber w i r k l i c h e n Gegenwart ihres Herrn Je-
> sus Christus lebt. Kirche existiert nur, weil Jesus Christus persönlich ge-
> genwärtig ist unter denen, die sich in seinem Namen versammeln. Die Ge-
> genwart Christi in der Kirche ist das Geheimnis der Gegenwart Gottes in
> ihr.
> Die Kirche verantwortet sich vor dem im Wort und Sakrament, vor dem im
> Gottesdienst, vor dem in der betenden Gemeinde gegenwärtigen Herrn. Er
> ist ihre Autorität und er gibt ihr die Gewißheit ihres Lebens, ihres Han-
> delns und ihres Redens. Vor ihm steht und fällt sie.
> In einem letzten Sinne kann die Kirche also nur angeredet und zur Ordnung
> gerufen werden, kann man mit ihr als Kirche überhaupt nur sprechen, wenn
> man selber vor der Wirklichkeit des gegenwärtigen Christus steht. Die
> Kirche muß beständig darauf aufmerksam machen, daß man es mit ihr in
> Wirklichkeit nur dann zu tun hat, wenn man es zugleich mit dem gegenwär-
> tigen Christus zu tun hat."

Diese Sätze kommen mir sehr geheimnisvoll vor - mystisch. Die Kirche lebt
von der v e r b o r g e n e n aber w i r k l i c h e n Gegenwart ihres Herrn
Jesus Christus, und die Kirche existiert nur, weil Jesus p e r s ö n l i c h
in ihr zugegen ist? Wohl gemerkt, p e r s ö n l i c h, nicht geistig. Ich fürchte,
wenn das der Fall ist, wenn die Existenz der Kirche von der persönlichen An-
wesenheit Jesu abhängt, dann existiert sie überhaupt nicht. Mit der Kirche kann
man es in Wirklichkeit nur dann zu tun haben, wenn man es zugleich mit dem
gegenwärtigen Christus zu hat? Was soll ich mir bei alledem denken? Die katholische Kirche nimmt ihren Gläubigen gegenüber eine besondere Stellung ein.
Sie besitzt die Schlüssel zum Himmelreich und garantiert ihnen die Seligkeit.
Paul Rohrbach nennt sie in seinem Buche: "Der Gottesgedanke in der Welt"
eine "Versicherungsanstalt für die ewige Seligkeit". Soweit geht Okr. O. in
seiner Schilderung des Wesens der evangelischen Kirche nicht, aber mir will
scheinen, eine besondere Stellung, eine Art Mittel- und Vermittlungsstellung
zwischen Gott und Menschen nimmt er auch für die evangelische Kirche in Anspruch.

Abschnitt 5 handelt davon, welche Stellung die Christliche Unterweisung im Leben
der Kirche hat und welche Aufgaben ihr nach Urteil der Kirche zufallen. Mich
interessieren darin besonders die Punkte c und e. Bei c denkt Okr. O. wohl besonders an die "Unterweisung" in der Höheren Schule. Es heißt dort:

> "Christus muß in seiner Besonderheit gegenüber allen Religionsstiftern er-
> kannt werden. Religionsgeschichte muß getrieben werden, um klar heraus-
> zustellen, daß Christus nicht eine Religion neben anderen gestiftet hat, son-
> dern daß er das Ende und die Erfüllung aller Religionen gebracht hat dadurch,
> daß er uns vor Gott selbst und nicht vor eine Gottes v o r s t e l l u n g
> stellt."

Christus hat nicht eine Religion neben andern gestiftet? Ich meine: doch. - Er ist
das Ende und die Erfüllung aller Religionen? Woher weiß Okr. O. das? Doch
weiter:

> "Religiöse und philosophische Gottes-Ideen müssen behandelt werden, um in
> Spannung dazu die Erkenntnis zu ermöglichen, daß Christus keine besondere
> Gottes-Anschauung, sondern die Wirklichkeit Gottes bringt - oder gar nichts.
> Religionen und religiöse Ideen müssen ihren Maßstab an dem Christus finden,
> der alle "unchristliche" und "außerchristliche" Religion zugleich aufhebt
> und in einem von ihm selbst nicht geahnten Sinn erfüllt."

Christus hat uns keine besondere Gottes-Anschauung gebracht - nein, sicher nicht;
denn eine Anschauung Gottes gibt es überhaupt nicht. Gott ist Geist, und die ihn
anbeten, müssen ihn im Geist und in der Wahrheit anbeten. Aber Christus hat uns
die Wirklichkeit Gottes gebracht? Was heißt das? War er vor Christus nicht wirklich? Oder denkt O. dabei an die Ü b e r z e u g u n g von der Wirklichkeit Gottes?
Aber diese Überzeugung existierte schon vor ihm und jetzt existiert noch eine
Gottlosenbewegung, die die Wirklichkeit Gottes bestreitet. Christus hebt alle unchristliche und außerchristliche Religion zugleich auf und erfüllt sie in einem von
ihm selbst nicht geahnten Sinn? Was soll ich mir darunter denken? Beim Lesen
dieser Sätze trat mir ganz unwillkürlich die schöne Parabel von den drei Ringen
in Lessings "Nathan dem Weisen" ins Bewußtsein. Wie weitab liegen die Gedanken, die Okr. O. hier äußert, von den Gedanken, die Lessing seinem Nathan in
den Mund legt.

Unter 5 e heißt es:

> "Als Gottes Kreatur ist der Mensch Gottes Eigentum. "Im Grunde" ist der
> Glaube doch das "Natürliche". Das wird aber nur erfahren in der Entschei-
> dung für Gott, also in der Nachfolge Christi, und das heißt im Leben der
> Kirche."

Ich habe mich vergeblich bemüht, in das Verständnis und den Zusammenhang
dieser Sätze einzudringen. Also weiter:

> "Christliche Unterweisung übt die Teilnahme am Leben der Kirche ein. Ge-
> bet, Lied, liturgisches Sprechen, Einübung und Darstellung der "Heiligen

Geschichte" (Krippenspiel, Laienspiel), Mitleben im Rythmus des Kirchenjahres sind nicht etwa nur brauchbare Zutaten, sondern Wesensbestandteile der Christlichen Unterweisung."

Diese Sätze enthalten das Ziel und die Aufgabe der Christlichen Unterweisung
in der Volksschule. Das ist um so sicherer anzunehmen, da nach Mitteilungen
aus Lehrerkreisen Vertreter der Kirchenleitung in Besprechungen mit Vertretern der Lehrerschaft sich dahin äußerten, der Religionsunterricht in der Volksschule müsse sich eng an das Kirchenjahr anschließen und seine Hauptaufgabe läge
in der Einführung in die Formen des kirchlichen Lebens, damit die Schüler bewußt am Leben der Kirche teilnehmen könnten. "Die Einübung der Teilnahme
am Leben der Kirche ein Wesensbestandteil der Christlichen Unterweisung"
heißt es bei Okr. O. Hier handelt es sich nicht mehr um einen Religionsunterricht, sondern um eine Einführung in die Formen des kirchlichen Lebens, daher auch Religionsunterricht als "Christliche Unterweisung". Hoffentlich machen
es sich die Lehrer ganz klar, daß die "Christliche Unterweisung" ganz andere
Ziele verfolgt, als der bisherige Religionsunterricht in der Schule. Der letztere
zielt auf Gott und auf das Verhältnis des Menschen zu Gott, wie es Jesus in seinem Evangelium verkündigt hat, der Religionsunterricht als "Christliche Unterweisung" aber zielt auf die Kirche und auf die Einführung in die Formen des
kirchlichen Lebens. Ich sehe darin eine Art von höherem Küsterdienst, und
wenn ich noch im Schuldienst wäre, würde ich das Amt eines christlichen Unterweisers, richtiger gesagt, eines kirchlichen Unterweisers ablehnen.

---

Nach mehrfachem Durchlesen des O. schen Aufsatzes sind mir nachstehende Gedanken gekommen:

Christentum und Kirchentum sind nicht identische Begriffe; sie bedeuten nicht
ein und dasselbe. Das reine Christentum hat es zu tun mit Jesu, seinem Leben
und Sterben und seinem Evangelium. Das Kirchentum aber hat es außerdem
noch zu tun: mit einem Evangelium v o n Jesu, das in 15oojähriger spekula-
tiver Geistesarbeit entstanden und von der Kirche sanktioniert ist, und endlich
mit den Formen, unter denen das Christentum im kirchlichen Leben dargestellt
und von seinen Gliedern erlebt wird.

Das Evangelium v o n Jesu, was hat es damit auf sich und wie ist es entstan-
den? Nun, ein Blick auf die geschichtliche Entwicklung der Kirche kann darüber
Auskunft gegen: Der Anfang dieses Evangeliums führt zurück in die Zeit der
Apostel. Auf Paulus ist die Lehre von der Erbsünde und der damit zusammen-
hängenden Erlösungstheorie zurückzuführen, die in Jesus das stellvertretende
Opfer für die Sünden der Menschheit sieht, auf den Evangelisten Johannes die
Lehre von der Präexistenz Jesu (Ev. Joh. 1). Übrigens gehörte damals die
Präexistenz des jüdischen Messias zum Gedankengut des jüdischen Volkes. In
den ersten Jahrhunderten des Christentums drangen aus heidnichen Religionen
und ihren Kulten Elemente in das Christentum ein, so wurde von besonderer
Bedeutung für die entstehende Kirche das Eindringen der Logosidee aus der
neuplatonischen Gedankenwelt. Dann folgten die Spekulationen frommer Kirchenväter über die Wesensart Jesu und über sein Verhältnis zu Gott und der Welt,

die im 4. Jahrhundert in dem Kampf zwischen Arius und Athanasius ihren
Höhepunkt erreichten. Diese Spekulationen erfuhren ihren Niederschlag in
Lehrsätzen, die dann auf den kirchlichen Synoden als bindend für die ganze
Christenheit angenommen, von der Kirche sanktioniert und ihrem traditionellen Dogmenschatz eingegliedert wurden. Auf dem Tridentiner Konzil um die
Mitte des 16. Jahrhunderts erfolgte dann die genaue Feststellung der kirchlichen Dogmen. So erwuchs neben dem Evangelium Jesu ein zweites Evangelium
v o n Jesu (siehe 2. Artikel). Luther übernahm es von der katholischen Kirche,
die Zeit war noch nicht reif dafür, um von dem im Laufe der Zeiten erwachsenden Evangelium  v o n  Jesu auf das Evangelium Jesu zurückzugehen. Und
wie steht es jetzt damit? Harnack erklärt in seinem "Wesen des Christentums":
Es ist keine Paradoxie und wiederum auch nicht Rationalismus, sondern einfach Ausdruck des Tatbestandes, wie er in dem Evangelium vorliegt: "Nicht
der Sohn, sondern allein der Vater gehört in das Evangelium, wie es Jesus
erkannt hat, hinein", - und Paul Rohrbach fordert in seinem Buche "Der Gottesgedanke in der Welt" ein Zurück von dem Evangelium  v o n  Jesu auf das
Evangelium Jesu. Die Bekennende Kirche aber verlangt von ihren Gliedern
allsonntäglich ein öffentliches Bekenntnis zum Evangelium  v o n  Jesu, ob-
gleich viele der Anwesenden diesem Evangelium kritisch, wenn nicht ablehnend
gegenüberstehen.

Ich fasse zusammen: es handelt sich im Kirchentum um Dreierlei:
1. um das Evangelium Jesu, 2. um das Evangelium  v o n  Jesu und 3. um die
Formen, in denen das Christentum im kirchlichen Leben dargestellt und erlebt
wird. Und was gehört von diesen drei Gegenständen in den Religionsunterricht
der staatlichen Schule? Ich denke doch: Jesus und sein Evangelium. Und was
weist die Kirche der Christlichen Unterweisung in der staatlichen Volksschule
zu? Nach dem, was mir von den Absichten des Kirchenregiments bekannt geworden ist und was ich aus dem Aufsatz des Okr. O. herausgelesen habe, in
erster Linie und vor allen Dingen den 3. Gegenstand: die Einführung in das
kirchliche Leben. Zu Anfang unseres Jahrhunderts kämpften wir Lehrer noch
für die Ablösung der Küsterdienste vom Schulamte. Damals bemühte sich mein
verehrter, um das Schulwesen hochverdienter Vorgänger im Amte des Vorsitzen-
den des Landeslehrervereins, Rektor Gerhard Lüschen, im Widerstreit mit
kirchlichen Kreisen den Beweis zu erbringen, daß Ziel und Aufgabe des Religionsunterrichts in der Schule nicht darin lägen, der Kirche Zubringerdienste für den
Konfirmandenunterricht zu leisten, sondern daß er Ziel und Aufgabe in sich selbst
trage. Und wenn nun die jetzige Lehrergeneration in dieser Christlichen Unterweisung eine Art von höherem Küsterdienst sieht, und ihn ablehnt, dann sage
ich, sie handelt richtig.

Im Oldenburgischen Schulblatt von 1919 steht in Nr. 5 ein Aufsatz von dem verstorbenen Pastoren A. Bultmann unter der Überschrift: "Staat - Kirche - Religion - Schule". Er ist, wenn ich mich recht erinnere, die Wiedergabe eines
Vortrages, den Pastor Bultmann 1919 im damaligen Generalpredigerverein gehalten hatte. Darin hat er drei lapidare Sätze geprägt und durch Stellung und
Druck besonders hervorgehoben. Sie lauten:

1. Staat und Kirchen  a u s  einander, nicht  g e g e n  einander.
2. Der Staat los von den Kirchen, nicht von der Religion.
3. In der Schule nicht kirchlicher Konfessionsunterricht, sondern staatlicher
   Religionsunterricht.

Diese drei Sätze weisen, so meine ich, einen Weg, der zum Frieden zwischen
Staat, Kirche und Schule führen könnte. Wird er beschritten werden?

(Im Selbstdruck bei R. Sußmann, Oldenburg 1947.)

III. E. Osterloh, Schule und Kirche II. Antwort auf "Einige Bemerkungen ...
    von Wilhelm Schwecke"

1. Vom Gespräch, seinen Voraussetzungen und seinen Folgen

Für die "Bemerkungen" von Wilhelm Schwecke bin ich sehr dankbar, weil sie
es ermöglichen, immer mehr Lehrer und Pfarrer und Eltern an einem Gespräch
zu beteiligen, das seit Jahr und Tag in kleineren und größeren, offenen und geschlossenen Kreisen geführt wird. In diesem Gespräch geht es um das Verhältnis
von Schule und Kirche, "Religionsunterricht" und "Christliche Unterweisung" immer im Blick auf die beiden grundlegenden Fragen: "Welche Bedeutung hat Jesus
Christus für den Glauben an Gott?" und: "Wie verhält sich der christliche Glaube
zu der Wirklichkeit, wie wir sie erleben?" Diese Fragen treiben uns um, weil
unsere Gegenwart in eine Not hineingeraten ist, die uns so erschüttert, daß wir
nicht auf die alten Meinungen und Ansichten unserer Parteien, Richtungen, Grup-
pen und Stände schwören können, sondern daß wir uns neu besinnen müssen, miteinander Fehlentwicklungen einzusehen und das Rechte zu erkennen und zu tun.

Wer heute mit der Jugend zusammenlebt, der weiß, daß sie in Gefahr ist, den
Boden unter den Füßen zu verlieren. Viele verdienen auf ungesetzliche Weise
für sich und die Familie den Lebensunterhalt, während sie noch die Schule be-
suchen. Die meisten können sich gar nicht vorstellen, was sie einmal werden
sollen. Die Zukunft steht nicht als Lockung, sondern als Drohung vor ihnen. Nur
wenige lernen Bindungen und Pflichten als Selbstverständlichkeiten kennen. Immer größer wird die Zahl der jungen Menschen, die in dem Empfinden aufwachsen,
ihr Lebensschicksal sei eine Sache des Zufalls, und echte Verantwortlichkeit sei
überhaupt nicht möglich.

Was alle Kenner der inneren und äußeren Situation der Jugend heute zugeben,
daß sie nämlich ein Opfer der jeweiligen Verhältnisse zu werden droht ohne die
Kraft echter Selbstbehauptung, das ist in weitem Umfange auch die Lage der älteren Generation der Gegenwart. Oder haben wir noch nicht erkannt, daß uns die
Maßstäbe für das Gültige aus den Händen entgleiten, daß wir von einem Experi-
ment zum anderen übergehen, daß auf entscheidenden Lebensgebieten Chaos und
Verderben vor der Tür stehen?

Die Voraussetzung eines sinnvollen Gespräches sind die Erkenntnis dieser Lage,
der Wille zur Hilfe und die Bereitschaft zu neuer Orientierung.

Wir kommen nicht weiter, wenn ich behaupten wollte, wir Pastoren hätten bisher
unsere Schuldigkeit getan, oder wenn Wilhelm Schwecke so tun wollte, als sei die
Schule bis 1933 wirklich in Ordnung gewesen. Es ist nicht wahr, daß die Kirche
einfach bei ihrem Zustand vor 1933 wieder anknüpfen darf, es ist aber genau so
unwahr, zu unterstellen, der Religionsunterricht an den Schulen vor 1933 könne
durchweg als mustergültig hingestellt werden. Natürlich hat es auch wirklich guten
Religionsunterricht gegeben, wie es auch gute Gottesdienste gegeben hat.

Es hilft aber niemanden, wenn man die Vergangenheit gegeneinander aufrechnet.
Wenn man der Kirche immer wieder Machtpolitik in der Vergangenheit vorwirft,

dann muß man sich doch auch fragen, ob nicht die immer weitergehende Trennung von Kirche und Schule eine der Hauptursachen dafür ist, daß eigentlich keine
der beiden Seiten Grund hat, allzusehr mit ihrer Vergangenheit zu prahlen, wenn
man zum Beispiel an die Widerstandskraft gegen den Nationalsozialismus denkt.

Wenn unser Gespräch für die Jugend gute Folgen haben soll - deshalb führen wir
es doch -, dann müssen wir uns freimachen von der Sorge um Standesinteressen
und von dem Kampf um Einflußsphären, aber auch von dem Aberglauben an Schlag-
worte. Es ist eine demagogische Redeweise, wenn der Eindruck erweckt wird,
die Kirchenleitung der evangelisch-lutherischen Kirche in Oldenburg erstrebe
faktisch die Degradierung des Lehrerstandes zu einer Art von höherem "Küsterdienst". Wir verwechseln die Ämter nicht miteinander und sehen in der Verschiedenheit der Ämter keine "Klassen"-Unterschiede. Wenn die von uns als sachlich
notwendig angesehene innere Übereinstimmung zwischen "christlicher Unterweisung" und "Konfirmandenunterricht" als Mittel des "Zubringerdienstes für den
Konfirmandenunterricht" verächtlich gemacht wird, dann wird es uns schwer zu
glauben, daß der Gesprächspartner ganz frei ist von einer verkrampften Angst
um die unabhängige Geltung seines Standes.

 Wer meint, die 1919 von P.A. Bultmann geprägten drei "lapidaren" Sätze

1. Staat und Kirche auseinander, nicht gegeneinander
2. Der Staat los von der Kirchen, nicht von der Religion
3. In der Schule nicht kirchlicher Konfessionsunterricht, sondern staatlicher
   Religionsunterricht

könnten h e u t e einen Weg weisen, der zum "Frieden zwischen Staat, Kirche
und Schule" führt, der setzt sich entweder ein für einen Friedhofsfrieden, in dem
nichts mehr geschieht, oder er befindet sich in dem Irrtum, das Schlagwort vom
religiösen Staat und vom staatlichen Religionsunterricht hätte irgendeinen greif-
baren klaren Inhalt.

Die Tatsache, daß Wilhelm Schwecke seine "Bemerkungen" mit diesem Zitat der
Ansicht eines Pastors zum Abschluß bringt, macht übrigens in erfreulicher Weise
deutlich, daß es in diesem Gespräch nicht so ist, daß die Lehrer geschlossen auf
der einen und die Pastoren geschlossen auf der anderen Seite stehen. Es geht
wirklich nicht um Klassenkampf oder um die Auseinandersetzung zwischen zwei
"Ständen", sondern es geht um die Klärung von Überzeugungen und Einsichten
und Erkenntnissen, zuletzt um die Begegnung mit Wirklichkeiten auf dem Boden
des christlichen Glaubens.

Wilhelm Schwecke kann ebensowenig einfach im Namen der "jetzigen Lehrergeneration" sprechen, wie ich behaupten kann, alle Pfarrer auf meiner Seite zu
haben. In vielen Vorträgen und Aussprachen habe ich gerade in diesem Jahre eine
ganze Reihe jüngerer und älterer Lehrer kennengelernt, die, abgesehen von Einzelheiten, grundsätzlich meine Überzeugung von diesen Dingen teilen und mit
mir eine neue Zusammenarbeit von Pädagogen und Theologen auf dem gemeinsamen Boden der evangelischen Kirche bejahen und praktisch in Angriff nehmen.
Die Zahl dieser Lehrer ist größer, als es auch nach objektiv durchgeführten Abstimmungen (die meisten Abstimmungen sind in Wirklichkeit durch Stimmungen

314

und Verschleierungen einseitig belastet) den Anschein hat. Eine geistige Bewegung, die mit einer geschichtlich festgelegten Tradition kämpfen muß, läßt sich deshalb nicht statistisch nach ihrem wirklichen Umfang abschätzen, weil die schulpolitische Konsequenz des Einzelnen nicht der unmittelbare Ausdruck seiner geistigen Grundhaltung zu sein braucht.

Ich habe aber den Eindruck, daß die weitaus größte Zahl der Lehrer gegenwärtig in den "Bemerkungen" von Wilhelm Schwecke ihr Wort zur Sache sieht, und ich weiß, daß es auch Pastoren gibt, die theologisch auf der gleichen Seite stehen, wenn sie schulpolitisch auch einen anderen Standpunkt beziehen.

Wir befinden uns in der evangelischen Kirche im Kampf um die Sache. Es liegt im Wesen dieser Sache, daß es dabei um den ganzen Menschen geht, um unser eigentliches Leben nämlich. Darum ist falsche Schonung hier Lieblosigkeit. Wir können nur umeinander werben und füreinander eintreten, wenn wir einander nach Kräften die Wahrheit entgegenhalten und rücksichtslos gegen jede Täuschung kämpfen.

Denn eine Folge muß unser Gespräch haben! Daß wir die Wirklichkeit klarer sehen und in ihr Gott die Ehre geben.

2. Wofür tritt Wilhelm Schwecke ein?

Er schreibt: "Persönlich nehme ich den Standpunkt ein, daß die staatliche Schule nie auf den Religionsunterricht verzichten sollte. Unser kulturelles Leben und unser Kulturgut sind so sehr von christlich-religiösen Begriffen und Gedankengängen getragen und durchwebt, daß mir Schulunterricht und Schulerziehung lückenhaft und ungenügend erscheinen würden, wenn die Schule auf den Religionsunterricht verzichten und ihn ganz der Kirche überlassen würde. Gerade für die Volksschule hat der Relitionsunterricht eine besondere Bedeutung. Sie muß darauf verzichten, ihre Schüler in philosophische Gedankengänge hineinzuführen. Im Religionsunterricht aber besitzt sie neben den Schätzen aus unserer Literatur ein Mittel, den materiellen Strömungen im Geistesleben der Gegenwart entgegenzuwirken."

Was ist der Inhalt dieses Religionsunterrichtes und worin besteht sein erzieherisches Ziel?

Offenbar soll der so verstandene Religionsunterricht die "Christlich-religiösen" Begriffe und Gedankengänge unseres "kulturellen Lebens" und unseres "Kulturgutes" verstehen lehren. Er ist selber ein Stück unserer Kultur, denn er erscheint auf einer Ebene mit den "Schätzen unserer Literatur" und eindeutig als Ersatz für "philosophische Gedankengänge".

Ist das nicht unverhüllt "deutsch-christliche Theologie" in dem Sinne, in dem selbst Hitler dem christlichen Glauben noch seine in der deutschen Kulturgeschichte begründete Bedeutung einräumte? Wird hier noch etwas gewußt von dem innersten eigenen Kern der Religion, der wohl von Kultur und Philosophie umkleidet sein kann, der aber in seinem Wesen unabhängig davon ist? Hier wird die Religion selbst mit ihren möglichen Früchten verwechselt und man glaubt, diese

genießen zu können, ohne sich um Wurzel und Stamm kümmern zu brauchen. Ein
solcher Religionsunterricht kann keinem Menschen helfen, zwischen gut und böse
in seiner Kultur zu unterscheiden, er gibt keine Maßstäbe für echt und unecht, er
stellt keine eigene Kraft dar, die auf das Leben einwirkt, denn er hat sich selbst
völlig von den Gestalten der Vergangenheit abhängig gemacht. Er ist ein fast wert-
loser Ersatz für "Kulturphilosophie".

Und sein erzieherisches Ziel? .... "materiellen Strömungen im Geistesleben der
Gegenwart entgegenzuwirken". Ist das überhaupt richtig und erlaubt,diesen "materiellen" Strömungen im "Geistesleben der Gegenwart" entgegenzuwirken, ganz
abgesehen von der Tatsache, daß die "Wirkung" eines so verstandenen Religionsunterrichtes erfahrungsgemäß nur darin besteht, für das Leben der Religion ab-
zustumpfen? Im Osten hat der Staat eine solche Gegenwirkung gegen die "materiellen Strömungen" praktisch verboten, die Schule hat auch tatsächlich jeden Religionsunterricht preisgegeben. Bei uns im Westen sind die "materiellen Strömungen" im "Geistesleben" häufig Regungen des Willens zur Ehrlichkeit und zu einem
nüchternen Realismus. Ich hoffe nicht, daß Wilhelm Schwecke - natürlich unbewußt - doch von der Einstellung ausgeht, "Religion" sei Opium fürs Volk, nämlich gegen die nüchterne Erfahrung unserer auch materiell bestimmten Situation.
Diese Ansicht, daß die Religion das beste Mittel sei, eine wankend gewordene idealistische Illusion aufrechtzuerhalten, ist eine außerchristliche Verleumdung.

Aber es könnte so aussehen, als ob ich die Einstellung von Wilhelm Schwecke in
grober Weise entstellt wiedergeben hätte. Er sagt nämlich noch mehr vom Religionsunterricht. Freilich spricht er in den Abschnitten, die inhaltlich einen anderen Eindruck erwecken könnten, bezeichnenderweise ausdrücklich von der Vergangenheit - vielleicht meint er, der Gegenwart nicht mehr so viel "Christliches"
zumuten zu dürfen. Seine Bemerkungen lauten: "Ich weiß nicht, wie die jetzige
Lehrergeneration zu der Frage des Religionsunterrichtes in der Schule steht,
aber das weiß ich, zu meiner Zeit" ... richtete sich "ihr Streben" "auf einen
geschichtlichen Religionsunterricht an der Hand der Schulbibel, in dessen Mittelpunkt die Person und die Lehre Jesu steht". Durch den Religionsunterricht der
Schule sollten die Schüler, soweit das überhaupt möglich ist, zu Gott geführt
werden. Er sollte sie mit dem Leben und der Lehre Jesu bekannt machen, mit
seinem Evangelium von der Vaterschaft Gottes und der Gotteskindschaft der Menschen. Er sollte sie bekannt machen mit Gottes Willen, wie ihn Jesus in der Bergpredigt und in seinen Gleichnissen verkündet hat, und endlich sollte er ihre Herzen mit Ehrfurcht erfüllen. Ehrfurcht vor Gott und vor allem Göttlichen, ganz
einerlei in welcher Form es uns in Natur, Geschichte, Kunst und Menschenleben
entgegentritt.

In diesen Sätzen schlägt das Herz des alten Lehrers. Sie berühren mich so, daß
ich dieses Herz lieben und verehren muß. Ich habe auch das Gefühl, daß Wilhelm
Schwecke einen sehr guten Religionsunterricht gegeben haben muß, der sicher
seinen Schülern mehr gegeben hat, als ich es nach der jetzt von ihm verfochtenen
Theorie erkennen kann. Es wird mir nicht leicht, hier kritisch zu bleiben. Und
doch muß das Notwendige festgestellt werden.

Wilhelm Schwecke erzählt von der Vergangenheit. Er sagt nicht, daß es in der

Gegenwart und in der Zukunft so sein muß. Er scheint aber - wie sicher die meisten seiner Leser - überzeugt zu sein, daß der so geschilderte Religionsunterricht allen Anforderungen entspricht, die man billigerweise vom christlichen Glauben aus an ihn stellen kann.

Das ist aber eine verhängnisvolle Selbsttäuschung.

Dieser Religionsunterricht hat es zwar scheinbar mit Jesus und mit Gott zu tun, aber Wilhelm Schwecke selbst sagt uns in seiner Schrift, daß er einen anderen Jesus und auch einen anderen Gott meint als der christliche Glaube. Die Jesusgestalt bei Wilhelm Schwecke ist das Produkt historischer Phantasie, ist Dichtung, nicht Wahrheit, und "Gott" ist bei Wilhelm Schwecke nur ein anderer Begriff für das "Unbekannte". Der christliche Glaube aber hat es zu tun mit dem heute lebendigen Jesus Christus und mit dem in ihm geoffenbarten Gott.

Woher kennt Wilhelm Schwecke seinen Jesus?

Nicht aus dem Gottesdienst der Kirche, nicht aus dem "Evangelium" von Jesus, nicht durch Paulus, nicht aus dem Johannisevangelium, und auch nicht aus den Synoptikern in der Gestalt, wie sie uns überliefert sind, sondern von dem großen liberalen Theologen und Historiker von Harnack und seiner Schule.

Nun ist aber die liberale Theologie in ihrer historisch kritischen Arbeit nicht bei von Harnack stehengeblieben, sondern hat seit seiner berühmten Vorlesung über das "Wesen des Christentums" inzwischen nahezu ein halbes Jahrhundert weitere emsige Forscherarbeit getrieben. Gerade die "Leben-Jesu-Forschung" ist durch die besonderen Verdienste von Albert Schweitzer, Ernst Lohmeyer, Martin Dibelius, Karl Ludwig Schmidt und Rudolf Bultmann zu wissenschaftlichen Ergebnissen gelangt, denen gegenüber Harnacks Sätze nicht mehr bestehen können. Sie stellen Hypothesen dar, die durch den weiteren Gang der Forschung als falsch erwiesen sind.

Das Evangelium, das der Zimmermannssohn Jesus von Nazareth gepredigt und vertreten hat, ist uns nur zugänglich in der Predigt der Apostel von Jesus Christus, seinem Leben, seinem Wort und Werk, seinem Tode und seiner Auferstehung. Es hat nie einen christlichen Glauben gegeben und es wird bis zum Jüngsten Tage keinen christlichen Glauben geben, der nicht an den auferstandenen Jesus Christus glaubt.

Wilhelm Schwecke kennt Jesus nur als den Lehrer, der vor mehr als 1900 Jahren gelebt hat und nun genau so tot ist wie Sokrates, Plato, Buddha, Mohammed und Zarathustra.

Ein gestorbener Jesus aber kann für niemanden grundsätzlich mehr bedeuten als andere Geistesgrößen der Vergangenheit auch.

So sieht Wilhelm Schwecke die Lage auch, denn er lehnt ausdrücklich einen qualitativen Unterschied zwischen Christus und andern Religionsstiftern ab. Er kennt Jesus Christus gar nicht, sondern hält sich an die Vorstellung eines jüdischen Rabbi, dessen Bild auf der Grundlage von ausgewählten Bruchstücken des Neuen Testamentes von einer seit Jahrzehnten überwundenen Phase liberaler Forschung

konstruiert worden ist. Daher kann er auch ahnungslos fragen: "Woher weiß Okr.
O., daß er 'das Ende und die Erfüllung aller Religionen' ist?"

Darüber hinaus wird auch unmißverständlich deutlich, daß Wilhelm Schwecke mit
"Gott" nicht den Herrn meint, der mich persönlich anredet, der mich richtet und
rettet, der über mein wirkliches Leben entscheidet, der "keine anderen Götter
neben sich" duldet, der sich in Jesus Christus geoffenbart hat. Oder täusche ich
mich in der Annahme, daß Wilhelm Schwecke auf dem gleichen Standpunkt wie
Lessing im "Nathan" steht? Dann aber lehnt er auch das ab, was Jesus von Nazareth bestimmt erfüllt hat, nämlich die Gewißheit, daß "sein" Gott "der" Gott sei,
daß ihm gegenüber die Entscheidung für oder gegen Gott selbst falle.

Wilhelm Schwecke vertritt doch wohl die Meinung, es gebe auf Erden nur Gedanken und Überzeugungen und Ansichten über Gott und nicht die Möglichkeit, verbindlich und gewiß Gottes Wahrheit und Gottes Wirklichkeit von dem Gerede darüber zu unterscheiden. Wirklich erschrocken bin ich gleich bei seiner ersten Bemerkung, die doch eine Zustimmung zu der greulichen Lüge des Philosophen
Hegel voraussetzt, daß nämlich der Staat allein der wirkliche Gott sei.

Abschließend muß ich eingestehen, daß nach meinem Urteil Wilhelm Schwecke sich
doch einsetzt für einen Religionsunterricht, "in dem es nicht um die Wirklichkeit
Gottes geht, sondern lediglich um mehr oder weniger interessante Vorstellungen
und Bilder und Begriffe, die andere Menschen zu anderen Zeiten sich von Gott gemacht haben, wobei die schlichte Wahrheitsfrage gewöhnlich grundsätzlich als
diesem Gegenstand unangemessen abgewiesen wird".

### 3. Was lehnt Wilhelm Schwecke ab?

"Freilich denke ich dabei nicht an einen konfessionell gebundenen dogmatischen
Religionsunterricht" ... "wenn ich noch im Schuldienst wäre, würde ich das
Amt eines christlichen Unterweisers, richtiger gesagt eines kirchlichen Unterweisers ablehnen". "Die Bekennende Kirche aber verlangt von ihren Gliedern
allsonntäglich ein öffentliches Bekenntnis zum Evangelium von Jesu, obleich viele
der Anwesenden diesem Evangelium kritisch, wenn nicht ablehnend gegenüberstehen."

In der zweiten Zeile auf der letzten Seite seiner Bemerkungen ist in einer Klammer
alles zusammengefaßt, was er ablehnt.

Das ist der 2. Artikel.

Damit hat Wilhelm Schwecke das Kernproblem herausgestellt. Es ehrt ihn, daß
er es offen ausspricht: Es geht nicht um Äußerlichkeiten und nicht um Rang und
Würde und auch nicht um irgendeine Stelle aus der Konkordienformel, sondern
es geht um die zentrale Frage des Glaubens.

Und hier droht eine tragische Entwicklung. Gerade in den letzten Jahrzehnten hat
der 2. Artikel für viele evangelische Christen eine entscheidende Bedeutung gewonnen in den inneren und äußeren Kämpfen gegen das Neuheidentum und in der
Überwindung aller Anfechtungen durch Terror und Chancen. Der 2. Artikel steht
inhaltlich im Mittelpunkt der "Theologischen Erklärung von Barmen", mit der die

Evangelische Kirche in Deutschland einen Weg beschritten hat, der für ihre Zukunft richtungweisend ist.

Zugleich aber ist in vielen Gliedern der Evangelischen Kirche das Bewußtsein einer großen Fremdheit gegenüber dem 2. Artikel wach geworden. Man kann mit vielen Formulierungen und Aussagen nichts anfangen. Man weiß nicht, was "eigentlich" damit gemeint ist. Viele empfinden es als eine Unaufrichtigkeit, wenn sie den 2. Artikel mitsprechen.

Im Unterricht der Schule erlebt man beim 2. Artikel die gleichen Schwierigkeiten wie bei den "Wundern" Jesu.

Ein Schulrat hat die ganze Verlegenheit dem 2. Artikel gegenüber durch die Frage zum Ausdruck gebracht: "Sagen Sie, ist Jesus nun der vollendete Mensch oder ist er der Sohn Gottes?"

Ich bilde mir nicht ein, alle Fragen des Glaubens richtig beantworten zu können, aber das weiß ich gewiß: Das "oder" in der Frage des Schulrates verfehlt gerade die Sache. Wir haben es nur mit Jesus Christus zu tun, wenn wir zugleich vor der Wirklichkeit eines Menschen und vor der Wirklichkeit Gottes in einer Person stehen.

Wir Theologen müssen gezwungen werden, die Worte des 2. Artikels ganz in unsere Sprache und in unser Erleben heute hinein zu übersetzen. Wir können aber nicht verschweigen, daß jeder, der hier tatsächlich das Kind mit dem Bade ausschüttet, den christlichen Glauben preisgibt, auch dann, wenn er meint, den 1. Artikel und den Menschen Jesus von Nazareth anerkennen zu können. Der 1. Artikel verwandelt sich dann in eine philosophische Weltanschauung und Jesus verblaßt zu der Erinnerung an einen Toten.

Eine Schule, die den 2. Artikel inhaltlich prinzipiell ablehnt, ist eine unchristliche Schule.

Diese Feststellung verlangt nicht, daß die Schule auf jeden Fall den 2. Artikel "durchnehmen" muß, aber wohl, daß in ihrem Religionsunterricht der eigentliche Inhalt des 2. Artikels, also das Evangelium von Jesus, im Mittelpunkt stehen muß, wenn sie den Anspruch stellt,"christlich" zu sein.

4. Was hat Wilhelm Schwecke nicht verstanden?

Diese Frage läßt sich ganz einfach beantworten: "Die Wirklichkeit der Kirche Jesu Christi."

Es handelt sich nicht nur darum, daß er meine Ausführungen und Formulierungen darüber nicht verstanden hat. Vielleicht kommen ihm meine Sätze auch deshalb "geheimnisvoll" und "mystisch" vor, weil ich mit nicht immer klar und logisch genug ausgedrückt habe. Aber einige Bemerkungen von Wilhelm Schwecke beweisen, daß es nicht nur meine Sprache, sondern daß es die Sache selbst ist, die er nicht versteht.

Auf Seite 1 hält er "Kirche", "Sekten" und "freireligiöse Verbände" für Größen gleicher Art. Der Satz S. 2/3 wiederholt diese Aufzählung und zeigt, daß es sich nicht um eine zufällige Nebeneinanderstellung qualitativ verschiedener Dinge handelt, sondern daß die "Kirche" tatsächlich als "Verband" mißverstanden wird. Die beiden letzten Seiten sprechen vom "Kirchentum" und verstehen darunter etwas anderes als das "reine Christentum", nämlich das "Evangelium von Jesu" und die "Formen, unter denen das Christentum im kirchlichen Leben dargestellt und von seinen Gliedern erlebt wird". Besonders unter 4. zeigt es sich, daß Wilhelm Schwecke sich wohl etwas unter der Wirklichkeit der katholischen Kirche vorstellen könnte, aber von der evangelischen "Kirche" als "der lebendigen Gemeinde ihres lebendigen Herrn Jesus Christus" (Karl Barth) einfach keine Ahnung hat.

"Denn wo zwei oder drei versammelt sind in meinem Namen, da bin ich mitten unter ihnen" (Matth. 18,2o).

"Und siehe, ich bin bei euch alle Tage bis an der Welt Ende" (Matth. 28,2o).

"Wer sich aber mein und meiner Worte schämt unter diesem ehebrecherischen und sündigen Geschlecht, des wird sich auch des Menschen Sohn schämen, wenn er kommen wird in der Herrlichkeit seines Vaters mit den heiligen Engeln" (Mark. 8,38).

"Wer euch höret, der höret mich, und wer euch verachtet, der verachtet mich, wer aber mich verachtet, der verachtet den, der mich gesandt hat" (Luk. 1o,16).

Es gibt in der evangelischen Christenheit seit Luther und in neuester Zeit wieder sehr stark seit dem Kriege 1914-1918 eine Bewegung, die um die Wirklichkeit kreist, von der das Neue Testament an solchen und vielen ähnlichen Stellen spricht. Es ist nicht leicht, diese Wirklichkeit so darzustellen, daß zu spüren ist: Hier ist das Leben des christlichen Glaubens. Wir kämpfen nicht für die "Christliche Unterweisung" als für die "Einführung in die Formen des kirchlichen Lebens" im Sinne nebensächlicher Äußerlichkeiten, sondern wir bekämpfen das Gerede über Gott und Christus und rufen zur Begegnung mit der Wirklichkeit Gottes im tatsächlichen Leben der christlichen Gemeinde. Wer allerdings "persönliche" und "geistige" Gegenwart Christi als sich ausschließende Gegensätze versteht, wer keine "verborgene aber wirkliche Gegenwart Christi" kennt, der kann weder die Predigt als Gottes Wort hören, noch kann er ahnen, was sich in den Sakramenten der Taufe und des Heiligen Abendmahls ereignet.

### 5. Was setze ich voraus?

Daß Gott uns heute begegnet im Evangelium von Jesus Christus durch Wort und Sakrament im Leben der Kirche.

Es kommt nicht in erster Linie an auf theologische Begriffe und Lehren. Christlicher Glaube ist seinem Wesen nach nicht eine abstrakte Lehre, sondern erfülltes Leben.

Dieses erfüllte Leben will von uns Menschen der Gegenwart ergriffen und gestaltet

32o

werden. Vielmehr will es uns selber ergreifen und gestalten und mit der Kraft
erfüllen und uns in die Freiheit und die Bindung geben, ohne die wir in der wirklichen Not heute wie in allen Zeiten scheitern müssen.

Im Leben der christlichen Gemeinde wird der Ruf laut: "Kommet her zu mir alle,
die ihr mühselig und beladen seid, ich will euch erquicken." Und in der Gemeinschaft der Kirche erfüllt dieser Rufer sein Versprechen. Das ist etwas ganz anderes als eine "Religion neben anderen". Das ist auch heute in Deutschland die
Rettung.

6. Was ist mein Ziel?

Eine echte Arbeitsgemeinschaft von Pädagogen und Theologen, die einander als
gleichberechtigte Glieder der christlichen Kirche begegnen und helfen, wieder
aufzubauen, was in Jahrhunderten zerstört worden ist. Ich weiß mich im Konfirmandenunterricht und in der Predigt am besten beraten und gefördert vom
echten Pädagogen, und ich kenne mehr als einen Pädagogen, der die Zusammenarbeit mit mir als dem Theologen sucht. Jeder Theologe im Amt muß zugleich
Pädagoge sein, und jeder Pädagoge muß auch Theologe sein, denn es geht vor
Gott immer um den Menschen, und es geht in der Verantwortung für Menschen
immer um Gott. Wer Mensch und Gott auseinanderreißt und jede Seite für sich
losgelöst von der anderen gewissermaßen "eigengesetzlich" behandeln will, der
verliert Gott und wird ein Unmensch. Wenn die Schule in keinem Sinne eine
"kirchliche Enklave" behält und wenn die Kirche die Schule nicht in ihr Leben
hineinragen läßt, dann entartet die Schule zur "Menschen-Fabrik" und die Kirche
zur Sekte.

Darum sollte dieses Gespräch nicht abgebrochen, sondern fortgesetzt werden und
sich unter anderem auch in einer neuen Form widerspiegeln, in der Lehrer und
Pastoren einander an der Arbeit teilnehmen lassen.

Es ist nötig um Gottes und unserer eigenen Zukunft willen.


In: Gesetz- und Verordnungsblatt für die Evangelisch-Lutherische Kirche in
    Oldenburg. 1947 Beiheft 4, 1-8.

IV.

Der nachfolgende Brief des Direktors der Pädagogischen Akademie kennzeichnet
das Gespräch innerhalb der Schule. Ich bin besonders dankbar dafür, daß ich ihn
veröffentlichen darf, weil er zeigt, daß es hier nicht nur um einen "theologischen",
sondern um einen "christlichen" Standpunkt geht.

Edo Osterloh

Dr. Hollweg                            Oldenburg, den 1o. November 1947
                                                    Pädagogische Akademie

Herrn
       Rektor Wilhelm Schwecke
             Oldenburg (Oldb).

**Sehr geehrter Herr Rektor!**

Sie waren so freundlich, mir Ihre "Bemerkungen" zu dem Aufsatz von Oberkirchenrat O s t e r l o h "Schule und Kirche" zu übersenden. Es ist mir ein Anliegen,
Ihnen Rede und Antwort zu stehen, und ich füge hinzu, daß Sie von dieser Antwort
auch der Öffentlichkeit gegenüber jeden beliebigen Gebrauch machen dürfen, falls
Sie glauben, dazu Veranlassung zu haben.

Ich bin mir dessen bewußt, daß meine Antwort an Sie nicht nur die eines Christen-
menschen ist, der seine privaten Herzensergießungen zu dem aufgegriffenen Gegenstand zu Papier bringt, vielmehr kann ich ja nicht anders schreiben als derjenige, dem auch an der Pädagogischen Akademie unseres Landes das Amt übertragen wurde, den Lehrernachwuchs einzuführen in das Amt von Lehrern der
"Christlichen Unterweisung". Es ist mir also nicht möglich, mich nur als Privat-
mann zu diesen Dingen zu äußern. Ich bin es einfach meinem Amt schuldig, in
dieser Sache eine klare Frontstellung einzunehmen. Man darf und soll in Lehrerkreisen wissen, welcher Kurs in der Pädagogischen Akademie gesteuert wird.

Wenn ich nun Ihnen, sehr verehrter Herr Rektor, mancherlei schreibe, was hart
und gegensätzlich klingt, dann bitte ich Sie, es mir zu glauben, daß ich mir bei
jedem Wort bewußt bin, mit einem Manne zu reden, dem ich nicht nur seines
hohen Alters wegen Verehrung schuldig bin, sondern ganz besonders dessentwe-
gen, was er mir als Mensch immer bedeutet hat.

Der Kern- und Angelpunkt all Ihrer Bemerkungen liegt in dem, was Sie vom
M e n s c h e n sagen und glauben, in der von Ihnen vorgetragenen Anthropologie.
Diese Anthropologie wurzelt in einem Humanitätsideal, das für die Zeit, in der
die Hauptwirksamkeit Ihres langen Lebens liegt, vielleicht begreiflich erscheint,
eine Anthropologie, die allerdings mit dem Zeugnis der g a n z e n heiligen
Schrift nichts, aber auch gar nichts zu tun hat. Die apokalyptische Geschichte
der letzten Jahrzehnte hat uns mit aller Deutlichkeit enthüllt, daß der "Humanismus" auch in seinen sublimsten Formen vor der menschlichen Wirklichkeit nicht
standhalten konnte."Denn ich weiß, daß in mir, das ist in meinem Fleische wohnet
nichts Gutes. Wollen habe ich wohl, aber Vollbringen das Gute finde ich nicht."
Mit einem immanenten Sittengesetz, das in der "Natur" des Menschen, in seiner
"humanitas" wurzelte, ist dem Steppenbrand unseres sittlichen Verfalls wohl nicht

mehr beizukommen, auch nicht dann, wenn dieses Sittengesetz in der - so scheinen Sie anzunehmen - edlen, verklärten Form reinsten Menschentums, wie es
sich in Jesus von Nazareth verkörperte, verkündigt wird, in jenem charmant
docteur de Nazareth, jenem entzückenden Lehrer von Nazareth, von dem Renan
in seinem Leben Jesu träumte und dichtete, einem Jesus, den es bekanntlich nie
gegeben hat. "Ihr, die Ihr a r g seid", das sind die harten Klänge, die uns aus
den Evangelien und nicht nur aus Paulus entgegenklingen; "diese böse und ehe-
brecherische Art", so redet Jesus von der gefallenen Menschheit. Und wenn Sie
mich darauf hinweisen sollten, daß doch auch der Herr mit seinen sittlichen Geboten etwa in der Bergpredigt fordernd vor die Menschen tritt, dann kann ich das
zwar nicht leugnen, mache aber darauf aufmerksam, daß vor diesen unerhörten
Forderungen die Menge sich entsetzte. (Wörtlich: "Vor Verwunderung außer sich
geriet.") und sich der Dialektik, jener tragischen Polarität alles menschlichen
Wesens wohl bewußt wurde, in die sie auf diese Weise hineingestellt war. Vor den
Forderungen Jesu kann man nur mit Zagen und in tiefer Demut sagen: "Herr, wer
kann dann selig werden"? Und dann mag der Herr antworten: "Allerdings, bei den
Menschen mit ihren Humanitätsidealen ist's unmöglich"; aber Gottes Allmacht
kann auch eine sündige Menschheit durch einen unbegreiflichen, wunderbaren Gna-
denakt retten. Ach, wie anders klingt das alles als "vollkommene und harmonische
Entwicklung aller menschlichen Anlagen" oder gar "Jesus - der reinste Ausdruck
des Humanitätsideals". An dieser bezeichnenden Wendung zeigt es sich in besonderer Schärfe und Klarheit, welche Folgen Ihre Anthropologie mit sich bringt;
sie ist auch entscheidend für Ihre Jesusauffassung.

Ich komme auf eine weitere verhängnisvolle Folge Ihres Humanitätsideals. Sie
bestimmt auch ganz entscheidend Ihre Auffassung vom S t a a t. Ist schon der
Einzelmensch im Grunde gut und leicht zu lenken, warum sollte es nicht genau
so sein bei der Summe von Menschen, wie sie sich in Staaten zusammenschließen?
Sie scheinen allen Ernstes anzunehmen, die nationalsozialistische Abirrung sei
eine einmalige, ganz und gar ungewöhnliche, in der Weltgeschichte nie dagewesene
und voraussichtlich auch nie wiederkehrende Erscheinung. (Vgl. Seite 1 Ihrer
Bemerkungen: "Gewiß, der Fall kann eintreten!!") Es klingt so bei Ihnen, als
könne die "echte Demokratie" plötzlich gegen eine schlechte Staatsform nur so
ausgewechselt werden, als hätte der Mensch Macht darüber, indem er sein so
"humanes" Sittengesetz in den Schulen wieder lehrt und aufrichtet. Nun, auch
der Staat leidet ewig an jener dialektischen Spannung, einer unabwendbaren Tragik,
die den Kirchenvater Augustin ausschauen ließ nach einer "civitas Dei", einem
Gottesstaat, wo Gott allein König sein wird. So kam E. M. Arndt zu den Versen,
die mich immer wieder ergreifen:

> "Daß wir hier ein Land bewohnen,
> Wo der Rost das Eisen frißt,
> Wo um Hütten und um Thronen
> Alles brechthaft ist:
> Oh, du Land des Wesens und der Wahrheit,
> Unvergänglich für und für,
> Mich verlangt nach dir und deiner Klarheit
> Mich verlangt nach dir."

Nein, der Sinn, der hohe und weitgreifende Sinn des Staates kann nur ein sehr
vorläufiger und relativer sein: die tierischen in uns schlummernden Triebe zu
bändigen mit den Mitteln der  M a c h t , Dämme aufzurichten gegen den Einbruch
der alles zerstörenden, demoralisierenden Triebkräfte. Hören Sie unseren gewiß auch von Ihnen heiß geliebten Pestalozzi: "Der Mensch ist von Natur träg,
unwissend, unbedachtsam, leichtsinnig, mißtrauisch, gewaltsam, verwegen,
rachgierig und grausam. " Diese Wahrheit vom natürlichen Menschen stand über
Pestalozzis Leben wie ein dunkles Rätsel. Wo finden wir die Kraft, der "Dämonie
des Bösen" Herr zu werden? All die Antworten und praktischen Vorschläge Pestalozzis waren nötig und gut: Wohnstubenerziehung, Spinnstubenerziehung, Erziehung durch werkgerechte Arbeit und was weiß ich sonst noch alles! Aber das
Rätsel  b l i e b , auch er mußte mit Schmerzen und in tiefer Beugung bekennen,
was der Dichter so ausdrückte:

> "Wenn dem Heiligen die Schuld sich naht,
> Da erblasse vor der Wahrheit Strahle
> Eure  T u g e n d , vor dem Ideale
> Fliehe mutlos die beschämte Tat.
> Kein Erschaffner hat dies Ziel erflogen,
> Über diesen grauenvollen Schlund
> Führt kein Nachen, keiner Brücke Bogen
> Und kein Anker findet Grund. "

Mit grotesker Elementargewalt bricht die Klage darüber auf in Christian Diedrich
G r a b b e :

> "Der Mensch
> Trägt Adler im Haupte
> Und steckt mit seinen Füßen im Kote!
> Wer war so toll, daß er ihn schuf?
> Wer würfelte aus Eselsohren und
> Aus Löwenzahn ihn zusammen!"

Und Conrad Ferdinand M e y e r? "Welches Wahngebilde ist doch der Mensch!
Welches Chaos, welch widerspruchsvolles Wesen! Richter über alle Dinge,
schwachsinniger Erdenwurm, Besitzer der Wahrheit, Kloake der Ungewißheit
und des Irrtums, Ruhm und Auswurf des Universums!"

Dostojewski spricht einmal von der einzig wahren Solidarität, die es auf Erden
gibt, der Solidarität der Sünde.

Ich glaube, es waren der Worte fast schon zu viele. Unter dem Schwergewicht
solcher Aussagen begreifen wir, daß allein vom Staate her dem Übel nicht beizukommen ist. Eine wahre Heiligung des Lebens kommt aus einer ganz anderen
Dimension, da müssen wir uns schon in einen Lebensraum begeben, der außerhalb einer in sich ruhenden Endlichkeit liegt, dahin, wo auch das Licht unserer
so hoch gepriesenen Humanität Schatten und Finsternis wird, erblaßt vor dem
Lichte göttlicher Klarheit.

Und nun wird auch das Dritte ganz klar, daß Sie, sehr geehrter Herr Rektor, der
Kirche vorwerfen  m ü s s e n , sie erstrebe für den Lehrer einen "höheren Küster-

dienst", wenn sie erwarte, der Lehrer solle die Kinder erziehen für eine verständnisvolle Teilnahme am Gottesdienst und am Leben der christlichen Gemeinde. Glauben Sie aber, sehr verehrter Herr Rektor, allen Ernstes, Sie könnten unserem armen Volke, das verschmachtet und zerstreut ist wie die Schafe, die keinen Hirten haben, dadurch aufhelfen, daß wir unsere Kinder anleiten, in einem privaten Christentum auf humaner Grundlage zu leben? Ob wir mit dem lebendigen Gott wirklich l e b e n, zeigt sich doch nur dadurch, daß wir mit ihm einen ständigen, innigen, täglich neu geübten Umgang haben. Wie sollen das aber unsere Kinder recht lernen? Sehen Sie sich unsere Schulen an und geben mir Ihre Antwort. Ich sehe im Gotteshaus den Ort, wo Menschen anbetend zusammenkommen, wo der Mensch lernt, in der Gegenwart Gottes zu leben, damit er es dann auch in einsamen Stunden in rechter Weise tun kann; das ist die Stätte, die einst Menschen dazu trieb, Dome zu bauen mit ragenden Säulen und hohen Türmen, wo aller Blicke gerichtet sind auf den Ursprung alles Lebens. Ich war vor wenigen Tagen in Köln. Vor mir erhob sich der Dom; er ragt heute heraus aus einem einzigen grausigen Trümmerfeld, soweit das Auge reicht. Es war für mich ein Bild von tiefer, gleichnishafter Bedeutung. So furchtbar wirkt sich der Abfall aus, daß am Ende der große Zerwerfer - das ist die Bedeutung des aus dem Griechischen stammenden deutschen Lehnwortes Teufel - jede sinnvolle Ordnung zerstört. Darum ist es weniger wichtig, ob in unseren Schulen mit den Kindern soviel ü b e r Gott gesprochen wird, wenn wir nur mit ihnen z u Gott und m i t Gott reden. Denn, ob wir die Kinder unter Gottes Augen selbst stellen, das ist das entscheidende, und darum kann ich mich nicht darüber aufregen, wenn die Kirche glaubt, der Lehrer sollte dieses Leben mit Gott in Gebet und Feier in den Mittelpunkt seiner christlichen Unterweisung stellen.

Ich möchte Ihnen, sehr verehrter Herr Rektor, wahrlich nicht wehe tun, aber es hat mich mit Schrecken überfallen, das Wort Ihrer Schrift, das ganz so nebenbei fällt und doch für mich die Situation blitzartig beleuchtet. Sie sagen auf Seite 3: "Die Schule muß darauf verzichten, ihre Schüler in philosophische Gedankengänge hineinzuführen. Im Religionsunterricht aber besitzt sie neben den Schätzen aus unserer Literatur ein Mittel, den materiellen Strömungen im Geistesleben der Gegenwart entgegenzuwirken." Sollte diese Wendung vielleicht bedeuten, daß die Religion nichts anderes sei als "die Philosophie des kleinen Mannes", auf die der Gebildete im Grunde verzichten kann? Ich kenne diese Philosophie und weiß, daß sie in abgrundtiefe Skepsis absinkt, wo sie sich löst von den Geheimnissen des Glaubens. Und weil die Gebildeten diesen Weg gegangen sind, ihre "Weltanschauung" in popularisierter Form auf den Markt des Lebens brachten, darum ist bei den meisten unter dem Gericht unserer Tage das wirklich geworden, was man den Glauben an das Nichts, an das nihil, den Nihilismus, nennt. Übertreibe ich? Werde ich ungerecht, maßlos? Verlasse ich die Grenzen dessen, was ich einem Verehrungswürdigen schuldig bin? Ich werde Ihnen zeigen, daß ich meine Gründe habe. Am Sarge eines verewigten Lehrers sprach im Altarraum einer Kirche der Stadt Oldenburg vor nicht langer Zeit einer Ihrer Freunde - ein Mann, mit dem auch mich freundschaftliche Empfindungen verbinden - die klassischen Worte: "Nachdem du zurückgekehrt bist in den Schoß von Allmutter Natur!" Ich greife den Mann, der das gesagt hat, nicht an, jedermann steht für seinen Glauben. Aber man soll dann eine

klare Sprache sprechen und nicht mehr reden von "Christlichem Glauben" und
sich ernsthaft prüfen, ob man unserem leidenden Volke mit solch einem "Glauben"
helfen kann. Das hat mit Christentum jedenfalls nichts mehr zu tun, und ich mer-
ke dabei noch an, daß diese sogenannte "Allmutter" nach der Auslegung anderer,
sehr ernst zu nehmender Denker "Gäa" genannt wird, die ihre eigenen Kinder
verschlingt, nachdem sie einige Jahre, wechselnd zwischen Freuden und Leiden
ein fragwürdiges Dasein geführt haben, das sie nicht einmal begehrten. Der Exi-
stentialphilosoph würde sagen, sie seien in dieses Dasein "geworfen", ohne auch
nur irgenwie danach gefragt zu sein, ob ihnen das gefällt oder nicht. Diese Erde
ist nun einmal kein Idyll, kein Rosengarten, in dem man nur Blumen pflücken
könnte, sondern - ach, wie oft - der Kampfplatz zwischen Gott und Teufel. Auch
der Blumengarten, als den uns Paul Gerhardt in seinem Sommerlied diese Erde
mitten in den Schrecken des Dreißigjährigen Krieges geschildert hat, bleibt für
ihn eine "arme Erde" ("Ach, den ich bist du hier so schön und läßt es uns so
lieblich gehen auf dieser armen Erde.") Und erst im Lichte der Ewigkeit kann
dieser Erde Lieblichkeit das Bild wahrer, ewiger Schönheit sein. Trägt doch auch
die Natur die Doppelzüge an sich, die auch im Menschen gegenüberstehen.

Ich fasse zusammen: Ich muß unter dem Eindruck jener Totenfeier dem harten,
strengen Urteil Oberkirchenrat Osterlohs zustimmen, der auf Seite 4 seiner
Schrift sagt, es gehe heute um die klare Entscheidung zwischen Atheismus und
christlichem Glauben, jede andere Art von scheinbarer "Gottgläubigkeit" sei als
"eine Übergangsform zu atheistischer Glaubenslosigkeit  zu erkennen". Von diesem Urteil kann ich hinsichtlich jener Nachrufworte auch bei dem ernsthaftesten
Willen, andere in ihrer Glaubenshaltung zu verstehen, nur dann einen Abstrich
machen, wenn sie nur eine rhetorische, unverbindliche, ausschmückende Bedeutung hatten, sie gleichsam ein paar Blumen für ein teures Grab waren, die dann
bald verwelken.

Damit mag es für heute genug sein! Ich habe noch viel auf dem Herzen. Noch gar
nicht habe ich berührt die entscheidende zweite Frage Ihrer Bemerkungen, die
Frage: "Was dünket euch um Christo?" Auch dazu hätte ich viel zu sagen und
steht mit meinen Glaubensaussagen, das sollen Sie wenigstens wissen, auf einer
anderen Linie.

Aber ich möchte diesen Brief nicht schließen, ohne noch eins zu erwähnen; er
könnte stellenweise den Eindruck erwecken, als nähme ich in überheblicher Weise
einen "Standpunkt" ein. Ach nein, lieber Herr Rektor, auch mit ist der Glaube
ein Wagnis, das mich jeden Tag neu auf die Probe stellt. Ich "habe" auch keinen
Glauben, wie man einen Gegenstand in der Hand "hat". Wer im Glauben steht,
steht unter der Gnade. Und Gnade empfängt man in tiefer Demut und herzlicher
Dankbarkeit gegen den gnädigen Gott in täglich neuem Aufsehen zu ihm. Darin
werden wir uns einig sein, des bin ich gewiß. Daher kann man Religion ja auch
nicht "lehren", sondern eigentlich nur "bezeugen". Und Zeugen wahren christlichen Glaubens, das waren die Apostel und Evangelisten. Das ist ihre Größe, die

uns immer wieder ergreift, wenn wir ihre staunende Ehrfurcht vor dem aussprechen hören (Joh. 21,25), der wohl nicht nur ein edler Lehrer edlen Menschentums gewesen ist, sondern der Gottgesandte, der von sich sagen konnte: "Wer m i c h  siehet, d e r  siehet den Vater."

Ich verbleibe, sehr verehrter Herr Rektor, Ihr Ihnen aufrichtig ergebener

gez. Karl-Ed. Hollweg.

In: Gesetz- und Verordnungsblatt für die Evangelisch-Lutherische Kirche in
Oldenburg. 1947 Beilage zu Beiheft 4, 1-4.

V. W. Schwecke

Noch einmal

## "SCHULE UND KIRCHE"

Eine Entgegnung auf die Antwort des Herrn Oberkirchenrat Osterloh

Die Antwort des Herrn Okr. Osterloh auf meine "Bemerkungen" veranlaßt mich, noch einmal - zum letzten Male - Stellung zu der Frage "Schule und Kirche" zu nehmen. Ich folge damit seinem Wunsche, daß das Gespräch nicht abgebrochen werden möge. Freilich kann ich nicht auf alles eingehen, was er gegen mich vorbringt. Wir stehen in unseren Auffassungen auf ganz verschiedenem Boden. Ich beschränke mich also im wesentlichen auf die Punkte, in denen ich mißverstanden worden bin.

1.

Okr. O. schreibt: "Wirklich erschrocken bin ich gleich bei seiner ersten Bemerkung, die doch eine Zustimmung zu der greulichen Lüge des Philosophen Hegel voraussetzt, daß nämlich der Staat allein der wirkliche Gott sei." - Meine Auffassung vom Staat hat mit der "greulichen Lüge des Philosophen Hegel" nichts zu tun. Ich glaube nicht an einen absoluten Staat, nicht an die Allmacht des Staates. Ich weiß, daß der Staat aus sich heraus eine Kultur nicht schaffen kann, daß eine echte Kultur nur aus dem Volkskörper, dem Volkstum, erwachsen kann und daß sie nur echt bleibt, solange sie im Volkstum wurzelt. Dem Staat aber, und ich denke dabei vor allem an den demokratischen Staat, fällt die Aufgabe und die Pflicht zu, dafür Sorge zu tragen, daß die im Volke wurzelnde Kultur nicht von irgend einer Seite her (von kirchlicher oder parteipolitischer Seite) einseitig beeinflußt oder wohl gar fehlgeleitet werde. In diesem Sinne bildet er die oberste Instanz für alle kulturellen Angelegenheiten und Einrichtungen. Ich denke doch, gegen diese Auffassung vom Staate ließe sich nichts einwenden.

2.

Ich bin nicht der Meinung, Religion sei Opium für das Volk, darüber kann ich Okr. O. beruhigen; aber ich gebe zu, daß ich an der Stelle, wo ich über die Bedeutung des Religionsunterrichts in der Volksschule sprach, micht vielleicht nicht so klar ausgedrückt habe, daß ein Mißverständnis ausgeschlossen bliebe. Ich will daher versuchen, mich klarer auszusprechen.

Wir leben in einer Welt der Technik, die das Denken und Fühlen der Menschen so in Anspruch nimmt, daß darüber gar leicht vergessen wird, daß daneben noch eine andere Welt, eine geistige, existiert. Für alle werktätigen Menschen aber ist es von allergrößter Bedeutung, daß sie die Möglichkeit haben, sich in ihren Mußestunden in diese geistige Welt zu vertiefen, um hier für ihre Seelen Entspannung und Erholung zu finden. Sie laufen sonst Gefahr, daß sie seelisch verkümmern. Sie werden in dieser geistigen Welt aber nur dann Entspannung und

Erholung finden, wenn sie mit ihr in einem inneren Kontakt stehen und sich bis
zu einem gewissen Grade in ihr heimisch fühlen, und dazu muß die Schule die
Grundlage gelegt haben. Der Volksschule stehen dafür besonders zwei Fächer
zur Verfügung: der Deutschunterricht, der die Schüler mit den Schätzen der
Literatur bekannt macht, und der Religionsunterricht, der sie in die metaphy-
sische Welt einführt. Die höhere Schule besitzt noch ein weiteres Mittel, die
philosophische Propädeutik. Sie hat die Möglichkeit, ihre Schüler in die Geisteswelt der Antike einzuführen. Sie kann sie bekannt machen mit Sokrates und Plato
und ihrer Ideenwelt, mit der hochstehenden Geisteswelt der Neuplatoniker und
Stoiker, der Kantschen Gedankenwelt usw. Auf das alles muß die Volksschule -
und ich sage: leider! - verzichten, allein schon aus dem Grunde, weil sie ihre
Schüler in dem Alter entläßt, wo sie anfangen, selbständig zu denken. So war
meine Meinung, und ich denke, damit können die Herren Hollweg und Osterloh
sich einverstanden erklären.

3.

Herr Okr. O. befindet sich in einem großen Irrtum, wenn er meint, daß ich ausdrücklich einen qualitativen Unterschied zwischen Christus und andern Religionsstiftern ablehne. Von den Weltreligionen steht mir die christliche am höchsten,
und ich bin der Überzeugung, daß Jesus alle andern Religionsstifter weit über-
ragt, aber es ist mir zweifelhaft, ob er jemals daran gedacht hat, ein Religionsstifter zu werden, und für die absolute Religion, die alle anderen Religionen aus-
schließt und aufhebt, halte ich die christliche nicht. Die christliche Sittlichkeit,
zum Beispiel, hat nach meiner Auffassung noch nicht den höchsten Stand der
sittlichen Forderungen erreicht. Sie steht noch auf dem Lohnstandpunkt, zwar
nicht in dem altjüdischen Sinne: auf daß es dir wohlergehe und du lange lebest
auf Erden, aber doch in dem Sinne: damit du dir einen guten Platz im Himmel
sicherst. Meiner Meinung nach hat das sittliche Denken und Handeln erst dann
seinen höchsten Stand erreicht, wenn, um mit Goethe zu reden, "das selbständige Gewissen zur Sonne unseres Sittentages" wird, wenn also die höchste sittliche Forderung lautet: Folge stets der Stimme deines Gewissens und tue und
fördere das Gute, weil es gut ist, und meide und bekämpfe das Böse, weil es
böse ist.

Wir leben jetzt in einer Weltkrise von solchem Ausmaße, daß sie nur eine Parallele findet in jener Weltkrise, in der das Römische Weltreich und mit ihm die rö-
misch-hellenistische Kultur zu Ende gingen und die christliche Religion siegreich
emporstieg. Wer weiß, was die jetzige Weltkrise letzten Endes der Menschheit
bringen wird?

4.

Die Aussprache zwischen Herrn Okr. O. und mir hat einen etwas eigentümlichen
Verlauf genommen; die Frage "Schule und Kirche" ist in den Hintergrund geraten und die Aussprache auf das Gebiet des Persönlichen verschoben worden.
"Was Wilhelm Schwecke ablehnt, was er nicht versteht, woher er seinen Jesus
kennt, wie er über Gott denkt", das hat mit der Frage, um die es sich handelt,
nichts zu tun. Ich will daher auf alle diese Dinge nicht weiter eingehen. Aber
eines möchte ich noch mit allem Nachdruck klar und offen aussprechen:

Welche Auffassung ich von Gott und Jesus und ihrem
Verhältnis zueinander habe und wie ich in meinem
Denken und Fühlen zu beiden stehe, das ist meine
ureigenste persönliche Angelegenheit und in diese
Angelegenheit lasse ich mir von keiner Seite hin-
einreden, auch nicht von kirchlicher Seite. Herr Okr. O.
und Herr Dr. Hollweg mögen darüber "erschrocken" oder "entsetzt" sein, aber
so entspricht es meinem protestantischen Empfinden.

Ich beende damit meine Ausprache mit Herrn Okr. O.

Zum Schluß noch ein ganz kurzes Wort an alle Volksschullehrer:
Ich habe ein langes Leben hinter mir, und aus den Erfahrungen meines langen
Lebens rufe ich Euch die Mahnung zu:

Vergeßt nicht, daß frühere Lehrergeschlechter ein
Jahrhundert lang gerungen und gekämpft haben, um
die Schule aus der Abhängigkeit von der Kirche zu
lösen, und hütet Euch, daß nicht spätere Lehrergeschlechter Euch den Vorwurf machen müssen, Ihr
hättet in einer kritischen Zeit Eure Pflicht ver-
säumt und zugelassen, daß die Schule in ein neues
Abhängigkeitsverhältnis hineingeraten sei!

Wilhelm Schwecke

Herr Okr. O. hat seiner "Antwort" ein Schreiben angelegt, das Herr Dr. Hollweg,
Direktor der Pädagogischen Akademie, wegen meiner "Bemerkungen" an mich
gerichtet hatte. Ich gestatte mir, meiner vorstehenden Entgegnung mein Antwort-
schreiben an ihn beizufügen.

Sehr geehrter Herr Direktor!

Sie haben als Direktor und Lehrer der Pädagogischen Akademie meine "Bemerkungen" einer scharfen Kritik unterzogen. Das war Ihr gutes Recht, aber Sie
werden mir nun auch gestatten, daß ich in einer kurzen Antwort ein offenes Wort
rede.

Leider haben Sie die Kernfrage, um die es sich in meinen "Bemerkungen" handelt: "Religionsunterricht - Christliche Unterweisung" nur flüchtig gestreift und sich im wesentlichen auf Fragen beschränkt, die ich im Zusammenhange meiner "Bemerkungen" als Grenzfragen bezeichnen möchte. Ihre Ausführungen aber haben mich davon überzeugt, daß in unseren Anschauungen unüberbrückbare Gegensätze bestehen. Sie lehnen, wenn ich Sie recht verstehe, für die Jugenderziehung jedes Humanitätsideal ab, glossieren das in Jesu verkörperte Humanitätsideal (Herder) durch den "von Renan geträumten charmant docteur de Nazareth", und schieben dafür die Paulinische Erbsündenlehre in den Vordergrund. Ich lehne die Erbsündenlehre ab und halte mich an das Humanitätsideal. Sie lehnen meine Auffassung vom Staate ab, wenn ich der Meinung bin, daß für die kulturellen Angelegenheiten innerhalb des Staates als oberste Instanz nur der Staat in Frage kommen könne und nicht die Kirche. Es überfällt Sie mit Schrecken, wenn ich der Meinung Ausdruck gebe, die Volksschule, (nicht die Schule, wie Sie schreiben) müßte darauf verzichten, ihre Schüler in philosophische Gedankengänge einzuführen, oder wenn mein Freund Heinen, ein bewährter Naturwissenschaftler, aber durchaus kein areligiöser Mensch, am Sarge eines verewigten Lehrers von der Rückkehr in den Schoß von Allmutter Natur spricht. [+]) Ich dagegen mache mir Sorgen, wenn ich die Veröffentlichungen der "Liturgischen Kammer" über die Neuordnung des Gottesdienstes und das Verhalten der Kirche bei kirchlichen Trauungen lese und mich frage: "Wohin steuert unsere protestantische Landeskirche?" Oder wenn ich die augenblicklich in Lehrerkreisen verbreitete Kittelsche Schrift über die Christliche Unterweisung aus der Hand lege und mir der Gedanke kommt: "Was wird aus unseren Pädagogischen Akademien werden, wenn dieser Geist in ihnen zur Herrschaft kommt?"

Bei der Gegensätzlichkeit unserer Anschauungen ist es nicht möglich, daß wir in den vorliegenden Fragen zu einem Einverständnis gelangen. Ich hoffe jedoch auf Ihre Zustimmung, wenn ich sage: "Wir wollen beide das Beste; aber über das, was das Beste ist und wie es erreicht werden kann, sind wir verschiedener Meinung. Damit müssen wir uns begnügen."

In der Hoffnung, daß Sie, Herr Direktor, meine offenen Worte nicht übel deuten, verbleibe ich in voller Hochachtung

Ihr W. Schwecke


[+] Es handelt sich um Worte, die Herr Heinen am Sarge des verstorbenen Schuldirektors Heinrich Meinen gesprochen hat. In seiner Ansprache sagte Heinen: "Nun bist auch Du von uns gegangen. In ihrem ewigen Kreislauf von 'Stirb und Werde!' hat Allmutter Natur Dich wieder zu sich genommen!"

Die Bibel legt Gott die Worte in den Mund: "bis daß du wieder zu Erde werdest: denn du bist Erde und zu Erde sollst zu werden." Nach meiner Meinung lag also ein Grund zum Erschrecken nicht vor.


(Im Selbstdruck bei R. Sußmann, Oldenburg 1947).

VI. Rudolf Bultmann,

Einige Bemerkungen zu:

<u>Edo Osterloh</u>, Schule und Kirche, Gesetz- u. Verordnungsblatt für die Evg.-
Luth. Kirche in Oldenburg, Beih. 1 u. 4, 1947

<u>Wilh. Schwecke</u>, Schule u. Kirche und Noch einmal Schule und Kirche,

<u>Dr. Hollweg</u>, Beilage zu Beih. 4 des Ges.- u. Verordn. Bl.

Dr. Wawrzinek, Zeitungsausschnitt über Schule u. Kirche.


Eine ausführliche Diskussion, ja auch nur ein Eingehen auf sämtliche in den genannten Veröffentlichungen zur Sprache kommenden Fragen ist mir nicht möglich; nur einige Bemerkungen über die mir am wichtigsten erscheinenden Fragen!

Die Ausführungen O. 's vermögen offenbar seinen Gegner Schw. nicht in eine
wirkliche Diskussion hineinzuziehen, - m. E. weil sie an drei Schwächen kranken: 1) am unklaren, zweideutigen Begriff von Kirche, 2) an der Unklarheit des
Erziehungsgedankens, 3) an der für den Laien notwendiger Weise unverständlichen Sprache.

Ad 1) Wenn die Kirche durch in den Schulplan eingefügte Stunden einer "christlichen Unterweisung" (chr. U. ) die Schüler in die "Lebenswirklichkeit der Kirche"
einführen soll, so ist die Kirche, die das unternimmt (das Subjekt der Unterweisung), die institutionelle Kirche; die Kirche aber, in deren Lebenswirklichkeit
eingeführt werden soll (gewissermaßen also das Objekt der Unterw. ), die Kirche
des Glaubens, deren Lebenswirklichkeit nach O. I. S. 3 ebensowenig allgemein
zugänglich ist, wie die Wirklichkeit Gottes.

Offenbar muß aber das Subjekt der chr. U. eben diese Kirche des Glaubens sein,
und so meint es O. doch wohl im Grunde (und gewiß auch W. , wenn er schreibt:
"Religiöse Erziehung ist nur möglich und sinnvoll, wenn sie aus der religiösen
Gemeinde heraus erwächst"). Aber O. gibt Schw. hinreichend Anlaß zu seinem
Protest gegen kirchliche Anmaßung, da Schw. als Subjekt der chr. U. die institutionelle Kirche verstehen muß. Sein Protest ist insofern auch völlig richtig,
als gar nicht einzusehen ist, warum die Kirche des Glaubens nicht Subjekt der
chr. U. auch in denjenigen Lehren sein könnte, die ohne Legitimation durch die
institutionelle Kirche Religionsunterricht (R. -U. ) erteilen. Ist es heute angesichts der tatsächlichen Verhältnisse vielleicht wünschenswert, daß Schule und
Kirche in <u>der</u> Weise zusammenarbeiten, daß die Aufgabe der chr. U. kirchlich
legitimierten Lehrern übertragen wird, so sollte man sich doch darüber klar
sein, daß das grundsätzlich falsch ist und ein testimonium paupertatis für die
institutionelle Kirche bedeutet. Denn deren Verkündigung müßte so klar und
kraftvoll sein, daß die Kirche des Glaubens in der bürgerlichen Gemeinde lebendig ist, so daß jeder Lehrer (es sei denn, daß er aus der Kirche austritt und
das Christentum bewußt ablehnt) als legitimer Träger der chr. U. gelten kann, -
legitimiert durch die Kirche des Glaubens.

Ad 2) O. hat darin recht, daß die Schule  für die praktischen Notwendigkeiten des
Lebens vorbereiten soll (I, S. 3). Ich bezweifle auch nicht, daß er darin recht
hat, daß die Schule auch die Aufgabe der Charakterbildung zu erfüllen hat (ibid. ).
Ist es aber richtig, so folgt, daß O. Unrecht hat, wenn er es ablehnt, die Orientierung der Schule an einem Erziehungsideal zu fordern; denn wie soll der Charakter gebildet werden, wenn nicht ein Ziel oder ein Maßstab der Bildung, und
d. h. doch wohl ein Erziehungsideal die Richtung angibt?

Nun kann man freilich sagen, daß der Charakter schon durch den Unterricht in
den praktischen Fähigkeiten gebildet wird, durch die Erziehung zu Fleiß, Beob-
achtungsgabe, Gewissenhaftigkeit etc. Und _soweit_ bedarf es gewiß nicht der expliziten Entwicklung eines Ideals, wenngleich man nicht vergessen darf, daß
ein Ideal _implizit_ in den "selbstverständlichen" moralischen Forderungen enthalten ist. Wie aber, wenn die Schule auch in Deutsch (Literatur) und Geschichte
(die höhere Schule etwa auch in philosoph. Propädeutik) unterrichten soll? Es
ist klar, daß ein solcher Unterricht, soll er nicht nur Statistik beibringen, sondern auch - wie natürlich - den Charakter bilden, gar nicht ohne eine Bestimmtheit durch ein Erziehungsideal gegeben werden kann, das dann auch explizit
entwickelt werden sollte. Dieses Ideal kann zufolge unserer Geschichte nur das
humanistische (natürlich im weiten Sinne) sein, - es wird aber auch grundsätzlich kein anderes sein können.

(Anm.: Ich sehe hier 1) davon ab, daß es für den Katholizismus etwas anders
liegt als für den Protestantismus, da die Kathol. Kirche ein Ideal der Erziehung
besitzt, was dem Protestantismus grundsätzlich verwehrt ist; wobei wiederum
zu beachten ist, daß das kathol. Ideal faktisch weithin durch den Humanismus
geprägt ist; 2) davon, daß die konkrete Gestaltung der humanistischen Bildung
heute besonderer Besinnung unterworfen werden muß angesichts der Bedeutung
der Technik; vgl. Jaspers, die Idee der Universität 1946).

Der Gedanke der Erziehung und Charakterbildung ist ja, worüber man sich klar
sein muß, ein humanistischer, kein christlicher Gedanke. Es ist daher ein eigen-
tümlicher Selbstwiderspruch, wenn O. den Gedanken der Charakterbildung akzep-
tiert.

Es fragt sich nun, ob Unterricht in der christl. Religion oder chr. U. in den
Rahmen einer durch das humanistische Bildungsideal bestimmten Schule gehört.
Jedenfalls darf chr. U. als Bestandteil des Schulplanes nicht aus dem Grunde
gefordert werden, daß die Schule sonst zu einer "Menschen-Fabrik" entarten
würde (O. II. S. 8). Wie kann das jemand sagen, der in seinem Leben einmal
Platon gelesen hat? - er müßte ihn dann vollständig vergessen haben! Echte
humanistische Bildung wird immer durch Platon, d. h. natürlich nicht: durch aus
den platonischen Schriften abstrahierte "Lehren", aber durch die platonische
Weise des Philosophierens,bestimmt sein. Die Kirche könnte daran ihre Freude
haben und sollte nichts dringender wünschen, als daß wenigstens auf den höheren
Schulen möglichst gründlich Platon gelesen würde.

Es ist ja eine absurde Behauptung, daß sich der moderne Mensch nur zwischen
Atheismus und christlichem Glauben entscheiden könne, und daß der humanistische
Gottesglaube (unbeschadet dessen, was der christliche Glaube ihm zu sagen hat)
nur eine "Übergangsform zu atheistischer Glaubenslosigkeit" sei (O. I, S. 4).
Wiederum: Wie kann das jemand sagen, der einmal Platon gelesen hat?! Wenn
(H., S. 1) der Humanismus "auch in seinen sublimsten Formen vor der menschlichen Wirklichkeit nicht standhalten konnte", so mag das allenfalls richtig sein
im Blick auf die Institutionen, die den Humanismus vertreten sollten, nicht aber
im Blick auf die Personen, die wirklich vom Geist des Humanismus getragen
waren und sind. Und wie darf man überhaupt die Wahrheit eines Gedankens von
seinem historischen Schicksal abhängig machen?! Dem Christentum gegenüber
kann ja in der gleichen Weise argumentiert werden: hat denn die institutionelle
Kirche standgehalten? hat das durch sie vertretene Christentum nicht seit dem
18. Jahrhundert ständig seine Widerstandskraft verloren? Und wenn auf die BK
hingewiesen werden sollte, so kann der Humanist darauf hinweisen, daß humanistischer Geist vielfach an Universitäten und wahrscheinlich auch an Schulen
in der Nazi-Zeit unter Widerständen treu gepflegt wurde. Auch ist es m. E. eine
große Ungerechtigkeit, zu sagen, daß Gerechtigkeit, Opfersinn, Wahrheit und
Nächstenliebe im tatsächlichen Leben des Alltags auf dem Boden des christlichen
Glaubens gewachsen sind und nur auf diesem Boden wirklich gedeihen können
(O. I, S. 6). Schon ein Hinweis auf die Stoa und etwa auf die chinesische Moral
sollte das verbieten, - ganz abgesehen davon, daß der christliche Glaube grundsätzlich nicht auf diese Weise empfohlen werden darf!

Ich glaube nun in der Tat, daß in eine solche Schule auch der Religionsunterricht
gehört. Schon deshalb, weil weder die Literatur noch die Geschichte ohne ein
Verständnis der christlichen Religion verstanden werden kann, und wenn der
christliche Glaube auch kein Phänomen der Geisteskultur ist, so ist es die christliche Religion und Kirche in ihrer konkreten geschichtlichen Gestalt jedenfalls.

Auch wäre es sinnlos, wollte die Schule ignorieren, daß die existentiellen Fragen,
die durch einen humanistischen (zumal Platon-) Unterricht notwendig geweckt
werden (ob sie implizit bleiben oder explizit werden, ist gleich), dieselben sind
um die es sich in der christlichen Religion handelt.

Die Schule wird sich das Recht nicht nehmen lassen dürfen, den R. U. aus eigener
Kraft zu erteilen. In diesem Punkte gebe ich Schw. völlig recht. Sie hat in ihrem
R. U. nichts weiter zu tun, als das Wesen der christl. Religion, den Sinn des
christl. Glaubens, deutlich zu machen und so z. B. auch den 2. Artikel ganz
schlicht "durchzunehmen" (O. II, S. 7). Propaganda für den christlichen Glauben
wird sie nicht machen und wird es abweisen, "chr. U." in diesem Sinne zu sein.
Sie wird aber durch den schlichten Unterricht die Frage des christl. Glaubens
aktuell machen; denn als humanistisch bestimmte Schule weiß sie, daß Lehren
und Lernen sich in der Sphäre des Geistes bewegt, und daß echte Pädagogik
Maieutik ist, d. h. daß sie den Geist und damit das existentielle Fragen der Schüler entbindet. Wohl ist z. B. das theoretische Verständnis des Gottesgedankens
noch nicht existentieller Gottesglaube. Aber ist denn das Wissen vom existentiellen Selbstverständnis (zumal beim naiven Menschen, wie es Schüler normaler-

weise sind) derart getrennt, daß die existentielle Frage dem Schüler nicht aufgehen müßte (oder meinetwegen: könnte), wenn ihm der Gottesgedanke im R.-U.
klar gemacht wird? Mir scheint, daß das überhaupt der normale Weg ist, den
junge Menschen geführt werden müssen, und ich kann mir nicht denken, daß
durch eine "chr. U." die "Wirklichkeit Gottes" erschlossen werden könnte.
Welch hybrides Unterfangen überhaupt, die "Wirklichkeit Gottes" in einer
"chr. U." in Gang bringen zu wollen, zumal durch solche "Einübungen", wie
O. sie in I, S. 8 empfiehlt.

Hat die Kirche (die institutionelle) ein Interesse daran, daß die Kinder in der
Schule mehr lernen, als was Wesen und Sinn des christlichen Glaubens ist? daß
sie zu mehr erzogen werden als dazu, daß die Glaubensfrage für sie aktuell
wird? - mag sich auch solche Frucht des R.-U. bei dem einen früher, bei dem
anderen später zeigen. Ich glaube nicht. Zum mindesten <u>kann</u> solcher Unterricht
<u>indirekte</u> Verkündigung sein (vgl. Kierkegaard), und jedenfalls bereitet er auf
das Hören der direkten Verkündigung sachgemäß vor.

Die Kirche sollte sich auf die direkte Verkündigung in ihrem eigenen Raume
beschränken und alles Gewicht auf die Verkündigung, das Wort der Predigt,
legen, und ich begreife gar nicht, warum in O.'s Versuchen, zu sagen, was
denn Kirche (im Sinne des Glaubens) und was Christus (als der lebendige) ist,
die einfache Tatsache kaum eine Rolle spielt, daß Christus im Worte lebendig
ist, und daß die Kirche des Glaubens nichts anderes ist, als die Gemeinschaft
derer, die durch echtes Hören des Wortes verbunden sind. Die Predigt aber
sollte so anziehend und interessant (ja! interessant!), so klar und eindrucks-
voll sein, daß womöglich schon die Schüler, jedenfalls aber die Lehrer wirklich
durch sie angeredet werden.

Ferner sollte die Kirche bedenken, daß die religiöse "Erziehung" bzw. die Er-
schließung der Kinder für den Glauben und die Kirche natürlicher Weise in 1.
Linie in der <u>Familie</u> geschehen sollte. Ich glaube: ehe die Kirche (die inst.)
dazu kommt, durch ihre Verkündigung die Menschen wieder zu erfassen und
damit auch ein christliches Familienleben wieder lebendig zu machen, alle Versuche einer chr. U. nur klägliche Erfolge haben werden.

Gegen Schw. muß ich in diesem Zusammenhang folgendes sagen:
1) Er scheint mir in seiner Beurteilung des Staates zu optimistisch zu sein. In
dieser Hinsicht haben die kritischen Ausführungen H.'s über die Verderbtheit
der Menschen und des menschlichen Staates ihr Recht. Nur daß H. in seiner
Verwerfung des Humanismus die Aufgabe der Erziehung und deren Kampf verkennt. Daß z.B. die Technik in der modernen Welt mehr und mehr zu einer
teuflischen Macht wurde, - oder besser: daß sie mehr und mehr in den Dienst
des Bösen gestellt wurde, dafür ist doch mindestens <u>ein</u> Grund der, daß das humanistische Erziehungsideal preisgegeben wurde. Sch. gibt nun freilich seine
Hauptwaffe preis, wenn er (II., S. 1) meint, daß echte Kultur nur aus dem Volkskörper, dem Volkstum, erwachsen könne. Nein, sie kann nur aus dem Geist erwachsen, der erst die Kraft hat, einen Volkskörper zu einem Kulturvolk zu machen. Als faktischer Vertreter einer humanistischen bzw. humanistisch bestimmten Bildung müßte Schw. den Geist als die Kraft erkennen, die die natürlichen

Möglichkeiten eines Volkes gestaltet und die auch im Staat die beherrschende
Macht sein muß, wenn er Staat in echtem Sinne sein will (vgl. wieder Platon).

2) Schw. unterscheidet nicht - und darin liegt seine Hauptschwäche Humanismus
und christlichen Glauben, wie wir es seit den Zeiten Harnacks immer besser zu
tun lernen. Deshalb vermag er nicht zu sehen, daß die Kirche nicht nur das Evangelium Jesu, sondern auch das "Evangelium von Jesus" zu verkünden hat. Und zwar
vermag er das deshalb nicht, weil er sich unter einem "Evangelium von Jesus"
nur dogmatische Lehren vorstellen kann. Hat die Kirche das Ihrige getan und tut
sie es, um ein solches Mißverständnis zu verhüten? Es ist klar, daß O. das Sei-
nige dazu tun will; dazu bedürfte es aber einer verständlicheren Sprache. Es ist
doch klar, daß eine Wendung, wie die vom "persönlich gegenwärtigen Christus"
weder Herrn Schw. noch sonst einem Menschen von heute etwas Verständliches
sagt. Und wie kann O. behaupten, daß das Sakrament "die eindeutigste Vergegenwärtigung der Tatsache ist, daß Christus einfach da ist" (I, S. 7)? Was soll sich
denn Herr Schw. darunter denken? Und nun noch, wo doch das Sakrament die viel-
deutigste Tatsache ist! Endlich möchte ich fragen, ob nicht auch der Lehrer,
der nur das Evangelium Jesu verkündigt, damit nicht vielleicht auch (vielleicht
sogar ausgezeichnet) indirekt das "Evangelium von Jesus" verkünden kann. Jedenfalls braucht der "historische Jesus", den Männer wie Schw. den Schülern lebendig gemacht wissen wollen, keineswegs ein Produkt historischer Phantasie zu sein;
denn in diesem Unterricht wird doch zweifellos auch die evangelische Tradition
zur Geltung kommen.

Ad 3) Hier genügt außer dem soeben Gesagten der Hinweis auf Sch. 's Fragen -
die übrigens ja ad oculos demonstrieren, wie wichtig ein einfacher Unterricht
über die Christl. Religion im Sinne schlichter Belehrung ist.


Marburg, 7. Mai 1948                          Rudolf Bultmann
                                              (bisher unveröffentlicht)